Stefan Janssen

Kontraktdesign und Kontrakterfolg von Financial Futures

Schriftenreihe des
Instituts für Geld- und Kapitalverkehr
der Universität Hamburg

Herausgegeben von Prof. Dr. Hartmut Schmidt
Band 8

Bereits früher erschienen:

Band 1:
Ludwig Jurgeit
Bewertung von Optionen und bonitätsrisikobehafteten Finanztiteln
Anleihen, Kredite und Fremdfinanzierungsfazilitäten

Band 2:
Wolfgang Bessler
Zinsrisikomanagement in Kreditinstituten

Band 3:
Wilhelm-Christian Helkenberg
Anlegerschutz am Grauen Kapitalmarkt
Prognosegrundsätze für Emissionsprospekte

Band 4:
Andreas Döhrmann
Underpricing oder Fair Value
Das Kursverhalten deutscher Erstemissionen

Band 5:
Heinrich Brakmann
Aktienemissionen und Kurseffekte
Deutsche Bezugsrechtsemissionen für die Jahre 1978 bis 1988

Band 6:
Carl Heinz Daube
Marketmaker in Aktienoptionen an der Deutschen Terminbörse

Band 7:
Torsten Schrader
Geregelter Markt und geregelter Freiverkehr
Auswirkungen gesetzgeberischer Eingriffe

Stefan Janssen

Kontraktdesign und Kontrakterfolg von Financial Futures

 Springer Fachmedien Wiesbaden GmbH

Die Deutsche Bibliothek — CIP-Einheitsaufnahme

Janssen, Stefan:
Kontraktdesign und Kontrakterfolg von financial futures /
Stefan Janssen. — Wiesbaden : Dt. Univ.-Verl., 1994
(Schriftenreihe des Instituts für Geld- und Kapitalverkehr der
Universität Hamburg ; Bd. 8) (DUV : Wirtschaftswissenschaft)
Zugl.: Hamburg, Univ., Diss., 1993
ISBN 978-3-8244-0201-4
NE: Institut für Geld- und Kapitalverkehr <Hamburg>: Schriftenreihe
des Instituts ...

© Springer Fachmedien Wiesbaden, 1994
Ursprünglich erschienen bei Deutscher Universitäts-Verlag GmbH, Wiesbaden in 1994

Lektorat: Gertrud Bergmann

ISBN 978-3-8244-0201-4   ISBN 978-3-663-12199-2 (eBook)
DOI 10.1007/978-3-663-12199-2

Geleitwort

Die oft bewunderte Effizienz des börslichen Handels, das weiß man spätestens seit Robert Liefmann, wird in zwei Schritten erreicht: durch die Securitization oder, wie Liefmann es präziser ausdrückte, "Effekti-fizierung" von Finanzierungsinstrumenten und durch die Usance, den Mustervertrag, den Kontrakt. Beides erhöht offenbar die Wahrscheinlichkeit dafür, daß es zu Abschlüssen kommt, trägt zur Liquidität bei, senkt die Transaktionskosten. Gestützt auf eine an Momentum gewinnende Mikrostrukturforschung begann man an den amerikanischen Warenbörsen Mitte der siebziger Jahre unseres Jahrhunderts, Erkenntnisse aus dem Waren-terminhandel für die Entwicklung von Finanzterminkon-trakten zu verwenden.

Vor allem Terminbörsen haben sich seither immer wie-der an der schöpferischen Gestaltung von Kontrakten versucht, um mehr Geschäft, mehr Umsatz an sich zu binden. Es liegt daher nahe, sich wie Janssen die Frage vorzulegen, ob die Erfolge und Mißerfolge, die aus diesem innovativen Prozeß erwachsen, zufällig oder vorhersehbar sind. Janssen macht deutlich, wie wichtig die Produktentwicklung für die Position einer Börse im internationalen Wettbewerb ist und daß des-halb die Erfolgsdeterminanten von Financial Futures umfassend herausgearbeitet werden sollten, eine ambi-tiöse Aufgabe, der sich mit diesem Anspruch meines Wissens noch niemand gestellt hat.

Janssen überprüft auch, welchen Einfluß auf den Kon-trakterfolg die aufsichtsrechtlichen Rahmenbedingun-

gen, die Eigenschaften des Handelsobjektes, das außerbörsliche Termingeschäft und der Börsenwettbewerb
haben. Zum letzten Punkt geht er auf den "first-mover
advantage" und auf die Sortimentspolitik der Börsen
ein, aber auch darauf, ob der Handel auf dem Parkett
oder über den Computer einen Vorteil bringt. Den
Schwerpunkt seiner Arbeit bilden jedoch die Kontraktspezifikationen. Besonders hervorzuheben sind die
Analysen zur Spezifikation des Handelsobjektes, der
sich Janssen von der Konvergenz her nähert, und die
Diskussion der Einschuß- und Nachschußregelungen, die
einen innovativen Ansatz zur Optimierung der Marginhöhe enthält. Janssen geht bei seinen Ausführungen
jeweils von den Bedürfnissen der Hedger und Spekulanten aus, denn nur Kontrakte, die den Marktteilnehmern
entgegenkommen, können erfolgreich sein.

Janssen behandelt, was der Titel der Arbeit viel-
leicht nicht vermuten läßt, ein weit gespanntes,
hochaktuelles Thema. Für Marktorganisatoren und
Marktregulatoren, aber auch für alle anderen, die
Finanzterminmärkte verstehen und verbessern wollen,
wird es sich lohnen, sich mit der Konzeption dieser
Arbeit und ihren konkreten Antworten auf Detailfragen
auseinanderzusetzen. Ich wünsche ihr eine gute Aufnahme.

Hartmut Schmidt

Vorwort

Die vorliegende Untersuchung, die am Fachbereich Wirtschaftswissenschaften der Universität Hamburg als Dissertation eingereicht wurde, beschäftigt sich vor dem Hintergrund des enormen Aufschwungs des börslichen Terminhandels und der - auch in Europa - zunehmenden Konkurrenz zwischen den Terminbörsen mit den Gründen für den Erfolg von Financial Futures. Allen, die mich bei ihrer Fertigstellung unterstützt haben, möchte ich an dieser Stelle danken.

Besonderer Dank gilt meinem Doktorvater, Herrn Professor Dr. Hartmut Schmidt, der die Arbeit stets durch wertvolle Anregungen und Hinweise gefördert und sie in seine Schriftenreihe aufgenommen hat. Ihm verdanke ich auch eine finanzielle Förderung der Veröffentlichung durch die Stiftung des Vereins der Mitglieder der Wertpapierbörse in Hamburg. Herrn Professor Dr. Lothar Streitferdt danke ich für die Übernahme des Korreferats.

Ich danke ebenso meinen Freunden und Mitdoktoranden, insbesondere Herrn Dipl.-Kfm. Dr. Carl Heinz Daube, der jederzeit bereit war, Teile der Arbeit zu lesen und kompetent zu kommentieren, und Herrn Dipl.-Kfm. Dr. Peter Iversen, Herrn Dipl.-Kfm. Ulf Redanz und Herrn Dipl.-Kfm. Kai Treske für viele hilfreiche Anmerkungen.

Bedanken möchte ich mich auch bei der Deutschen Terminbörse und bei der London International Financial Futures Exchange, die mir bereitwillig umfangreiches Informations- und Datenmaterial zur Verfügung gestellt haben.

Besonders herzlich danke ich jedoch meinen Eltern, die mir mein Studium ermöglicht und mich in jeder Hinsicht unterstützt haben, und meiner Frau Katja für ihre Geduld und Hilfe.

Stefan Janssen

Inhaltsverzeichnis

ZWEITER TEIL

Endogene Determinanten des Erfolges von
Financial Futures 73

Abkürzungsverzeichnis

ACE	Amex Commodities Exchange, New York (nicht mehr existent)
APT	Automated Pit Trading, Computerhandelssystem der LIFFE
BAK	Bundesaufsichtsamt für das Kreditwesen
BAV	Bundesaufsichtsamt für das Versicherungswesen
BELFOX	Belgian Futures and Options Exchange
BGB	Bürgerliches Gesetzbuch
BIZ	Bank für Internationalen Zahlungsausgleich, Basel
BörsG	Börsengesetz
BVI	Bundesverband Deutscher Investment-Gesellschaften e.V.
CBOE	Chicago Board Options Exchange
CBOT	Chicago Board of Trade
CD	Certificate of Deposit
CDR	Collateralized Depository Receipt
CFTC	Commodity Futures Trading Commission
CME	Chicago Mercantile Exchange
COMEX	Commodity Exchange, New York
CP	Commercial Paper
CTD	cheapest-to-deliver
DAX	Deutscher Aktienindex
DTB	Deutsche Terminbörse
DTB-BörsO	Börsenordnung für die Deutsche Terminbörse

DTB-ClearingB	Clearing-Bedingungen für den Handel an der Deutschen Terminbörse
DTB-HandelsB	Bedingungen für den Handel an der Deutschen Terminbörse
ECU	European Currency Unit
EIB	Europäische Investitionsbank
EOE	European Options Exchange, Amsterdam
Fed	Federal Reserve Board
FIA	Futures Industry Association
FOW	Futures and Options World
FRA	Forward Rate Agreement
FUTOP	Future- und Options-Markt an der Kopenhagener Börse
GAO	Government Accounting Office (Bundesrechnungshof der USA)
GDV	Gesamtverband der Deutschen Versicherungswirtschaft e.V.
GEMX	German Market Index
GLOBEX	Global Exchange, Computerhandelssystem für den weltweiten Handel mit Kontrakten der angeschlossenen Börsen
GNMA	Government National Mortgage Association
GS I	Grundsatz I
GS Ia	Grundsatz Ia
IMM	International Monetary Market (Abteilung der CME)
IOSCO	International Organization of Securities Commissions
ISSA	International Society of Securities Administrators
KAG	Kapitalanlagegesellschaft

KAGG	Gesetz über Kapitalanlagegesell- schaften
KBOT	Kansas City Board of Trade
KWG	Gesetz über das Kreditwesen
LIFFE	The London International Financial Futures Exchange
MACE	MidAmerica Commodity Exchange, Chicago
MATIF	Marché à Terme International de France, Paris
MEFF	Mercado de Futuros Financieros, Barcelona
MMI	Major Market Index
NYFE	New York Futures Exchange
NYSE	New York Stock Exchange
NYMEX	New York Mercantile Exchange
OCC	The Options Clearing House
OM	Options Market, Stockholm
OMX	Schwedischer Aktienindex
OSE	Osaka Securities Exchange
ÖTOB	Österreichische Termin- und Options- börse, Wien
REX	Deutscher Rentenindex
SEC	Securities and Exchange Commission
SMI	Swiss Market Index
SOFE	Swedish Options and Futures Exchange (nicht mehr existent)
SOFFEX	Swiss Options and Financial Futures Exchange
S&P 100	Standard-and-Poors-100-Index
S&P 500	Standard-and-Poors-500-Index

SPAN   Standard Portfolio Analysis of Risk

TIMS   Theoretical Intermarket Margin System

VAG   Gesetz über die Beaufsichtigung der Versicherungsunternehmen

Symbolverzeichnis

AI	Stückzinsen einer Anleihe
B	Marktwert einer Anleihe
B_b	bereinigter Marktwert einer Anleihe
c	Kuponsatz einer Anleihe
C	jährliche Kuponzahlung einer Anleihe
$CLIQ_i$	Handelsvolumen des besten Cross-Hedge-Future
D_1	Dummy-Variable für Zentrum des Kassamarktes
D_2	Dummy-Variable für die Art des Erfüllungsverfahrens
D_3	Dummy-Variable für Lieferoptionen
D_4	Dummy-Variable für die Art des Handelssystems
E	Ausübungswert der Qualitätsoption eines Anleihefuture
EDSP	Exchange Delivery Settlement Price (Schlußabrechnungspreis eines Future)
f	Anzahl der vollen Monate bis zum nächsten Zinstermin, dividiert durch 12
F	Futurepreis
$FUTOP_i$	Handelsvolumen der Optionen auf den Kontrakt i
GEB_i	Transaktionsgebühren pro Kontrakt i
i	Index
I	Rechnungsbetrag
j	Index
KF	Konversionsfaktor
KH	Marginhaltekosten

KM	Summe der durch Margins induzierten Transaktionskosten
$KORR_i$	Handelsvolumen der Futures auf korrelierende Handelsobjekte
KR	Risikokosten
KS	Sofortigkeitskosten
M	Marginhöhe
M_i	Marginhöhe für den Kontrakt i
M_{opt}	Optimale Marginhöhe
$MONAT_i$	Anzahl der Liefermonate des Kontraktes i
n	Anzahl der Jahre
P	Kurs
Pa	Briefkurse ohne Mindestkursabstufung
Pam	Briefkurse mit Mindestkursabstufung
Pe	Gleichgewichtskurs
Pn	Geldkurse ohne Mindestkursabstufung
Pnm	Geldkurse mit Mindestkursabstufung
POS_i	Positionslimit für den Kontrakt i
$PREIS_i$	Preislimit für den Kontrakt i
$PVAR_i$	Volatilität des Kassapreises des Handelsobjektes i
q	Anzahl der Kontrakte pro Auftrag
RR_i	Relatives Restrisiko
s	Standardkuponsatz eines Anleihefuture
$SIZE_i$	Größe des Kassamarktes des Handelsobjektes i
t, T	Zeitpunkte
$TICK_i$	Tick-Wert für den Kontrakt i
u_i	Reststreuung

VOL_i	Handelsvolumen des Kontraktes i der Stichprobe
y	Rendite
Y	Liefererfolg
δ	infinitesimal kleine Änderung

Verzeichnis der Abbildungen

Verzeichnis der Tabellen

Einleitung

A. Einführung

Seit Ende der sechziger Jahre nahmen die Schwankungen der Wechselkurse und der Zinsen an den internationalen Finanzmärkten erheblich zu. Das steigende Wechselkurs- und Zinsrisiko führte zu einem wachsenden Absicherungsbedarf der Marktteilnehmer, der den Anstoß zur Entwicklung zahlreicher Sicherungsinstrumente. Financial Futures wurden zuerst an den Chicagoer Warenbörsen eingeführt, die ihre langjährige Erfahrung aus dem Warenterminhandel nutzten, um Kontrakte auf Finanztitel zu entwickeln, die den Absicherungsbedarf befriedigen konnten.

Die ersten Financial Futures, die Devisenfutures der Chicago Mercantile Exchange (CME), wurden 1972 im wesentlichen als eine Reaktion auf die gestiegenen Wechselkursrisiken nach dem Ende des Systems fester Wechselkurse im Jahr 1971 eingeführt. Aufgrund der guten Aufnahme dieser Instrumente am Markt und weiter zunehmender Zinsrisiken, unter anderem infolge des starken Ölpreisanstiegs 1973/74, wurden am Chicago Board of Trade (CBOT) 1975 und an der CME 1976 die ersten Zinsfutures eingeführt.[1] 1977 begann dann am CBOT der Handel eines Future auf amerikanische Staatsanleihen (T-Bond-Future), der heute der erfolgreichste Kontrakt der Welt ist.

---

1) Es handelt sich dabei um den GNMA-Future (einen Kontrakt auf Hypothekenzertifikate) des CBOT und den T-Bill-Future (US-Schatzwechsel) der CME.

Der Handel mit Financial Futures weitete sich an den US-Börsen rasch aus; ihr Umsatz überstieg Mitte der achtziger Jahre erstmals den Umsatz der Warenfutures. 1991 lag der Umsatz in Financial Futures an den US-Börsen bei 163 Mio. Kontrakten, was einem Anteil am gesamten dortigen Futurehandel (Financial Futures und Warenfutures) von 62 Prozent entsprach.[1]

Während sich der Handel mit Financial Futures in den ersten Jahren nach ihrer Entstehung auf die US-Börsen beschränkte, führten seit Anfang der achtziger Jahre auch Börsen in anderen Ländern diese Termingeschäfte ein. In Europa wurden Financial Futures erstmals 1982 an der neu gegründeten London International Financial Futures Exchange (LIFFE) gehandelt. In den folgenden Jahren nahmen auch in anderen europäischen Ländern Terminbörsen ihren Geschäftsbetrieb auf, beispielsweise die Stockholmer Terminbörse OM (1985), der MATIF in Paris (1986), die SOFFEX in der Schweiz (1988), der MEFF in Barcelona (1990), die DTB (1990), die ÖTOB in Wien (1991) und die BELFOX in Brüssel (1991). An diesen Börsen werden - neben Optionen - Financial Futures gehandelt oder sind geplant.[2]

Unter dem Begriff Financial Futures werden in dieser

---

1) Eigene Berechnung aufgrund der Angaben der FIA (1992). Es ist international üblich, den Umsatz im Futurehandel in Kontrakten zu messen. Dieses Verfahren kann bei Vergleichen zu einem verzerrten Bild führen, weil die Gegenwerte, die bei einer Erfüllung gezahlt werden müssen, teilweise erheblich voneinander abweichen; darauf weisen M.H. Miller (1990), S. 388, und H. Schmidt (1991a), S. 4, hin. Trotzdem erlauben Kontraktumsätze einen ersten Überblick über die Bedeutung einzelner Kontrakte oder Kontraktgruppen.

2) Bereits 1978 wurde die Optionsbörse EOE in Amsterdam eröffnet, an der inzwischen ebenfalls Futures gehandelt werden.

Arbeit börsliche feste Termingeschäfte in Zinstiteln, in Devisen, in Aktien, in Aktienindizes und in Rentenindizes zusammengefaßt.[1] Termingeschäfte unterscheiden sich von Kassageschäften durch die Dauer der Zeit zwischen dem Abschluß des Geschäfts und seiner Erfüllung. Während die Erfüllungsfrist bei Kassageschäften lediglich der Zeit entspricht, die zur Vorbereitung und Durchführung der Erfüllung erforderlich ist (also maximal wenige Tage), ist die Erfüllungsfrist bei Termingeschäften erheblich länger.[2]

Bei festen Termingeschäften besteht für beide Vertragsparteien eine Erfüllungspflicht. Am Ende der Erfüllungsfrist (Liefertermin) muß der Käufer das Handelsobjekt abnehmen und dem Verkäufer den bei Geschäftsabschluß vereinbarten Preis zahlen. Umgekehrt ist der Verkäufer zur Lieferung und Entgegennahme des Kaufpreises verpflichtet. Dagegen hat bei Optionen eine Partei (der Käufer) ein Wahlrecht bei der Erfüllung. Der Käufer einer Option erwirbt gegen Zahlung des Optionspreises das Recht, sich das Handelsobjekt zu dem bei Geschäftsabschluß vereinbarten Preis (Basispreis) innerhalb eines bestimmten Zeitraums oder zu einem bestimmten Zeitpunkt vom Verkäufer der Option (Stillhalter) liefern zu lassen (Kaufoption) oder an diesen zu liefern (Verkaufsoption).

---

1) Siehe H. Schmidt (1988), S. 90. Schmidt bezieht auch Futures auf Preisindizes mit ein und weist darauf hin, daß weiter gefaßte Begriffsabgrenzungen zudem Edelmetallfutures umfassen.

2) Siehe H. Schmidt (1978), Sp. 1523 f.; M.E. Streit (1980), S. 534; H.-J. Krümmel (1984), Sp. 979.

Der Käufer kann seinen Erfüllungsanspruch aber auch aufgeben. Optionen werden daher als "bedingte" Termingeschäfte bezeichnet.[1]

Die börslich gehandelten Futures weisen gegenüber außerbörslich abgeschlossenen Festgeschäften (Forwards) wesentliche Unterschiede auf.[2] Die Vertragsbedingungen der Futures, insbesondere die Art und Beschaffenheit des Handelsobjektes, die Menge und die Liefertermine sind standardisiert. Einzige Variable ist der Preis, der im börslichen Handel ermittelt wird. Dagegen können die Vertragspartner bei Forwards im Prinzip alle Vertragsbestandteile individuell vereinbaren. Die Standardisierung der Kontraktspezifikationen und die börsliche Handelsorganisation tragen erheblich zur höheren Fungibilität der Futures im Vergleich zu Forwards bei.[3]

---

1) Siehe H.-J. Krümmel (1984), Sp. 979, sowie die Ausführungen zur Typologie der Termingeschäfte bei H. Schmidt (1978), Sp. 1523 f.

2) Siehe zu den Unterschieden im einzelnen z.B. D.R. Siegel und D.F. Siegel (1990), S. 12-30; R.W. Kolb (1991), S. 4-18. Siehe auch L.G. Telser (1981b), S. 5-8.

3) Besondere Bedeutung kommt dabei dem Clearinghaus einer Futurebörse zu, das als Vertragspartner in jedes Geschäft eintritt. Dadurch können sich beide Partner mittels eines Gegengeschäftes aus einem Kontrakt lösen, ohne wie bei Forwards mit dem ursprünglichen Kontrahenten verhandeln zu müssen. Da das Clearinghaus Vertragspartner in jedem Geschäft ist, müssen die Vertragsparteien zudem nicht vor jedem Geschäftsabschluß die Bonität ihrer Kontrahenten überprüfen. Im Hinblick darauf führt L.G. Telser (1981b), S. 1, aus: "An organized futures market facilitates trade among strangers." Zur Rolle des Clearinghauses im Futurehandel siehe ausführlich die Ausführungen im Abschnitt A.IV.1 des zweiten Teils dieser Arbeit.

B. Problemstellung

Financial Futures haben sich rasch ausgebreitet und
an den internationalen Finanzmärkten inzwischen eine
große Bedeutung erreicht. Man könnte sie daher in
ihrer Gesamtheit als erfolgreiche Finanzinnovationen
bezeichnen.[1] Auf den ersten Blick käme man daher
möglicherweise auf den Gedanken, "alle" Financial
Futures wären erfolgreich. Bei näherer Betrachtung
stellt man jedoch fest, daß sich nicht alle Futurekontrakte, die Terminbörsen in der Vergangenheit
eingeführt haben, am Markt behaupten konnten. Viele
Kontrakte erreichten nicht die Umsätze, die notwendig
gewesen wären, um wenigstens ihre Entwicklungskosten
zu decken.

Silber stellt in einer Untersuchung fest, daß lediglich 25 Prozent aller Futures (Warenfutures und
Financial Futures), die zwischen 1960 und 1977 an US-
Börsen eingeführt wurden, erfolgreich gewesen sind.
Er betrachtet dabei solche Kontrakte als erfolgreich,
die drei Jahre nach ihrer Einführung einen Umsatz von
mehr als 10.000 Kontrakten pro Jahr erreicht hatten.[2] Black ermittelt für 26 Zins- und Aktienindexfutures, deren Handel zwischen 1975 und 1983 an US-
Börsen aufgenommen wurde, eine Erfolgsquote von 35
Prozent. Sie verwendet dabei ein durchschnittliches
tägliches Handelsvolumen von 1.000 Kontrakten und ein

---

1)   M.H. Miller (1986), bezeichnet Financial Futures sogar als
     die erfolgreichste Finanzinnovation der vergangenen zwan-
     zig Jahre. Ähnlich auch H.S. Houthakker (1982a), S. 37,
     der Financial Futures zu den eindrucksvolleren Finanzinno-
     vationen rechnet.

2)   W.L. Silber (1981), S. 128 f.

"Open Interest"[1] von mindestens 5.000 Kontrakten innerhalb der ersten drei Jahre als Erfolgskriterium.[2]

Die von diesen Autoren verwendeten Erfolgskriterien sind mehr oder weniger willkürlich gewählt.[3] Daß ein Kontrakt ein Fehlschlag ist, läßt sich erst dann sicher sagen, wenn sein Handel eingestellt wird. Auch kann sich ein Kontrakt, der in den ersten Jahren ein bestimmtes Umsatzziel verfehlt hat, später als Erfolg erweisen. Als Richtschnur für die Identifikation erfolgreicher Futures dürfte eher das von Black verwendete Kriterium geeignet sein.[4] Allgemein ausgedrückt ist ein Kontrakt erfolgreich, wenn er die Aufträge vieler Marktteilnehmer auf sich zieht und einen hohen Umsatz erreicht.

---

1) Als Open Interest bezeichnet man die offenen, d.h. noch nicht erfüllten oder glattgestellten Kontrakte zu einem bestimmten Zeitpunkt, meist am Ende eines Handelstages. Anders ausgedrückt gibt das Open Interest die Zahl der offenen Lieferverpflichtungen in einem Kontrakt wieder. Siehe z.B. R.W. Kolb (1991), S. 80-83; F.R. Edwards und C.W. Ma (1992), S. 13 f.

2) D.G. Black (1986), S. 34-38.

3) Darauf weist W.L. Silber (1981), S. 128, selbst hin.

4) Ein täglicher Umsatz von 1.000 Kontrakten entspricht einem Umsatz von etwa 250.000 Kontrakten pro Jahr (250 Handelstage). Blacks Erfolgskriterium liegt damit relativ niedrig, wenn man bedenkt, daß die erfolgreichsten Futurekontrakte einen jährlichen Umsatz von einigen Millionen Kontrakten erreichen.
Man könnte alternativ an ein Erfolgskriterium denken, das sich an betriebswirtschaftlichen Zielgrößen orientiert, beispielsweise an den Kosten der Entwicklung und der Einführung eines Future. Ein Future wäre danach als Erfolg zu betrachten, wenn die Gebühreneinnahmen der Börse aus dessen Handel mindestens die Einführungskosten, u.U. zuzüglich einer Gewinnmarge, decken. Ein solches Kriterium ist jedoch derzeit nicht praktikabel, weil die Börsen die dazu benötigten Zahlen nicht veröffentlichen.

Die hohe Zahl von erfolglosen Kontrakteinführungen –
zwischen zwei Dritteln und drei Vierteln aller Kontrakte – führt zu der Frage, ob sich Determinanten
identifizieren lassen, die ursächlich für den Erfolg
oder Mißerfolg eines Kontraktes sind. Die Antwort auf
diese Frage erscheint vor dem Hintergrund der zunehmenden internationalen Konkurrenz zwischen den Terminbörsen, vor allem im Bereich der Futures, von
besonderer Bedeutung zu sein. Im Wettbewerb werden
langfristig nur diejenigen Börsen bestehen können,
die erfolgreiche Kontrakte entwickeln. Dieses Problem
führt zum Ziel der vorliegenden Arbeit: mögliche
Determinanten des Erfolges von Financial Futures zu
untersuchen und herauszufinden, welche davon entscheidend für den Erfolg eines Kontraktes sind.

Ansätze zur Erklärung des Erfolges von Futurekontrakten gibt es in der englischsprachigen wissenschaftli-
chen Literatur seit den fünfziger Jahren, also erheblich länger als Financial Futures existieren. Die
Autoren beleuchten allerdings überwiegend Teilaspek-
te, die sie als ursächlich für den Erfolg oder Mißerfolg eines Kontraktes ansehen, etwa bestimmte
Eigenschaften der Handelsobjekte oder einzelne Kontraktspezifikationen.[1] Die nach Kenntnis des Ver-

---

1) Beispiele für solche Ansätze sind folgende Arbeiten: H.
    Working (1954) beschäftigt sich mit Lieferbedingungen des
    Weizenfuture des Kansas City Board of Trade; M.J. Powers
    (1967) untersucht die Lieferbedingungen eines Kontraktes
    auf gefrorene Schweinebäuche; R.L. Sandor (1973) und R.L.
    Sandor und H.B. Sosin (1983) setzen sich mit der Entwick-
    lung von Kontrakten auf Sperrholz bzw. auf amerikanische
    Pfandbriefe (GNMAs) auseinander; W.L. Silber (1981)
    untersucht einzelne Kontraktspezifikationen von Gold-,
    Silber- und GNMA-Futures.

fassers bislang einzige umfassende Untersuchung zum
Erfolg von Financial Futures stammt von D. Black.[1]

In deutscher Sprache sind bislang nur wenige Arbeiten
über Financial Futures erschienen. Das verwundert
nicht, wenn man bedenkt, daß Financial Futures erst
seit 1988 in deutschsprachigen Ländern gehandelt
werden. Die Arbeiten beschäftigen sich überwiegend
mit Problemen der Anwendung von Financial Futures.
Nach Kenntnis des Verfassers gibt es bislang nur zwei
Monographien, deren Untersuchungsgegenstände Berüh-
rungspunkte mit der in der vorliegenden Arbeit
behandelten Frage nach den Erfolgsdeterminanten von
Financial Futures aufweisen. Lang untersucht die
Entwicklung und Ausbreitung von Finanztermingeschäf-
ten mit Hilfe von Instrumenten der Marketingtheo-
rie.[2] Auspurg untersucht Gründe für den Erfolg von
Finanzterminbörsen.[3] Kern seiner Arbeit ist eine
vergleichende Untersuchung der Geschäftspolitik und
der Rahmenbedingungen dreier Finanzterminbörsen. Er
spricht zwar einige Punkte an, die für den Kontrakterfolg von Bedeutung sein könnten, kann aber dabei
aufgrund der Breite seiner Themenstellung nicht weit
in die Tiefe gehen.

---

1) Darauf weist auch W.L. Silber (1985), S. 105, hin. Er
   bezieht sich dabei auf die unveröffentlichte Dissertation
   von Black, deren kürzere Fassung – D.G. Black (1986) – in
   dieser Arbeit zitiert wird. Es wird an dieser Stelle
   darauf verzichtet, die Untersuchung von Black zu würdigen,
   weil sie im dritten Teil dieser Arbeit ausführlich
   behandelt wird.

2) A. Lang (1988). Lang überträgt in der Hauptsache das
   Produktlebenszyklusmodell auf Financial Futures und
   Optionen und kommt zu dem (wenig überraschenden) Schluß,
   daß erfolgreiche Kontrakte längere Lebenszyklen haben als
   erfolglose; ebda., S. 97. Sein Ansatz bietet aber kaum
   Anhaltspunkte, um den Kontrakterfolg zu erklären.

3) J.H. Auspurg (1992).

Die angesprochenen Arbeiten liefern keine detaillierte Analyse der Determinanten des Erfolges von Financial Futures. Wichtige Fragen, wie zum Beispiel die Frage nach der Gestaltung der Kontraktspezifikationen, werden - anders als in der vorliegenden Arbeit - kaum behandelt.

C. Gang der Untersuchung

Für die folgende Untersuchung werden die potentiellen Determinanten des Erfolges von Financial Futures in exogene und endogene Determinanten unterteilt. Als exogen werden diejenigen Erfolgsdeterminanten betrachtet, auf die die Terminbörsen keinen direkten Einfluß haben. Diese Determinanten stellen gewissermaßen die Rahmenbedingungen dar, unter denen Börsen ihre Kontrakte entwickeln und unter denen der Handel stattfindet. Als endogen werden diejenigen Determinanten bezeichnet, über die die Börsen im wesentlichen frei entscheiden können.

Die exogenen Erfolgsdeterminanten werden im ersten Teil der Arbeit behandelt. Da ein Kontrakt grundsätzlich nur eine Erfolgschance hat, wenn er die Bedürfnisse der Marktteilnehmer befriedigt, wird zunächst die Bedeutung wichtiger Marktteilnehmer - Hedger und Spekulanten - für den Kontrakterfolg untersucht. Anschließend werden die ökonomischen Rahmenbedingungen, die möglicherweise die Erfolgsaussichten eines Future mit einem bestimmten Handelsobjekt fördern oder beeinträchtigen können, eingehend untersucht. Danach wird der Frage nach dem Erfolgseinfluß rechtlicher Rahmenbedingungen nachgegangen.

Im zweiten Teil der Arbeit geht es um die endogenen
Erfolgsdeterminanten. Im Vordergrund der Betrachtung
stehen die standardisierten Spezifikationen der
Futurekontrakte. Den Kontraktspezifikationen wird im
Rahmen dieser Arbeit große Bedeutung beigemessen,
weil anzunehmen ist, daß sich ein Kontrakt nur am
Markt durchsetzen wird, wenn seine Spezifikationen
auf die Bedürfnisse der Marktteilnehmer abgestimmt
sind. Im weiteren Verlauf des zweiten Teils wird
untersucht, ob eine Börse die Erfolgsaussichten eines
Kontraktes erhöhen kann, indem sie ihren Marktteilnehmern weitere Termingeschäfte anbietet. Schließlich
wird der Frage nachgegangen, inwieweit der Erfolg
eines Futurekontraktes davon beeinflußt wird, ob er
an einer Parkettbörse oder an einer Computerbörse
gehandelt wird.

Im dritten und letzten Teil der Arbeit werden auf der
Grundlage der Erkenntnisse aus den beiden vorhergehenden Teilen Ansätze einer empirischen Untersuchung
des Kontrakterfolges präsentiert. Zunächst wird überprüft, inwieweit es Regressionsmodelle erlauben, die
Stärke des Einflusses der Erfolgsdeterminanten auf
den Kontrakterfolg zu bestimmen. Dabei ist es das
Ziel, testbare Hypothesen zu entwickeln; die Durchführung entsprechender Tests ist aus Gründen, auf die
noch einzugehen sein wird, nicht Gegenstand der vorliegenden Arbeit. Abschließend werden Fallstudien
zum relativen Erfolg ausgewählter Financial Futures
vorgestellt, die an europäischen Terminbörsen gehandelt werden.

ERSTER TEIL

Exogene Determinanten des Erfolges von Financial Futures

A. Bedeutung von Hedgern und Spekulanten für den Kontrakterfolg

Traditionell werden die Marktteilnehmer an Futuremärkten nach ihren Motiven in Hedger und Spekulanten
unterteilt.[1] Hedger gehen danach Futurepositionen
ein, um Preisrisiken aus bestehenden oder geplanten
Kassapositionen zu verringern. Dagegen haben Spekulanten unterschiedliche Erwartungen über die zukünftige Preisentwicklung - Preishöhe oder Preisdifferenzen - und möchten mit Hilfe von Futures ihre Progno-
sefähigkeit nutzen. Nach dieser Sichtweise übertragen
Hedger ihr Preisrisiko auf andere Hedger mit entgegengesetzten Positionen oder auf Spekulanten.[2]

Hedging kommt in Form der reinen Absicherung nur
selten vor.[3] Vielmehr werden auch Hedger häufig über

---

1) Siehe dazu A. Kuprianov (1986), S. 12; R.W. Kolb (1991),
   S. 26; F.R. Edwards und C.W. Ma (1992), S. 11 f. Siehe
   auch H. Schmidt (1978), Sp. 1531-1534, der als weiteres
   Motiv die Arbitrage nennt.

2) Dieser Risikotransfer wird als (eine) zentrale Funktion
   der Futuremärkte betrachtet; siehe z.B. F.R. Edwards
   (1981), S. 426; R.W. Kolb (1991), S. 25-27; F.R. Edwards
   und C.W. Ma (1992), S. 13. H. Schmidt (1988), S. 91, weist
   darauf hin, daß Arbitrage oder ähnliche Transaktionen, die
   für ein konsistentes Preisgefüge sorgen, es zuweilen
   erschweren, den Risikotransfer zu erkennen.

3) Siehe dazu M.E. Streit (1980), S. 538-540; A. Kamara
   (1982), S. 261 f.

Prognosen verfügen und diese bei der Sicherungsentscheidung nutzen. Das liegt schon deshalb nahe, weil durch das Hedging Transaktionskosten entstehen. Außerdem können Hedger, die unabhängig von Prognosen ihre Kassapositionen routinemäßig absichern, Wettbewerbsnachteile erleiden, wenn Konkurrenten sich nicht absichern und deshalb von günstigen Preisänderungen profitieren. Dennoch erscheint die Einteilung der Markkteilnehmer in Hedger und Spekulanten für die vorliegende Arbeit als hilfreich, weil sie es erleichtert, die Bedürfnisse der Marktteilnehmer zu erkennen. Die Kenntnis dieser Bedürfnisse ermöglicht es, den Einfluß der einzelnen Erfolgsdeterminanten auf das Handelsinteresse und damit auf den Erfolg eines Future beurteilen zu können.

Zunächst sei der Frage nach der grundsätzlichen Bedeutung von Hedgern und Spekulanten auf den Futuremärkten nachgegangen. Es war früher die Ansicht weit verbreitet - und wird auch heute noch öfter vertreten -, daß Futuremärkte und andere Terminmärkte in erster Linie der Spekulation dienen.[1] Die Bedeutung des Hedging für die Existenz von Futuremärkten hat als erster Working hervorgehoben. Er fand Hinweise darauf, daß das Handelsinteresse für einen Future wesentlich von der Nachfrage der Hedger abhängt.[2]

---

1) Beispielsweise führt U. Hielscher (1989), Sp. 2226, aus, daß sich Warentermingeschäfte "...zunächst in besonderer Weise für Spekulationsgeschäfte.." eignen.

2) H. Working (1953), S. 318-320, weist auf einen empirisch belegten positiven Zusammenhang zwischen der Höhe der abzusichernden Bestände von Getreidehändlern und dem Open Interest der entsprechenden Futures hin. Zum Zusammenhang zwischen dem Hedginginteresse und dem Handelsvolumen eines Kontraktes siehe auch Workings Untersuchung zum Weizenfutures des Kansas City Board of Trade; H. Working (1954).

13

Danach kann ein Kontrakt auf Dauer nur erfolgreich
sein, wenn ihn genügend Hedger nutzen, um sich gegen
Preisrisiken abzusichern.[1] Erst wenn nachhaltiges
Hedginginteresse vorhanden ist, würden sich Spekulanten am Handel beteiligen.[2]

Aufträge von Spekulanten sind für den Kontrakterfolg
wichtig, weil sie Ungleichgewichte zwischen Aufträgen von "Short Hedgern" und "Long Hedgern" ausgleichen.[3] Darüber hinaus erhöhen die Aufträge der Spekulanten die Zahl der konkurrierenden Geld- und
Briefgebote im Markt und tragen so zur Liquidität
bei, ein Aspekt, auf den unten noch näher eingegangen
wird.[4]

---

1) Siehe auch R.W. Gray (1959), S. 223-225; und ders (1965),
   S. 239, der es als Hauptvoraussetzung für den Erfolg eines
   Future bezeichnet, daß Hedger ihn nutzen.

2) Nach dieser Sicht reagieren Spekulanten auf die unausge-
   glichene Hedgingnachfrage (Netto-Long- oder Netto-Short-
   Position aus den Kauf- und Verkaufsaufträgen der Hedger).
   Siehe dazu z.B. H. Working (1960), der die Rolle der Spekulanten auf Futuremärkten untersucht (insbes. S. 197,
   209, 213). Diese Sichtweise, die letztlich auf der Hypothese des Preisdrucks durch "überschießende" Aufträge der
   Short (seltener der Long) Hedger basiert, ist in der Literatur umstritten. Vgl. M.E. Streit (1980), S. 542 f., der
   darauf hinweist, daß bei Gültigkeit dieser Hypothese und
   Überschuß des Short Hedging - wie er häufig zu beobachten
   ist - Spekulanten durch routinemäßig eingegangene Long-
   Positionen systematische Gewinne erzielen könnten. Es
   würde zu weit führen, die Diskussion über diese Hypothese
   hier im einzelnen nachzuzeichnen.

3) R.W. Gray (1965), S. 239, der darauf hinweist, daß häufig
   ein Überschuß des Short Hedging besteht. Die Bezeichnungen
   Short Hedging und Long Hedging beziehen sich auf die Positionen der Hedger im Futuremarkt. Ein Short Hedger sichert
   sich mit einer Minus-(Short-)Position, ein Long Hedger mit
   einer Long-Position.

4) Siehe F.R. Edwards (1981), S. 431; A. Kuprianov (1986),
   S. 24. Bereits H. Working (1953), S. 319, hat darauf
                                          (Fortsetzung...)

Ein Futurekontrakt kann also nur bei nachhaltigem Handelsinteresse von Hedgern und Spekulanten erfolgreich sein. Für eine Futurebörse kommt es daher darauf an, einen Kontrakt so zu gestalten, daß die Bedürfnisse möglichst vieler Hedger und Spekulanten befriedigt werden.[1] Aus diesem Grunde erscheint es für das weitere Vorgehen als nützlich, sich kurz mit den Bedürfnissen von Hedgern und Spekulanten auseinanderzusetzen.

Das Grundprinzip des Hedging mit Futures besteht darin, eine der Kassaposition entgegengesetzte Futureposition einzugehen. Dadurch erreicht ein Hedger, daß Verluste aus der Kassaposition durch Gewinne aus der Terminposition ausgeglichen werden und umgekehrt. Gewinne und Verluste kompensieren einander jedoch nur vollständig, wenn Kassa- und Futurepreis in genau gleicher Weise schwanken, also die Differenz zwischen Kassapreis und Futurepreis konstant ist. Diese Differenz wird Basis genannt:

(1.1)   Basis = Kassapreis - Futurepreis.

Die Höhe der Basis wird wesentlich von den Nettobestandshaltekosten bestimmt. Die Nettobestandshaltekosten ergeben sich als Differenz der Bestandshalteko-

---

4)(...Fortsetzung)
    hingewiesen, daß Hedger tendenziell Futures bevorzugen, in
    denen viele Spekulanten aktiv sind.

1)   Dabei erscheint es wichtig, weder Hedger noch Spekulanten
    und weder Inhaber von Short-Positionen noch die von Long-
    Positionen zu bevorteilen, weil die Inhaber der jeweils
    benachteiligten Positionen sich sonst vom Handel zurück-
    ziehen. Siehe R.W. Gray (1965), S. 236, der in der Bevor-
    zugung eines Kontraktpartners einen Grund für den Mißer-
    folg von Kontrakten sieht. Siehe auch D.J.S. Rutledge
    (1983), S. 273.

sten und der Bestandshalteerträge, die entstehen,
wenn man eine Kassaposition anstelle einer Futureposition eingeht. Das läßt sich an folgendem Beispiel
verdeutlichen: Ein Anleger, der in einem zukünftigen
Zeitpunkt eine festverzinsliche Anleihe erwerben und
bereits heute den Kaufpreis (und damit die Rendite)
fixieren möchte, hat dazu zwei Möglichkeiten. Er kann
erstens die Anleihe per Termin kaufen (also eine
Long-Position in einem Anleihefuture eingehen[1]) und
sich die Anleihe am Liefertermin liefern lassen, oder
er kann zweitens einen Kredit aufnehmen und die
Anleihe sofort erwerben. In dem zweiten Fall hat der
Anleger Zinsen auf den Kredit zu zahlen (Bestandshaltekosten) und erhält Kuponzahlungen (Bestandshalteerträge). Da beide Alternativen zum gleichen Ergebnis
führen, muß der Kassapreis um die Nettobestandshaltekosten vom Futurepreis abweichen, weil sich sonst
risikolose Arbitragegewinne erzielen ließen.

Im allgemeinen ergeben sich bei einer ansteigenden
Zinsstrukturkurve Nettobestandshalteerträge, weil
dann die Zinssätze für die kurzfristige Mittelauf-
nahme, die man für das Halten der Anleihe aufwenden
muß, unter den Kuponzahlungen (Bestandshalteerträgen)
liegen. Daher wird der Futurepreis im Gleichgewicht
bei ansteigender Zinsstruktur um die Nettobestandshalteerträge unter dem Kassapreis liegen, die Basis
ist dann positiv.[2] Bei einer inversen Zinsstruktur
ergibt sich dagegen eine negative Basis.

---

1) Es sei hier aus Vereinfachungsgründen davon ausgegangen,
   daß die gewünschte Anleihe der lieferbare Titel des Future
   ist.

2) Siehe H. Schmidt (1988), S. 93; W. Bessler (1989),
   S. 114 f.

Das Basisrisiko besteht nun darin, daß sich die Basis bis zum Ende der Hedgeperiode verändert. Man kann jedoch erwarten, daß sich Kassa- und Futurepreis zum Liefertermin hin einander annähern, weil die Bestandshaltekosten und -erträge um so weniger ins Gewicht fallen, je kürzer die Zeit bis zum Liefertermin ist.[1] Diese Annäherung nennt man Konvergenz. Somit besteht das eigentliche Basisrisiko in der nicht erwarteten Veränderung der Basis.[2]

Die Wirksamkeit der Absicherung (Hedgingeffektivität) mit einem Future ist um so größer, je weniger die Basis über die Hedgeperiode schwankt, das heißt je höher die Korrelation zwischen Kassa- und Futurepreis ist. Diese Korrelation ist im allgemeinen um so höher, je größer die Übereinstimmung der Merkmale des abzusichernden Kassatitels und des lieferbaren Titels des Future sind. Daher ist die Hedgingeffektivität bei einer sogenannten Own Hedge (Identität von Kassa- und Futuretitel) regelmäßig höher als bei einer Cross Hedge, bei der mit einem Future auf einen anderen Titel gesichert wird.[3] Die für einen Hedger relevante Basis ist dabei die Differenz zwischen dem Kassapreis der abzusichernden Position und dem Preis des zur verwendeten Future.[4]

---

1) Siehe H. Schmidt (1988), S. 91 f.

2) Siehe dazu W. Bessler (1989), S. 115; M.D. Fitzgerald (1990), S. 129; M.J. Powers und M.G. Castelino (1991), S. 265 f.

3) Siehe zum Cross Hedging R.W. Kolb (1991), S. 175 f. Hinweise auf die potentielle Hedgingeffektivität eines Cross Hedge liefert z.B. die Korrelationsanalyse; siehe dazu M.D. Fitzgerald (1983), S. 51-57.

4) M.J. Powers und M.G. Castelino (1991), S. 265.

Ein Hedger wird prinzipiell einen Future auswählen, der eine hohe Hedgingeffektivität verspricht. Es kann aber durchaus einem rationalen Verhalten des Hedgers entsprechen, einen Cross-Hedge-Kontrakt zu verwenden, wenn die Kosten der Absicherung mit diesem Kontrakt niedriger sind als bei der Own Hedge.[1]

Besonders ins Gewicht fallen für Hedger die Kosten sofortigen Abschlusses[2], weil sie ein Interesse daran haben müssen, eine offene Kassaposition ohne zeitliche Verzögerung zu schließen.[3] Niedrige Kosten sofortigen Abschlusses spiegeln sich in engen Geld-Brief-Spannen wider. Die Spannen sind tendenziell um so enger, je höher das Handelsvolumen auf einem Markt ist.[4] Ein Markt mit einem hohen Handelsvolumen wird daher häufig als liquider Markt bezeichnet, der sich dadurch auszeichnet, daß man dort gehandelte Wertpapiere - oder im vorliegenden Fall Futurekontrakte - sofort kaufen oder verkaufen kann, ohne größere

---

1) D.G. Black (1986), S. 22. Bei der Entscheidung darüber, welchen Future sie zum Hedging verwenden, stehen Hedger letztlich vor einem Optimierungsproblem. Sie müssen die Ziele einer hohen Hedgingeffektivität und niedriger Sicherungskosten gegeneinander abwägen. Zur allgemeinen Abgrenzung von Optimierungsproblemen gegen Maximierungsprobleme siehe R.-D. Grass und W. Stützel (1983), S. 59-61.

2) Siehe zu den Kosten sofortigen Abschlusses H. Schmidt (1988), S. 23-26; ders. (1992), S. 114 f.

3) Beispielsweise weisen S.J. Grossman und M.H. Miller (1988), S. 619, darauf hin, daß die Nachfrage nach Sofortigkeitsservice auf Futuremärkten besonders hoch ist.

4) Siehe dazu H. Demsetz (1968), S. 41, 50; W.L. Silber (1981), S. 137 f.

Zuschläge zum marktgerechten Kurs bzw. Abschläge hinnehmen zu müssen.[1]

Die wesentlichen Bedürfnisse der Hedger sind also niedrige Sofortigkeitskosten und eine hohe Hedgingeffektivität, die eine hohe Korrelation zwischen Kassa- und Futurepreis voraussetzt. Spekulanten sind dagegen vor allem an starken Schwankungen des Futurepreises interessiert, weil sie mit richtigen Prognosen um so höhere Gewinne erzielen können, je stärker sich die Preise verändern. Eine hohe Korrelation zwischen Kassa- und Futurepreis ist für Spekulanten dagegen nicht so wichtig wie für Hedger, erleichtert es ihnen aber, die Entwicklung des Futurepreises zu prognostizieren. Eine gute Prognostizierbarkeit des Futurepreises erhöht für die Spekulanten die Wahrscheinlichkeit, Gewinne zu erzielen.

Wie Hedger haben Spekulanten ein Interesse an einer hohen Liquidität eines Future, um ihre Positionen bei Bedarf schnell und ohne größere Sofortigkeitszu- oder -abschläge glattstellen zu können. Darüber hinaus treten sie aber häufig selbst als Anbieter des Sofortigkeitsservice auf.[2]

---

1) Damit sei auch eine andere wichtige Dimension der Liquidität, die Markttiefe eingeschlossen. Markttiefe läßt sich an den Großmengenzu- und -abschlägen messen, die zusätzlich zu den normalen Sofortigkeitszu- und - abschlägen fällig werden, wenn man größere als die normalen Transaktionsvolumina handeln möchte; H. Schmidt (1988), S. 24-26; ders. (1992), S. 116 f. Siehe zum Liquiditätsbegriff auch W.L. Silber (1981), S. 137 f.

2) Das gilt z.B. für die sogenannten Scalper (Day Trader). Scalper sind Händler auf dem Parkett (im Pit), die für kurze Zeiträume (meist bis zu wenigen Minuten) Positionen übernehmen. Sie versuchen stets, zu einem etwas höheren Kurs zu verkaufen als sie gekauft haben oder zu einem niedrigeren Kurs zu kaufen als sie zuvor verkauft haben, und so einen kleinen Gewinn zu erzielen; siehe R.W. Kolb
(Fortsetzung...)

Die Erfolgschancen eines Futurekontraktes dürften um so höher sein, je besser er die Bedürfnisse der Marktteilnehmer erfüllt. Im weiteren Verlauf dieser Arbeit werden die Erfolgsdeterminanten daher vor dem Hintergrund dieser Bedürfnisse untersucht. Dabei wird auch zu prüfen sein, ob einzelne Determinanten das Handelsinteresse der Hedger und der Spekulanten gegensätzlich beeinflussen. Soweit das der Fall ist, kommt es für eine Terminbörse darauf an, zwischen den divergierenden Interessen abzuwägen, um die Erfolgschancen eines Kontraktes zu erhöhen.

B. Einfluß ökonomischer Rahmenbedingungen auf den Kontrakterfolg

I. Eigenschaften des Handelsobjektes als Erklärungsansatz für den Kontrakterfolg

Erste Versuche in der Literatur, den Erfolg von Futures zu erklären, setzten an den Eigenschaften ihrer Handelsobjekte an. Anhand der Handelsobjekte erfolgreicher Kontrakte wurde eine Liste gemeinsamer Eigenschaften abgeleitet, die man als Voraussetzung für einen erfolgreichen Futurehandel ansah.[1] Die am

---

2)(...Fortsetzung)
(1991), S. 154-156. Da sie nur Gewinne erzielen können, wenn sie handeln, stellen sie laufend Kursgebote, auf die andere Marktteilnehmer, z.B. Hedger, handeln können.

1) Einen Überblick geben R.L. Sandor (1973), S. 212; D.W. Carlton (1984), S. 242-244; D.G. Black (1986), S. 6-12; C.G. Veljanovski (1986), S. 13-15. Siehe auch die dort angegebene Literatur.

häufigsten genannten Objekteigenschaften sind:[1]

1. Lagerbarkeit,
2. Homogenität,
3. Volatilität des Kassapreises,
4. Größe des Kassamarktes,
5. unbeschränktes Angebot des Handelsobjektes
   auf dem Kassamarkt, d.h. wettbewerbliche
   Preisbildung und niedrige Lieferkosten.

Diese Eigenschaften scheinen unmittelbar keinen Bezug zu den Bedürfnissen der Marktteilnehmer zu haben, die in Abschnitt A dieses Teils herausgearbeitet wurden. Es ist daher im folgenden zu untersuchen, inwieweit die jeweiligen Objekteigenschaften den Bedürfnissen der Marktteilnehmer entgegenkommen. Dabei wird insbesondere der Frage nachgegangen, inwieweit diese Eigenschaften, die ursprünglich für Warenfutures abgeleitet worden sind, den Erfolg von Financial Futures beeinflussen.

1. Lagerbarkeit

Die ersten Futures waren solche auf landwirtschaftliche Erzeugnisse, insbesondere Getreide, für die große Lagerbestände gehalten werden. Ein Grund für die Entwicklung der Getreidefutures bestand darin,

---

1) Die Aufstellung folgt D.G. Black (1986), S. 6, weil sie am umfassendsten ist. In anderen Quellen werden einige der Eigenschaften nicht berücksichtigt. Black nennt als sechste "Eigenschaft" des Handelsobjektes den "Zusammenbruch" des außerbörslichen Terminhandels. Auch R.L. Sandor (1973), S. 212, führt diesen Punkt an. Auf die Bedeutung des außerbörslichen Terminhandels für den Kontrakterfolg wird unten im Abschnitt B.III dieses Teils eingegangen.

Getreidehändlern eine Möglichkeit zu schaffen, ihre Lagerbestände gegen Preisrisiken abzusichern.[1] Dadurch läßt sich erklären, daß die Lagerbarkeit in die Liste der erfolgsbestimmenden Objekteigenschaften aufgenommen wurde.

Lagerbestände wurden zudem als notwendig erachtet, damit an den Lieferterminen eines Kontraktes ausreichende Mengen des Handelsobjektes zur Lieferung verfügbar sind.[2] Dagegen hat bereits Gray darauf hingewiesen, daß Lagerbestände dazu nicht unbedingt notwendig sind.[3] Vielmehr genügt es, wenn lieferbare Güter[4] aus laufender Produktion zur Verfügung stehen.[5] So wurden später auch Futures auf nur bedingt oder überhaupt nicht lagerbare Waren, wie Schweinebäuche oder lebende Rinder und Schweine, erfolgreich eingeführt.

Ebenso sind die Handelsobjekte vieler Financial

---

1) Siehe dazu H.S. Houthakker (1959), S. 158, der es als eine Voraussetzung für einen dauerhaften Futurehandel bezeichnet, daß Bestände bestehen, die abgesichert werden müssen.

2) Siehe dazu H.R. Stoll und R.E. Whaley (1985), S. 253, Fn. 41.

3) R.W. Gray (1965), S. 242.

4) Der Ausdruck "lieferbar" wird in dieser Arbeit anstelle des sonst häufig verwendeten Ausdrucks "andienbar" verwendet; vgl. Stichwort "andienen" in: Bank-Lexikon (1988), Sp. 119. Bereits O. v. Nell-Breuning (1928), S. 182, spricht im Zusammenhang mit Warentermingeschäften von "lieferbaren" Qualitäten. Auch die DTB bezeichnet die bei ihren Kontrakten zur Lieferung zugelassenen Titel als lieferbar; siehe für die Futures auf Bundesanleihen (Bund-Future) und auf mittelfristige Schuldverschreibungen des Bundes (Bobl-Future): DTB (1992b), S. 18.

5) So D.G. Black (1986), S. 7.

Futures nicht "lagerbar". Beispielsweise kann man amerikanische T-Bills meist nicht bis zum Liefertermin eines T-Bill-Future halten, weil sie dann aufgrund der Laufzeitverkürzung nicht mehr zur Lieferung zugelassen sind.[1] Dagegen können Anleihen auch bis zur Erfüllung an entfernteren Lieferterminen eines Anleihefuture im Depot gehalten werden. Für andere Financial Futures, wie Aktienindexfutures und einige Zinsfutures auf Geldmarkttitel, hat man die Erfüllung durch einen Barausgleich (Cash Settlement) eingeführt.[2] Da bei diesen Kontrakten keine physischen Titel zur Lieferung benötigt werden, ist es gleichgültig, ob ihre Handelsobjekte lagerbar sind. Auch scheint die Lagerbarkeit nicht notwendig zu sein, um die Bedürfnisse von Hedgern und Spekulanten zu erfüllen, wenngleich Marktteilnehmer, die Bestände halten, einen Hedgingbedarf haben können. Die Lagerbarkeit der Handelsobjekte ist demnach, insbesondere bei Financial Futures, heute nicht mehr als Voraussetzung für den Kontrakterfolg anzusehen.

2. Homogenität

Ein wichtiges Element des Futurehandels ist die Standardisierung der Kontraktbedingungen. Von zentraler Bedeutung ist es dabei, ein standardisiertes Handelsobjekt festzulegen. Das setzt voraus, daß die Einheiten des Handelsobjektes so homogen sind, daß Käufer und Verkäufer eines Kontraktes sie gleichermaßen zur

---

1) Siehe dazu im einzelnen Abschnitt A.I.1.a des zweiten Teils dieser Arbeit.

2) Siehe dazu im einzelnen Abschnitt A.I.1.b des zweiten Teils dieser Arbeit.

Erfüllung der Lieferverpflichtung akzeptieren. Erfüllt ein Gut diese Homogenitätsbedingung nicht, ist ein börslicher Terminhandel kaum möglich.[1]

Güter, seien es landwirtschaftliche Erzeugnisse, Edelmetalle oder Finanztitel, können jedoch recht heterogen sein. So kommen landwirtschaftliche Erzeugnisse in unterschiedlichen Güteklassen vor, und bei Metallen kann der Feingehalt abweichen. Damit trotzdem ein Futurehandel möglich ist, muß sich eine Standardqualität festlegen lassen und Abweichungen von dieser Standardqualität müssen meßbar sein.[2] Durch die Festlegung einer Standardqualität wird das Handelsobjekt vertretbar gemacht[3] und dadurch ein Futurehandel erst ermöglicht.

Um eine Standardqualität festlegen und Abweichungen davon messen zu können, ist es nicht notwendig, daß die lieferbaren Güter vollkommen homogen sind. Es reicht aus, wenn zwischen den Preisen unterschiedlicher Qualitäten eine möglichst stabile Relation besteht, das heißt die Preise stark miteinander korrelieren.[4] Eine hohe Korrelation zwischen den Preisen unterschiedlicher lieferbarer und nicht lieferbarer Qualitäten trägt zudem dazu bei, daß viele Marktteilnehmer einen Kontrakt zum Hedging

---

1) Siehe D.G. Black (1986), S. 7.

2) M.J. Powers (1967), S. 833; C.G. Veljanovski (1986), S. 14.

3) H. Schmidt (1988), S. 89.

4) Siehe R.W. Gray (1965), S. 241 f.; R.L. Sandor (1973), S. 212; D.W. Carlton (1984), S. 242 f.

einsetzen können.[1] So wird ihr Sicherungsbedürfnis erfüllt und die Erfolgsaussicht eines Kontraktes erhöht.

Die Ausführungen zur Homogenität machen deutlich, daß die Festlegung einer Standardqualität und eines Meßsystems, mit dessen Hilfe man Abweichungen von dieser Standardqualität messen kann, ein Kernproblem der Definition der Kontraktspezifikationen darstellt. Wie sich dieses Problem bei Financial Futures lösen läßt, wird im zweiten Teil dieser Arbeit untersucht.[2]

3. Volatilität des Kassapreises

Als eine der wichtigsten Voraussetzungen für den Erfolg eines Future wird häufig die Preisvolatilität auf dem Kassamarkt genannt.[3] Danach nimmt das Handelsinteresse von Hedgern und Spekulanten mit steigender Volatilität zu.[4] Hedger haben ein besonders großes Interesse, einen Kontrakt zu nutzen, wenn das Preisrisiko hoch ist. Das wird deutlich, wenn man

---

1) R.L. Sandor (1973), S. 213. Siehe dazu auch die Ausführungen unten zur Erfolgsvoraussetzung "großer Kassamarkt".

2) Vgl. Abschnitt A.I des zweiten Teils.

3) Für L.G. Telser (1981b), S. 18, sind Preisschwankungen und die Zahl der Personen, die Interessen in einem Gut haben, die beiden wichtigsten Eigenschaften, die die Eignung eines Gutes als Handelsobjekt eines Future bestimmen. D.W. Carlton (1984), S. 242, sieht im Preisrisiko den Hauptgrund für das Entstehen von Futuremärkten. Siehe auch W.L. Silber (1981), S. 129; R.L. Sandor und H.B. Sosin (1983), S. 260; C.G. Veljanovski (1986), S. 14.

4) So z.B. D.G. Black (1986), S. 8.

sich vorstellt, daß der Preis eines Gutes über eine bestimmte Planungsperiode konstant bleibt. Wer Bestände in einem solchen Gut hält oder plant, solche Bestände in der Zukunft aufzubauen, braucht dann nicht zu befürchten, durch Preisänderungen Verluste zu erleiden. Beispielsweise gab es vor der Rückkehr zu flexiblen Wechselkursen 1971 keine Währungsfutures, weil für Exporteure und Importeure aufgrund der festen Wechselkurse grundsätzlich keine Veranlassung bestand, sich gegen Wechselkursrisiken abzusichern.[1]

Auch das Handelsinteresse von Spekulanten nimmt tendenziell mit steigender Volatilität zu. Je höher die Preisschwankungen sind, um so größer sind die Gewinne, die spekulativ eingestellte Marktteilnehmer erzielen können, wenn ihre Prognosen richtig sind.[2] Bei hoher Volatilität eines Gutes besteht demnach bei Hedgern und Spekulanten ein großer Bedarf für einen Future auf dieses Gut. Deshalb ist die Erfolgswahrscheinlichkeit für einen Kontrakt mit einem volatilen Handelsobjekt groß.

Der Einfluß der Preisvolatilität auf das Handelsvolumen von Futures ist Gegenstand mehrerer empirischer Untersuchungen gewesen. Diese Untersuchungen

---

1) Darauf weisen folgende Autoren hin: L.G. Telser und H.L. Higinbotham (1977), S. 987; L.G. Telser (1981b), S. 18; D.W. Carlton (1984), S. 253; H.R. Stoll und R.E. Whaley (1985), S. 252.

2) Siehe dazu H. Working (1953), S. 329-331. Er führt aus, daß Spekulanten nur bei Preisänderungen Gewinne erzielen können, die vom Markt nicht erwartet werden; ebda., S. 329. Siehe auch D.J.S. Rutledge (1986), S. 142, der für verschiedene Gruppen spekulativ eingestellter Marktteilnehmer begründet, warum diese ihre Handelsaktivität erhöhen, wenn die Preisschwankungen zunehmen.

bestätigen im wesentlichen den theoretischen Befund
eines positiven Zusammenhangs zwischen Preisvolatilität und Handelsvolumen von Futures.[1]

4. Größe des Kassamarktes

Ein großer Kassamarkt, mit vielen Marktteilnehmern -
Anbietern und Nachfragern - und entsprechend hohen
Umsätzen, wird in der Literatur aus mehren Gründen
als Voraussetzung für einen erfolgreichen Futurehandel angesehen. Zunächst läßt ein großer Kassamarkt
erwarten, daß bei vielen Marktteilnehmern ein potentieller Hedgingbedarf besteht.[2] Je mehr Marktteilnehmer auf einem Kassamarkt handeln und je größere
Bestände sie halten, um so größer wird ihre Nachfrage nach einem Kontrakt sein, der es ihnen erlaubt,
sich gegen Kurs- oder Zinsrisiken abzusichern.

Zudem erschwert ein großes Angebot auf dem Kassamarkt
den Aufbau marktbeherrschender Positionen. Ist das
Angebot dagegen begrenzt, kann es finanzstarken
Marktteilnehmern gelingen, so große Positionen aufzubauen, daß sie den Kassapreis zu ihren Gunsten
beeinflussen können.[3] Dadurch würde eine weitere
Bedingung für einen erfolgreichen Futurehandel -
Preisbildung im freien Wettbewerb - verletzt, auf die
im folgenden Abschnitt eingegangen wird.

---

1) Siehe z.B. B. Cornell (1981); T.F. Martell und A.S. Wolf
   (1987); M. Najand und K. Yung (1991).

2) D.W. Carlton (1984), S. 243; D.G. Black (1986), S. 9.
   Siehe auch L.G. Telser (1981b), S. 18.

3) Siehe dazu D.G. Black (1986), S. 9; R.W. Kolb (1991),
   S. 49. Siehe zu Möglichkeiten der Verhinderung solcher
   marktbeherrschenden Positionen die Abschnitte A.I.1.a und
   A.VII des zweiten Teils dieser Arbeit.

Schließlich erhöht ein großer Kassamarkt die Wahrscheinlichkeit dafür, daß ständig genügend Anbieter und Nachfrager am Markt präsent sind, damit man lieferbare Titel zu niedrigen Kosten sofortigen Abschlusses kaufen oder verkaufen kann.[1] Inhaber von Short-Positionen im Future können sich dann leichter eindecken und Arbitrageure können reibungslos Arbitragepositionen aufbauen, was den Preiszusammenhang zwischen Kassa- und Futuremarkt stärkt. Das spricht dafür, daß ein Kontrakt auf ein Handelsobjekt mit einem großen Kassamarkt den Hedgingbedarf der Marktteilnehmer besser befriedigen kann, als wenn der Kontrakt auf ein Handelsobjekt mit kleinerem Kassamarkt lautet.

5. Unbeschränktes Angebot auf dem Kassamarkt

Neben einem großen Angebot auf dem Kassamarkt wird es für den Erfolg eines Future als wichtig angesehen, daß dieses Angebot ohne Beschränkungen auf den Markt gelangen kann.[2] Das bedeutet erstens, daß Preisbildung im freien Wettbewerb möglich sein muß. Wird das Angebot auf dem Kassamarkt durch ein Monopol, ein Kartell oder den Staat kontrolliert, so sind diese Anbieter in der Lage, den Preis festzusetzen oder ihn

---

1) Siehe R.L. Sandor (1973), S. 212; D.G. Black (1986), S. 9; C.G. Veljanovski (1986), S. 15, der darauf hinweist, daß der Lieferprozeß durch einen liquiden Kassahandel erleichtert wird.

2) So M.J. Powers (1967), S. 833; D.G. Black (1986), S. 9.

zumindest zu beeinflussen.[1] Es ist dann nicht zu
erwarten, daß andere Marktteilnehmer dazu bereit
sind, Positionen in einem entsprechenden Kontrakt
einzugehen. Beispielsweise müßten Inhaber von Short-
Positionen befürchten, sich am Liefertermin nur zu
einem Preis mit lieferbaren Titeln eindecken zu
können, den der monopolistische Anbieter diktiert.

Zweitens ist ein unbeschränktes Angebot von lieferbaren Titeln erforderlich, damit die Kosten der
Lieferung möglichst niedrig sind.[2] Solche Kosten
entstehen bei der physischen Lieferung von Waren
unter anderem durch den Transport der lieferbaren
Güter zum Lieferort, durch Maßnahmen zum Erhalt der
Lieferqualität und durch eine Qualitätskontrolle
seitens der Börse vor der Zulassung eines Gutes zur
Lieferung.

Bei Financial Futures sind die Lieferkosten meistens
niedriger als bei Warenfutures. Beispielsweise genügt
es bei Anleihefutures aufgrund der im Vergleich zu
vielen Waren wesentlich stärkeren Homogenität, wenn
die Börsengremien bestimmte Emissionen zur Lieferung
zulassen. Es läßt sich dann einfach überprüfen, ob
ein Titel zu einer der lieferbaren Emissionen gehört.
Dagegen entstehen bei der physischen Lieferung von
Güterkörben, wie Aktienindizes, hohe Lieferkosten. Um
auch für Titel mit hohen Lieferkosten einen Futurehandel zu ermöglichen, hat man die Erfüllung durch
Barausgleich (Cash Settlement) eingeführt. Das Cash
Settlement hat für viele Waren und Finanztitel mit

---

1) R.L. Sandor (1973), S. 212; D.W. Carlton (1984), S. 247;
   D.G. Black (1986), S. 9 f.

2) Siehe D.G. Black (1986), S. 9 f.

hohen Lieferkosten einen erfolgreichen Futurehandel ermöglicht. Es macht allerdings auch abhängig von der Qualität des Schlußabrechnungskurses (Indexwert). Das Risiko seiner Manipulation führt wiederum zu Lieferkosten.[1]

6. Zusammenfassung

In den vorstehenden Abschnitten sind Eigenschaften potentieller Handelsobjekte untersucht worden, die man früher als Voraussetzung für einen erfolgreichen Futurehandel ansah. Im Laufe der Zeit sind an den Börsen Kontrakte erfolgreich eingeführt worden, deren Handelsobjekten eine oder mehrere dieser Eigenschaften fehlen. So wurden Kontrakte auf Waren und Finanztitel eingeführt, die nicht oder nur begrenzt lagerbar sind. Das gilt in besonderem Maße für zinstragende Titel, die man aufgrund der Laufzeitverkürzung oftmals nicht bis zur Lieferung im Bestand halten kann. Durch das Cash Settlement wurde zudem ein Futurehandel in Finanztiteln möglich, die sich aufgrund hoher Lieferkosten nicht für physische Belieferung eignen. Für Kontrakte mit physischer Lieferung ist die Homogenität der lieferbaren Titel auch heute eine wichtige Erfolgsvoraussetzung. Sie wird bei der Definition des Handelsobjektes und der Festlegung der Lieferbestimmungen berücksichtigt.

Zentrale Voraussetzungen für den Erfolg von Financial Futures scheinen jedoch die Preisvolatilität auf dem Kassamarkt sowie die Größe des Kassamarktes zu sein.

---

1) Siehe D.G. Black (1986), S. 10 f. Zum Cash Settlement und seinen Voraussetzungen siehe Abschnitt A.I.1.b. des zweiten Teils dieser Arbeit.

Bei hoher Preisvolatilität eines Gutes besteht ein
hoher Hedgingbedarf. Auch Spekulanten haben dann ein
großes Handelsinteresse, da sie mit den richtigen
Prognosen hohe Gewinne erzielen können. Die Zahl der
Hedger und Spekulanten, die sich am Handel beteiligen, ist umso größer, je größer der Kassamarkt ist.
Ein Kontrakt auf ein volatiles Gut mit einem großen
Kassamarkt befriedigt dieses Handelsinteresse und hat
daher gute Erfolgsaussichten.

II. Geographisches Zentrum des Kassamarktes

Eine in jüngerer Zeit häufig diskutierte These be-
sagt, daß ein Futuremarkt größere Erfolgsaussichten
hat, wenn er nahe am geographischen Zentrum des
Kassamarktes angesiedelt ist. Beispielsweise ist vor
der Einführung des Bund-Future an der DTB im November
1990 die Ansicht vertreten worden, daß die DTB mit
ihrem Kontrakt einen großen Teil des Handelsvolumens
im Bund-Future von der LIFFE abziehen könnte, weil
der Kassahandel mit Bundesanleihen in Frankfurt
konzentriert sei.[1]

Für die These größerer Erfolgsausichten eines Futurehandels am Zentrum des Kassamarktes spricht histo-
risch gesehen, daß Futuremärkte zunächst dort entstanden sind, wo der Kassamarkt beheimatet war. So
begann der Getreidefuturehandel in den USA in Chicago, einem wichtigen Handelszentrum für Getreide und

---

1) So J. Franke (1990b), S. 64, der eine Sogwirkung des
   offiziellen Handels mit Bundesanleihen auf die derivativen
   Produkte vermutet. Auch R.-E. Breuer hält es für einen
   Wettbewerbsvorteil der DTB gegenüber der LIFFE, daß der
   Kassahandel mit Bundesanleihen in Frankfurt konzentriert
   ist; vgl. o.V. (1990d).

Getreideprodukte. Dort hatten die potentiellen Nutzer
eines Getreidefuture, wie Großhändler und Getreide-
mühlen, ihren Sitz. Sie besaßen zudem die Fachkennt-
nisse, die für einen erfolgreichen Futurehandel wichtig sind. Working[1] stellt fest, daß für im Inland
produzierte Güter ein wesentlich größeres Interesse
am Futurehandel besteht als bei importierten Gütern.
Er führt das auf ein ausgeprägteres spekulatives
Interesse der Marktteilnehmer für Güter zurück, die
im Inland produziert werden, was wohl auch mit
größerem Fachwissen zu erklären ist. Futures können
danach deswegen besonders erfolgreich sein, wenn sie
am Zentrum des Kassamarktes gehandelt werden, weil
sich dort viele potentielle Nutzer mit dem notwendigen Fachwissen zusammenfinden. Außerdem wird die
Lieferung erleichtert und verursacht niedrigere
Kosten, wenn der Kassamarkt in der Nähe ist.

An den internationalen Terminbörsen werden jedoch in
den letzten Jahren zunehmend Kontrakte auf ausländische Finanztitel eingeführt.[2] In Europa wird an der
LIFFE seit Juni 1984 ein US-T-Bond-Kontrakt gehandelt.[3] Auch an anderen Börsen gibt es Kontrakte auf

---

1) Siehe H. Working (1953), S. 319.

2) Siehe M.H. Miller (1990), S. 398 f.

3) Siehe J. Treanor (1991a), S. 61. M.H. Miller (1990), S.
   399, Tabelle 3, weist in diesem Zusammenhang auf den
   Eurodollarkontrakt hin, der an der LIFFE seit ihrer Eröff-
   nung im September 1982 gehandelt wird (M.D. Fitzgerald
   (1982), S. 105). Dazu ist anzumerken, daß London das
   Zentrum des Kassamarktes für Eurodollareinlagen ist.
   Insofern wird der Eurodollarkontrakt der LIFFE im Grunde
   am Zentrum des Kassamarktes gehandelt, auch wenn er sich
   auf Einlagen bezieht, die in einer ausländischen Währung
   denominiert sind. Trotzdem erzielt der Eurodollarkontrakt
   der CME wesentlich höhere Umsätze als der Kontrakt der
   LIFFE. In diesem Fall liegt also der Hauptmarkt des
   (Fortsetzung...)

ausländische Handelsobjekte. Besonders herausgehoben
wird in diesem Zusammenhang häufig der Bund-Future,
den die LIFFE im September 1988 eingeführt hat.[1] Er
hat sich schnell zum umsatzstärksten Kontrakt der
LIFFE entwickelt. Im Vergleich dazu sind die Umsätze
des Bund-Future der DTB relativ niedrig. In diesem
Fall hat sich die These eines Wettbewerbsvorteils des
Futurehandels am heimatlichen Kassamarkt zumindest
bislang nicht bestätigt.[2] Dagegen haben Kontrakte
auf ausländische Aktienindizes an den internationalen
Futurebörsen bislang keine nennenswerten Umsätze
erzielt.[3] Bei Aktienindexfutures scheint die Bedeutung des heimatlichen Kassamarktes demnach größer zu
sein als bei Zinsfutures.

---

3)(...Fortsetzung)
Futurehandels nicht am Zentrum des Kassamarktes. Darauf
weist W.F. O'Connor (1992) hin.

1)   Siehe M.H. Miller (1990), S. 398; BIZ (1990), S. 163, die
den Bund-Future der LIFFE als den einzigen "offshore"
gehandelten Anleihefuture bezeichnet, der nennenswerte
Umsätze erzielt hat.

2)   G. Franke (1991), S. 84, weist darauf hin, daß der Bund-
Future der DTB im Vergleich zum Kontrakt der LIFFE in den
ersten beiden Monaten des Jahres 1991 erst einen Marktanteil von 8 Prozent erreicht hatte, "obwohl Frankfurt der
maßgebliche Handelsplatz für Bundesanleihen ist". Inzwischen liegt der Marktanteil der DTB bei 25 bis 30 Prozent.
Siehe zur Entwicklung des Marktanteils die Fallstudie zu
den Bund-Futures der LIFFE und der DTB im dritten Teil
dieser Arbeit.

3)   So wird am OM London (Tochterbörse der schwedischen
Terminbörse) seit Anfang Mai 1991 ein Kontrakt auf einen
Aktienindex (GEMX) gehandelt, der sich aus 20 deutschen
Aktienwerten zusammensetzt. Dieser hat 1991 ein Handelsvo-
lumen von 11.000 Kontrakten erzielt; FOW (1992c), S. 9.
Das Handelsvolumen des DAX-Future der DTB betrug 1991 1,25
Mio. Kontrakte; DTB (1992d), S. 5. An der CME wird ein
Kontrakt auf einen japanischen Aktienindex (NIKKEI 225)
gehandelt. Umsatz 1991: 247.000 gegenüber dem NIKKEI-225-
Kontrakt der Osaka Securities Exchange mit 21,6 Mio.
Kontrakten; FOW (1992a), S. 54.

Die zukünftige Entwicklung wird zeigen, ob es im Zuge
einer weiteren Integration der Finanzmärkte für den
Erfolg von Futures weniger wichtig werden wird, ob
der Futurehandel am Zentrum des Kassamarktes stattfindet. Das ist bei Kontrakten ausländischer Börsen
wahrscheinlicher, deren Handelszeiten sich weitgehend
mit denen des heimischen Kassamarktes überschneiden.

III. Einfluß außerbörslicher Festgeschäfte auf den
     Kontrakterfolg

Außerbörslich abgeschlossene Festgeschäfte (Forwards)
stellen für Marktteilnehmer, die sich gegen Preisrisiken absichern möchten, eine Alternative zu Futures
dar. Es wird daher im folgenden untersucht, inwieweit
der Erfolg eines Future durch einen Forwardhandel in
dessen Handelsobjekt beeinflußt werden kann.

Bei Forwards können die Vertragspartner alle Vertragsbestandteile, insbesondere das zu liefernde Gut
und den Liefertermin, individuell festlegen. Das hat
für einen Hedger den Vorteil, daß sich die Vertragsbestandteile auf seine Bedürfnisse ausrichten lassen.
Dagegen sind die Kontraktspezifikationen bei Futures
standardisiert, weshalb der abzusichernde Kassatitel
und das Handelsobjekt des Future sowie die geplante
Hedgingperiode und der Liefertermin des Future nur
selten übereinstimmen werden. Daher ist die Hedgingeffektivität meist höher, wenn man mit Forwardkon-
trakten absichert, als wenn man Futures verwendet.

Hedger werden demnach einen Future nur verwenden,

34

wenn er gegenüber einem bestehenden Forwardkontrakt
Vorteile aufweist. Der wesentliche Vorteil von Futures gegenüber Forwards wird in einer Reduktion der
Transaktionskosten gesehen[1], zu der die börsliche
Organisation des Futurehandels beiträgt.[2] Im Futurehandel gilt das insbesondere für die Kosten der
Sicherung gegen Transaktionsrisiken. Da das Clearinghaus die Vertragserfüllung garantiert, ist das Ausfallrisiko praktisch zu vernachlässigen, und es ist
anders als im Forwardhandel nicht notwendig, die
Bonität des Kontrahenten zu überprüfen.[3]

---

1) W.L. Silber (1981), S. 138, sieht in der Reduktion der
    Transaktionskosten den gesamtwirtschaftlichen Nutzen von
    Futures. Auch C.G. Veljanovski (1986), S. 26, betrachtet
    die Verringerung der Transaktionskosten als den wesentli-
    chen Vorteil von Futures gegenüber vergleichbaren Siche-
    rungsgeschäften auf dem Forward- und dem Kassamarkt. Er
    bezeichnet die geringeren Transaktionskosten als die
    "raison d'être of futures trading"; ebda., S. 36.

2) Nach H. Schmidt (1988), S. 5, besteht "...die zentrale
    Leistung börslicher Zirkulationsmärkte in der Verringerung
    der Kosten einer Effektentransaktion...". Zum Beitrag von
    Wertpapierbörsen zur Verringerung der Transaktionskosten
    bei Effektengeschäften siehe ebda., S. 7-26. Schmidt
    unterteilt die Transaktionskosten dabei in die Kosten des
    Transaktionsservice der Bank, die transaktionsbedingten
    Informations- und Entscheidungskosten, die Kosten der
    Sicherung gegen Transaktionsrisiken und die Kosten
    sofortigen Abschlusses. Siehe dazu auch H.Schmidt (1970),
    S. 100-245; ders. (1977), S. 20-27.

3) Zur Reduktion des Ausfallrisikos durch einen börslich
    organisierten Markt mit einem Clearinghaus siehe L.G.
    Telser und H.N. Higinbotham (1977), S. 969-974. Sie machen
    den Transaktionskostenvorteil von Futures gegenüber
    Forwards durch eine Analogie deutlich. Danach verhält sich
    ein Future zu einem Forward wie eine Banknote zu einem
    Scheck. Anders als beim Future und bei der Banknote ist es
    beim Forward und beim Scheck notwendig, den Kontrahenten
    und seine Bonität zu kennen; ebda., S. 973. Zur Verringe-
    rung der Risikokosten durch den Futurehandel siehe auch
    C.G. Veljanovski (1986), S. 26-28.

Ein weiterer Transaktionskostenvorteil besteht darin,
daß ein Marktteilnehmer sich durch ein Gegengeschäft
leicht wieder aus der eingegangenen Verpflichtung
lösen kann. Dabei ist es gleichgültig, wer der ursprüngliche Kontrahent ist, da das Clearinghaus die
Gegenposition zu jedem Geschäft hält. Dagegen muß man
bei Forwards meist mit dem ursprünglichen Kontrahenten abschließen, der in vielen Fällen nicht zu
einem Gegengeschäft bereit sein wird. Nur im Ausnahmefall wird man einen anderen Kontrahenten finden,
mit dem man ein Gegengeschäft mit den exakten Merkmalen des Ursprungsgeschäfts abschließen kann. Futures
erleichtern es Hedgern demnach erheblich, eine be-
stehende Kassaposition nur zeitweise abzusichern,
ohne wie beim Forward eine feste Liefer- oder Abnah-
meverpflichtung einzugehen.[1]

Die Verringerung der Transaktionskosten ist nach den
obigen Ausführungen entscheidend für den Erfolg eines
Future. Gegenüber einem bestehenden Forwardhandel
wird sich ein neuer Kontrakt daher nur durchsetzen
können, wenn er den Handel zu niedrigeren Transaktionskosten ermöglicht. Da Futures und Forwards aber
keine perfekten Substitute sind, können sie durchaus
nebeneinander existieren. Beispielsweise werden an
der CME erfolgreich Devisenfutures gehandelt[2], obgleich es einen sehr aktiven außerbörslichen Devisenterminhandel gibt. Dagegen sind Devisenfutures an
anderen Terminbörsen weit weniger erfolgreich. So

---

1) Siehe z.B. D.G. Black (1986), S. 11; H.R. Stoll und R.E.
    Whaley (1993), S. 15.

2) Die umsatzstärksten Kontrakte sind diejenigen auf D-Mark
    (Umsatz 1991: 10,9 Mio. Kontrakte), Yen (6,0 Mio. Kontrak-
    te), Schweizer Franken (5,8 Mio.) und Britische Pfund (3,7
    Mio.); Quelle: FOW (1992c), S. 11.

hat die LIFFE im April 1990 bekanntgegeben, daß sie den Handel mit allen Devisenfutures einstellt. Als Grund wurde der sehr liquide Devisenterminhandel unter Banken am Londoner Platz angegeben.[1]

Ein liquider außerbörslicher Terminhandel kann also den Kontrakterfolg beeinträchtigen. Es ist aber auch denkbar, daß die Entwicklung eines Future erst einen außerbörslichen Terminmarkt ermöglicht. So haben Banken ihren Kunden Forward Rate Agreements (FRAs)[2] auf US-Dollar-Zinssätze erst angeboten, nachdem sich das Handelsvolumen in Eurodollarfutures soweit erhöht hatte, daß diese Futures ihnen eine kostengünstige und liquide Sicherungsmöglichkeit boten. Mit FRAs können sich Kunden gegen Zinsrisiken absichern, die aufgrund des Liquiditätsbedarfes und des Verwaltungsaufwandes für Marginzahlungen, aber auch wegen des Basisrisikos keine Futures verwenden möchten.[3] Da

---

1) Vgl. o.V. (1990b); A. Carpenter und C. Capozzi (1991), S. 725. 1989 betrug der Umsatz in den fünf Devisenfutures und zwei Devisenfutureoptionen der LIFFE insgesamt 11.000 Kontrakte; siehe ebda.

2) Forward Rate Agreements sind außerbörsliche Zinstermingeschäfte. Dabei vereinbaren beide Kontrahenten einen Zinssatz für eine bestimmte Periode in der Zukunft. Ist der Zinssatz bis zum Beginn der vereinbarten Periode über den vereinbarten Zinssatz gestiegen, erhält der "Käufer" eines FRA vom "Verkäufer" eine Ausgleichszahlung. Im umgekehrten Fall erhält der "Verkäufer" eine Ausgleichszahlung. Es sei darauf hingewiesen, daß die Begriffe "Käufer" und "Verkäufer" im Zusammenhang mit FRAs die umgekehrte Bedeutung haben wie bei Futures. Der Käufer eines FRA sichert sich gegen einen Zinsanstieg ab, während sich der Käufer eines Future gegen einen Zinsrückgang absichert. Siehe zu Forward Rate Agreements BIZ (1986), S. 121-126; R.D. Brown (1988); Westdeutsche Landesbank (1988), S. 33-36; Dresdner Bank (1991), S. 26-28.

3) Siehe zu den Gründen, aus denen auch manche größere Unternehmen FRAs gegenüber Zinsfutures bevorzugen R.D. Brown (1988), S. 219-221; R.A. Hutchison (1988), S. 93.

Banken zumindest einen Teil ihrer Zinsrisiken aus
FRAs über Futures absichern, kommt das Wachstum des
FRA-Marktes auch den zur Absicherung verwendeten
Futures zugute.

Zusammenfassend läßt sich festhalten, daß ein liquider außerbörslicher Terminhandel den Erfolg eines
Future beeinträchtigen kann, aber nicht muß. In einzelnen Fällen kann ein Future sogar von der Entwicklung und dem Wachstum eines Forwardmarktes profitieren.

IV. Einfluß des Futurehandels an Konkurrenzbörsen
    auf den Kontrakterfolg

In diesem Abschnitt wird der Frage nachgegangen, wie
Futures, die an Konkurrenzbörsen gehandelt werden,
den Erfolg eines neuen Kontraktes beeinflussen können. Dabei wird zwischen gleichen Kontrakten und
potentiell substitutiven Kontrakten unterschieden.

Ein neuer Kontrakt und ein bestehender Kontrakt mit
dem gleichen Handelsobjekt bieten bei auch sonst
gleichen Kontraktspezifikationen die gleiche Hedgingeffektivität. Entscheidend für den Erfolg des neuen
Kontraktes sind demnach die Höhe der Transaktionskosten, insbesondere der Kosten sofortigen Abschlusses.

An Terminbörsen werden im Vergleich zu Effektenkassa-
märkten relativ wenige Titel gehandelt. Die Definition fiktiver, typischer Handelsobjekte und die Standardisierung der Liefertermine bei Futures ermöglicht
die Konzentration der Umsätze auf wenige Kontrakte

mit wenigen Fälligkeiten. Durch die Konzentration der Umsätze ist die Zahl der konkurrierenden Geld- und Briefgebote in den einzelnen Kontrakten groß, was zu engen Geld-Brief-Spannen und entsprechend niedrigen Kosten sofortigen Abschlusses beiträgt. Die Kosten sofortigen Abschlusses sind im allgemeinen umso niedriger, je höher die Umsätze sind. Anders ausgedrückt bestehen im Futurehandel Economies of Scale, die aufgrund der starken Umsatzkonzentration größer sind als im Kassahandel.[1] Aufgrund dieser Economies of Scale werden Futuremärkte häufig als natürliche Monopole angesehen.[2]

Hat ein Kontrakt an einer Börse bereits ein hohes Handelsvolumen erreicht, ist es demnach für andere Börsen schwierig, einen Kontrakt mit dem gleichen Handelsobjekt erfolgreich einzuführen. Börsen, die einen Kontrakt zuerst einführen, haben somit einen Konkurrenzvorsprung, der nur schwer zu überwinden ist.[3] Hierin liegt auch die Erklärung dafür, daß

---

1) Siehe S. Smidt (1985), S. 52.

2) So z.B. W.L. Silber (1981), S. 138; ders. (1985), S. 108; H.R. Stoll und R.E. Whaley (1985), S. 257, die sich allerdings nicht direkt auf Futures, sondern allgemein auf "financial instruments" beziehen, womit sie auch börslich gehandelte Optionen einschließen. Siehe auch H.R. Stoll (1990b), S. 409.

3) Siehe dazu W.L. Silber (1981), S. 132; L.S. Goodman (1983), S. 29. M.H. Miller (1990), S. 398, spricht in diesem Zusammenhang von einem "first-mover advantage". Es sei darauf hingewiesen, daß ein solcher Konkurrenzvorsprung für das Unternehmen, das ein Produkt als erstes auf den Markt bringt, nicht typisch für den Futurehandel ist. Auch auf Gütermärkten haben Unternehmen, die innovative Produkte anbieten, für einen mehr oder weniger langen Zeitraum eine monopolistische Stellung, bis ein Konkurrenzunternehmen mit einem ähnlichen Produkt auf den Markt kommt. Aufgrund der hohen Economies of Scale kann eine

(Fortsetzung...)

konkurrierende Börsen versuchen, stets als erste neue
Kontrakte an den Markt zu bringen.

Ähnliches läßt sich beobachten, wenn zwei Börsen
gleichzeitig einen Kontrakt mit dem gleichen Handelsobjekt einführen. Es bildet sich dann meist schnell
ein Hauptmarkt heraus, der so große Umsätze und damit
so niedrige Kosten sofortigen Abschlusses aufweist,
daß auch die Marktteilnehmer, die vorher an der Konkurrenzbörse gehandelt haben, ihre Aufträge an den
Hauptmarkt verlagern. Dadurch gehen die Umsätze an
der Konkurrenzbörse zurück, und sie ist schließlich
gezwungen, den Handel einzustellen, weil die Gebühreneinnahmen nicht mehr ausreichen, um die Kosten der
Börse und ihrer Mitglieder zu decken.[1]

Für den Erfolg eines neuen Kontraktes ist es aber
nicht nur von Bedeutung, ob an einer anderen Börse
bereits ein Kontrakt mit dem gleichen Handelsobjekt
gehandelt wird. Auch ein Kontrakt mit einem ähnlichen
Handelsobjekt kann den Erfolg beeinträchtigen, wenn
dessen Umsatz hoch ist. Ein neuer Kontrakt bietet für
Hedger, die Positionen in dessen Handelsobjekt gegen
Preisrisiken absichern möchten, gegenüber bestehenden Kontrakten, die für Cross Hedging genutzt werden,
den Vorteil einer höheren Hedgingeffektivität. Dieser

---

3)(...Fortsetzung)
    solche Monopolstellung im Futurehandel aber offenbar sehr
    dauerhaft sein.

1)   Siehe M.H. Miller und C.W. Upton (1991), S. 150 f. Ein
    Beispiel dafür aus jüngerer Zeit ist die Umsatzentwicklung
    der Euro-DM-Futures des MATIF und der LIFFE, die am 19.4.
    bzw. 20.4.1989 in den Handel eingeführt wurden. Der Kon-
    trakt der LIFFE zog schnell einen großen Teil des Gesamt-
    umsatzes auf sich. Der MATIF hat dann den Handel seines
    Euro-DM-Kontraktes im Juni 1991 eingestellt; G. Humphreys
    (1992), S. 54.

Vorteil läßt sich an der Verringerung des Restrisikos gegenüber der Sicherung mit einem Cross-Hedge-Kontrakt messen.[1] Dem Sicherungsvorteil eines neuen Kontraktes steht jedoch ein Kostennachteil gegenüber. Solange das Handelsvolumen des neuen Kontraktes noch nicht das Niveau des Cross-Hedge-Kontraktes erreicht hat, fallen beim Hedging mit dem neuen Kontrakt höhere Kosten sofortigen Abschlusses an als beim Cross Hedge. Ein neuer Kontrakt kann daher nur erfolgreich sein, wenn der Sicherungsvorteil die höheren Kosten sofortigen Abschlusses aufwiegt.[2] Ist das der Fall, werden sich höhere Volumina herausbilden, und zwar zu Lasten des Kontraktes, der bisher zum Cross Hedging genutzt wurde.

Zusammenfassend läßt sich festhalten, daß es aufgrund der starken Economies of Scale für einen neuen Kontrakt schwer ist, gegenüber einem umsatzstarken Kontrakt mit dem gleichen oder einem ähnlichen Handelsobjekt erfolgreich zu sein. Besteht bereits ein umsatzstarker Cross-Hedge-Kontrakt, kann ein neuer Kontrakt nur erfolgreich sein, wenn der Sicherungsvorteil des neuen Kontraktes den Kostennachteil gegenüber dem Cross-Hedge-Kontrakt aufwiegt.

---

1) W.L. Silber (1985), S. 105 f.; D.G. Black (1986), S. 38; H. Schmidt (1988), S. 90. Das Restrisiko läßt sich definieren als das verbleibende Preisrisiko eines Hedgeportefeuilles aus Kassa- und Futureposition gegenüber einer theoretisch perfekten Hedge, deren Restrisiko null ist; D.G. Black (1986), S. 22.

2) Siehe dazu H. Schmidt (1988), S. 90. W.L. Silber (1981), S. 137, spricht in diesem Zusammenhang von einem Tradeoff zwischen Liquidität und Hedging. Treffender spricht D.G. Black (1986), S. 21, von einem Tradeoff zwischen Liquidität und Restrisiko.

C. Einfluß rechtlicher Rahmenbedingungen auf den Kontrakterfolg

I. Vorbemerkung

Im vorigen Abschnitt wurde dargestellt, welche ökonomischen Rahmenbedingungen zum Erfolg von Financial Futures beitragen und welche einem Erfolg entgegenstehen können. Es liegt nahe zu vermuten, daß neben den ökonomischen Rahmenbedingungen auch die rechtlichen Rahmenbedingungen, unter denen Terminbörsen ihre Kontrakte den Marktteilnehmern anbieten, den Kontrakterfolg beeinflussen können. Daher wird im folgenden untersucht, inwieweit solche Rechtsvorschriften den Erfolg von Financial Futures beeinträchtigen oder fördern. Im Hinblick auf dieses Untersuchungsziel bietet es sich an, drei Bereiche rechtlicher Vorschriften zu unterscheiden:[1]

1. Vorschriften zur Zulässigkeit von Börsentermingeschäften,
2. Vorschriften zu Börsen und ihren Geschäften und
3. Vorschriften für potentielle Marktteilnehmer.

Ökonomische Prozesse sollen die Wohlfahrt in einer Volkswirtschaft erhöhen. Folgt man dieser Sichtweise, so scheint es aus der Sicht eines Ökonomen naheliegend, ökonomische, rechtliche und politische Maßnahmen anhand ihrer Wohlfahrtseffekte zu beurteilen. Staatliche Regelungen wirtschaftlicher Abläufe sind

---

1) Eine ähnliche Unterteilung nimmt A. Lang (1988), S. 59, vor.

danach zu befürworten, wenn sie mindestens ein Wirt-
schaftssubjekt besser stellen ohne andere schlechter
zu stellen (Pareto-Kriterium). Der praktische Einsatz
des Wohlfahrtskriteriums scheitert allerdings in der
Praxis meist daran, daß sich die Wohlfahrtseffekte
bei den vielen am Wirtschaftsprozeß beteiligten Personen nicht messen lassen. Daher wird häufig bereits
ein Effizienzgewinn als Wohlfahrtsgewinn behandelt,
wobei Verteilungs- oder Gerechtigkeitsaspekte nicht
näher betrachtet werden.

Ein verbreiteter Ansatz zur Beurteilung rechtlicher
Rahmenbedingungen, der dieser Sichtweise folgt, ist
die Kosten-Nutzen-Analyse.[1] Eine solche Analyse, die
auch die Zusammenhänge zwischen den einzelnen Regelungen berücksichtigen müßte, würde jedoch über den
Umfang dieser Arbeit hinausgehen. Deshalb wird der
Einfluß rechtlicher Rahmenbedingungen auf den Kontrakterfolg im folgenden anhand exemplarisch ausgewählter Rechtsvorschriften aus den drei genannten
Regelungsbereichen verdeutlicht. Dabei werden überwiegend Regelungen aus dem deutschen Rechtsgebiet
betrachtet. Darüber hinaus wird auf Bestimmungen im
amerikanischen Recht eingegangen, die die Zulassung
neuer Kontrakte zum Handel an einer Terminbörse
regeln. Diese Bestimmungen, die zum zweiten Rege-

---

1) Siehe z.B. P. Cagan (1981), passim; W.L. Silber (1981), S.
   141-145; R.W. Anderson (1984b), insbesondere S. 309-316;
   D.R. Fischel und S.J. Grossman (1984), S. 280-295. Einen
   alternativen Ansatz stellt H. Schmidt (1983) vor. Er verwendet das Konzept der marktorganisationsbestimmten Kosten
   als Kriterium zur Auswahl von Anlegerschutzregelungen.
   Wie Schmidt bereits in einer früheren Arbeit ausgeführt
   hat, tragen "... nur solche Anlegerschutzmaßnahmen zur
   Verfahrenseffizienz bei .. [und sind daher ökonomisch zu
   vertreten], die ... die Summe aller marktorganisationsbestimmten Kosten reduzieren"; H. Schmidt (1977), S. 36.

lungsbereich - den Vorschriften über die Börse und ihre Geschäfte - gehören, sind in der amerikanischen Literatur[1] eingehend untersucht worden und machen besonders deutlich, wie Rechtsvorschriften den Kontrakterfolg beeinflussen können.

II. Vorschriften zur Zulässigkeit von Börsentermingeschäften

Futures können nur gehandelt werden und sich erfolgreich entwickeln, wenn Börsentermingeschäfte rechtlich zulässig sind. Dabei sind die allgemeine rechtliche Zulässigkeit börslicher Termingeschäfte und die Zulässigkeit börslicher Termingeschäfte mit bestimmten Handelsobjekten zu unterscheiden.

In Deutschland waren Börsentermingeschäfte in Aktien vor der Börsengesetznovelle zum 1. August 1989 gemäß § 63 Abs. 1 BörsG a.F.[2] grundsätzlich verboten. Der Bundesfinanzminister konnte jedoch durch Rechtsverordnung bestimmte Aktien zum Börsenterminhandel zulassen (§ 63 Abs. 1 Satz 2 BörsG a.F.). Nach dem vorläufigen Ende des Börsenterminhandels mit Wertpa-

---

1) Siehe z.B. J.K. Dew (1981); G.L. Seevers (1981); W.L. Silber (1981), S. 141-145; R.W. Anderson (1984b); D.R. Fischel (1986).

2) Im folgenden beziehen sich Angaben von Paragraphen des Börsengesetzes mit dem Zusatz "a.F." (alte Fassung) auf das Börsengesetz in der Fassung vom 16.12.1986 (geändert durch Art. 1 Börsenzulassungs-Gesetz, BGBl. I S. 2478). Paragraphenangaben ohne diesen Zusatz beziehen sich auf die seit der Börsengesetznovelle zum 1.8.1989 geltende Fassung.

pieren im Juli 1931[1] wurden erst zum 1. Juli 1970
wieder Termingeschäfte in Aktien zugelassen. Allerdings ließ die entsprechende Rechtsverordnung[2] ausschließlich Optionsgeschäfte, nicht jedoch Festgeschäfte zu. Termingeschäfte in anderen Wertpapieren
waren nach der alten Fassung des Börsengesetzes nicht
verboten, konnten aber durch den Bundesfinanzminister
untersagt werden (§ 63 Abs. 2 BörsG a.F.).[3]

Vor der Börsengesetznovelle bestand eine erhebliche
Rechtsunsicherheit darüber, ob neben den Optionsgeschäften auch Futures zugelassen werden könnten.
Insbesondere war zweifelhaft, ob die an der DTB
geplanten Kontrakte auf eine idealtypische Bundesanleihe und auf einen Aktienindex (den DAX) gesetzlich
zulässig seien. Denn § 7 Abs. 2 BörsG a.F. nannte als
börsenmäßig handelbare Geschäftsgegenstände nur
Waren, Wertpapiere und ausländische Zahlungsmittel,

---

1) Am 11. Juli 1931 wurde in der Folge der Weltwirtschafts-
krise der gesamte Börsenhandel in Deutschland eingestellt.
Als der Kassahandel 1932 wieder aufgenommen wurde, blieb
der Terminhandel suspendiert; J. Franke (1989), S. 71.
Siehe auch H. Schlicht (1972), S. 38 f.; F.-W. Henning
(1989), S. 43 f. Bereits zuvor war der Börsenterminhandel
während des Ersten Weltkrieges und danach für elf Jahre
unterbrochen. 1925 wurde an den Wertpapierbörsen von
Berlin, Frankfurt a.M., Hamburg und Bremen der Terminhandel mit Aktien wieder aufgenommen. Andere deutsche Börsen
folgten. Im Oktober 1928 waren bereits wieder 79 Aktien in
den offiziellen Terminhandel an der Berliner Börse einbezogen; H. Sommerfeld (1929), S. 9-11; H. Schlicht
(1972), S. 34 f.

2) Vgl. Börsentermingeschäfts-Zulassungsverordnung.

3) Daher mußte der Rentenoptionshandel, der am 1. April 1986
aufgenommen wurde, nicht durch eine Rechtsverordnung
genehmigt werden. Siehe dazu S. Kümpel und F. Häuser
(1986), S. 22. Zum Rentenoptionshandel in Deutschland
siehe z.B. E.-H. Eckes (1986); K. Müller und S. Steuer
(1986); M. Bartsch (1987).

und dieselbe Beschränkung ergab sich auch aus den §§
50 und 96 BörsG a.F.[1]

Durch die Börsengesetznovelle wurde diese Beschränkung aufgehoben. § 7 Abs. 2 BörsG bezieht sich nun
allgemein auf "börsenmäßig handelbare Gegenstände".
Zudem wurde in der Neufassung des § 50 BörsG auf die
Beschränkung von Börsentermingeschäften auf solche in
Waren und Wertpapiere verzichtet. Der Wortlaut des §
50 Abs. 1 BörsG schließt unter dem Begriff Börsentermingeschäft nunmehr ausdrücklich Geschäfte ein, "die
wirtschaftlich gleichen Zwecken dienen, auch wenn sie
nicht auf Erfüllung ausgerichtet sind." Dadurch sollten, wie die Bundesregierung in ihrer Begründung des
Gesetzentwurfs zur Änderung des Börsengesetzes her-
vorhebt, Termingeschäfte mit anderen Handelsobjekten
als Waren und Wertpapieren ermöglicht werden. Dabei
wurden unter anderem ausdrücklich Futuregeschäfte mit
einbezogen.[2]

Die Börsengesetznovelle von 1989 hat somit klarge-
stellt, daß der Handel mit Futures auf idealtypische
Anleihen und auf Aktienindizes rechtlich zulässig
ist, und damit die Grundvoraussetzung für einen
erfolgreichen Futurehandel in Deutschland geschaffen.

---

1)   Siehe E. Kindermann (1989), S. 8.

2)   Bundesregierung (1989), S. 18. Siehe dazu auch S. Kümpel
     (1989a), S. 1317 f.

III. Vorschriften zu Börsen und ihren Geschäften

Die Vorschriften über Börsen und ihre Geschäfte
betreffen insbesondere die staatliche Genehmigung
einer Börse sowie die Zulassung einzelner Kontrakte
zum Handel.

In Deutschland bedarf die Errichtung einer Börse
gemäß § 1 Abs. 1 BörsG der Genehmigung durch die zu-
ständige Landesbehörde (Börsenaufsichtsbehörde).
Außerdem müssen die Börsenordnung (§ 4 Abs. 4 BörsG)
und die Gebührenordnung (§ 5 Abs. 2 BörsG) durch diese Behörde genehmigt werden. Dagegen gibt es keine
staatliche Genehmigungspflicht für neue Kontrakte.
Sie werden nach § 50 Abs. 1 BörsG gemäß den näheren
Bestimmungen der Börsenordnung durch den Börsenvorstand zugelassen.[1] Eine staatliche Eingriffs-
möglichkeit ergibt sich allerdings aus § 63 BörsG.
Danach kann der Bundesminister der Finanzen Börsentermingeschäfte verbieten, soweit es zum Schutz des
Publikums erforderlich ist. Im übrigen unterliegen
deutsche Börsen der Börsenaufsicht durch die Länder.
Der von der Landesregierung bestellte Staatskommissar
wacht insbesondere darüber, daß der Geschäftsverkehr
an der Börse den gesetzlichen Bestimmungen genügt. Er
selbst hat lediglich das Recht, die Börsenorgane auf
Mißbräuche hinzuweisen (§ 2 Abs. 1 Satz 3 BörsG).

Die Börsenorgane können demnach in Deutschland im
wesentlichen frei von staatlicher Einflußnahme neue

---

1) An der DTB regelt § 23 DTB-BörsO allgemein die Zulassung
von Börsentermingeschäften. Die Spezifikationen der an der
DTB gehandelten Kontrakte sind in den DTB-Handelsbedingun-
gen niedergelegt, die gemäß § 6 Nr. 5 DTB-BörsO vom Börsenvorstand festzusetzen sind.

Kontrakte einführen. Sie haben so die Möglichkeit, sich bei der Kontraktgestaltung ausschließlich an den Bedürfnissen der Marktteilnehmer zu orientieren.

In den USA obliegt die staatliche Aufsicht über die Futurebörsen einer 1974 eigens dazu gegründeten Behörde, der Commodity Futures Trading Commission (CFTC). Sie ist für die Zulassung der Börsen zuständig. Anders als in Deutschland ist für jeden neuen Kontrakt eine gesonderte Zulassung einzuholen.[1]

In einer Richtlinie, der "Guideline 1"[2], hat die CFTC die Zulassungsvoraussetzungen für neue Kontrakte festgelegt. Danach muß der Antrag einer Börse auf Zulassung eines Kontrakts die folgenden vier Punkte enthalten:[3]

1. eine Beschreibung des relevanten Kassamarktes,

2. eine Analyse und Begründung der Kontraktspezifikationen,

3. die Erläuterung des ökonomischen Zwecks des Kontrakts und

4. die Erklärung der Börse, daß der Kontrakt dem öffentlichen Interesse nicht entgegensteht.

Die Beschreibung des Kassamarktes soll unter anderem

---

1) F.R. Edwards und C.W. Ma (1992), S. 192, sprechen in diesem Zusammenhang von einer "kontraktweisen" Börsenzulassung.

2) Abgedruckt in: F.R. Edwards und C.W. Ma (1992), S. 209-213.

3) Siehe dazu R.W. Anderson (1984b), S. 300; D.R. Fischel (1986), S. S85.

Angaben über Angebot und Nachfrage des Handelsobjekts
und zur Marktstruktur enthalten und dient der CFTC
als Grundlage für ihre Prüfung der Punkte zwei und
drei. Hinsichtlich der Kontraktspezifikationen muß
die Börse in erster Linie nachweisen, daß am Liefertermin genügend lieferbare Güter zur Verfügung stehen, um Preismanipulationen weniger wahrscheinlich
zu machen.[1] Die CFTC überprüft insbesondere die Kontraktbedingungen, die die Lieferung regeln (z.B. die
Liefertermine, die vorgesehenen Lieferqualitäten und
Lieferorte und die Ermittlung des Rechnungspreises)
sowie die Regelungen zur Kursnotierung einschließlich
der Mindestkursabstufungen und der Preislimits.[2]

Hinsichtlich des ökonomischen Zwecks muß die antrag-
stellende Börse nachweisen, daß der Kontrakt die
Preisbildung verbessert oder zum Hedging geeignet
ist.[3] Keine Angaben enthält die Guideline 1 dazu,
wie eine Börse nachweisen soll, daß ein neuer Kontrakt dem öffentlichen Interesse nicht entgegensteht.
Die CFTC betrachtet diesen Punkt jedoch meist als

---

1) R.W. Anderson (1984b), S. 300; D.R. Fischel (1986), S. S85.

2) R.W. Anderson (1984b), S. 300. Zu Mindestkursabstufungen und Preislimits siehe die Abschnitte V und VI des zweiten Teils.

3) F.R. Edwards und C.W. Ma (1992), S. 193. Dieser Nachweis soll verhindern, daß Börsen Kontrakte in den Handel ein-führen, die allein dem Spiel dienen; so J.M. Stone (1981), S. 119. Die Vorschrift ist auf die Furcht vor der Speku-lation und ihr zugeschriebener volkswirtschaftlicher Nach-teile zurückzuführen. Zur Spekulation als historischem Grund für die staatliche Regulierung der Futuremärkte siehe F.R. Edwards und C.W. Ma (1992), S. 183 f.

bloße Formalität, wenn die Punkte zwei und drei keinen Anlaß zu Bedenken geben.[1]

Das Zulassungsverfahren der CFTC ist in der amerikanischen Literatur vielfach kritisiert worden. Die
Kritiker bemängeln vor allem, daß das Verfahren die
Einführung neuer Kontrakte teilweise erheblich verzögert.[2] Das gilt insbesondere für innovative Kontrakte, deren Prüfung in der Vergangenheit meist länger
dauerte als bei Kontrakten, die in ähnlicher Form
bereits an anderen Börsen gehandelt wurden.[3] Aufgrund dieser Verzögerung können die antragstellenden
Börsen erst verspätet Handelsgebühren einnehmen, um
ihre Entwicklungskosten zu decken. Zudem müssen die
Börsen die Kontraktspezifikationen neuer Kontrakte
mindestens 30 Tage vor der Genehmigung im "Federal
Register" veröffentlichen.[4] Mit Hilfe dieser Angaben
können Konkurrenzbörsen ohne großen eigenen Entwick-
lungsaufwand einen ähnlichen Kontrakt einführen. Die
Dauer des Genehmigungsverfahrens und die Veröffentli-
chungspflicht vermindern tendenziell den Wettbewerbsvorsprung innovativer Kontrakte und damit den Anreiz,
solche Kontrakte zu entwickeln.[5]

1) So R.W. Anderson (1984b), S. 301.

2) Nach einer Untersuchung von Anderson betrug bei den 86
zwischen 1975 und 1983 zugelassenen Kontrakten die Zeit
zwischen Antragseingang und Zulassung durchschnittlich 16
Monate. Die Prüfungsdauer für einzelne Kontrakte schwankte
zwischen 2 und 55 Monaten; R.W. Anderson (1984b), S. 321
f. Zu ähnlichen Ergebnissen kommt auch W.L. Silber (1981),
S. 143 f.

3) R.W. Anderson (1984b), S. 323.

4) H.S. Houthakker (1982b), S. 487; J.S. Rosen (1983), S.
239.

5) H.S. Houthakker (1982b), S. 487. J.K. Dew (1981), S. 162,
sieht aufgrund der Genehmigungspraxis einen Anreiz, dupli-
(Fortsetzung...)

Im Genehmigungsprozeß ergeben sich oftmals Interessenkonflikte zwischen der CFTC und der antragstellenden Börse. Die CFTC kann beispielsweise die Börse auffordern, bei Kontrakten mit physischer Lieferung den Kreis der lieferbaren Güter zu erweitern, damit Manipulationen weniger wahrscheinlich werden.[1] Es liegt jedoch oftmals nicht im Interesse der Börse, den Kreis der lieferbaren Güter auszudehnen, weil sich dadurch die Hedgingeffektivität des Kontrakts und damit dessen Erfolgsaussichten vermindern können.[2]

Da die Terminbörsen die Entwicklungskosten und damit auch das Risiko des Mißerfolgs eines neuen Kontrakts tragen, haben sie einen starken Anreiz, die Kontraktspezifikationen nach den Bedürfnissen der Marktteilnehmer auszurichten. Ein Kontrakt wird im allgemeinen nur erfolgreich sein, wenn die Marktteilnehmer Manipulationen als unwahrscheinlich einschätzen. Die Terminbörsen werden ihre Kontrakte daher so gestalten, daß die Manipulationswahrscheinlichkeit möglichst

---

5)(...Fortsetzung)
kative Kontrakte einzuführen. Der Wettbewerbsvorsprung innovativer Kontrakte wird zudem dadurch beeinträchtigt, daß die CFTC neue Kontrakte nicht immer streng in der Reihenfolge des Antragseingangs genehmigt. So sind die Genehmigungen für die ersten Aktienindexkontrakte mehrerer Börsen kurz hintereinander im ersten Halbjahr 1982 erteilt worden, obwohl die Antragsdaten zum Teil wesentlich weiter auseinanderlagen; R.W. Anderson (1984b), S. 325, 331 f.

1)   R.W. Anderson (1984b), S. 313 f.

2)   Zum Zusammenhang zwischen der Anzahl der lieferbaren Güter und der Hedgingeffektivität siehe im einzelnen Abschnitt A.I.1.a des zweiten Teils.

gering ist.[1] Es ist nicht zu erwarten, daß eine
staatliche Stelle, die anders als die Börsen kein
wirtschaftliches Risiko trägt, dazu besser in der
Lage ist als die Börsen.[2]

Deshalb und wegen der Behinderung von Kontraktinnovationen ist vielfach gefordert worden, die staatliche Zugangskontrolle für neue Kontrakte zu beseitigen
oder zumindest weniger restriktiv zu gestalten.[3]
Dafür spricht auch, daß die Börsen meist mit anderen
Börsen konkurrieren und daher daran interessiert
sind, ihre Kontrakte wettbewerbsfähig zu gestalten.
Das sollte Anreiz genug sein, nur Kontrakte mit geringer Manipulationswahrscheinlichkeit einzuführen.
Hier wie auch in anderen Bereichen der Aufsicht über
Futuremärkte kann Konkurrenz staatliche Aussichtsre-
geln substituieren.[4]

---

1) Sie haben dabei abzuwägen zwischen einem Kontrakt mit
vielen Lieferalternativen und entsprechend geringer
Manipulationswahrscheinlichkeit und einem Kontrakt mit
weniger Lieferalternativen mit hoher Hedgingeffektivität;
D.R. Fischel (1986), S. S94. Ähnlich argumentieren auch
D.R. Fischel und S.J. Grossman (1984), S. 291, die ausführen, daß es im Interesse der Börsen liegt, ihren Ruf
als Handelsort zu erhalten, an dem Transaktionen fair und
effizient ausgeführt werden.

2) So D.R. Fischel (1986), S. S94 f.; G.D. Koppenhaver
(1987), S. 4 f.

3) W.L. Silber (1981), S. 144 f.; H.S. Houthakker (1982b),
S. 487; R.W. Anderson (1984b), S. 326 f.; F.H. Easterbrook
(1986), S. S114 f.; D.R. Fischel (1986), S. S94-S101.

4) So D.W. Carlton (1984), S. 238; F.H. Easterbrook (1986),
S. S115. Der Gedanke, daß die Konkurrenz zwischen Börsen
als Marktorganisatoren zu effizienten Anlegerschutzregelungen führt, findet sich auch bei H. Schmidt (1983), S.
198, der sich dafür ausspricht, die primäre Regelungsver-
antwortung den Marktorganisatoren (und Effektenhandelsbe-
trieben) zu überlassen. Schmidt widerspricht auch der ver-
(Fortsetzung...)

Die staatliche Zulassung von Futurebörsen und ihrer
Kontrakte ist also in Deutschland und in den USA
unterschiedlich streng geregelt. Daher dürften sich
die entsprechenden Zulassungsvorschriften unterschiedlich stark auf den Erfolg der in beiden Staaten
gehandelten Futures auswirken.

IV. Vorschriften für potentielle Marktteilnehmer

Für den Erfolg von Futures ist es wichtig, daß sich
möglichst viele der potentiellen Marktteilnehmer am
Handel beteiligen. Im Rahmen der Analyse des Erfolgseinflusses rechtlicher Rahmenbedingungen wird daher
nun der Frage nachgegangen, ob und gegebenfalls wie
rechtliche Vorschriften die Nachfrage potentieller
Marktteilnehmer beschränken. Dabei erscheint es
hilfreich, einzelne Gruppen potentieller Marktteilnehmer zu betrachten.

In Deutschland und auch in anderen Staaten gelten
spezielle gesetzliche Vorschriften, die die Geschäftstätigkeit von Kreditinstituten, Investmentfonds und Versicherungen regeln. Im folgenden wird
untersucht, inwieweit diese Vorschriften die Nachfrage der genannten Gruppen potentieller Marktteilneh-

---

4)(...Fortsetzung)
    breiteten Ansicht, daß die Folge eines solchen Wettbe-
    w   e   r   b   s
    im internationalen Zusammenhang ein immer geringerer Anle-
    gerschutz wäre. Vielmehr würde der Wettbewerb zu einem
    Optimum an Anlegerschutz führen; H. Schmidt (1991a), S. 1
    f. Siehe in diesem Zusammenhang auch H. Giersch und H.
    Schmidt (1986), S. 63-67; H. Schmidt (1991b), S. 56 f.

mer nach Futures beschränken können.[1] Im Anschluß daran wird auf Vorschriften des deutschen Börsengesetzes eingegangen, die die Termingeschäftsfähigkeit von Privatanlegern und damit deren Teilnahmemöglichkeit am Futurehandel regeln.

1. Bankrechtliche Vorschriften

Kreditinstitute müssen gemäß § 10 KWG ein angemessenes Eigenkapital aufweisen.[2] Die aufsichtsrechtlich relevanten Eigenkapitalbestandteile werden in § 10 KWG abschließend aufgeführt. Das Bundesaufsichtsamt für das Kreditwesen (BAK) stellt im Einvernehmen mit der Bundesbank Grundsätze auf, nach denen es beurteilt, ob das Eigenkapital angemessen ist. Diese Grundsätze, die Grundsätze I und Ia, sind zum 1. Oktober 1990 geändert worden, um auch Risiken aus

---

1) Eine weitere wichtige Gruppe potentieller Marktteilnehmer bilden die Industrie- und Handelsunternehmen; siehe zum Einsatz von Futures im Finanzmanagement von Unternehmen z.B. E.W. Schwarz et al. (1986), S. 312-325; H. von der Forst (1990). Für diese Unternehmen gelten jedoch anders als für Kreditinstitute keine speziellen gesetzlichen Bestimmungen, die möglicherweise den Einsatz von Futures beschränken. Solche Beschränkungen könnten sich jedoch - wie auch bei anderen potentiellen Marktteilnehmern - aus Vorschriften zur Rechnungslegung und zur Besteuerung ergeben. Eine Analyse dieser Vorschriften würde über den Rahmen der vorliegenden Arbeit hinausgehen. Zu Fragen der Bilanzierung und der Besteuerung von Financial Futures sei z.B. verwiesen auf: R. Hamacher (1990); ders. (1991); H. Häuselmann und T. Wiesenbart (1990); J. Jung (1991); ders. (1992); M. Jutz (1989); ders. (1990). Spezielle Ausführungen für Kreditinstitute finden sich bei: Ausschuß für Bilanzierung des Bundesverbandes Deutscher Banken (1991); J. Jung und H. Schmekel (1991). Die Besteuerung der Börsentermingeschäfte von Privatanlegern nach deutschem Recht erörtern J. Jung und U. Redanz (1993).

2) Das gilt gemäß § 10a KWG auch für Kreditinstitutsgruppen.

Geschäften der Kreditinstitute in innovativen Finanz-
instrumenten zu erfassen.[1]

Grundsatz I

Der Grundsatz I (GS I) ist durch die Neufassung zu
einem allgemeinen Grundsatz für das Adressenausfall-
risiko (Bonitätsrisiko) erweitert worden.[2] Neben den
zuvor bereits erfaßten Aktivkomponenten, Kredite und
Beteiligungen, müssen seitdem auch innovative Finanzinstrumente wie Finanzswaps, Termingeschäfte und
Optionsrechte mit Eigenkapital unterlegt werden.[3]
Alle Aktivkomponenten, die unter dem Begriff Risikoaktiva zusammengefaßt werden, dürfen nach GS I Abs. 1
das 18-fache des haftenden Eigenkapitals[4] nicht
übersteigen.

Das Verlustrisiko der neuen Finanzinstrumente besteht
darin, daß der Geschäftspartner seinen Verpflichtun-
gen nicht nachkommen könnte und das Kreditinstitut

---

1) Bundesbank (1990), S. 39; J. Krummnow (1990).

2) BAK (1990), S. 3.

3) BAK (1990), S. 4.

4) Es sei darauf hingewiesen, daß dieser Eigenkapitalunter-
   legungsfaktor durch die Vierte KWG-Novelle geändert wurde,
   die am 1.1.1993 in Kraft getreten ist. Der danach neu
   gefaßte Grundsatz I, der seit dem 1.7.1993 gilt, sieht
   vor, daß die gewichteten Risikoaktiva zu mindestens 8 %
   mit Eigenkapital zu unterlegen sind; siehe Bundesbank
   (1993b), S. 55. Die hier vorgestellten Anrechnungsvorschriften für derivative Finanzinstrumente sind von der
   Änderung jedoch nicht betroffen; vgl. K.-H. Boos und H.
   Schulte-Mattler (1992), S. 639. Zu den Änderungen der
   Vorschriften zur Eigenmittelausstattung im Rahmen der
   vierten KWG-Novelle siehe auch K.-H. Boos (1992), S. 456-
   458; Bundesbank (1993a), S. 38-41.

die durch den Ausfall entstandene offene Position zu
ungünstigeren Marktkonditionen wieder schließen
müßte.[1] Daher wird bei der Anrechnung neuer Finanzinstrumente anders als bei Kreditgeschäften nicht auf
den Nominalwert abgestellt, sondern auf die Kosten,
die das Ersatzgeschäft verursacht (Wiederbeschaf-
fungskosten, "replacement costs").[2]

Termingeschäfte und Optionsrechte müssen gemäß GS I
Abs. 10 Nr. 4 dann nicht als Risikoaktiva angerechnet
werden, wenn eine Börseneinrichtung (Clearinghaus)
Kontraktpartner ist. Bei diesen Geschäften ist das
Ausfallrisiko durch das Abwicklungsverfahren und die
Erfüllungsgarantie des Clearinghauses erheblich reduziert.[3] Dagegen sind an eine Börse durchgeleitete
Kundenkommissionsgeschäfte anzurechnen. Die risiko-
reduzierende Wirkung des Clearingsystems mit Einschüssen, täglichem Gewinn- und Verlustausgleich und
Nachschüssen wird dabei nicht risikomindernd berücksichtigt.[4] Durch die notwendige Eigenkapitalunterlegung von Kundengeschäften im Rahmen des Grund-
satzes I entstehen den Kreditinstituten Eigenkapital-

---

1) H. Schulte-Mattler (1990), S. 2062 f.

2) BAK (1990), S. 5. Zur Ermittlung des anrechnungspflichti-
    gen Betrages siehe im einzelnen BAK (1990), S. 19-24; H.
    Schulte-Mattler (1990), S. 2063-2065.

3) BAK (1990), S. 32; F. Bublitz (1990a), S. 571; H. Schul-
    te-Mattler (1990), S. 2065. Siehe zu den Funktionen eines
    Clearinghauses und dessen Erfüllungsgarantie die Ausfüh-
    rungen im Abschnitt IV.1 des zweiten Teils.

4) F. Bublitz (1989), S. 322; ders. (1990a), S. 571. Auch H.
    Schulte-Mattler (1990), S. 2065, vertritt die Ansicht, daß
    es das Clearingsystem rechtfertigen könnte, Kundengeschäf-
    te von der Anrechnung im Rahmen des GS I freizustellen.

kosten.[1] Sie werden versuchen, diese Kosten an ihre Kunden weiterzugeben. Die dadurch erhöhten Transaktionskosten reduzieren das Handelsinteresse der Kunden und beeinträchtigen den Erfolg börslicher Termingeschäfte.

Grundsatz Ia

Durch die Neufassung ist der Grundsatz Ia, der bis dahin nur auf Risiken aus Fremdwährungs- und Edelmetallpositionen abstellte, zu einem allgemeinen Preisrisikogrundsatz ausgebaut worden. Neu einbezogen wurden Risiken offener Positionen aus Devisenoptions-, Zinstermin-, Aktien- und Aktienindextermingeschäften.[2] Das BAK hat bei der Neufassung an dem sogenannten Limitsystem festgehalten, das heißt die erfaßten offenen Positionen werden auf einen bestimmten Prozentsatz des haftenden Eigenkapitals begrenzt. Eine Eigenkapitalunterlegung wie beim Grundsatz I ist dagegen nicht erforderlich.[3]

Im einzelnen begrenzt GS Ia Abs. 2 Positionen des Fremdwährungs- und Edelmetallbereichs auf 30 Prozent, Positionen des Zinsrisikobereichs auf 20 Prozent und Positionen, die sonstigen Preisrisiken unterliegen,

---

1)   F. Bublitz (1990a), S. 571 f., schätzt die Kosten der Eigenkapitalunterlegung für den Bund-Future der DTB auf DM 62,50 pro Kontrakt.

2)   BAK (1990), S. 33; F. Bublitz (1990a), S. 572; H. Schulte-Mattler (1991), S. 3.

3)   BAK (1990), S. 3 f.; A. Dormanns (1990), S. 372; H. Schulte-Mattler (1991), S. 3.

auf 10 Prozent der haftenden Eigenmittel.[1] Auf eine
Darstellung der Anrechnungssystematik in den drei
Risikobereichen und der diversen Einzelfallregelungen
sei hier aufgrund ihres Umfangs verzichtet.[2] Es wird
lediglich auf ausgewählte Anrechnungsvorschriften
eingegangen, die das Marktrisiko börslicher Termingeschäfte zu überzeichnen scheinen. Soweit das der Fall
ist, können Kreditinstitute weniger Risikopositionen
übernehmen, als für sie tragbar wären, wodurch ihre
Teilnahmemöglichkeiten am Futurehandel eingeschränkt
wird.

Grundsatz Ia beschränkt nicht das gesamte zinsab-
hängige Geschäft der Kreditinstitute. Es sind lediglich diejenigen Zinstermingeschäfte (bei Zinsoptionen
nur die Stillhalterpositionen) anzurechnen, die die
Risikoposition eines Kreditinstituts erhöhen.[3] Das
bedeutet, daß nur offene Zinsterminpositionen erfaßt
werden. Soweit Zinstermingeschäfte bilanzielle Festzinspositionen gegen Zinsrisiken sichern, können sie
innerhalb der festgelegten Laufzeitbereiche miteinander verrechnet werden. Um die Anrechnungsbeträge zu

---

1) F. Bublitz (1990a), S. 572; A. Dormanns (1990), S. 373; H.
   Schulte-Mattler (1990), S. 3. Es sei darauf hingewiesen,
   daß das BAK im Zuge der Vierten WG-Novelle das Gesamtlimit
   für alle drei Risikobereiche von bisher 60 % (30 % + 20 %
   + 10 %) auf 42 % reduziert hat. Im einzelnen wurden Fremd-
   währungsrisiken auf 21 %, Zinsterminrisiken auf 14 % und
   sonstige Preisrisiken auf 7 % des haftenden Eigenkapitals
   begrenzt; siehe BAK (1992), S. 63; Bundesbank (1993b),
   S. 56 f. Das BAK trägt damit der Erweiterung der aufsichtsrechtlich relevanten Eigenkapitalbestandteile durch
   die KWG-Novelle Rechnung

2) Für eine ausführliche Darstellung der Anrechnungsverfahren
   siehe BAK (1990), S. 33-70. Eine Übersicht geben F.
   Bublitz (1990a), S. 573-576; H. Schulte-Mattler (1991),
   S. 4-12.

3) H. Schulte-Mattler (1991), S. 6.

erhalten, werden die verbleibenden offenen Zinsterminpositionen mit Risikomeßzahlen gewichtet, die sich
nach der Laufzeit der dem Termingeschäft zugrundeliegenden Zinstitel richten. Die Meßzahlen betragen 0,5
Prozent pro Quartal oder 2 Prozent pro Jahr; das erste Quartal bleibt jeweils anrechnungsfrei. Ab einer
Laufzeit von 15 Jahren wird der maximale Anrechnungs-
faktor von 30 Prozent (15 x 2 %) angesetzt. Für das
zweite bis vierte Quartal sind darüber hinaus Risiko-
zuschläge von 0,5 Prozent pro Quartal zu berücksichtigen. Diese Zusatzbelastung für kurzfristige Zinsrisiken wird als nicht risikoadäquat angesehen.[1] Sie
beeinträchtigt das kurzfristige Zinsgeschäft der
Kreditinstitute und beschränkt deren Möglichkeit,
offene Positionen in kurzfristigen Zinsfutures einzugehen.

Die Möglichkeit, offene Zinsterminpositionen mit bi-
lanziellen Festzinspositionen zu verrechnen, basiert
auf dem Prinzip der Makrohedge, der Sicherung der
Netto-Festzinsposition. Mikrohedges (Sicherung indi-
vidueller Festzinspositionen) sind aber zulässig,
wenn bei Abschluß des Termingeschäfts dokumentiert
wird, welche Festzinsposition gesichert werden soll.
In jedem Fall führt ausschließlich die Sicherung
bestehender Festzinspositionen zu einer Minderung der
Anrechnungsbeträge. Zinstermingeschäfte, die dem
antizipativen Hedging zukünftiger Festzinspositionen
dienen, müssen dagegen als offene Positionen auf das
Risikolimit angerechnet werden.[2] Ebenso sind andere
offene Positionen auf dieses Limit anzurechnen. Kre-

---

1) So J. Krumnow (1990).

2) A. Dormanns (1990), S. 374; H. Schulte-Mattler (1991),
   S. 8.

59

ditinstitute können sich somit nur eingeschränkt am Zinsfuturehandel beteiligen.

Zu den Geschäften, die unter die Rubrik der sonstigen Preisrisiken fallen, gehören in erster Linie Aktien- und Aktienindextermingeschäfte. Wie bei den Zinstermingeschäften sind auch hier nur die risikoerhöhenden Positionen auf das Limit anzurechnen. Positionen in Aktienindexfutures können dabei mit Aktienbeständen verrechnet werden, soweit zwischen dem zugrundeliegenden Aktienindex und dem gesicherten Aktienportefeuille ein "Mindestübereinstimmungsgrad" von 70 Prozent besteht.[1] Der geforderte Übereinstimmungsgrad dürfte niedrig genug sein, um den Einsatz von Indexfutures zum Hedging nicht über Gebühr zu beeinträchtigen.[2]

Während Zinsfutures mit maximal 30 Prozent ihres Nominalbetrages anzusetzen sind, müssen offene Positionen in Indexfutures voll angerechnet werden.[3] Der Anrechnungsbetrag ergibt sich durch Multiplikation des Kontraktwertes (z.B. beim DAX-Future der DTB: DM 100 pro Indexpunkt) mit dem aktuellen Indexstand.[4] Das BAK unterstellt damit ein tägliches Preisrisiko in Höhe des vollen Kontraktwertes, also zum Beispiel von DM 150.000 beim DAX-Future (angenom-

1) BAK (1990), S. 65; H. Schulte-Mattler (1991), S. 11. Der Übereinstimmungsgrad ergibt sich aus der Summe der Gewichtungssätze, mit denen die Kurse der im Portefeuille enthaltenen Aktien bei der Indexberechnung berücksichtigt werden; H. Schulte-Mattler (1991), S. 11.

2) So sieht es zumindest das BAK (1990), S. 65.

3) BAK (1990), S. 63.

4) H. Schulte-Mattler (1991), S. 11.

mener Indexstand: 1500). Dieser Betrag liegt erheblich über dem tatsächlichen Preisrisiko. Zudem erscheint insgesamt das Limit für Positionen mit Aktienkursrisiken von 10 Prozent des haftenden Eigenkapitals verglichen mit dem Limit für Fremdwährungspositionen in Höhe von 30 Prozent zu niedrig zu sein. Das Limit von 30 Prozent ist aus dem alten Grundsatz Ia übernommen worden, um den Kreditinstituten Dispositionsspielräume zu erhalten.[1] Ein Limit in dieser Höhe dürfte unter dem Gesichtspunkt der Tragbarkeit der Risiken auch für den Bereich der sonstigen Preisrisiken akzeptabel sein.

Die Anrechnung von offenen Positionen zu Nominalbeträgen beschränkt zusammen mit dem relativ niedrigen Risikolimit von 10 Prozent die Möglichkeit von Kreditinstituten, im Rahmen des Eigenhandels offene Positionen zu übernehmen. Sie können sich daher nur sehr begrenzt als Liquiditätsanbieter im DAX-Future der DTB betätigen.[2] Dadurch wird der Erfolg dieses Kontrakts tendenziell beeinträchtigt.

Die obigen Ausführungen zeigen, daß die Grundsätze I und Ia die Teilnahme der Kreditinstitute am börslichen Terminhandel beschränken. Da deutsche Kreditinstitute an der DTB wichtige Marktteilnehmer sind, kann dadurch der Erfolg der dort gehandelten Kontrakte beeinträchtigt werden.

---

1)   A. Dormanns (1990), S. 375.

2)   Beispielsweise errechnet F. Bublitz (1990a), S. 576, daß ein Kreditinstitut mit einem haftenden Eigenkapital von DM 100 Mio. lediglich eine offene Position von 40 DAX-Futures halten darf, und das auch nur dann, wenn es keine anderen offenen Positionen im Bereich der sonstigen Preisrisiken hält.

2. Vorschriften für Kapitalanlagegesellschaften

Kapitalanlagegesellschaften legen die ihnen von Anlegern übertragenen Mittel im eigenen Namen, aber
für gemeinschaftliche Rechnung der Anleger in Wertpapieren oder in Immobilien an. Die gesamten übertragenen Mittel bilden ein Sondervermögen (Investmentfonds).[1] Kapitalanlagegesellschaften unterliegen
den Vorschriften des KAGG.[2] Von diesen Bestimmungen
haben die Anlagegrundsätze und Anlagegrenzen, die das
Fondsmanagement bei der Mittelanlage beachten muß,
besondere Bedeutung. Diese Anlagevorschriften, die
durch die Neufassung des KAGG zum 1. März 1990 erweitert wurden, sind in den §§ 8 und 8a bis g KAGG
enthalten.[3]

Der neu aufgenommene § 8f Abs. 1 KAGG gestattet es
Kapitalanlagegesellschaften, im Rahmen des Fonds-
managements Aktienindexfutures und Zinsfutures zur
Sicherung von Vermögensgegenständen eines Sondervermögens zu verkaufen. Den Kontraktwerten der Futures
müssen dabei entsprechende Vermögenswerte im Sondervermögen gegenüberstehen, d.h., eine Absicherung ist

---

1) Siehe dazu M. Laux (1988), Sp. 1173 f., sowie die Be-
   griffserläuterung in § 1 KAGG.

2) Daneben gelten für Kapitalanlagegesellschaften (KAG) gemäß
   § 2 Abs. 1 KAGG die Vorschriften des KWG. Das ergibt sich
   auch aus § 1 Abs. 1 KWG, wonach das Investmentgeschäft zu
   den Bankgeschäften zählt. Dagegen gelten die Eigenkapital-
   und die Liquiditätsgrundsätze für KAGs nicht; Abs. 5 der
   Vorbemerkungen zu den Grundsätzen über das Eigenkapital
   und die Liquidität der Kreditinstitute.

3) In der alten Fassung waren die Anlagevorschriften im § 8
   KAGG zusammengefaßt.

bis zu 100 Prozent des Sondervermögens zulässig.[1] Käufe und Verkäufe von Finanzterminkontrakten, die nicht der Absicherung dienen, sind bis 20 Prozent des Sondervermögens zugelassen. Dagegen ist es Kapitalanlagegesellschaften nicht gestattet, Optionen auf Futures zu verwenden.[2]

Kapitalanlagegesellschaften können demnach Futures zum Hedging ihrer Bestände in Aktien und zinstragenden Wertpapieren einsetzen. Außerdem ist es ihnen gestattet, Aktienindex- und Zinsfutures bis 20 Prozent des Sondervermögens einzusetzen, um mehr Risiko zu übernehmen und so die Performance ihrer Fonds zu verbessern. Sie können mit ihren Aufträgen zur Liquidität von Futures und damit zu deren Erfolg beitragen. Da das Fondsvermögen der Wertpapierfonds deutscher Kapitalanlagegesellschaften zu einem großen Teil in DM-denominierten Wertpapieren angelegt ist, dürften insbesondere die Kontrakte der DTB davon profitieren.[3] Nachteilig kann es sich jedoch auf den Kontrakterfolg auswirken, daß es den Fonds untersagt ist, Optionen auf Futures einzusetzen, da ein steigendes Handelsvolumen in Optionen auf Futures tenden-

---

1) H.-J. Platzek (1992), S. 4. Siehe auch F. Bublitz und G. Schmetz (1991).

2) § 8d KAGG läßt lediglich in festgelegten Grenzen den Kauf und den Verkauf börslich gehandelter Wertpapieroptionen zu. Das schließt jedoch weder Indexoptionen noch Optionen auf Futures ein. Siehe dazu J. Welcker (1989); F. Bublitz und G. Schmetz (1991); H.-J. Platzek (1992), S. 4.

3) Vom gesamten Fondsvermögen aller deutschen Wertpapierfonds in Höhe von rd. DM 262 Mrd. Ende 1991 waren 40 % in Rentenwerten und 16,1 % in Aktien inländischer Emittenten angelegt, die entsprechenden Anteile betrugen bei Papieren ausländischer Emittenten 29,3 bzw. 4,6 %; BVI (1992), S. 71.

ziell auch das Volumen der zugrundeliegenden Futures erhöht.[1)]

3. Versicherungsrechtliche Vorschriften

Kapitalanlagen von Versicherungsunternehmen dienen dazu, die von den Versicherten eingenommenen Beiträge anzulegen, bis Leistungen aus den Versicherungsverträgen fällig werden. Mit den Anlagen müssen die Versicherungen häufig Zeiträume überbrücken, die sich einer sicheren Einschätzung der wirtschaftlichen Entwicklung entziehen. An die Anlagepraxis von Versicherungen werden daher hohe Anforderungen gestellt. Sie ist deshalb in den meisten Ländern gesetzlich wesentlich stärker reglementiert als die anderer Anleger.[2)]

Versicherungen unterliegen bei der Kapitalanlage den Vorschriften der §§ 54, 54a VAG. Neben allgemeinen Anlagegrundsätzen, wie der Forderung nach "möglichst große(r) Sicherheit und Rentabilität bei jederzeitiger Liquidität" sowie "angemessener Mischung und Streuung" (§ 54 Abs. 1 VAG) ist darin ein Katalog der zulässigen Kapitalanlagen enthalten (§ 54a Abs. 2 Nr. 1 bis 14 VAG).[3)] Danach dürfen Versicherungsunternehmen 30 Prozent des Deckungsstocks und 30 Prozent des übrigen gebundenen Vermögens[4)] in Aktien anlegen (§

---

1) Siehe dazu im einzelnen Abschnitt B.II. des zweiten Teils.

2) Siehe dazu G. Kalbaum und J. Mees (1988), S. 331; R. Frenz (1990), S. 100.

3) Siehe P. Koch (1990), S. 354 f.

4) Das Vermögen von Versicherungen wird in das Deckungsstockvermögen und das übrige gebundene Vermögen sowie in das
(Fortsetzung...)

54a Abs. 2 Nr. 5, 5a, 6, 13 i.V.m. § 54 Abs. 4 VAG).
Für festverzinsliche Anlagen bestehen, abgesehen von
den allgemeinen Streuungsvorschriften, keine Anlagegrenzen.

Termingeschäfte sind in dem Anlagekatalog nicht enthalten. Future- und Optionsgeschäfte sind jedoch
gemäß § 7 Abs. 2 Satz 2 VAG[1] zugelassen, wenn sie
dazu dienen, Vermögenswerte gegen Kurs- oder Zinsrisiken abzusichern, einen Wertpapiererwerb vorzube-
reiten oder zusätzliche Erträge zu erzielen, sofern
die Erfüllung eingegangener Lieferverpflichtungen
nicht zu einer Unterdeckung im gebundenen Vermögen
führen kann.[2] Der Gesamtverband der Deutschen Versicherungswirtschaft (GDV) hat in Abstimmung mit dem
Bundesaufsichtsamt für das Versicherungswesen (BAV)
Grundsätze für den Einsatz derivativer Finanzinstrumente erarbeitet. Danach gelten für Termingeschäfte
folgende Grenzen:[3] Sicherungsgeschäfte sind auf den
Bestand an Wertpapieren und Schuldscheindarlehen zu
begrenzen; Erwerbsvorbereitungsgeschäfte dürfen bis
maximal 30 Prozent des beabsichtigten Wertpapier-
erwerbs und der beabsichtigten Gewährung von Schuldscheindarlehen abgeschlossen werden; und Ertragsver-

---

4)(...Fortsetzung)
    freie Vermögen unterteilt. Siehe zu den Vermögensblöcken
    im einzelnen G. Kalbaum und J. Mees (1988), S. 331 f.; P.
    Koch (1990), S. 354. Das gebundene Vermögen macht den
    größten Teil des Vermögens aus. Bei Lebensversicherungen
    beträgt allein der Deckungsstock etwa 90 % des gesamten
    Vermögens; P. Koch (1990), S. 354.

1) Durch die Novelle des VAG zum 1.1.1991 in das Gesetz
    eingefügt.

2) Siehe dazu näher GDV (1992), S. 8-10.

3) GDV (1992), S. 11 f.

mehrungsgeschäfte sind auf 10 Prozent des Wertpapier-
und Schuldscheinbestandes begrenzt.

Deutsche Versicherer dürfen also in den genannten
Grenzen Futuregeschäfte abschließen, wobei die Sicherung von Beständen im Vordergrund steht, offene
Positionen aber auch zugelassen sind. Dagegen sind
Optionen auf Futures nicht zugelassen.[1] Da deutsche
Versicherer überwiegend DM-Anlagen halten[2], dürften
ihre Aufträge im Börsentermingeschäft in erster Linie
den an der DTB gehandelten Kontrakten, eventuell auch
den DM-Zinsfutures der LIFFE, zugute kommen und so zu
deren Erfolg beitragen.

4. Vorschriften zur Termingeschäftsfähigkeit von
   Privatanlegern

Börsentermingeschäfte sind in Deutschland gemäß § 53
BörsG nur verbindlich, wenn beide Vertragspartner
nach den Bestimmungen dieses Paragraphen termingeschäftsfähig sind. Börsentermingeschäfte mit nicht

---

1) Das ergibt sich aus der Beschränkung der zulässigen Gegenstände von Optionsgeschäften auf Aktien, festverzinsliche
   Wertpapiere, Devisen und Wertpapierindizes in den Grundsätzen über den Einsatz derivativer Finanzinstrumente des
   GDV (1992), S. 6.

2) Das VAG begrenzt den Erwerb von Fremdwährungsanleihen ausländischer Emittenten auf 5 % des gebundenen Vermögens (§
   54a Abs. 2 Nr. 3 VAG) und den Erwerb von Aktien ausländischer Gesellschaften auf jeweils 6 % des Deckungsstocks
   und des übrigen gebundenen Vermögens (§ 54a Abs. 2 Nr.5,
   Abs. 4 VAG); siehe dazu auch R. Frenz (1990), S. 104.

termingeschäftsfähigen Partnern begründen nur unvoll-
kommene, nicht klagbare Forderungen.[1]

Nach der vor der Börsengesetznovelle zum 1.8.1989
gültigen Fassung des § 53 BörsG waren Kaufleute,
Personen mit Berufserfahrung im Bank- und Börsenwe-
sen und Ausländer termingeschäftsfähig. Nur mit
diesen Personen konnten verbindliche Termingeschäfte
abgeschlossen werden. Allerdings sah das alte Börsengesetz einige Ausnahmen vor, in denen sich auch nicht
termingeschäftsfähige Personen nicht auf die Unver-
bindlichkeit eines Börsentermingeschäftes berufen
konnten: Sie mußten die Verwertung von Sicherheiten
dulden, wenn diese unter Beachtung strenger Formvor-
schriften im Zusammenhang mit einem Termingeschäft
bestellt worden waren (§ 54 BörsG a.F.). Auch konnten
sie Zahlungen nicht zurückfordern, die sie aufgrund
eines Termingeschäfts geleistet hatten (§ 55 BörsG
a.F.). Schließlich war ein Termingeschäft verbindlich, wenn der nicht termingeschäftsfähige Partner
sich nachträglich bereit erklärte, Forderungen aus
einem Termingeschäft zu erfüllen (§ 57 BörsG a.F.).[2]

Für Kreditinstitute bedeuteten diese Bestimmungen
eine erhebliche Rechtsunsicherheit bei Börsentermingeschäften mit nicht termingeschäftsfähigen Privatanlegern. Eine Sicherheitenbestellung war sehr umständ-
lich und kostenaufwendig, und selbst bei geleisteten
Sicherheiten bestand noch ein Restrisiko der Unwirk-

---

1)   S. Steuer (1989), S. 365. Zur Termingeschäftsfähigkeit
      nach altem Recht siehe im einzelnen E. Schwark (1976),
      S. 372-375; S. Kümpel (1986). Für einen Überblick über das
      deutsche Termingeschäftsrecht vor der Börsengesetznovelle
      1989 siehe H. Schmidt (1978), Sp. 1529-1532, und ders.
      (1988), S. 61 f.

2)   Siehe dazu S. Steuer (1982), S. 37; H. Niehoff (1987), S.
      29 f.

samkeit der Sicherheitsleistung.[1] Aufgrund dieser
Rechtsunsicherheit haben Kreditinstitute bis zur Börsengesetznovelle nur im Ausnahmefall Börsentermingе-
schäfte mit Privatanlegern abgeschlossen.[2] Dadurch
war es den meisten Privatanlegern praktisch unmöglich, am Terminhandel teilzunehmen.

Der Gesetzgeber hat mit der Börsengesetznovelle 1989
den § 53 BörsG geändert, um auch Privatanlegern die
Teilnahme am Terminhandel zu ermöglichen.[3] Nach § 53
Abs. 2 BörsG sind nunmehr auch Nichtkaufleute im Ver-
kehr mit Kreditinstituten und Börsenmaklern termingeschäftsfähig, wenn sie eine Informationsschrift un-
terzeichnen, die sie über die besonderen Risiken von
Termingeschäften aufklärt.[4] Diese "Termingeschäftsfähigkeit kraft Information" erhöht die Rechtssicherheit bei Börsentermingeschäften mit Privatanlegern
erheblich. Kreditinstitute sind daher seit der Börsengesetznovelle eher dazu bereit, mit diesem Anle-
gerkreis Termingeschäfte abzuschließen. Für Privatanleger bestehen nunmehr keine rechtlichen Hindernisse,

---

1) Bundesregierung (1989), S. 20; S. Steuer (1989), S. 366.
   Zur wirksamen Sicherheitsleistung nach § 54 BörsG a.F.
   siehe im einzelnen S. Kümpel und F. Häuser (1986), S. 104-
   112.

2) S. Steuer (1989), S. 366.

3) Siehe die Begründung des Gesetzentwurfs zur Änderung des
   Börsengesetzes; Bundesregierung (1989), S. 9.

4) Die Spitzenverbände der Kreditwirtschaft haben sich auf
   einen einheitlichen Wortlaut der Informationsschrift über
   Verlustrisiken bei Börsentermingeschäften geeinigt;
   Informationsschrift (1989).

Termingeschäfte abzuschließen, so daß sie mit ihren
Aufträgen zum Kontrakterfolg beitragen können.[1]

IV. Zusammenfassung

Im vorstehenden Abschnitt wurde der Frage nachgegangen, inwieweit rechtliche Rahmenbedingungen den Kontrakterfolg beeinflussen können. Grundvoraussetzung
für einen erfolgreichen Futurehandel in einem Land
ist danach, daß Börsentermingeschäfte grundsätzlich
rechtlich zulässig sind. Zudem kann eine restriktive
staatliche Zugangskontrolle den Kontrakterfolg beeinträchtigen, indem sie die Einführung innovativer Kontrakte behindert und deren Entwicklung verzögert. In
diesem Zusammenhang wurde dargelegt, daß es im Eigeninteresse einer Börse liegt, Kontrakte mit geringer
Manipulationsanfälligkeit zu entwickeln und ein hohes
Maß an Anlegerschutz sicherzustellen. Bedenkt man
ferner, daß zwischen Terminbörsen ein (internationa-
ler) Wettbewerb besteht, so dürfte dieser Wettbewerb
geeignet sein, gesetzliche Anlegerschutzvorschriften
zumindest zu einem großen Teil entbehrlich zu machen.[2] Ferner hat sich gezeigt, daß gesetzliche

---

1) Eine andere Frage ist, ob Privatanleger tatsächlich in
   größerem Maße Futuregeschäfte abschließen, wenn man bedenkt, daß die Kontraktgrößen wesentlich größer sind als
   beispielsweise bei Aktienoptionen. Ein weiteres Hindernis
   für den Abschluß von Futuregeschäften (beispielsweise an
   der DTB) stellen für Privatanleger die relativ hohen
   Mindestgebühren der Banken für solche Geschäfte dar.

2) Dagegen wird manchmal die Ansicht vertreten, daß gerade
   fehlende oder unzureichende Aufsichtsvorschriften dem
   Kontrakterfolg entgegenstehen können. Die Aufsicht durch
   eine unabhängige staatliche Instanz könne die Furcht
   vieler Marktteilnehmer vor Verlusten durch Manipulationen
   reduzieren und so zum Kontrakterfolg beitragen; siehe dazu
   D.J.S. Rutledge (1983), S. 291. Dieses Argument wird im
   Hinblick auf den Erfolg des Finanzplatzes Deutschland von
   den Befürwortern einer zentralen staatlichen Marktaufsicht
   (Fortsetzung...)

Vorschriften bestimmte Anlegergruppen daran hindern
können, Futures in dem gewünschten Maß einzusetzen.
Der Umsatz einzelner Kontrakte wird dann unter dem
ohne diese Vorschriften möglichen Niveau liegen.

Insgesamt betrachtet läßt sich festhalten, daß
rechtliche Rahmenbedingungen den Kontrakterfolg
beeinträchtigen können.[1] Allerdings läßt sich der
Einfluß rechtlicher Rahmenbedingungen auf den Kon-

---

2)(...Fortsetzung)
für den Wertpapierhandel vorgebracht; siehe dazu z.B. B.
Hidding (1992); S. Kümpel (1992), S. 381; M. Radtke
(1992). Der Bundesminister der Finanzen (1992), S. 422,
bezeichnet "eine effektive Marktaufsicht und eine ...
Aufsichtsbehörde auf Bundesebene ..." als "Gütesiegel
eines Finanzmarktes". Eine gewisse Relevanz hat dieses
Argument, wenn Aufsichtsbehörden den Handel ausländischer
Kontrakte davon abhängig machen, daß im Herkunftsland eine
ihren Vorstellungen entsprechende Aufsichtsbehörde
besteht. Ob dieses Vorgehen dem Anlegerschutz oder dem
Schutz vor Wettbewerb aus dem Ausland dient, kann hier
offenbleiben.

1)   Es liegt nahe zu vermuten, daß steuerliche Vorschriften
ebenso wie die oben untersuchten Rechtsvorschriften den
Kontrakterfolg beeinflussen. Eine nähere Untersuchung des
Erfolgseinflusses steuerlicher Vorschriften würde jedoch
über den Rahmen der vorliegenden Untersuchung hinausgehen.
Es sei jedoch anhand eines Beispiels verdeutlicht, wie
sehr Steuern den Erfolg von Futures beeinträchtigen können. So wurde als ein Grund für die Schließung der Schwedischen Options- und Futurebörse (SOFE) im Februar 1989
eine seit Anfang 1989 erhobene Transaktionssteuer angeführt; siehe R. Gardiner (1989), S. 29; D. Courtney
(1992), 72. Auch M.H. Miller und C.W. Upton (1991), S. 128
f., weisen darauf hin, daß Futuremärkte in Schweden unter
anderem aufgrund dieser Transaktionssteuern unwirtschaft-
lich sind. Sie bezeichnen Transaktionssteuern als eine
direkte Steuer auf Liquidität; ebda. Eine ähnliche Ansicht
vertritt auch H. Schmidt (1977), S. 35, im Hinblick auf
die (inzwischen abgeschaffte) deutsche Börsenumsatzsteuer.
Er weist darauf hin, daß Transaktionssteuern wie Transaktionskosten zu beurteilen sind (ebda., S. 35) und dazu
führen können, "daß ein Markt keinerlei Erfolgschance
gegenüber Märkten ... hat", auf denen keine oder niedrigere Transaktionssteuern erhoben werden (ebda., S. 371).

trakterfolg kaum quantifizieren. Dadurch wird ein
Vergleich des Erfolgs von Futures erschwert, die in
verschiedenen Rechtsgebieten gehandelt werden.

In diesem Zusammenhang erscheint die Frage interessant, wie sich die rechtlichen Rahmenbedingungen
unter dem Eindruck einer verstärkten Globalisierung
des Futurehandels verändern werden. Zwei Entwicklungsrichtungen sind denkbar.[1] Zum einen kann die
Globalisierung zu einer stärkeren Kooperation der
Aussichtsbehörden führen, wie sie bereits in einigen
Bereichen[2] betrieben wird. Eine solche Kooperation
müßte zu einer weitgehenden Harmonisierung rechtlicher Vorschriften führen.[3] Zum anderen kann eine
Konkurrenz der Aufsichtssysteme entstehen, die
letztlich zu einem optimalen Regelungsniveau führen
dürfte. Welche Entwicklungsrichtung sich letztlich
durchsetzen wird, bleibt derzeit eine offene Frage.

---

1) Siehe dazu F.R. Edwards und C.W. Ma (1992), S. 206.

2) Kooperationen gibt es beispielsweise bei der Bankenauf-
sicht im Cooke Committee und zwischen den EG-Staaten sowie
bei der Börsenaufsicht im Rahmen der IOSCO; zur Arbeit der
IOSCO siehe H. Köhler (1990).

3) Eine ökonomische Würdigung beider Entwicklungsrichtungen
vor dem Hintergrund der Harmonisierung rechtlicher Vorschriften im Rahmen der Europäischen Gemeinschaften
liefert H. Schmidt (1991b).

D. Zusammenfassung des ersten Teils

In diesem Teil ging es um die Frage nach dem Einfluß
der exogenen Determinanten auf den Kontrakterfolg.
Sie bilden den Rahmen der Geschäftstätigkeit der
Terminbörsen, insbesondere für die Entwicklung neuer
Kontrakte. Zunächst wurde der Bedeutung der Hedger
und Spekulanten für den Kontrakterfolg nachgegangen.
Dabei wurde herausgearbeitet, daß Hedger grundsätzlich Kontrakte mit hoher Hedgingeffektivität bevorzugen, sie aber oft dazu bereit sein werden, Cross-
Hedge-Kontrakte zu verwenden, wenn diese Kostenvorteile versprechen - insbesondere bei den Kosten
sofortigen Abschlusses. Gemeinsam ist Hedgern und
Spekulanten, daß sie Kontrakte mit hoher Liquidität
vorziehen. Für Spekulanten ist es darüber hinaus
wichtig, daß die Futurepreise volatil sind und sich
deren Entwicklung relativ zum Kassapreis gut prognostizieren läßt.

Die Untersuchung des Erfolgseinflusses ökonomischer
Rahmenbedingungen ergab, daß Kontrakte hohe Erfolgschancen haben, wenn die Kassapreise ihrer Handelsobjekte stark schwanken und die Handelsobjekte auf
einem aktiven Kassamarkt gehandelt werden. Ein hoher
Grad an Homogenität der Kassatitel erleichtert es
zudem, das Handelsobjekt eines Futurekontraktes breit
zu definieren, ohne daß dadurch die Hedgingeffektivität wesentlich beeinträchtigt wird.

Darüber hinaus hat sich gezeigt, daß der Handel eines
liquiden Kontraktes mit dem gleichen oder einem ähnlichen Handelsobjekt an einer anderen Börse die Erfolgschancen eines neuen Kontraktes reduziert. Das
gilt auch, wenn ein liquider außerbörslicher Forwardhandel in dem Handelsobjekt besteht.

Welche Bedeutung es für den Erfolg eines Future hat,
daß er am heimatlichen Kassamarkt gehandelt wird,
konnte nicht abschließend geklärt werden. An den
internationalen Terminbörsen dominieren Kontrakte,
die am Heimatmarkt gehandelt werden. Diese Dominanz
kann jedoch auch dadurch begründet sein, daß diese
Kontrakte vor denen an ausländischen Börsen eingeführt wurden. Diese Vermutung wird dadurch gestützt,
daß im Bund-Futurehandel bislang die LIFFE dominiert,
die diesen Kontrakt vor der DTB eingeführt hat.

Die Analyse der rechtlichen Rahmenbedingungen hat
ergeben, daß sie den Kontrakterfolg beeinträchtigen
können. Insbesondere können restriktive staatliche
Zugangskontrollen die Einführung neuer Kontrakte
erschweren und ihre Erfolgsaussichten vermindern. Es
wurde gezeigt, daß die Börsen selbst ein großes
Interesse daran haben, das von den Marktteilnehmern
präferierte Maß an Anlegerschutz zu gewährleisten.
Der Raum für eine staatliche Zugangskontrolle erscheint daher begrenzt. Auch spezielle Rechtsvorschriften für einzelne Gruppen von Marktteilnehmern
können den Erfolg von Financial Futures beeinträchtigen. Die Untersuchung der Vorschriften im deutschen
Recht der Kreditinstitute, Investmentfonds und Versicherungen hat ergeben, daß für diese institutionellen Marktteilnehmer der Einsatz von Futures zum Teil
erheblich eingeschränkt ist. Hier besteht noch Raum
für weitere Deregulierungen.

ZWEITER TEIL

Endogene Determinanten des Erfolges von Financial Futures

Nach der Analyse der exogenen Erfolgsdeterminanten im ersten Teil dieser Arbeit wendet sich dieser Teil nun den endogenen Determinanten des Erfolges von Financial Futures zu. Dabei handelt es sich um diejenigen Determinanten, die die Organe der Futurebörsen im wesentlichen frei von äußerer Einflußnahme festlegen können. Im Rahmen der Analyse der endogenen Erfolgsdeterminanten nimmt die Überprüfung des Erfolgseinflusses der Kontraktspezifikationen breiten Raum ein. Das verwundert nicht, wenn man bedenkt, daß die Kontraktspezifikationen die standardisierten Vertragsbedingungen der Musterverträge darstellen, die an einer Terminbörse abgeschlossen werden.[1] Nur wenn viele Marktteilnehmer diese Vertragsbedingungen akzeptieren, wird ein Kontrakt erfolgreich sein.

Im einzelnen wird untersucht, wie die folgenden Kontraktspezifikationen den Kontrakterfolg beeinflussen: die Gestaltung des Handelsobjektes, die Kontraktgröße, die Liefermonate, die Höhe der Marginzahlungen, die Mindestkursabstufung, die Preislimits, die Positionslimits und die Transaktionsgebühren.[2]

---

1) Zur besonderen Bedeutung der Musterverträge an Terminbörsen im Vergleich zu Kassabörsen siehe H. Schmidt (1988), S. 88 f.

2) Man könnte hier den Schlußabrechnungspreis (und den täglichen Abrechnungspreis) vermissen, zumal dieser in der Presse oft diskutiert wird [z.B. F. Bublitz (1990b)]. Ein (Fortsetzung...)

Im weiteren Verlauf der Untersuchung in diesem Teil
wird darauf eingegangen, wie Terminbörsen den Erfolg
eines Kontraktes fördern können, indem sie ihr Kontraktangebot um Futures auf korrelierende Handelsobjekte und Optionen auf Futures erweitern, sowie
darauf wie die Art des Handelssystems den Kontrakterfolg beeinflußt.

Damit viele Marktteilnehmer die standardisierten
Kontraktspezifikationen akzeptieren, empfiehlt es
sich für die Börsen, bei der Kontraktgestaltung die
Bedürfnisse der Marktteilnehmer zu beachten. Die

---

2)(...Fortsetzung)
    Überblick über die an internationalen Terminbörsen gehan-
    delten Futures zeigt aber, daß die Börsen hier wenig
    Spielraum haben. Als Schlußabrechnungspreis wäre ein
    einzelner "richtiger" Preis, d.h. ein Transaktionspreis,
    am Ende der Laufzeit wünschenswert. Da sich der letzte
    Transaktionspreis jedoch leicht manipulieren ließe, ver-
    wenden die Börsen gewöhnlich den Durchschnitt mehrerer
    Preise als Schlußabrechnungspreis. Dabei müssen die
    herangezogenen Kurse zeitlich relativ dicht am Termin des
    Handelsschlusses liegen, da es sonst zu Verzerrungen
    kommen kann, die die Konvergenz und damit die Hedging-
    effektivität beeinträchtigen können. Da die Entscheidung
    der Börse über die Bestimmungsgleichung des Schlußab-
    rechnungspreises demnach auf der Grundlage der jeweiligen
    typischen Marktverhältnisse erfolgen muß, würde es über
    den Rahmen dieser Arbeit hinausgehen, diese Entscheidung
    zu hinterfragen.
    Ebenso sei darauf verzichtet, die Handelszeiten in einem
    gesonderten Abschnitt zu diskutieren. (Auf die Handelszei-
    ten wird allerdings im Zusammenhang mit Computerhandels-
    systemen im Abschnitt C dieses Teils kurz eingegangen, die
    es erlauben, die Handelszeiten bis auf 24 Stunden auszu-
    dehnen.) Die Terminbörsen orientieren sich bei der Fest-
    legung der Handelszeiten für einen Kontrakt hauptsächlich
    an den Handelszeiten des Kassamarktes, an den Bedürfnissen
    ihrer Mitglieder und u.U. an den Handelszeiten konkurrie-
    render Kontrakte an anderen Terminbörsen. Ihnen bleibt
    also auch bei der Festlegung der Handelszeiten kein großer
    Spielraum, wie auch die Fallstudien zum relativen Erfolg
    ausgewählter Financial Futures im Abschnitt B des dritten
    Teils dieser Arbeit zeigen.

Untersuchung der einzelnen Kontraktspezifikationen wird zeigen, daß diese das Handelsinteresse von Hedgern und Spekulanten teilweise entgegengesetzt beeinflussen. Die Börsen müssen also zwischen den Interessenlagen beider Gruppen von Marktteilnehmern abwägen, um einen möglichst erfolgreichen Kontrakt zu gestalten.

A. Kontraktspezifikationen

I. Gestaltung des Handelsobjektes

Die Bestimmung des Handelsobjektes, also des einem Kontrakt zugrundeliegenden Gutes, ist eine der wichtigsten strategischen Entscheidungen einer Futurebörse bei der Entwicklung eines neuen Kontraktes.[1] Die Untersuchung im ersten Teil dieser Arbeit hat bereits ergeben, daß bestimmte Eigenschaften, wie ein hoher Grad an Homogenität, eine hohe Volatilität des Kassapreises und ein großer Kassamarkt, ein Gut als Handelsobjekt eines Futurekontraktes besonders geeignet erscheinen lassen. Im folgenden Abschnitt wird nun untersucht, wie eine Börse ein solches Gut als Handelsobjekt eines Future standardisieren kann.

Was das Handelsobjekt eines Future ist, erschließt sich einem am besten, indem man die Frage beantwortet, was der Inhaber der Short-Position an den Inhaber der Long-Position bei Fälligkeit zu liefern hat und welche Sonderrechte mit dem Lieferprozeß verbunden sind. Dazu ist es zunächst wichtig, sich mit den möglichen Erfüllungsverfahren auseinander-

---

1) D. Lien (1989), S. 263.

zusetzen. In einem weiteren Schritt wird dann auf
mögliche Wahlrechte der Kontraktpartner im Lieferprozeß, die sogenannten Lieferoptionen eingegangen.

Nur ein geringer Teil der Financial Futures wird bis
zur Fälligkeit gehalten und erfüllt.[1] Die meisten
Positionen werden vorher durch ein Gegengeschäft
glattgestellt. Trotzdem erscheint es nützlich, sich
eingehend mit Fragen der Erfüllung auseinanderzusetzen, da die Lieferbestimmungen die Konvergenz von
Future- und Kassapreis zum Fälligkeitstermin hin
wesentlich beeinflussen. Die Konvergenz ist wichtig
für die Preisbildung der Futures und für ihre Funktion als Hedgeinstrument.[2]

Die Bedeutung der Erfüllungsverfahren für die Preisbildung eines Future und die Konvergenz läßt sich am
besten an einem Kontrakt mit physischer Lieferung
verdeutlichen. Bei diesen Kontrakten wird die Konvergenz durch Arbitrage zwischen Kassa- und Futuremarkt
bewirkt. Erkennt ein Arbitrageur beispielsweise eine
Überbewertung des Future, so kann er den Future
verkaufen, also eine Short-Position eingehen, und
Mittel aufnehmen, um damit den lieferbaren Kassatitel[3] zu kaufen. Am Liefertag kann er dann mit dem
Kassatitel seine Lieferverpflichtung erfüllen und mit

---

1)   K.D. Garbade und W.L. Silber (1983a), S. 451, sprechen von
     weniger als 1 %. 1990 lag der Anteil der durch physische
     Lieferung oder Cash Settlement erfüllten Financial Futures
     an den US-Börsen bei 0,7 % des Gesamtumsatzes; eigene
     Berechnung nach Angaben der CFTC (1991), S. 87.

2)   So z.B. F.J. Jones (1982), S. 63; K.D. Garbade und W.L.
     Silber (1983a), S. 451.

3)   Es sei hier vereinfachend angenommen, daß es lediglich
     einen lieferbaren Titel gibt.

dem Rechnungsbetrag, den er vom Inhaber der Long-
Position erhält, den Kredit tilgen.[1] Durch solche
Transaktionen tragen Arbitrageure dazu bei, daß der
Future im Verhältnis zum Kassapreis seines Handelsob-
jektes richtig bewertet ist und Kassa- und Future-
preis am Liefertag konvergieren.[2]

Im folgenden werden nun die Erfüllungsverfahren
untersucht, wobei in physische Lieferung und Cash
Settlement (Erfüllung durch Barausgleich) unterschieden wird.[3] Der Bereich der physischen Lieferung wird
nach der Zahl und der Beschaffenheit der Lieferalternativen weiter unterteilt in Kontrakte mit einem
lieferbaren Titel, Kontrakte mit wenigen homogenen
Lieferalternativen und Kontrakte mit vielen hetero-
generen Lieferalternativen. Abbildung 2.1 verdeutlicht diese Unterteilung.

---

1) Man spricht in diesem Fall von einer "Cash and Carry
    Arbitrage". Im umgekehrten Fall einer Unterbewertung des
    Future würde der Arbitrageur eine Long-Position im Future
    eingehen, den lieferbaren Titel leerverkaufen und den
    Erlös bis zum Liefertermin anlegen (Reverse Cash and Carry
    Arbitrage); siehe z.B. D.R. Siegel und D.F. Siegel (1990),
    S. 44-48; R.W. Kolb (1991), S. 89-95; F.R. Edwards und
    C.W. Ma (1992), S. 84-86.

2) Vollkommene Konvergenz wird aber nur erreicht, wenn der
    Arbitrageprozeß nicht gestört ist. Die Arbitrage kann z.B.
    durch Transaktionskosten, insbesondere Kosten der Liefe-
    rung, beeinträchtigt werden; siehe z.B. K.D. Garbade und
    W.L. Silber (1983a), S. 454 f.

3) Auf eine mögliche Mischform zwischen diesen beiden
    Verfahren wird im Anschluß an die Darstellung der "reinen"
    Formen der Erfüllungsverfahren eingegangen.

Abbildung 2.1: <u>Überblick über die Erfüllungs-</u>
<u>verfahren bei Financial Futures</u>

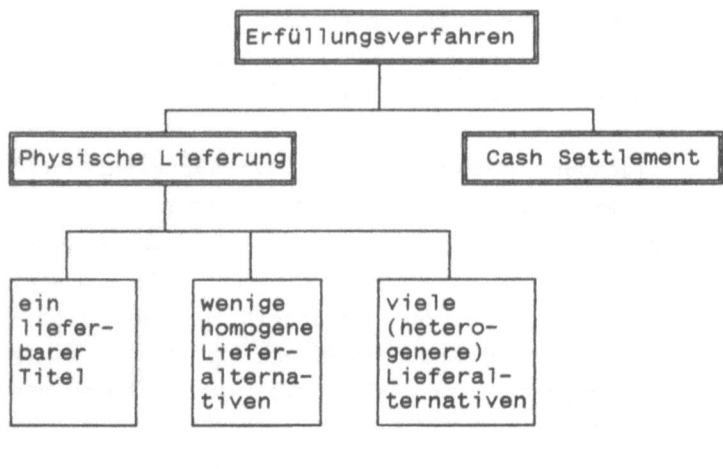

Quelle: Eigene Darstellung.

1. <u>Erfüllungsverfahren</u>

   a)   <u>Physische Lieferung</u>

      aa) <u>Ein lieferbarer Titel</u>

Es ist bereits darauf hingewiesen worden, daß Hedger
an einer hohen Hedgingeffektivität interessiert sind.
Diese ist umso höher, je größer die Übereinstimmungen
zwischen der abzusichernden Kassaposition und dem zur
Absicherung verwendeten Future sind. Ein Future mit
einem bestimmten lieferbaren Kassatitel hat somit für
Hedger, die eine Kassaposition in diesem Titel absichern wollen, den Vorteil einer hohen Hedgingeffektivität. In diesem Fall werden Kassa- und Futureprei-

se stark miteinander korrelieren und das Basisrisiko
wird entsprechend niedrig sein.[1] Unter dem Aspekt
einer möglichst hohen Hedgingeffektivität wäre es
daher für Hedger vorteilhaft, wenn es für jedes
abzusichernde Kassainstrument einen entsprechenden
Futurekontrakt gäbe.[2]

Für die Entscheidung eines Hedgers darüber, ob ein
Future als Hedgeinstrument geeignet ist, sind aber
auch die Kosten der Absicherung, insbesondere die
Transaktionskosten, von Bedeutung. Ein wesentlicher
Bestandteil der Transaktionskosten sind die Kosten
sofortigen Abschlusses[3], die tendenziell um so
niedriger sind, je höher das Handelsvolumen ist. Ein
eigener Kontrakt für jedes Kassainstrument würde nun
dazu führen, daß sich die Aufträge von Hedgern in
Kassatiteln der gleichen Art auf viele Kontrakte ver-
teilten. Das hätte eine geringe Liquidität und höhere
Sofortigkeitskosten für den einzelnen Kontrakt zur
Folge.[4] Die höheren Sofortigkeitskosten könnten den
Vorteil der größeren Hedgingeffektivität aufzehren
oder sogar überkompensieren. Bei der Auswahl des
Handelsobjektes stehen also die Ziele der höheren

---

1) Das Basisrisiko ist um so geringer, je höher die Korrelation zwischen Kassa- und Futurepreisen ist. Siehe dazu
   D.R. Siegel und D.F. Siegel (1990), S. 109.

2) L.G. Telser (1981b), S. 7; D.G. Black (1986), S. 26.

3) Siehe dazu H. Schmidt (1988), S. 23-26; ders. (1992),
   S. 114 f.

4) Siehe W.L. Silber (1981), S. 137 f.; K.D. Garbade und W.L.
   Silber (1983b), S. 251.

Hedgingeffektivität und der größeren Liquidität in Konkurrenz zueinander.[1)]

Die geringe Liquidität ist ein Nachteil der Kontrakte mit nur einem lieferbaren Kassatitel. Nachteilig ist außerdem, daß es ein solcher Kontrakt einigen Marktteilnehmern erleichtert, marktbeherrschende Positionen, vor allem Pluspositionen, aufzubauen und so Kassa- und Futurepreise zu ihren Gunsten zu beeinflussen. Steht der lieferbare Titel auf dem Kassamarkt nur in begrenzter Stückzahl zur Verfügung, kann beispielsweise ein einzelner Marktteilnehmer oder eine Gruppe kollusiv handelnder Marktteilnehmer lieferbare Kassatitel aufkaufen und gleichzeitig große Long-Positionen im Future auf diesen Kassatitel aufbauen. Die Inhaber der Short-Positionen können sich die zur Belieferung notwendigen Titel dann nur noch zu Preisen beschaffen, die von den marktbeherrschenden Marktteilnehmern diktiert werden. Eine solche Situation wird Corner genannt.[2)] Eine vergleichbare

---

1) In der amerikanischen Literatur wird auch von einem "tradeoff" zwischen Hedgingeffektivität und Liquidität gesprochen; so z.B. W.L. Silber (1981), S. 137; D.G. Black (1986), S. 21-25. Die mangelnde Liquidität des einzelnen Kontraktes ist auch für Telser der Grund dafür, daß es nicht auf jedes Gut einen Future gibt. Der Hauptgrund für die Existenz von Futuremärkten ist für ihn die höhere Liquidität im Vergleich zu den Forwardmärkten, die im Prinzip die gleichen Absicherungsmöglichkeiten bieten. Durch eine Aufsplitterung der Liquidität auf viele Kontrakte würde dieser Vorteil des Futurehandels beseitigt; siehe dazu L.G. Telser (1981b), S. 5-8.

2) Bereits O. v. Nell-Breuning (1928), S. 181, hat darauf hingewiesen, daß eine zu starke "Unterteilung der Lieferungsqualitäten ... die Gefahr einer Aufschwänzung des Marktes" herbeiführt. Siehe auch D.R. Siegel und D.F. Siegel (1990), S. 29 f. Ein häufig zitiertes Beispiel für eine Corner-Situation ist die sogenannte Silberkrise von 1979/80. Während dieser Zeit haben die Brüder Hunt versucht, den Silbermarkt unter ihre Kontrolle zu bekommen, indem sie große Long-Positionen in Silberfutures aufbauten
(Fortsetzung...)

Wirkung hat ein sogenannter Squeeze, bei dem Marktteilnehmer eine Angebotsverknappung, die ohne ihr
Zutun entstanden ist, dazu nutzen, große Positionen
im Future aufzubauen.[1]

Die Nachteile von Kontrakten mit nur einem lieferbaren Titel, insbesondere ihre geringe Liquidität,
scheinen zu überwiegen. So werden nur an wenigen
Terminbörsen Financial Futures mit nur einem lieferbaren Kassatitel gehandelt.[2] Auch an Warenfuture-

---

2)(...Fortsetzung)
und gleichzeitig große Mengen Silber am Kassamarkt auf-
kauften. Dadurch stieg der Silberpreis zwischen Juli und
Dezember 1979 von US$ 9 auf US$ 35 pro Unze. Mitte Januar
1980 erreichte der Preis des nächstfälligen Future US$ 50.
Siehe dazu ausführlich D. Duffie (1989), S. 335-339.

1) Zur Abgrenzung zwischen den Begriffen Corner und Squeeze
siehe auch H.S. Houthakker (1982b), S. 484; Board of
Governors of the Federal Reserve System, CFTC und SEC
(1984), S. VII-4 f. L.N. Edwards und F.R. Edwards (1984),
S. 349, weisen darauf hin, daß die Preisveränderungen
aufgrund eines Corners oder Squeeze das Basisrisiko der
Hedger erhöhen, die den betreffenden Future verwenden.

2) Beispielsweise werden an der Schwedischen Terminbörse, dem
Stockholm Options Market (OM), Aktienfutures auf 6 schwedische Aktien gehandelt; FOW (1992c), S. 69; OM (1990).
Ferner kommen feste Termingeschäfte mit Aktien (teilweise
auch deutschen) z.B. an den Börsen von Brüssel, London,
Mailand, Paris und Zürich vor; siehe H. Schmidt (1988),
S. 62. Der Terminhandel wird an diesen Börsenplätzen
allerdings in erster Linie aus handels- und abwicklungs-
technischen Gründen (z.B. lange Erfüllungsfristen)
betrieben; H. Schmidt (1989b), Sp. 2254. Zu den Einzelhei-
ten des Terminhandels an diesen Plätzen siehe S. Bley
(1977), S. 52-54 [Brüssel], S. 230-232 [London], S. 332-
334 [Mailand], S. 186-189 [Paris] und S. 619-622 [Zürich];
sowie ISSA (1990), S. BE 25-27, UK 27, IT 24, FR 30 f. und
CH 32. An deutschen Wertpapierbörsen konnten Festgeschäfte
mit Aktien bis 1931 abgeschlossen werden. In den USA sind
Futures auf einzelne Aktien gesetzlich verboten; siehe
D.R. Fischel (1986), S. S100.

börsen sind Versuche, Kontrakte auf bestimmte Qualitäten von Waren einzuführen, um bessere Hedgeinstru-
mente zu erhalten, meist fehlgeschlagen.[1]

ab) Wenige homogene Lieferalternativen

Kontrakte mit wenigen homogenen Lieferalternativen
ermöglichen es, den Nachteil einer geringen Liquidität und insbesondere die Gefahr eines Corners oder
eines Squeeze abzumildern und gleichzeitig eine hohe
Hedgingeffektivität sicherzustellen. Dabei wird eine
Futurebörse die Qualitätsanforderungen an lieferbare
Titel so eng stellen, daß nur wenige, einander sehr
ähnliche Titel geliefert werden können.

Dieses Verfahren ist bei Futures auf kurzfristige
Zinstitel üblich, die in ihren Kontraktbedingungen
physische Lieferung vorsehen. Ein Beispiel für einen
solchen Kontrakt ist der seit 1976 an der CME gehandelte Treasury-Bill-Future (T-Bill-Future), ein Kontrakt auf US-amerikanische Schatzwechsel. Der T-Bill-
Future war der erste Kontrakt auf Geldmarktpapiere.
Nach den Kontraktspezifikationen sind T-Bills mit

---

1) Die Kontrakte konnten nicht die notwendige Liquidität
   erreichen; D.G. Black (1986), S. 26. Eine Ausnahme stellt
   der Weizenfuture des Kansas City Board of Trade dar, den
   H. Working (1954) beschreibt. Dieser war bis 1953 faktisch
   ein Kontrakt auf Hartweizen, obwohl die Kontraktspezifikationen seit 1940 auch die Lieferung von Weichweizen
   zuließen. Durch veränderte Preisrelationen zwischen
   einzelnen Weizensorten wurde es 1953 vorteilhaft, Weichweizen in den Kontrakt zu liefern. Der dadurch ausgelöste
   Rückgang des Kontraktvolumens in Weizenfutures konnte erst
   durch die Schaffung eines neuen Kontraktes aufgehalten
   werden, der ausschließlich die Lieferung von Hartweizen
   zuließ.

einer Laufzeit von 91 Tagen lieferbar; der Verkäufer hat aber das Recht, auch Papiere mit einer Laufzeit von 90 und 92 Tagen zu liefern.[1]

Das Problem für eine Futurebörse besteht nun darin, sicherzustellen, daß zu jedem Liefertermin genügend Titel am Kassamarkt verfügbar sind, damit fällige Kontrakte ordnungsgemäß beliefert werden können. Anderenfalls besteht wie bei Kontrakten mit einem lieferbaren Titel die Gefahr eines Corners oder eines Squeeze.

Bei Zinsfutures können Corner und Squeezes zu einer Verzerrung der Renditestruktur führen. Durch die starke Nachfrage der Inhaber von Short-Positionen steigen die Preise der lieferbaren Titel an. Dadurch können die Renditen der lieferbaren Titel bei sonst normaler Zinsstruktur unter die Renditen von nicht lieferbaren Titeln mit kürzerer Laufzeit sinken, worin ein Anzeichen für eine Squeeze-Situation gesehen wird. Ein weiteres Indiz für einen Squeeze ist eine Veränderung der Differenz zwischen den Future Rates und den aus der Zeitstruktur der Zinssätze (Spot Rates) ermittelten impliziten Forward Rates.[2]

Im Jahr 1979 ergab sich auf den Märkten für T-Bills

---

1) R.W. Kolb (1991), S. 283 f.; F.R. Edwards und C.W. Ma (1992), S. 287.

2) M. Arak und C.J. McCurdy (1979), S. 43-45. Die Unterschiede zwischen den Forward Rates und den Future Rates sind auf die unterschiedlichen Marktstrukturen der Kassa- und Futuremärkte für T-Bills, insbesondere auf die dadurch bedingten Unterschiede in der Liquidität und in den Risikoprämien, zurückzuführen; siehe dazu die Untersuchung von A. Kamara (1988), S. 357-359.

eine solche Squeeze-Situation.[1] Für den Liefertermin
Juni 1979 hatte sich ein Open Interest aufgebaut, aus
dem potentielle Lieferansprüche resultierten, die
annähernd doppelt so hoch waren, wie die frei verfügbaren lieferbaren T-Bills.[2] Solche Squeeze-Situatio-
nen haben sich beim T-Bill-Kontrakt nach 1979 nicht
wiederholt. Das hängt damit zusammen, daß das amerikanische Schatzamt die Emissionstermine der T-Bills
mit einer ursprünglichen Laufzeit von einem Jahr so
verschoben hat, daß ihre Fälligkeiten mit denen der
3-Monats- und der 6-Monats-Papiere zusammenfallen.
Dadurch können auch T-Bills mit einer ursprünglichen
Laufzeit von einem Jahr geliefert werden, die an
einem Liefertermin eine Restlaufzeit von 90, 91 oder
92 Tagen haben. Somit stehen heute an den meisten
Fälligkeitsterminen des T-Bill-Kontraktes gerade
emittierte 3-Monats-T-Bills sowie solche mit einer
ursprünglichen Laufzeit von 6 und 12 Monaten zur
Verfügung.[3]

---

1) Diese Situation schildern ausführlich M. Arak und C.J.
    McCurdy (1979), S. 45; P. Cagan (1981), S. 174 f.,186 f.
    Auch K.D. Garbade und W.L. Silber (1983b), S. 251, nennen
    als Beispiel für die Gefahr von Squeezes bei Kontrakten,
    die nur wenige Kassatitel zur Lieferung zulassen, die
    Situation bei den T-Bill-Futures im Jahre 1979.

2) Für die Fälligkeit Juni 1979 standen nur T-Bills aus einer
    einzigen Emission mit einem Volumen von insgesamt 5,9 Mrd.
    US$ zur Verfügung. Davon wurden mehr als die Hälfte vom
    Federal Reserve Board, von ausländischen Anlegern und von
    Kleinanlegern gehalten. Das frei handelbare Volumen betrug
    lediglich US$ 2,0-2,5 Mrd. Dem stand ein Open Interest von
    ca. 4.300 Kontrakten (nominell US$ 4,3 Mrd. gegenüber; M.
    Arak und C.J. McCurdy (1979), S. 45. Allerdings baute sich
    das Open Interest bis zum Liefertermin für den Juni-1979-
    Kontrakt aufgrund von veränderten Markterwartungen wieder
    ab. So konnte die Belieferung ordnungsgemäß abgewickelt
    werden.

3) M. Arak und C.J. McCurdy (1979), S. 42; A. Kuprianov
    (1986), S. 14-16. Die Lieferung von Papieren mit unter-
    (Fortsetzung...)

Das Beispiel des T-Bill-Future zeigt, daß bei Kontrakten mit wenigen Lieferalternativen stets genügend lieferbare Titel am Kassamarkt zu Verfügung stehen müssen, damit ein liquider Futurehandel entstehen kann und Squeezes vermieden werden. Nur dann kann ein solcher Kontrakt erfolgreich sein.[1] Im Falle von Futures auf kurzfristige Zinstitel müssen demnach regelmäßig neue Titel emittiert werden, die die Lieferbedingungen des Futurekontraktes erfüllen. Um unabhängiger von Emissionen lieferbarer Titel zu werden, wurde im Anschluß an die Ereignisse von 1979 darüber diskutiert, für den T-Bill-Future mehrere Titel mit einem breiteren Laufzeitenspektrum zur Lieferung zuzulassen wie es auch beim T-Bond-Future des CBOT üblich ist. Dieser Vorschlag wurde allerdings an der CME nicht weiter verfolgt. Lediglich zwei kleinere Börsen nahmen den Handel in T-Bill-Futures mit mehreren Lieferalternativen auf.[2] Diese Kontrakte erreichten jedoch bei weitem nicht das Handelsvolumen des Kontraktes der CME.[3] Dagegen ist bei Anleihefutures ein breiteres Spektrum von Lieferal-

---

3)(...Fortsetzung)
schiedlicher ursprünglicher Laufzeit ist unproblematisch, weil diese am Kassamarkt bei gleicher (Rest-)Laufzeit von 3 Monaten die gleiche Rendite aufweisen; siehe dazu M. Pitts (1987), S. 803.

1) Der Mangel an lieferbaren Titeln wird z.B. als Grund für den Mißerfolg des Commercial-Paper-Future angesehen; siehe M. Arak und C.J. McCurdy (1979), S. 34.

2) Es handelt sich dabei um die Amex Commodity Exchange (ACE - inzwischen geschlossen) und die Commodity Exchange (COMEX); M. Arak und C.J. McCurdy (1979), S. 45 f.

3) Die Kontrakte an der ACE und an der COMEX erreichten ein tagesdurchschnittliches Handelsvolumen von 52 bzw. 286 Kontrakten gegenüber 1610 an der CME. Beide Kontrakte wurden 1985 nicht mehr gehandelt; siehe W.L. Silber (1985), S. 104; D.G. Black (1986), S. 36 f.

ternativen üblich. Im folgenden Abschnitt werden solche Kontrakte mit vielen Lieferalternativen untersucht.

ac) Viele Lieferalternativen

Die Lieferbestimmungen der meisten Warenfutures sehen
eine größere Zahl von Lieferalternativen vor, die
meistens heterogener sind als bei wenigen Lieferalternativen.[1] Im Bereich der Financial Futures hat
sich dieses Lieferverfahren vor allem bei Futures
auf langfristige Zinstitel (Anleihefutures) durchgesetzt.[2] Dabei hat der Verkäufer eines Kontraktes das
Recht, aus einem Kreis von Lieferalternativen, die
bestimmte Mindestqualitätsanforderungen erfüllen,

---

1) Beispiele für Warenfutures mit mehreren lieferbaren Quali-
    täten sind Kontrakte auf Sojabohnen, Weizen, Mais und
    Kaffee.

2) Einige Kontrakte auf kurzfristige Zinstitel wie der CD-
    Future (Kontrakt auf US-Dollar-Einlagenzertifikate bei US-
    Banken) der CME oder der Eurodollar-Kontrakt der LIFFE
    ließen die Lieferung von Depositen bei mehreren Banken zu;
    siehe z.B. E.W. Schwarz et al. (1986), S. 56, 363 f. (zum
    CD-Future); M.D. Fitzgerald (1983), S. 30 (zum Eurodollar-
    Future der LIFFE). Der CD-Future wird nicht mehr gehandelt
    und der Eurodollar-Kontrakt der LIFFE sieht heute aus-
    schließlich Erfüllung durch Cash Settlement vor; siehe die
    Ausführungen unten im Abschnitt A.I.1.c dieses Teils. Ein
    Grund dafür dürfte in beiden Fällen in Bonitätsunterschie-
    den der für "lieferbare" Einlagen zugelassenen Banken zu
    suchen sein. Diese Bonitätsunterschiede führten dazu, daß
    Inhaber von Short-Positionen ihre Lieferverpflichtungen
    tendenziell mit Einlagen bei Banken mit geringerer Bonität
    erfüllten, die die Inhaber von Long-Positionen vielfach
    nicht halten wollten; siehe M.D. Fitzgerald (1983), S. 30.

einen Titel zur Lieferung an den Käufer auszuwählen.[1]

Gegenüber den oben beschriebenen Kontrakten, bei
denen nur ein einziger oder wenige Titel zur Lieferung zugelassen sind, haben Kontrakte mit vielen
Lieferalternativen den Vorteil, daß die Gefahr eines
Corners oder Squeeze stark eingeschränkt ist.[2] Wenn
das Angebot eines lieferbaren Titels am Kassamarkt
nicht ausreicht, können Inhaber von Short-Positionen
eine andere Lieferalternative wählen. Ein weiterer
Vorteil ergibt sich daraus, daß sich die Aufträge von
Hedgern nicht auf mehrere Kontrakte mit wenigen Lieferalternativen verteilen, sondern sich auf einen
Kontrakt konzentrieren kann.[3] Durch diese Konzentration steigt die Liquidität und sinken die Sofortigkeitskosten, wodurch sich das Handelsinteresse
von Hedgern und Spekulanten erhöht. Ein Kontrakt mit
mehreren Lieferalternativen bietet sich daher für
Futures auf Anleihen an, die gewöhnlich nicht so
häufig emittiert werden wie kurzfristige Zinstitel.
Zudem ist der Kassamarkt einer einzelnen Anleihe oft

---

1) Die Lieferbedingungen vieler Anleihefutures sind dabei so
    gefaßt, daß alle am Kassamarkt verfügbaren Anleihen eines
    festgelegten Laufzeitbereichs zur Lieferung zugelassen
    sind. Aus diesem Grund wird für dieses Lieferverfahren in
    der amerikanischen Literatur auch der Ausdruck "Market-
    Basket Delivery" verwendet; so M. Arak und C.J. McCurdy
    (1979), S. 45; E.W. Schwarz et. al. (1986), S. 139 f.

2) A. Kamara (1990), S. 45. So auch L.N. Edwards und F.R.
    Edwards (1984), S. 353. M. Livingston (1984), S. 167. Der
    Gedanke, viele Titel zur Lieferung zuzulassen, um Squeezes
    zu vermeiden, ist bereits für Warenfutures diskutiert wor-
    den; so z.B. L.L. Johnson (1957), S. 307 f. H.S. Houthak-
    ker (1959), S. 149, bezeichnet es als die "wirksamste
    Waffe" gegen Corner und Squeezes, den Kreis der liefer-
    baren Titel auszudehnen.

3) K.D. Garbade und W.L. Silber (1983b), S. 251; D. Lien
    (1988), S. 687.

zu klein, um Grundlage für einen Future zu sein. Ein Anleihefuture auf einen einzigen Titel wäre somit nicht liquide genug, und es bestünde die Gefahr eines Corners oder eines Squeeze.

Dem Vorteil einer höheren Liquidität und einer geringeren Wahrscheinlichkeit für Corner und Squeezes bei Kontrakten mit vielen Lieferalternativen steht jedoch ein Nachteil gegenüber. Dieser Nachteil ergibt sich aus der Unsicherheit darüber, welcher Titel geliefert wird. Inhaber von Long-Positionen können damit rechnen, den preisgünstigsten lieferbaren Titel geliefert zu bekommen. Da sich die Preisrelationen zwischen den lieferbaren Titeln aber während der Laufzeit eines Future verändern können, steht bei Abschluß eines Hedgegeschäftes nicht fest, welcher Titel geliefert wird.[1] Es besteht also ein Lieferrisiko, das die Hedgingeffektivität gegenüber einem Kontrakt reduziert, bei dem nur der abzusichernde Titel lieferbar ist.[2] Solange die Preise der Lieferalternativen stark korreliert sind, dürften Hedger aber im allgemeinen trotz des Lieferrisikos einen Kontrakt mit vielen Lieferalternativen einem Kontrakt auf einen einzigen Titel vorziehen.[3] Dafür sprechen auch die höhere Liquidität und die geringeren Sofortigkeits-

---

1) Durch das Lieferrisiko können insbesondere Long Hedger davon abgehalten werden, einen solchen Kontrakt zu verwenden; D. Lien (1988), S. 688.

2) D. Lien (1988), S. 694 f.; siehe auch K.D. Garbade und W.L. Silber (1983b), S. 261.

3) D. Lien (1988), S. 698. Diese Ansicht vertreten auch K.D. Garbade und W.L. Silber (1983b), S. 266. Für den Fall, daß die Preisverhältnisse zwischen den zur Lieferung zugelassenen Titeln zu stark schwanken, schlagen sie vor, eher mehrere Kontrakte auf einzelne Titel als einen Kontrakt mit vielen Lieferalternativen einzuführen.

kosten eines Kontraktes mit vielen lieferbaren
Titeln.

Als Vorteile eines Kontraktes mit vielen Lieferalternativen sind oben die höhere Liquidität und die
geringere Wahrscheinlichkeit für Corner und Squeezes
genannt worden. Es läßt sich jedoch bezweifeln, ob
sich allein durch viele Lieferalternativen das Problem von möglichen Corner oder Squeezes lösen und
die Liquidität eines Kontraktes erhöhen läßt. Die
Preise der lieferbaren Titel werden häufig voneinander abweichen. Einer der lieferbaren Titel wird also
stets preisgünstiger sein als alle anderen. An dem
Kassapreis dieses preisgünstigsten lieferbaren Titels
(cheapest to deliver - CTD) wird sich der Futurepreis
orientieren.[1] Bei großen Preisunterschieden zwischen
den lieferbaren Titeln besteht nur noch eine geringe
Wahrscheinlichkeit dafür, daß der CTD wechselt; der
Future wird dann praktisch zu einem Kontrakt auf den
CTD. Nur wenn sich die Preisrelationen zwischen den
lieferbaren Titeln wesentlich verändern, wird ein
anderer Titel CTD und damit Bewertungsgrundlage des
Future. Die Zahl der lieferbaren Titel ist dadurch
wirtschaftlich wieder eingeschränkt.

Es erscheint daher als notwendig, die Preisunterschiede der lieferbaren Titel bei der Ermittlung des
Rechnungsbetrages für die Belieferung eines Future
möglichst exakt zu berücksichtigen. Dadurch kann der
CTD leichter wechseln, und der Inhaber der Short-
Position erleidet einen weit geringeren Vermögens-
nachteil, wenn er einen anderen Titel als den CTD
liefert. Werden die Preisunterschiede dagegen nicht

---

1) K.D. Garbade und W.L. Silber (1983b), S. 251.

berücksichtigt, kann ein Kontrakt mit vielen Lieferalternativen nur besonders schwerwiegende Squeeze-
Situationen abmildern, die den Kassapreis des CTD
(z.B. Titel A) bis zu dem Preis des nächstgünstigen
lieferbaren Titels (B) ansteigen lassen. Es wird dann
vorteilhaft, den Titel B zu liefern, und der Squeeze
kann sich nur entsprechend weit auswirken.

Konversionsfaktoren

Bei Anleihefutures hat sich ein System von Konversionsfaktoren (Preisfaktoren) durchgesetzt, um die
Preisunterschiede der lieferbaren Anleihen auszugleichen, die auf deren abweichenden Ausstattungsmerkmale - vor allem Kuponhöhe und Restlaufzeit -
zurückzuführen sind. Im Idealfall sollten die Konversionsfaktoren die Kursverhältnisse der lieferbaren
Anleihen so exakt widerspiegeln, daß die Lieferung
aller Titel gleichermaßen günstig ist.[1] Die lieferbaren Titel wären dann perfekte Substitute, so daß es
den Inhabern von Short-Positionen und von Long-Positionen gleichgültig wäre, welche Anleihe sie liefern
bzw. geliefert bekommen. In diesem Fall könnten die
Marktteilnehmer jeden lieferbaren Titel vollkommen
mit dem Anleihefuture absichern.[2] Im folgenden wird
der Frage nachgegangen, wieweit die an den internationalen Terminbörsen gebräuchlichen Konversionsfaktoren diese Anforderung erfüllen.

Ein idealer Konversionsfaktor ließe sich theoretisch

---

1) Siehe dazu J.F. Meisner und J.W. Labuszewski (1984),
   S. 570.

2) K.D. Garbade und W.L. Silber (1983b), S. 255.

als Quotient aus dem Marktwert der lieferbaren Anleihe und dem Marktwert der in den Kontraktbedingungen
spezifizierten Standardanleihe (fiktive oder idealtypische Anleihe) bestimmen:[1]

$$(2.1) \quad KF = \frac{\text{Marktwert der lieferbaren Anleihe}}{\text{Marktwert der Standardanleihe}},$$

mit: KF = Konversionsfaktor.

Allerdings wird auf dem Kassamarkt meistens keine
Anleihe mit den genauen Merkmalen des Standardtitels
gehandelt werden. Daher läßt sich der Marktwert der
Standardanleihe nicht beobachten. Die Kontraktbedingungen der meisten Anleihefutures legen daher für
die fiktive Anleihe lediglich einen Standardkupon
fest und lassen Anleihen aus einem bestimmten Laufzeitbereich zur Lieferung zu. Die Restlaufzeit einer
gelieferten Anleihe muß in diesem Laufzeitbereich
liegen. Die Tabelle 2.1 zeigt für ausgewählte Anleihefutures Standardkupon und Laufzeitbereich der
lieferbaren Anleihen.

---

1) Darstellung in Anlehnung an H. Uhlir (1992), S. 913.

Tabelle 2.1: **Standardkupon und Laufzeitbereich der**
lieferbaren Anleihen für ausgewählte
Anleihefutures

Kontrakt	Börse	Standard-kupon	Laufzeit-bereich(a)
T-Bond(b)	CBOT	8%	≥ 15
Notional(c)	MATIF	10%	7-10
Bund(d)	LIFFE	6%	8,5-10
Bund(d)	DTB	6%	8,5-10

(a) Restlaufzeit in Jahren bis zum ersten
    Kündigungstermin oder bis zur Fälligkeit
(b) Kontrakt auf US-Staatsanleihen
(c) Kontrakt auf französische Staatsanleihen
(d) Kontrakt auf deutsche Bundesanleihen sowie
    auf Treuhandanleihen

Quellen: CBOT (1989), S. 5 f.; MATIF (1990a), S. 14;
LIFFE (1992a), S. 8; DTB (1992b), S. 18.

Die Kontraktbedingungen der in Tabelle 2.1 aufgeführ-
ten Anleihefutures lassen also Anleihen zur Lieferung
zu, deren Kassapreise aufgrund von unterschiedlichen
Kuponhöhen und Restlaufzeiten teilweise erheblich
voneinander abweichen können. Um diese Preisunterschiede auszugleichen, gelten für die genannten Kontrakte Konversionsfaktoren, die alle nach dem gleichen Prinzip berechnet werden ("traditionelle" Konversionsfaktoren). Beispielhaft sei hier die Berechnungsformel für die Konversionsfaktoren dargestellt,
die an der LIFFE und an der DTB für die jeweiligen
Kontrakte auf Bundesanleihen verwendet wird:[1]

---

1) LIFFE (1990), S. 35; DTB (1992b), S. 25.
Zur Ableitung Formel vgl. Anhang A dieser Arbeit.

$$(2.2) \quad KF = \frac{1}{1{,}06^f} \left[\frac{C}{6} \left(1{,}06 - \frac{1}{1{,}06^n} \right) \right.$$

$$\left. + \frac{1}{1{,}06^n} \right] - \frac{C(1-f)}{100} \, ,$$

mit: KF = Konversionsfaktor,
C = jährliche Kuponzahlung,
n = Anzahl der vollen Jahre bis zur Fälligkeit,
f = Anzahl der vollen Monate bis zum nächsten Zinstermin, dividiert durch 12[1].

Vereinfacht ausgedrückt ergibt sich der Konversionsfaktor für eine lieferbare Anleihe als deren Barwert pro Geldeinheit Nennwert bei einem Zinssatz in Höhe des Standardkupons (hier 6 %).[2] Um den Konversionsfaktor zu berechnen, werden die Zahlungen aus der Anleihe vom Lieferzeitpunkt bis zum ersten Kündigungstermin oder bis zur Fälligkeit mit dem Standardkupon abgezinst.

Aus der Gleichung 2.2 ergibt sich, daß der Konversionsfaktor einer lieferbaren Anleihe des Bund-Future größer (kleiner) als 1 ist, wenn ihr Kupon größer (kleiner) als 6 % ist. Bei einem Kupon von 6 % ergibt sich ein Konversionsfaktor von eins, wenn der Zinstermin der gelieferten Anleihe und der Liefertermin des Future übereinstimmen (d.h. f = 1); sonst liegt der Konversionsfaktor aufgrund der zu verrechnenden Stückzinsen etwas unter eins.[3]

---

1) Stimmen der Zinstermin der gelieferten Anleihe und der Liefertermin des Future ausnahmsweise überein (d.h. f = 0), so werden f = 1 und n = n-1 gesetzt.

2) So z.B. LIFFE (1990), S. 7; D.R. Siegel u. D.F. Siegel (1990), S. 263.

3) Ein Beispiel für die Berechnung des Konversionsfaktors beim Bund-Future findet sich im Anhang B dieser Arbeit.

Der CBOT verwendet zur Berechnung des Konversionsfaktors für ihren T-Bond-Future ein ähnliches Verfahren wie die LIFFE und die DTB. Beim Verfahren des CBOT wird die Restlaufzeit der zu liefernden Anleihe dabei nicht auf volle Monate, sondern auf volle Vierteljahre gerundet. Das Verfahren des CBOT ist somit etwas ungenauer als das der LIFFE und der DTB, läßt sich dafür aber einfacher handhaben.[1]

Mit Hilfe des Konversionsfaktors kann man nun den Rechnungsbetrag (I) ermitteln, den der Inhaber einer Short-Position bei Lieferung von dem Inhaber einer Long-Position für eine gelieferte Anleihe i erhält. Dazu wird der Schlußabrechnungspreis des Future (Exchange Delivery Settlement Price - EDSP), den die Futurebörse am letzten Handelstag bestimmt, mit dem Konversionsfaktor sowie mit dem Nominalwert des Future dividiert durch 100 - hier DM 2.500[2] - multipliziert:[3]

---

1) M.D. Fitzgerald (1983), S. 59. Dadurch, daß lediglich auf Vierteljahre und nicht auf Monate gerundet wird, reduziert sich die Zahl der möglichen Konversionsfaktoren, und sie lassen sich relativ übersichtlich tabellieren. Der CBOT veröffentlicht solche Tabellen mit Konversionsfaktoren in Abhängigkeit von Kupon und Restlaufzeit; CBOT (1985). Man muß dadurch die Konversionsfaktoren nicht zu jedem Liefertermin neu berechnen, sondern kann die neuen Faktoren einfach aus der Tabelle ablesen, wie im Anhang C dieser Arbeit gezeigt wird.

2) Da der Schlußabrechnungspreis (EDSP) in Prozent angegeben wird, muß man mit dem Nennwert dividiert durch 100 multiplizieren, um den EDSP auf den Nominalwert des Future (beim Bund-Future DM 250.000) umzurechnen.

3) LIFFE (1990), S. 7; DTB (1992b), S. 24 f.

$$(2.3) \quad I = (EDSP \times KF_i \times DM\ 2.500) + AI_i \ ,$$

mit: I   = Rechnungsbetrag,
    EDSP = Exchange Delivery Settlement Price,
    KF_i = Konversionsfaktor der gelieferten
            Anleihe i,
    AI_i = Stückzinsen der Anleihe i seit dem
            letzten Kupontermin bis zum
            Liefertag.

Untersuchungen zur Güte traditioneller Konversionsfaktorsysteme

Es ist bereits darauf hingewiesen worden, daß ideale Konversionsfaktoren die Preisunterschiede zwischen den lieferbaren Anleihen vollständig ausgleichen. Bei der Berechnung der Konversionsfaktoren nach Gleichung 2.2 wird für alle lieferbaren Anleihen unabhängig von ihrer Restlaufzeit und Kuponhöhe eine Rendite in Höhe des Standardkupons des Future unterstellt. Das bedeutet aber, daß solche Konversionsfaktoren die Preisunterschiede der lieferbaren Anleihen nur bei einer flachen Zeitstruktur der Zinssätze auf dem Niveau des Standardkupons des Future richtig widergeben.[1] Bei allen anderen Zinsniveaus sind einige Anleihen im Vergleich zu ihrem Kassapreis unterschiedlich preisgünstig zu liefern, wobei es zu jedem Zeitpunkt eine preisgünstigste lieferbare Anleihe (CTD) gibt.[2]

---

1) T.E. Kilcollin (1982), S. 1187 f.; A. Kane und A.J. Marcus (1984), S. 56; R.A. Jones (1985), S. 117; D.R. Siegel und D.F. Siegel (1990), S. 263 f.

2) M. Arak et. al. (1986), S. 49.

Die unterschiedliche relative Preisgünstigkeit der lieferbaren Anleihen ist darauf zurückzuführen, daß durch das Berechnungsverfahren des Konversionsfaktors Anleihen mit bestimmten Kuponhöhen und Restlaufzeiten bevorteilt werden. Zudem erfaßt dieses Berechnungsverfahren manche Faktoren nicht, die die Preisbildung auf den Kassamärkten beeinflussen, wie Veränderungen der Zeitstruktur der Zinssätze und Präferenzen der Marktteilnehmer für bestimmte Kuponhöhen aufgrund von steuerlichen Aspekten.[1] Eine Reihe von Untersuchungen haben sich mit den Voraussetzungen beschäftigt, unter denen bestimmte Anleihen CTD sind.[2] Einige der Ergebnisse dieser Untersuchungen werden im folgenden dargestellt. Sie geben einen Hinweis darauf, wie gut Konversionsfaktoren ihre Aufgabe erfüllen, die Preise der lieferbaren Titel einander anzugleichen.

Um den Einfluß des Konversionsfaktorverfahrens auf die relative Preiswürdigkeit von Anleihen mit bestimmten Kuponhöhen und Restlaufzeiten isoliert betrachten zu können, also Zinsstruktureffekte auszuschließen, sei zunächst eine flache Zeitstruktur der Zinssätze angenommen. Unter dieser Voraussetzung läßt sich zeigen, daß folgendes gilt:[3]

---

1) J.F. Meisner und J.W. Labuszewski (1984), S. 569.

2) Stellvertretend für viele seien genannt: T.E. Kilcollin (1982); A. Kane und A.J. Marcus (1984); M. Livingston (1984); J.F. Meisner und J.W. Labuszewski (1984); R.A. Jones (1985); M. Arak et al. (1986); M. Livingston (1987).

3) R.A. Jones (1985), S. 117; D.R. Siegel und D.F. Siegel (1990), S. 267-269. Auch T.E. Kilcollin (1982), S. 1186-1188, leitet diese Aussagen ab. Er argumentiert dabei nicht mit der Duration, sondern mit Restlaufzeit und Kuponhöhe, was aber zum selben Ergebnis führt, weil die Anleihe mit der längsten (kürzesten) Laufzeit und dem niedrigsten (höchsten) Kupon tendenziell die längste (kürzeste) Duration aufweist.

1. Ist die Marktrendite y gleich dem Standardkuponsatz s (y = s), so sind alle Anleihen gleichermaßen preisgünstig zu liefern.
2. Ist y > s, so sind die Anleihen mit der längsten Duration CTD.
3. Ist y < s, so ist die Anleihe mit der kürzesten Duration CTD.

Im ersten Fall sind die Annahmen des Konversionsfaktorverfahrens - flache Zinsstruktur auf dem Niveau des Standardkuponsatzes s - erfüllt. Die Konversionsfaktoren erfüllen daher ihre Aufgabe, die Preise der lieferbaren Anleihen einander vollständig anzugleichen. Bei einer Parallelverschiebung der Zinsstruktur nach oben (Fall 2) sinken die Kassapreise der lieferbaren Anleihen mit langer Duration stärker als die Preise der Anleihen mit kürzerer Duration.[1] Der Konversionsfaktor impliziert jedoch weiter eine Marktrendite in Höhe von s. Dadurch wird die Lieferung der zugelassenen Anleihen mit der längsten Duration günstiger als die Lieferung anderer zugelassener Anleihen. Verschiebt sich die Zeitstruktur dagegen parallel nach unten (Fall 3), so steigen die Kassapreise der Anleihen mit längerer Duration stärker als die Preise der Anleihen mit kürzerer Duration, und die zugelassene Anleihe mit der kürzesten Duration wird CTD.

Durch die Art der Berechnung der Konversionsfaktoren ergibt sich demnach, daß die Lieferung von Anleihen mit bestimmter Duration vorteilhafter ist als die Lieferung anderer Anleihen, wenn das Marktzinsniveau von s abweicht. Anders ausgedrückt: die Konversions-

---

1) Siehe dazu J.C. Van Horne (1984), S. 134-136.

faktoren geben eine bestimmte Substitutionsrate zwischen dem Wert der Standardanleihe und den Werten der lieferbaren Anleihen vor. Herrscht am Markt eine andere Substitutionsrate, ist eine Anleihe CTD.

Die vorstehenden Aussagen sind nur bei einer flachen Zeitstruktur der Zinssätze uneingeschränkt gültig. Eine ansteigende (normale) Zeitstruktur verstärkt die Tendenz, Anleihen mit der längsten Duration zu liefern, die sich bereits bei flacher Zinstruktur und einem Renditeniveau über dem Standardkupon ($y > s$) gezeigt hat.[1] Bei einer inversen Zeitstruktur kehrt sich diese Tendenz dagegen um. Es sind dann eher die Anleihen mit der kürzesten Duration CTD. Die Tendenz zur Lieferung der Anleihe mit der längsten Duration, die sich aus dem Berechnungsverfahren für den Konversionsfaktor ergibt, wird allerdings nur bei einer starken Inversion der Zeitstruktur überkompensiert.[2]

Neben der Lage der Zinsstrukturkurve können auch Präferenzen der Anleger auf den Kassamärkten für Anleihen mit bestimmten Ausstattungsmerkmalen einen Einfluß darauf haben, welche Anleihe CTD ist.[3] Beispielsweise bevorzugen viele Anleger aus steuer-

---

1) Der Effekt, der oben für den Fall 2 beschrieben wurde, wird durch die Drehung der Zeitstruktur der Zinssätze in die ansteigende (normale) Lage noch verstärkt. Durch den stärkeren Anstieg der Renditen am langen Ende verlieren die Anleihen mit längerer Duration gegenüber der Bewertung über den Konversionsfaktor stärker an Wert als die Anleihen mit kürzerer Duration.

2) J.F. Meisner und J.W. Labuszewski (1984), S. 572 f.

3) Die Auswirkungen unterschiedlicher Präferenzen der Anleger nennt man in der Finanzierungstheorie Klienteleffekte. Siehe dazu z.B. T.E. Copeland und J.F. Weston (1988), S. 559, 582 f.

lichen Gründen Anleihen, die unter pari notieren, deren Kuponsätze also unter dem Marktzinsniveau liegen (c < y). Aus diesem Grund können bei gleicher Restlaufzeit die Renditen der unter pari notierenden Anleihen etwas niedriger sein als diejenigen der Anleihen, die über pari notieren (c > y). In der Berechnungsformel für die Konversionsfaktoren werden diese Renditeunterschiede nicht berücksichtigt. Daher ist es in diesem Fall vorteilhaft, Anleihen mit möglichst hohem Kupon zu liefern. Solche Steuereffekte wirken also zumindest teilweise der bevorzugten Lieferung von Anleihen mit niedrigem Kupon entgegen.[1]

Das Konversionsfaktorsystem scheint trotz der angesprochenen Defizite insgesamt geeignet zu sein, die Kursverhältnisse der lieferbaren Anleihen widerzuspiegeln. Eine Untersuchung des Konversionsfaktorsystems für den T-Bond-Future des CBOT hat ergeben, daß Inhabern von Short-Positionen durch die Lieferung der nächstgünstigen Anleihen Verluste zwischen 1,6 und 2,3 Promille des nominellen Kontraktwertes entstehen.[2] Dieser Verlust erscheint niedrig genug, um die wirtschaftliche Lieferbarkeit mehrerer Anleihen zu gewährleisten. Die Gefahr von Squeezes ist somit nur in geringem Maß gegeben.[3]

---

1) Zum Einfluß von Steuereffekten auf die relative Preisgünstigkeit lieferbarer Anleihen siehe J.F. Meisner und J.W. Labuszewski (1984), S. 573; M. Arak et al. (1986), S. 56.

2) T.E. Kilcollin (1982), S. 1189 f.

3) M. Livingston (1984), S. 167.

Einfluß der Konversionsfaktoren auf den Kontrakterfolg

Die oben angesprochenen Untersuchungen haben gezeigt,
daß das Konversionsfaktorsystem des T-Bond-Future die
Marktwertunterschiede der lieferbaren Anleihen nicht
vollständig ausgleicht. Wenn man aber bedenkt, daß
dieser Kontrakt der weltweit umsatzstärkste Kontrakt[1] ist, so wird dessen Erfolg dadurch offenbar
nicht beeinträchtigt.

Eine Untersuchung zum GNMA-Future des CBOT[2] zeigt
jedoch, daß die Art, wie der Konversionsfaktor berechnet wird, erheblichen Einfluß auf den Kontrakterfolg haben kann. Die Konversionsfaktoren für diesen
Future wurden unter der Annahme berechnet, daß die in
einem GNMA-Pool enthaltenen Hypotheken nach 12 Jahren
gekündigt würden.[3] In der Zeit sinkender Zinsen nach

---

1) 1991 wurden am CBOT 68 Mio. T-Bond-Futures gehandelt. Der
   Kontrakt mit dem zweitgrößten Umsatz war der Eurodollar-
   Future der CME mit 37 Mio. Kontrakten; FOW (1992c), S. 7.

2) E.T. Johnston und J.J. McConnell (1989). Bei dem GNMA-
   Future handelt es sich um einen Kontrakt auf amerikanische
   Hypothekenzertifikate (GNMAs). GNMAs werden z.B. von Hypo-
   thekenbanken und Sparkassen (Savings and Loan Associa-
   tions) herausgegeben und von der Government National
   Mortgage Association (GNMA) genehmigt und garantiert.
   Jedem Zertifikat liegt ein Pool von Einzelhypotheken zugrunde. Zu den GNMAs siehe z.B. R.L. Sandor und H.B. Sosin
   (1983), S. 259; W.L. Eckardt, Jr. (1984), S. 75-77; E.T.
   Johnston und J.J. McConnell (1989), S. 2, 4 f. Der GNMA-
   Future wurde als erster Zinsfuture 1975 vom CBOT eingeführt. Seine Kontraktbedingungen sahen die Lieferung von
   bankgarantierten Einlagenzertifikaten (collateralized
   depository receipts - CDR) über GNMAs vor; siehe im einzelnen E.W. Schwarz et al. (1986), S. 74-79.

3) Die ursprüngliche Laufzeit der Hypotheken beträgt 29-30
   Jahre. Die einzelnen Hypothekenschuldner können ihre
   Hypothek jederzeitig kündigen; E.T. Johnston und J.J.
   McConnell (1989), S. 5.

September 1982 wurden aber viele Hypotheken wesentlich eher gekündigt. Bei der Berechnung der Konversionsfaktoren wurde demnach das Kündigungsrecht der Hypothekenschuldner unterbewertet. GNMAs mit hohem Kupon wurden daher über den Konversionsfaktor höher bewertet als am Kassamarkt. Es entsprach daher einem rationalen Verhalten der Inhaber von Short-Positionen, GNMAs mit hohem Kupon zu liefern. Diese GNMAs entsprachen jedoch in der Zeit sinkender Zinsen nicht mehr den Präferenzen vieler Hedger.[1] Das jährliche Handelsvolumen des GNMA-Future, das 1982 noch 2 Mio. Kontrakte betragen hatte, verminderte sich bis 1987 auf 8.000 Kontrakte.[2] Ende 1988 hat der CBOT den Handel dieses GNMA-Future eingestellt. Die Art der Berechnung des Konversionsfaktors wird als ein Grund für diese Entwicklung angesehen.[3]

Um den Erfolg des Bund-Future und des Bobl-Future an der DTB zu verbessern, ist vorgeschlagen worden, für diese Kontrakte ein anderes Konversionsfaktorsystem als das in Gleichung 2.2 beschriebene einzuführen.[4] Danach sollen die Konversionsfaktoren als Quotient

---

1) Die Hedger waren v.a. Hypothekenbanken und Sparkassen, die sich für die Zeit bis zur nächsten GNMA-Emission - wenn ein neuer Pool durch die laufend vergebenen Hypothekenkredite gefüllt war - gegen Zinsrisiken absichern wollten; E.T. Johnston und J.J. McConnell (1989), S. 19 f.

2) E.T. Johnston und J.J. McConnell (1989), S. 3. Die höchsten Umsätze seiner Geschichte hat der GNMA-Future in den Jahren 1980 (2,33 Mio. Kontrakte) und 1981 (2,29 Mio.) erreicht.

3) Siehe auch D. Duffie (1989), S. 341 f.

4) Siehe W. Kirschner (1992); F.-J. Ebel (1993), der über einen entsprechenden Vorschlag des stv. Vorstandsmitgliedes der Bayerischen Hypotheken- und Wechsel-Bank AG Josef F. Wertschulte berichtet.

aus dem Marktwert einer lieferbaren Anleihe und dem
Marktwert einer (neu zu definierenden) Standardanleihe des Future (beim Bund-Future: Kupon 6 %, Laufzeit
10 Jahre; beim Bobl-Future:[1] Kupon 6 %, Laufzeit 5
Jahre) berechnet werden. Dieses Berechnungsverfahren
führt zu einem idealen Konversionsfaktor wie in Gleichung 2.1. Der "Marktwert" der Standardanleihe, die
i.d.R. am Kassamarkt nicht verfügbar ist, wäre nach
dem Vorschlag aus der Renditestruktur des deutschen
Rentenindex REX abzuleiten.[2]

Ein solcher idealer Konversionsfaktor hat, wie oben
ausgeführt, den Vorteil, die Preisunterschiede der
lieferbaren Anleihen am Liefertag perfekt auszugleichen. Dadurch sind alle lieferbaren Titel gleichermaßen günstig zu liefern, die Hedgingeffektivität wird
nicht durch Wechsel des CTD beeinträchtigt und Corner und Squeezes werden weniger wahrscheinlich. Das
Problem dieses Berechnungsverfahrens dürfte jedoch
darin bestehen, daß der REX derzeit nur einmal täglich berechnet wird.[3] Es erscheint zweifelhaft, ob

---

1) Der seit dem 4.10.1991 an der DTB gehandelte "Bobl-Future"
   lautet über DM 250.000 einer fiktiven mittelfristigen
   Schuldverschreibung des Bundes oder der Treuhandanstalt
   mit einem Kupon von 6 %. Lieferbar sind Schuldverschreibungen des Bundes oder der Treuhandanstalt mit einer
   Restlaufzeit von 3,5 bis 5 Jahren; DTB (1992b), S. 18.

2) W. Kirschner (1992), S. 390. Der REX wird aus den Werten
   von 30 fiktiven Anleihen berechnet. Diese Werte werden aus
   einer Renditestrukturkurve abgeleitet, die mit Hilfe der
   aktuellen Renditen realer Bundesemissionen ermittelt wird.
   Die Ausstattungsmerkmale zweier fiktiver Anleihen des REX-
   Portefeuilles stimmen mit denen der vorgeschlagenen
   fiktiven Anleihen des Bund-Future bzw. des Bobl-Future
   überein. Zur Berechnung des REX siehe im einzelnen W.
   Häußler et al. (1991); F. Mella (1991).

3) W. Häußler et al. (1991), S. 328; F. Mella (1991), S. 19.
   Siehe auch J.F. Wertschulte und M. Schalk (1992), S. 323.

auf dieser Grundlage eine faire Preisbildung des Future möglich wäre, für die stets aktuelle Kassakurse
benötigt werden. Die Unsicherheit in der Preisbildung
könnte zu zusätzlichem Basisrisiko führen, wodurch
die Hedgingeffektivität des Kontraktes eingeschränkt
würde. Ein solches Konversionsfaktorsystem dürfte
daher die Erfolgsaussichten des Bund-Future und des
Bobl-Future eher vermindern als erhöhen.[1]

Zusammenfassend läßt sich an dieser Stelle festhalten, daß Konversionsfaktoren die Kursverhältnisse der
lieferbaren Anleihen möglichst exakt widergeben sol-
ten. Dadurch läßt sich gewährleisten, daß es vom
ökonomischen Prinzip her gesehen weitgehend gleichgültig ist, welche Anleihe geliefert wird. So wird
die Gefahr eines Corner oder Squeeze vermindert und
die Hedgingeffektivität erhöht. Je besser die Konversionsfaktoren die Preisunterschiede der lieferbaren
Anleihen ausgleichen, desto höher ist die Korrelation
zwischen dem Futurepreis und den Preisen der lieferbaren Anleihen und desto besser lassen sich diese
Anleihen mit dem betreffenden Future hedgen.

Aus diesem Grund empfiehlt es sich ferner, nur Anleihen gleicher Bonität zur Lieferung zuzulassen. Abweichende Bonitäten würden zu Preisunterschieden der
lieferbaren Anleihen führen, die die Konversionsfak-

---

1) Hinzu kommt, daß unter dem geänderten Konversionsfaktorsystem die Inhaber von Short-Positionen keine Lieferoptionen mehr hätten. Dadurch wäre der Kontrakt möglicherweise
   für spekulativ eingestellte Marktteilnehmer weniger interessant. Sie würden sich nicht mehr am Handel beteiligen,
   und die Liquidität der Kontrakte würde sinken. Zu den
   Lieferoptionen und ihrem Erfolgseinfluß siehe im einzelnen unten Abschnitt A.I.2 dieses Teils.

toren nicht ausgleichen können.[1] Aus demselben Grund
sollten die lieferbaren Anleihen am Kassamarkt in
ausreichenden Volumina zur Verfügung stehen. Sonst
kann es zu Preisverzerrungen aufgrund der unterschiedlichen Liquidität kommen, die sich durch die
Konversionsfaktoren nicht korrigieren lassen.

b) Cash Settlement

Im Dezember 1981 hat die Commodity Futures Trading
Commission den ersten Financial Future zugelassen,
dessen Kontraktbedingungen nicht physische Lieferung,
sondern Erfüllung durch Barausgleich (Cash Settlement) vorsahen.[2] Diesen Kontrakt, der auf Eurodollar-Termineinlagen mit einer Laufzeit von 3 Monaten

---

1) Zweifel an der Bonität der Titel dürften der Grund dafür
   gewesen sein, daß die LIFFE für den "Fonds Deutsche Einheit" aufgelegte Bundesanleihen zunächst nicht zur Belieferung ihres Bund-Future zugelassen hat. Vor deren Aufnahme in den Kreis der lieferbaren Titel wollte man an der
   LIFFE erst sicher sein, daß an den Kassamärkten für
   Anleihen des Fonds nicht höhere Bonitätsrisikoprämien
   gefordert würden als für die übrigen Bundesanleihen. Seit
   dem Liefertermin März 1991 sind diese Anleihen an der
   LIFFE lieferbar; siehe J. Treanor (1991b), S. 62. Ebenso
   hat die LIFFE länger als die DTB gezögert, Anleihen der
   Treuhandanstalt zur Lieferung zuzulassen; o.V. (1992e). An
   der DTB sind Treuhandanleihen seit dem Liefertermin März
   1993 lieferbar und von Juni 1993 an werden sie auch an der
   LIFFE lieferbar sein; o.V. (1992b); o.V. (1992c). Zu
   möglichen Nachteilen durch die Zulassung lieferbarer
   Anleihen unterschiedlicher Bonität siehe auch die Fallstudie zu den ECU-Bond-Futures des MATIF und der LIFFE im
   Abschnitt B.III des dritten Teils dieser Arbeit.

2) Bereits früher gab es einige Futures, die durch Cash
   Settlement erfüllt werden konnten. A.B. Paul (1985),
   S. 276-278, weist auf einige Beispiele für solche Kontrakte hin. Vor der Einführung des Cash Settlement als
   reguläre Erfüllungsform wurde in bestimmten Ausnahmesitua-
   tionen, z.B. bei Squeezes, Erfüllung durch Barausgleich
   zugelassen; H. Working (1970), S. 279.

lautet, führte die CME am 9.12.1981 in den Handel ein.[1] In der Folgezeit entstanden innerhalb und außerhalb der USA weitere Kontrakte, die Erfüllung durch Cash Settlement vorsahen, vor allem Aktienindexfutures und Futures auf kurzfristige Zinstitel.

In den Kontraktspezifikationen der Futures, die durch Cash Settlement erfüllt werden, ist ein Index definiert - der sogenannte Settlement-Index -, der den Kassapreis repräsentiert.[2] Danach wird der Preis des Future am letzten Handelstag gleich dem Settlement-Index gesetzt. Die Differenz zwischen dem Vortagesschlußkurs des Future und dem Settlement-Index wird, wie beim täglichen Gewinn- und Verlustausgleich (Marking-to-Market) den Marginkonten des Käufers und des Verkäufers eines Future gutgeschrieben bzw. belastet.[3] Dieses Verfahren stellt somit Konvergenz am Liefertermin sicher und vermindert das Basisrisiko.[4]

Neben einem geringeren Basisrisiko hat das Cash

---

1) F.J. Jones (1982), S. 79; D.G. Black (1986), S. 36 f.

2) F.J. Jones (1982), S. 65-68; K.D. Garbade und W.L. Silber (1983a), S. 451.

3) Das Cash Settlement wird daher auch mit einem abschließenden "Marking-to-Market" verglichen; A.B. Paul (1985), S. 272; A. Kuprianov (1986), S. 16. Zum täglichen Gewinn- und Verlustausgleich siehe im einzelnen die Ausführungen im Abschnitt A.IV dieses Teils.

4) Das Basisrisiko reduziert sich auch bei einer Own Hedge durch einen Kontrakt mit Cash Settlement meist nicht auf null, weil für einen Hedger unsicher ist, ob er Transaktionen am Kassamarkt exakt zum Settlement-Preis abwickeln kann. Beispielsweise könnte ein Hedger, der Kassatitel bis zum Liefertermin durch eine Short-Position im Future abgesichert hat, diese Titel dann verkaufen wollen; siehe E.W. Schwarz et al. (1986), S. 139; R.J. Rendleman (1986), S. 178.

Settlement den Vorteil, daß wesentlich niedrigere Lieferkosten als bei physischer Lieferung entstehen.[1] Hohe Kosten würden insbesondere bei der physischen Belieferung von Aktienindexfutures anfallen.[2] Um ein Aktienportefeuille zusammenzustellen, das wie der Index des Future zusammengesetzt ist, müßte der Inhaber einer Short-Position von den einzelnen Aktien des Index teilweise so kleine Mengen kaufen, daß hohe Kleinmengenzuschläge fällig würden.[3] Davon abgesehen ist es aufgrund der Unteilbarkeit der einzelnen Aktien i.d.R. nicht möglich, einen Aktienindex exakt nachzubilden, so daß physische Lieferung nicht praktikabel wäre.[4]

Ein weiterer Vorteil des Cash Settlement im Vergleich zur physischen Lieferung zeigt sich bei Kontrakten

---

1) F.J. Jones (1982), S. 69 f.; K.D. Garbade und W.L. Silber (1983a), S. 451; D.G. Black (1986), S. 10. Es sei einschränkend darauf hingewiesen, daß Short Hedgern, die einen Kontrakt mit Cash Settlement verwenden und ihre abgesicherte Kassaposition am Liefertermin auflösen möchten, zusätzliche Transaktionskosten durch einen Verkauf am Kassamarkt entstehen. Diese Kosten fallen bei einem Kontrakt mit physischer Lieferung nicht an, weil sie die Kassatitel dann an den Inhaber der Long-Position liefern können; siehe R.J. Rendleman (1986), S. 178.

2) D.G. Black (1986), S. 10.

3) F.J. Jones (1982), S. 70.

4) Eine Ausnahme stellte der OSE-50-Aktienindexfuture der Osaka Securities Exchange dar, dessen Kontraktbedingungen physische Lieferung vorsahen; siehe dazu A. Gießelbach (1989), S. 31, 189. Der OSE-50-Index basiert auf den Kursen von 50 Aktien, deren Anteile am Indexportefeuille ganzzahlig sind. So umgeht man das Problem, daß Bruchteilsaktien nicht geliefert werden können. Der Handel des OSE-50-Future ist im März 1992 eingestellt worden; FOW (1992c), S. 57.

mit mehreren Lieferalternativen.[1] Bei solchen Kontrakten läßt sich durch Cash Settlement die Gefahr
eines Corner oder eines Squeeze vermindern, wenn
nicht sogar beseitigen.[2] Die Gefahr von solchen
Manipulationen scheint zunächst bei Kontrakten mit
Cash Settlement bedeutungslos zu sein. Wie man bei
näherer Betrachtung schnell erkennt, ist es jedoch
auch für das Cash Settlement wichtig, daß genügend
"lieferbare" Kassatitel verfügbar sind; sonst besteht
die Gefahr von Manipulationen auf dem Kassamarkt. Bei
geringer Liquidität der "lieferbaren" Kassatitel, aus
denen sich der Settlement-Index zusammensetzt, könnten Marktteilnehmer versuchen, den Wert des Index zu
beeinflussen. Der Vorteil des Cash Settlement besteht
nun darin, daß sich dabei die Gefahr von Manipulationen leichter als bei vielen physischen Lieferalternativen vermindern läßt, indem man den Kreis der Titel
für die Indexberechnung ausdehnt.[3] Dadurch sinkt das
Gewicht des einzelnen Titels, und der Index ist nicht
mehr so leicht zu beeinflussen.

Der Vorteil des Cash Settlement besteht zudem darin,
daß sich der Kreis der "lieferbaren" Titel ausdehnen
läßt, ohne dadurch das Basisrisiko im gleichen Maße

---

1) Ein Beispiel für einen Kontrakt mit Cash Settlement, dem
   mehrere Lieferalternativen zugrunde liegen, ist der Muni-
   cipal Bond Future des CBOT. Der Settlement-Index dieses
   Kontraktes wird als arithmetisches Mittel der mit ihren
   Konversionsfaktoren bereinigten Marktpreise von 40
   Anleihen berechnet. Emittenten der Anleihen sind v.a.
   Städte, Gemeinden und ihre Versorgungsunternehmen. Siehe
   im einzelnen D.R. Siegel und D.F. Siegel (1990), S.
   313-324; R.W. Kolb (1991), S. 299-302.

2) F.J. Jones (1982), S. 69; A. Kuprianov (1986), S. 24;
   D. Lien (1989), S. 263.

3) Siehe F.J. Jones (1982), S. 69.

wie bei Kontrakten mit mehreren physischen Lieferalternativen zu erhöhen. Bei Kontrakten mit mehreren physischen Lieferalternativen richtet sich der Futurepreis nach der CTD. Erweitert man den Kreis der Lieferalternativen um relativ preiswertere Titel, so vermindert sich die Bewertungsbasis des Future, und Wechsel der CTD werden wahrscheinlicher. Beide Faktoren erhöhen das Basisrisiko. Dagegen richtet sich der Preis eines Kontraktes mit Cash Settlement nach dem durchschnittlichen Wert der "lieferbaren" Titel, der weniger stark schwankt als die Preise der einzelnen Titel.[1] Das Basisrisiko ist demnach bei Kontrakten mit Cash Settlement geringer als bei Kontrakten mit mehreren physischen Lieferalternativen.[2] Kontrakte mit Cash Settlement werden aufgrund ihrer höheren Hedgingeffektivität häufig von Hedgern bevorzugt.[3]

Für den Erfolg eines Kontraktes mit Cash Settlement erscheint es wichtig, daß der zugrundeliegende Index mit den Kassapreisen der Titel, die Hedger absichern wollen, stark korreliert und unempfindlich gegen

---

1) F.J. Jones (1982), S. 69; D. Lien (1989), S. 263 f. Einschränkend ist hier anzumerken, daß für eine hohe Hedgingeffektivität bei Kontrakten mit Cash Settlement ein Settlement-Index verfügbar sein muß, der möglichst genau die Kassapreise widerspiegelt, die Hedger absichern wollen; siehe dazu A.B. Paul (1985), S. 273, sowie die folgenden Ausführungen zur Gestaltung des Settlement-Index. Aus diesem Grund empfiehlt es sich auch nicht, den Kreis der "lieferbaren" Titel unbegrenzt auszudehnen.

2) Darauf weisen auch E.W. Schwarz et al. (1986), S. 360, hin.

3) Siehe dazu die Modellrechnungen zum Vergleich von Kontrakten mit physischer Lieferung und vielen Lieferalternativen und solchen mit Cash Settlement von K.D. Garbade und W.L. Silber (1983a), S. 461-468; sowie D. Lien (1989), S. 263-270.

109

Manipulationen ist.[1] Voraussetzung dafür sind zuver-
lässige Kassakurse für die Titel des Indexporte-
feuilles und ihre Zusammenfassung in einem Indexwert.
Darüber hinaus ist es bedeutsam, inwieweit die Marktteilnehmer das Verfahren der Indexberechnung akzeptieren, was wiederum von der Zuverlässigkeit des
Settlement-Index abhängt. Diese wird determiniert
durch:[2]

(1) die Quelle der verwendeten Daten und
(2) die Art der Aggregation.

Die verwendeten Daten können Transaktionspreise,
Geld- und Briefkurse oder Preisindikationen sein.[3]
Transaktionspreise werden bei hoher Transaktionshäufigkeit, Geld- und Briefkurse dagegen bei geringem
Umsatz am Kassamarkt bevorzugt. Würde man bei niedrigem Umsatz Transaktionspreise verwenden, könnte der
Index zu stark durch Ausreißerkurse beeinflußt werden. Geld- und Briefkurse haben allerdings den Nachteil, daß einzelne Marktteilnehmer durch ihre Kursquotierungen den Index manipulieren können. Es ist
aber i.d.R. möglich, nicht repräsentative Kursquotierungen zu erkennen und bei der Indexberechnung zu
eliminieren.[4] Preisindikationen schließlich sind am

---

1) T.F. Martell und J.E. Salzman (1981), S. 292; F.J. Jones
    (1982), S. 68; K.D. Garbade und W.L. Silber (1983a), S.
    455; A.B. Paul (1985), S. 273, 275.

2) K.D. Garbade und W.L. Silber (1983a), S. 459, 461.

3) K.D. Garbade und W.L. Silber (1983a), S. 459.

4) Ist in einem Sample von Geld- und Briefkursen ein Geldkurs
    höher als der niedrigste Briefkurs (oder ein Briefkurs
    niedriger als der höchste Geldkurs), so liegen unausge-
    nutzte Handelsmöglichkeiten vor, was dafür spricht, daß
    (Fortsetzung...)

wenigsten als Datenquelle geeignet, weil sie die Marktverhältnisse schlechter als Transaktionspreise und Kursquotierungen widerspiegeln. Sie sind zudem anfälliger für Manipulationen, weil es kein einfaches Verfahren gibt, um nicht repräsentative Indikationen zu erkennen.[1]

Trotz dieser Nachteile werden Preisindikationen bei den Euro-Zinsfutures erfolgreich als Basis für die Indexberechnung verwendet. Man versucht hier, den Einfluß von nicht marktgerechten Indikationen dadurch zu vermindern, daß die jeweils höchsten und niedrigsten Indikationen, die von zufällig ausgewählten Eurobanken am Londoner Platz eingeholt werden, bei der Indexberechnung unberücksichtigt bleiben.[2]

Durch die Aggregation der Daten wird der Einfluß von Datenfehlern auf den Index abgemildert.[3] Die einfachste Form der Aggregation ist das arithmetische Mittel der Daten. Dieses Verfahren wird beispielsweise beim Eurodollar-Future verwendet. Bei Aktienindex-Futures wird der Index dagegen meistens als gewichte-

---

4)(...Fortsetzung)
  die jeweiligen Kurse nicht mit der Marktlage im Einklang stehen. Einen ähnlichen Schluß lassen ungewöhnlich weite Spannen zu; siehe K.D. Garbade und W.L. Silber (1983a), S. 460.

1) K.D. Garbade und W.L. Silber (1983a), S. 460 f.

2) Zu diesem Verfahren der Indexberechnung siehe am Beispiel des Eurodollarfuture z.B. M.D. Fitzgerald (1983), S. 29-32; A. Kuprianov (1986), S. 16-18; F.R. Edwards und C.W. Ma (1992), S. 295.

3) K.D. Garbade und W.L. Silber (1983a), S. 461.

ter Durchschnitt berechnet.[1] Ob ein Index als Grundlage des Cash Settlement geeignet ist, hängt entscheidend von der Akzeptanz seines Berechnungsverfahrens bei den Hedgern ab.

Zusammenfassend läßt sich festhalten, daß die Einführung der Erfüllung durch Cash Settlement den Handel vieler Futures erst ermöglicht hat. Dazu gehören vor allem Aktienindexfutures, aber auch Kontrakte auf Preisindizes.[2] Cash Settlement läßt sich dann zur Erfüllung von Futures einsetzen, wenn ein geeigneter Settlement-Index zur Verfügung steht, der die Preisverhältnisse auf dem Kassamarkt repräsentiert. Cash Settlement bietet sich als Erfüllungsverfahren an, wenn physische Lieferung aufgrund eines Mangels an lieferbaren Titeln oder hoher Lieferkosten zu Nachteilen führen würde.

c) Mischform zwischen physischer Lieferung und Cash Settlement

Zur Erfüllung mancher Futures gab es bis vor einiger Zeit auch eine Mischform zwischen physischer Lieferung und Cash Settlement. Der Eurodollar-Future der LIFFE, der seit dem 30. September 1982 gehandelt wird, war ein Beispiel für eine solche Mischform. Nach den Kontraktbedingungen dieses Future hatte der

---

1) Zu Verfahren der Berechnung von Aktienindizes siehe z.B.
    J. Bleymüller (1966); T. Beckmann (1988), S. 7-27.

2) Kontrakte auf Preisindizes haben sich nicht an den Märkten
    durchsetzen können. Ein wichtiger Grund dafür ist, daß es
    keinen aktiven Kassahandel für Inflationsraten gibt, der
    als Grundlage für einen solchen Kontrakt dienen könnte;
    siehe M.H. Miller (1990), S. 396.

Käufer eines Kontraktes das Recht, statt des Cash Settlement physische Lieferung zu verlangen.[1] Dieses Wahlrecht war offenbar aufgrund von Bedenken hinsichtlich der rechtlichen Verbindlichkeit von Kontrakten mit alleiniger Erfüllung durch Cash Settlement eingeführt worden.[2] Für den Fall der physischen Lieferung sahen die Kontraktbedingungen eine zusätzliche Zahlung des Käufers an den Verkäufer vor. Der effektive Zinssatz bei physischer Lieferung lag dadurch um 12,5 Basispunkte unter dem Zinssatz am Kassamarkt. Daher wurde die Option der physischen Lieferung nur selten genutzt.[3] Das dürfte die LIFFE dazu bewogen haben, diese Option aus den Kontraktbedingungen zu streichen, nachdem keine rechtlichen Einwände mehr drohten.[4] Inzwischen kann dieser Kontrakt nur noch durch Cash Settlement erfüllt werden. Mischformen zwischen physischer Lieferung und Cash Settlement haben heute keine Bedeutung mehr.[5]

---

1) Siehe dazu R.G. Tompkins und S.A. Youngren (1983), S. 1, 4 f.

2) M.D. Fitzgerald (1983), S. 30; R.G. Tompkins und S.A. Youngren (1983), S. 1, 4.

3) R.G. Tompkins und S.A. Youngren (1983), S. 4.

4) Der britische Gesetzgeber hat mit dem "Financial Services Act" von 1986 sichergestellt, daß Futuregeschäfte mit Cash Settlement verbindlich sind und klagbare Forderungen begründen; P.A. Thorpe (1992), S. 162.

5) Ein weiteres Beispiel für eine Mischform, ist der OMX-Aktienindexfuture der schwedischen Terminbörse (OM). Inzwischen kann auch dieser Kontrakt ausschließlich durch Cash Settlement erfüllt werden; FOW (1992c), S. 69. Beim OMX-Future handelt es sich um einen Kontrakt auf den Aktienindex OMX, der aus den Kursen von 30 schwedischen Aktien berechnet wird. Die Kontraktbedingungen sahen ein Wahlrecht zwischen Cash Settlement und der physischen Lieferung von Anteilen eines schwedischen Investmentfonds vor; A. Gießelbach (1989), S. 181.

2. Implizite Lieferoptionen

Die Lieferbedingungen der meisten Anleihefutures enthalten Wahlrechte für den Inhaber der Short-Position, sogenannte implizite Lieferoptionen.[1] Im folgenden werden die Lieferoptionen zunächst dargestellt. Danach wird der Frage nachgegangen, welchen Wert die Lieferoptionen haben und wie sie die Preisbildung der Futures beeinflussen. Schließlich wird untersucht, welchen Einfluß die Optionen auf das Handelsinteresse der Marktteilnehmer und damit auf den Kontrakterfolg haben.

Der T-Bond-Future des CBOT gehört zu den Kontrakten mit den meisten Wahlrechten. Daher wird bei der folgenden Darstellung der Lieferoptionen von den Lieferbedingungen dieses Kontraktes ausgegangen.[2] Der T-Bond-Future lautet über nominell US$ 100.000 eines T-Bond mit einem Standardkupon von 8 %. Alle T-Bonds mit einer Laufzeit von mindestens 15 Jahren bis zur Fälligkeit oder ersten Kündigungsmöglichkeit sind lieferbar. Die Lieferung kann an jedem Börsentag des Liefermonats erfolgen. Der Inhaber der Short-Position muß seine Lieferabsicht zwei Tage vor der Lieferung bis 20.00 Uhr Chicagoer Zeit erklären (Position Day). Er kann dies erstmalig am vorletzten

---

1) Es sei darauf hingewiesen, daß sich die Lieferoptionen von den aus dem Effektentermingeschäft bekannten Optionen hinsichtlich der Ausübung des Wahlrechts unterscheiden. Im Gegensatz zu den üblichen Optionen darf der Inhaber der Short-Position sein Wahlrecht nicht verfallen lassen. Letztlich muß er seine Lieferverpflichtung erfüllen und dabei seine Lieferoptionen ausüben; er hat lediglich Wahlrechte hinsichtlich des zu liefernden Titels und u.U. des Erfüllungszeitpunktes. Man könnte daher von einer Wahlpflicht sprechen.

2) Zu den Lieferbedingungen siehe im einzelnen CBOT (1989).

Börsentag vor Beginn eines Liefermonats tun (First Position Day). Einen Tag nach dem Position Day ordnet das Clearinghaus des CBOT der jeweiligen Short-Position die älteste Long-Position zu und benachrichtigt beide Parteien (Notice of Intention Day). Am dritten Tag erfolgt schließlich die Lieferung, d.h. der Inhaber der Long-Position erhält die zu liefernden T-Bonds und der Inhaber der Short-Position erhält den Rechnungsbetrag. Der Handel eines fälligen Kontraktes endet am achtletzten Börsentag des jeweiligen Liefermonats. Dann wird auch der letzten Abrechnungspreis festgestellt, zu dem der Inhaber der Short-Position bis zum letzten Börsentag des Liefermonats liefern kann.

Aus diesen Lieferbedingungen ergeben sich für die Inhaber von Short-Positionen vier Lieferoptionen: die Qualitätsoption, die Ultimooption, die "Wild-Card"-Option und die Stückzinsoption.[1] Stillhalter der Lieferoptionen ist der Inhaber der Long-Position.

Die einzelnen Lieferoptionen

Als Qualitätsoption bezeichnet man das Recht des Inhabers der Short-Position, irgendeine der lieferbaren Anleihen zu liefern.[2] Die Qualitätsoption hat einen Wert, wenn die Konversionsfaktoren die Werte der lieferbaren Anleihen gegenüber ihren Marktpreisen

---

1) Siehe dazu z.B. G.D. Gay und S. Manaster (1986), S. 43-45; D. Duffie (1989), S. 324-326.

2) Nach deutschem Recht handelt es sich hierbei um eine Wahlschuld i.S.d. § 262 BGB, wobei das Wahlrecht dem Verkäufer als (Lieferungs-)Schuldner zusteht; s. Kümpel (1989a), S. 1318.

verzerren.[1] Dagegen ist sie wertlos, wenn die Konversionsfaktoren die Kursverhältnisse der lieferbaren Anleihen richtig widergeben.

Für eine gelieferte Anleihe i (i = 1,...,n) erhält der Inhaber der Short-Position den Rechnungsbetrag I, der sich gemäß Gleichung 2.4 ermitteln läßt. Sie modifiziert[2] Gleichung 2.3. geringfügig:[3]

$$(2.4) \qquad I = (F_T \times KF_i) + AI_i \; ,$$

mit: I = Rechnungsbetrag,
F_T = Futurepreis in T (Settlement Price),
KF_i = Konversionsfaktor der gelieferten Anleihe i,
AI_i = Stückzinsen der Anleihe i seit dem letzten Kupontermin.

Der Liefererfolg[4] Y_i des Inhabers der Short-Position

---

1) Vgl. dazu die Ausführungen zur Güte von Konversionsfaktoren im Abschnitt A.I.1.a.ac dieses Teils. Siehe auch S.P. Hegde (1990), S. 744.

2) I sei hier der Einfachheit halber abweichend von Gleichung 2.3 auf einen Nominalbetrag von US$ 100 und nicht auf den gesamten Kontraktwert bezogen. F_T wird hier anstelle des EDSP in Gleichung 2.3 gesetzt, weil es beim T-Bond-Future anders als beim Bund-Future nicht nur einen Abrechnungspreis gibt. Vielmehr kann der Schlußpreis (Settlement Price), der am Ende jedes Handelstages festgesetzt wird, als Abrechnungspreis bei Lieferung verwendet werden. Siehe dazu CBOT (1989), S. 8. Zur Bestimmung des Settlement Price siehe D. Duffie (1989), S. 28; R.W. Kolb (1991), S. 79 f.

3) Die folgende Darstellung lehnt sich an D. Duffie (1989), S. 327 f., an.

4) "Liefererfolg" wird hier anstelle des von D. Duffie (1989), S. 327, verwendeten Begriffs "Liefergewinn" verwendet, weil der Inhaber der Short-Position letztlich liefern muß, seine Option also nicht verfallen lassen darf, und dann auch ein Lieferverlust entstehen kann.

ergibt sich, wenn man vom Rechnungsbetrag I den Marktwert der gelieferten Anleihe i (zuzüglich Stückzinsen) am Liefertag abzieht:

$$(2.5) \quad Y_i = F_T \times KF_i + AI_i - (B_i + AI_i) \ ,$$

mit: Y_i = Liefererfolg,
B_i = Marktwert der Anleihe i.

Der Inhaber der Short-Position wird diejenige Anleihe i* liefern, durch die er Y_i maximiert. Vernachlässigt man Transaktionskosten, sollte der Liefererfolg gleich null sein, weil sonst risikolose Arbitragegewinne möglich wären:

$$(2.6) \quad \max_i \ Y_i = Y_{i*} = F_T \times KF_{i*} - B_{i*} \overset{!}{=} 0 \ .$$

Löst man die Gleichung 2.6 nach F_T auf, so ergibt sich:

$$(2.7) \quad F_T = \min_i (B_i/KF_i) = (B_{i*}/KF_{i*}) \ .$$

Aus Gleichung 2.7 folgt, daß der Futurepreis im Arbitragegleichgewicht immer gleich dem durch den Konversionsfaktor dividierten Kassapreis der CTD (i*) ist. Hält der Inhaber der Short-Position also eine andere Anleihe (z.B. j) als die CTD (i*), so ist es für ihn vorteilhaft, nicht die Anleihe j, sondern die Anleihe i* zu liefern, die er zuvor auf dem Kassamarkt erwirbt. Gleichzeitig verkauft er die Anleihe j auf dem Kassamarkt. Er übt dadurch die Qualitätsoption aus, die im Grunde in dem Recht besteht, anstel-

le der gehaltenen Anleihe j die preisgünstigste
lieferbare Anleihe i* zu liefern.[1]

Ist die gehaltene Anleihe j mit der preisgünstigsten
Anleihe i* identisch, so ist die Option am Liefertag
für den Inhaber der Short-Position wertlos.[2] Sonst
ergibt sich der Ausübungswert E der Qualitätsoption
nach Gleichung 2.8:

$$(2.8) \quad E = (B_j/KF_j) - (B_{i*}/KF_{i*}) \; .$$

Die Optionsfrist der Qualitätsoption - sowie die der
übrigen Lieferoptionen - beginnt am Tag des Abschlusses eines Futurekontraktes.[3] Die Ausübung der Qualitätsoption ist erstmals am vorletzten Börsentag vor
Beginn eines Liefermonats (First Position Day) möglich. Insoweit ähnelt die Qualitätsoption einer europäischen Option. Die Qualitätsoption kann aber auch
danach noch bis zum achtletzten Börsentag[4] des Liefermonats (dem letzten Handelstag) ausgeübt werden

---

1) Solche Optionen sind als Option auf den Austausch zweier
oder mehrerer Güter bekannt. Zur Bewertung dieser Optionen
siehe W. Margrabe (1978). G.D. Gay und S. Manaster (1984),
S. 358 f., sowie M.L. Hemler (1990), S. 1570-1573, entwickeln auf der Grundlage des Modells von Margrabe Ansätze
für die Bewertung der Qualitätsoptionen beim Weizenfuture
bzw. beim T-Bond-Future des CBOT.

2) So z.B. M.L. Hemler (1990), S. 1577.

3) Zu den Optionsfristen der Lieferoptionen siehe die
Übersicht bei S.P. Hegde (1988), S. 472.

4) Diese Begrenzung der Ausübungsfrist der Qualitätsoption
folgt S.P. Hegde (1988), S. 472. Sie wird vorgenommen, um
die Ausübungsfrist der Qualitätsoption gegen die anschlie-
ßende Ausübungsfrist der Ultimooption abzugrenzen.

und ist insofern mit einer amerikanischen Option vergleichbar. Solche Optionen werden als verzögerte amerikanische Optionen bezeichnet.[1]

Die Ultimooption (end-of-month option) ergibt sich
aus dem Recht des Inhabers einer Short-Position,
innerhalb der letzten sieben Börsentage des Liefermonats zu dem am letzten Handelstag (dem achtletzten
Börsentag des Liefermonats) festgestellten Abrechnungspreis (Basispreis der Ultimooption) zu liefern.
Er kann so davon profitieren, daß während dieser Zeit
die Kassapreise der lieferbaren Anleihen sinken oder
die CTD wechselt. Die Ultimooption besteht also aus
einem zeitlichen und einen qualitätsbezogenen Teil.[2]
Die Ausübungsfrist der Ultimooption beginnt am siebt-
letzten Börsentag des Liefermonats, also im Anschluß
an die Ausübungsfrist der Qualitätsoption, und endet
am letzten Börsentag des Liefermonats.

Mit dem Ausdruck Wild-Card-Option[3] bezeichnet man
das Recht des Inhabers der Short-Position, an jedem
Handelstag zwischen dem First Position Day und dem
vorletzten Handelstag bis 20.00 Uhr die Lieferabsicht
zu erklären, wobei der Abrechnungspreis (Basispreis
der Wild-Card-Option) bereits bei Börsenschluß des
CBOT um 14.00 Uhr festgestellt wird.[4] Da der Kassa-

---

1) Siehe W. Bühler, J. Köndgen und H. Schmidt (1990),
   S. 56 f.

2) Siehe dazu G.D. Gay und S. Manaster (1986), S. 68.

3) M. Arak und L.S. Goodman (1987), S. 269, 271, bezeichnen
   die Wild-Card-Option auch als "daily option".

4) Siehe zur Erläuterung der Wild-Card-Option z.B. G.D. Gay
   und S. Manaster (1986), S. 43 f.; A. Kane und A.J. Marcus
   (1986b), S. 195 f.; D. Duffie (1989), S. 332.

handel mit T-Bonds nach 14.00 Uhr fortgesetzt wird[1], können sich in dieser Zeit die Kassapreise der lieferbaren T-Bonds ändern, während der Futurepreis unverändert bleibt. Die Inhaber von Short-Positionen haben also an jedem Handelstag (bis auf den letzten) bis zu sechs Stunden Zeit, von sinkenden Anleihepreisen zu profitieren, indem sie ihre Lieferabsicht gegenüber dem Clearinghaus erklären, also die Wild-Card-Option ausüben. Die Ausübungsfrist der Wild-Card-Option beginnt am vorletzten Börsentag vor Beginn des Liefermonats bei Handelsschluß und endet um 20.00 Uhr am vorletzten Handelstag des Liefermonats. Sie ist dabei jeweils von 20.00 Uhr eines Börsentages bis 14.00 Uhr des darauffolgenden Börsentages unterbrochen.

Die Stückzinsoption ergibt sich schließlich aus dem Wahlrecht des Liefertages, das dem Inhaber der Short-Position zusteht. Der Rechnungsbetrag I, den er erhält, erhöht sich um die täglichen Stückzinsen aus der gelieferten Anleihe.[2] Es wird nun argumentiert, daß der Inhaber der Short-Position so lange wie möglich mit der Lieferung warten sollte, wenn der Kupon der zu liefernden Anleihe wesentlich höher ist als der Zinssatz für kurzfristige Anlagen.[3] In diesem Fall übersteigen die täglich zuwachsenden Stückzinsen

---

1) Der Kassamarkt für T-Bonds ist ein Händlermarkt, auf dem so lange gehandelt werden kann, wie Händler bereit sind, Kurse zu stellen. Das ist wenigstens bis zum späten Nachmittag der Fall; K.D. Garbade (1982), S. 430-435. Nach A. Kane und A.J. Marcus (1986b), S. 195 f., ist es möglich, bis zum Ablauf der Erklärungsfrist um 20.00 Uhr T-Bonds zu handeln.

2) Vgl. Gleichung 2.4.

3) G.D. Gay und S. Manaster (1986), S. 71; D. Duffie (1989), S. 331.

die entgangenen Zinsen aus einer Anlage des Rechnungsbetrags am Geldmarkt. Ist der Kupon dagegen wesentlich niedriger als der kurzfristige Zinssatz, sollte möglichst früh im Liefermonat geliefert werden.[1]

Diese Aussagen gelten, wenn überhaupt, nur für den Fall, daß der Inhaber die zu liefernde Anleihe bereits in seinem Besitz hat. Kauft er diese erst, wenn er seine Lieferabsicht erklärt, so sind die Stückzinsen für ihn ein durchlaufender Posten: die Stückzinsen, die er an den Verkäufer der zu liefernden Anleihe zahlen muß, entsprechen denen, die er innerhalb des Rechnungsbetrags von dem Inhaber der Long-Position erhält. Hierin dürfte auch der Grund dafür liegen, daß die Stückzinsoption in den meisten Untersuchungen zu Lieferoptionen keine Beachtung findet.[2] Im Verhältnis zu den übrigen Lieferoptionen wird der Stückzinsoption die geringste Bedeutung beigemessen.[3] Die Stückzinsoption wird daher im folgenden nicht näher untersucht.

Ausgewählte Untersuchungen zu Lieferoptionen

In einer Reihe theoretischer und empirischer Untersuchungen ist versucht worden, die Werte der einzelnen Lieferoptionen und deren Einfluß auf den Futurepreis

---

1) G.D. Gay und S. Manaster (1986), S. 71.

2) So unterscheidet z.B. S.P. Hegde (1988), S. 471, lediglich drei Lieferoptionen: die Qualitätsoption, die Wild-Card-Option und die Ultimooption.

3) G.D. Gay und S. Manaster (1986), S. 70, bezeichnen die Stückzinsoption als die unwichtigste und zugleich am meisten mißverstandene Lieferoption.

zu ermitteln.[1] Der Untersuchungsgegenstand war bei allen angegebenen Untersuchungen der T-Bond-Future des CBOT.

Es gibt bislang kein Optionsbewertungsmodell, mit dem sich der Wert der Lieferoptionen ermitteln ließe.[2] Das entscheidende Problem der Bewertung von Lieferoptionen scheint darin zu liegen, daß die Basispreise der Optionen ex ante nicht festliegen und sich während der Laufzeit der Lieferoptionen verändern können. Der genaue Basispreis läßt sich erst ermitteln, wenn die preisgünstigste lieferbare Anleihe und damit deren Konversionsfaktor bekannt sind. Zudem handelt es sich bei den Lieferoptionen zum Teil nicht um einzelne Optionen, sondern um Portefeuilles aus mehreren Kauf- und Verkaufsoptionen.[3] Schließlich wird bei vielen Optionsbewertungsmodellen ein konstanter kurzfristiger Zinssatz unterstellt.[4] Die Lieferoptionen haben dagegen nur einen Wert, wenn sich die langfristigen Zinssätze verändern. Es erscheint jedoch wenig realistisch, gleichzeitig

---

1) Siehe z.B. S. Benninga und M. Smirlock (1985); G.D. Gay und S. Manaster (1986); A. Kane und A.J. Marcus (1986a); dies. (1986b); M. Arak und L.S. Goodman (1987); S.P. Hegde (1988); ders. (1989); ders. (1990); M.L. Hemler (1990). Einen umfassenden Überblick über die Ergebnisse dieser und einer Reihe weiterer Untersuchungen zu Lieferoptionen geben D.M. Chance und M.L. Hemler (1993).

2) S. Benninga und M. Smirlock (1985), S. 362; S.P. Hegde (1988), S. 484.

3) Das ist z.B. bei der Wild-Card-Option der Fall; siehe dazu G.D. Gay und S. Manaster (1986), S. 47-49.

4) So bei den Modellen, die auf dem Black-Scholes-Modell basieren und bei den Binomialmodellen. Siehe dazu z.B. F. Black und M. Scholes (1973), S. 640; J.C. Cox und M. Rubinstein (1985), S. 171; L. Jurgeit (1989), S. 54, 101, 115.

konstante kurzfristige und variable langfristige
Zinssätze zu unterstellen.[1]

Aus diesen Gründen versuchen die Autoren in den genannten Untersuchungen, die Werte der Lieferoptionen
ohne spezielle Optionsbewertungsmodelle zu schätzen.[2] Die Ergebnisse der Untersuchungen weichen
teilweise erheblich voneinander ab. Für die Qualitätsoption ermitteln Kane und Marcus Werte zwischen
US$ 1.390 und US$ 4.600 je US$ 100.000 Nominalbetrag
des Future.[3] Hegde schätzt für diese Option Werte
zwischen US$ 329 und US$ 2.075.[4] Eine Untersuchung
von Arak und Goodman ergibt für die Ultimooption
einen durchschnittlichen Wert von US$ 88.[5] Dagegen
ermitteln Gay und Manaster durchschnittliche Werte
von bis zu US$ 965.[6] Der Wert der Wild-Card-Option
liegt nach Kane und Marcus zwischen US$ 83 und

---

1) Siehe dazu auch G.D. Gay und S. Manaster (1984), S. 369;
S. Benninga und M. Smirlock (1985), S. 362.

2) Ausnahmen hiervon sind die bereits genannten Untersuchungen von Gay und Manaster sowie Hemler, die versuchen den
Wert von Qualitätsoptionen auf der Grundlage des Modells
von Margrabe zu schätzen. Dabei unterstellen sie jedoch
konstante kurzfristige Zinssätze; siehe G.D. Gay und S.
Manaster (1984), S. 355; M.L. Hemler (1990), S. 1568,
1572.

3) A. Kane und A.J. Marcus (1986a), S. 245. Kane und Marcus
geben ihre Ergebnisse pro US$ 100 Nominalbetrag an. Die
hier angegebenen Werte sind zum besseren Vergleich mit den
Ergebnissen der anderen Untersuchungen mit 1.000 multipliziert.

4) S.P. Hegde (1990), S. 754.

5) M. Arak und L.S. Goodman (1987), S. 285.

6) G.D. Gay und S. Manaster (1986), S. 68-70.

US$ 329.[1] Nach einer Untersuchung von Gay und Mana-
ster liegen die Werte der Wild-Card-Option dagegen
zwischen US$ 1366 und US$ 2352.[2] Hegde versucht als
einziger der genannten Autoren, den Gesamtwert der
drei angesprochenen Lieferoptionen zu ermitteln.
Seine Schätzung ergibt einen Gesamtwert von US$ 500,
wovon er einen Anteil von etwas über 50 % der Ultimooption zuschreibt.[3]

Die Unterschiede der genannten Ergebnisse dürften auf
die verwendeten Modelle und deren Annahmen sowie auf
abweichende Untersuchungszeiträume[4] zurückzuführen
sein. Ein weiterer Grund dafür wird in Problemen der
Datenerhebung gesehen, die sich daraus ergeben, daß

---

1) A. Kane und A.J. Marcus (1986b), S. 204.

2) G.D. Gay und S. Manaster (1986), S. 55 f. Der große
    Unterschied zu den Werten, die Kane und Marcus ermitteln,
    erklärt sich dadurch, daß Kane und Marcus die Wild-Card-
    Option als eine Option betrachten, die nur ein einziges
    Mal ausübbar ist; siehe A. Kane und A.J. Marcus (1986b),
    S. 196. Dagegen ermitteln Gay und Manaster den Wert dieser
    Lieferoption als das Ergebnis einer Handelsstrategie, bei
    der nach jeder Ausübung der Wild-Card-Option während eines
    Liefermonats am folgenden Handelstag erneut eine Short-
    Position in dem Liefermonat aufgebaut wird.

3) S.P. Hegde (1988), S. 479 f.

4) Der Untersuchungszeitraum bei Arak und Goodman umfaßt die
    Liefermonate von Dezember 1984 bis Juni 1986, also einen
    Zeitraum, in dem die Zinssätze tendenziell sanken und
    damit die Anleihekurse stiegen; M. Arak und L.S. Goodman
    (1987), S. 277. Der Untersuchungszeitraum bei Gay und
    Manaster liegt dagegen zwischen Dezember 1977 und Juni
    1983, schließt also die Phase stark steigender Zinssätze
    Ende der 70er/Anfang der 80er Jahre mit ein; G.D. Gay und
    S. Manaster (1986), S. 43. Es ist zu erwarten, daß die
    Wild-Card-Option in Phasen tendenziell steigender Zinssät-
    ze, d.h. fallender Anleihekurse, einen höheren Wert hat
    als bei fallenden Zinssätzen. Darin dürfte ein Grund für
    den wesentlich niedrigeren Wert der Wild-Card-Option bei
    Arak und Goodman liegen.

124

die zur Untersuchung verwendeten Kassa- und Futurepreise nicht zum gleichen Zeitpunkt erfaßt werden.[1]

Obgleich sich die angegebenen Optionswerte unterscheiden, lassen sich aus den angesprochenen Untersuchungen einige allgemeine Aussagen ableiten. Die
Werte der Lieferoptionen werden durch ein komplexes
Wechselspiel zwischen der Laufzeit- und Kuponstruktur der lieferbaren Anleihen und der Zeitstruktur der
Zinssätze determiniert. Sie nehmen mit steigender
Volatilität der Zinssätze und zunehmenden Unterschieden zwischen den Laufzeiten und Kuponhöhen der lieferbaren Anleihen zu.[2] Das gilt insbesondere für die
Qualitätsoption, deren Wert aus den Verzerrungen
durch die Konversionsfaktoren resultiert. Die genannten Faktoren beeinflussen den Grad der Abweichung
zwischen den Abrechnungspreisen und den entsprechenden Marktpreisen der lieferbaren Anleihen und damit
den Wert der Qualitätsoption. Aber auch der Wert der
Wild-Card-Option hängt von den Konversionsfaktoren
ab.[3]

Eine Untersuchnung von Hegde zeigt schließlich, daß
der Wert der Lieferoptionen sinkt, wenn der Liefer-

---

1) Auf das Problem der nicht-synchronen Datenerhebung weist
   Hegde hin; S.P. Hegde (1988), S. 476-478; ders. (1990),
   S. 754-758.

2) A. Kane und A.J. Marcus (1986a), S. 245; dies. (1986b),
   S. 204 f. S. Benninga und M. Smirlock (1985) stellen in
   ihrer Untersuchung einen Zusammenhang zwischen dem Wert
   der Qualitätsoption und der Preissensitivität der lieferbaren Anleihen in Bezug auf Zinsänderungen fest. Als Maß
   für die Preissensitivität verwenden sie die Duration, die
   wiederum von der Laufzeit und der Kuponhöhe abhängt.

3) Dafür finden A.Kane und A.J. Marcus (1986b), S. 203-206,
   Anhaltspunkte.

monat näher rückt und damit die Unsicherheit über
Zinshöhe und Zinsstruktur abnimmt.[1] Der Rückgang des
Optionswertes ist zu einem Teil darauf zurückzuführen, daß die Bedeutung der Qualitätsoption um so
stärker abnimmt, je näher der Liefermonat rückt und
je leichter sich damit die CTD bei Lieferung schätzen läßt. Gleichzeitig nimmt die Bedeutung der Wild-
Card- und der Ultimooption zu.[2]

Zusammenfassend läßt sich festhalten, daß der Wert
der Lieferoptionen eine ansteigende Funktion der Unsicherheit über die Zeitstruktur der Zinssätze, der
Unterschiede in der Laufzeit- und Kuponstruktur der
lieferbaren Anleihen sowie der Zeit bis zur Fälligkeit des Future ist. Der Wert der Lieferoptionen wird
damit von ähnlichen Einflußfaktoren bestimmt wie der
Wert von herkömmlichen Optionen.[3]

Einfluß der Lieferoptionen auf den Kontrakterfolg

Der Einfluß der Lieferoptionen auf den Erfolg von
Anleihefutures wird in der Literatur unterschiedlich
beurteilt. Einerseits wird die Ansicht vertreten, daß
der T-Bond-Future gerade wegen der Lieferoptionen
erfolgreich sei. Die Lieferoptionen würden zwar das
Verständnis dieses Kontraktes erschweren, aber
dadurch seinen Handel für viele Marktteilnehmer -
vor allem für Spekulanten - erst interessant machen,
die glaubten, Gewinnchancen aufgrund der Lieferoptio-

---

1) S.P. Hegde (1988), S. 479 f., S. 483 f.

2) A. Kane und A.J. Marcus (1986b), S. 204.

3) Diese Aussage wird näher untersucht von S.P. Hegde (1988),
S. 483-488.

nen nutzen zu können.[1] Andererseits wird angeführt,
der T-Bond-Future sei trotz der mit den Lieferoptionen verbundenen Verständnisschwierigkeiten erfolgreich.[2]

Lieferoptionen sind unter anderem eingeführt worden,
um die Gefahr von Squeezes zu vermindern. Das ist ein
Vorteil für die Inhaber der Short-Positionen, aber
ein Nachteil für die Inhaber der Long-Positionen, die
einem Lieferrisiko ausgesetzt werden. Die Inhaber der
Long-Positionen werden allerdings für die Gewährung
der Lieferoptionen entschädigt, da der tatsächliche
Futurepreis eines Kontraktes mit Lieferoptionen unter
dessen theoretischem Wert nach dem Cost-of-Carry-

---

1) So M. Pitts (1987), S. 801 f. Pitts führt dazu aus, daß
   die Komplexität aufgrund der Lieferoptionen zur Liquidität
   des T-Bond-Future beitragen würde (S. 802). Auch E.T.
   Johnston und J.J. McConnell (1989), S. 21, vertreten die
   Ansicht, daß Lieferoptionen das Interesse an einem
   Kontrakt erhöhen können.

2) R.W. Kolb (1991), S. 289. In dieselbe Richtung geht die
   Aussage von Fitzgerald, wonach Kontrakte ohne Lieferoptionen ("clean contracts") die besten Kontrakte seien; M.D.
   Fitzgerald (Mitsubishi Finance International Ltd. und City
   University London) bei dem "Workshop Optionen und Futures"
   an der Universität Karlsruhe am 23./24.2.1989. Eine Untersuchung von Gay und Manaster deutet darauf hin, daß die
   Lieferoptionen nicht von allen Marktteilnehmern verstanden
   werden; G.D. Gay und S. Manaster (1986), S. 63-68. Sie
   finden Anzeichen für eine suboptimale Ausübung der Wild-
   Card-Option durch die Inhaber der Short-Positionen. Davon
   müßten die Inhaber der Long-Positionen profitieren, wenn
   der volle Wert der Lieferoption im Futurepreis enthalten
   wäre. Allerdings finden Gay und Manaster auch Hinweise
   darauf, daß auf Grundlage von am Markt beobachteten
   Futurepreisen eine optimale Ausübungsstrategie für die
   Wild-Card-Option zu Überrenditen für die Inhaber der
   Short-Positionen führen würde. Da solche Überrenditen auf
   perfekten Märkten nicht dauerhaft bestehen können,
   schließen sie daraus, daß die Futurepreise das aktuelle
   Ausübungsverhalten der Inhaber der Short-Positionen
   widerspiegeln, so daß keine Seite Nachteile erleidet.

Modell[1] liegen dürfte. Der Inhaber der Short-Position erwirbt durch den Verkauf eines Anleihefuture mit Lieferoptionen vom Inhaber der Long-Position ein oder mehrere wertvolle Optionsrechte, für die er aber nicht direkt bezahlen muß (bei Abschluß eines Futuregeschäftes fließen keine Zahlungen zwischen den Kontraktpartnern). Ein wertvolles Recht kann jedoch auf effizienten Märkten nicht kostenlos erworben werden.[2] Der Inhaber der Long-Position kann also nur durch einen Abschlag, der den Preis des Future mindert, für die übernommene Stillhalterposition entschädigt werden.

Aufgrund von Schwankungen des Wertes der Lieferoptionen kann sich die Volatilität des Futurepreises erhöhen und die Korrelation zwischen Kassa- und Futurepreis vermindern. Daher wird die Hedgingeffektivität eines Kontraktes mit Lieferoptionen häufig geringer sein als bei Kontrakten ohne solche Wahlrechte. Hedger müssen also die Lieferoptionen berücksichtigen,

---

1) Der theoretische Futurepreis nach dem Cost-of-Carry-Modell ergibt sich aus dem mit ihrem Konversionsfaktor korrigierten Wert der jeweiligen CTD Anleihe zuzüglich der Bestandshaltekosten (Zinskosten) abzüglich der erhaltenen Kuponzahlungen bis zur Fälligkeit des Future; siehe S. Figlewski (1986), S. 61-63; E.W. Schwarz et al. (1986), S. 160 f.

2) Ob der hier betrachtete T-Bond-Futuremarkt effizient ist, ist noch nicht abschließend geklärt. Kamara zeigt in einer Untersuchung für den Sojabohnenfuture des CBOT, daß die Hypothese der Markteffizienz nicht mehr wie bei vorherigen Untersuchungen verworfen werden kann, wenn man die Lieferoptionen berücksichtigt; A. Kamara (1990). Die Ansicht, daß aufgrund der Lieferoptionen der tatsächliche unter dem theoretischen Futurepreis liegt, vertreten z.B. S. Benninga und M. Smirlock (1985), S. 371; G.D. Gay und S. Manaster (1986), S. 42; A. Kane und A.J. Marcus (1986b), S. 195; S.P. Hegde (1988), S. 469 f.; M.L. Hemler (1990), S. 1565.

wenn sie ihre Hedgestrategien festlegen.[1] Viele
Hedger ziehen es wegen der Unsicherheit durch die
Lieferoptionen vor, ihre Hedgeposition vor Beginn
des Liefermonats zu schließen oder in einen Kontrakt
mit späterer Fälligkeit umzuschichten. Aber auch dann
kann bei Kontrakten mit Lieferoptionen zusätzliches
Basisrisiko dadurch entstehen, daß sich der Wert der
Lieferoptionen im Zeitablauf ändert.[2]

Insgesamt gesehen scheinen die Lieferoptionen den
Erfolg des T-Bond-Future, der gemessen am Kontrakt-
volumen weltweit der umsatzstärkste Futurekontrakt
ist, zumindest nicht beeinträchtigt zu haben. Die
Entwicklungsgeschichte des GNMA-Future des CBOT, die
bereits bei der Erläuterung der Konversionsfaktoren
angesprochen wurde, zeigt jedoch, daß Lieferoptionen
durchaus wichtige Erfolgsfaktoren sein können. Für
die Zeit von Dezember 1982 bis Juni 1985, in der das
Handelsvolumen des GNMA-Future bereits stark zurück-
ging, ermitteln Johnston und McConnell für die Qualitätsoption Werte von bis zu 19 Prozent des Futurepreises.[3] Im gleichen Zeitraum nahm die Hedgingeffektivität des GNMA-Future für die Absicherung von
laufenden GNMA-Emissionen absolut und relativ zur

---

1) Aufgrund der Lieferoptionen reicht es beispielsweise nicht
   mehr aus, einfach den Konversionsfaktor als Hedge Ratio zu
   verwenden; darauf weisen A. Kamara und D.F. Siegel (1987),
   S. 1008, sowie S.P. Hegde (1989), S. 436, hin.

2) D.R. Siegel und D.F. Siegel (1990), S. 312.

3) E.T. Johnston und J.J. McConnell (1989), S. 18 f. A. Kane
   und A.J. Marcus (1986a), S. 245, stellten dagegen für den
   T-Bohd-Future lediglich Werte zwischen 2 % und 6 % des
   Futurepreises fest. Andere Autoren halten auch diese Werte
   noch für zu hoch gegriffen; siehe M.L. Hemler (1990), S.
   1577-1580, 1584.

Absicherung mit dem T-Bond-Future ab.[1] Johnston und McConnell führen die Abnahme der Hedgingeffektivität darauf zurück, daß der GNMA-Futurepreis dem Preis des jeweiligen CTD mit einem hohen Kupon folgte, während die laufenden GNMA-Emissionen einen wesentlich niedrigeren Kupon hatten.[2] Die Korrelation zwischen dem Futurepreis und dem Preis der laufenden GNMA-Emissionen nahm dadurch ab.

Johnston und McConnell sehen in den Lieferoptionen, insbesondere in der Qualitätsoption, den Hauptgrund für den Mißerfolg des GNMA-Future.[3] Lieferoptionen können demnach einen erheblichen Einfluß auf den Kontrakterfolg haben. Dabei besteht ein Spannungsverhältnis zwischen den Handelsinteressen von Hedgern und Spekulanten. Hedger bevorzugen im Interesse einer hohen Hedgingeffektivität Kontrakte ohne Lieferoptionen. Dagegen stellen Lieferoptionen für Spekulanten einen zusätzlichen Anreiz dar, einen Kontrakt zu handeln.[4] Es empfiehlt sich daher für Futurebörsen, vor der Einführung neuer Kontrakte unter Beachtung dieses Spannungsverhältnisses eingehend zu prüfen, ob und

---

1) E.T. Johnston und J.J. McConnell (1989), S. 6-10.

2) E.T. Johnston und J.J. McConnell (1989), S. 11, 18-20.

3) E.T. Johnston und J.J. McConnell (1989), S. 20-22.

4) Mangelndes Handelsinteresse von Spekulanten aufgrund fehlender Lieferoptionen könnte z.B. den Erfolg eines Bund-Future beeinträchtigen, für den die durch W. Kirschner (1992) vorgeschlagenen idealen Konversionsfaktoren verwendet würden [vgl. zu diesem Vorschlag die Ausführungen im Abschnitt A.I.1.a.ac dieses Teils]. Solche idealen Konversionsfaktoren würden dazu führen, daß die Qualitätsoption des Bund-Future wertlos wäre.

welche Lieferoptionen für einen Kontrakt geeignet sind.[1]

3. Zusammenfassung

In diesem Abschnitt wurde der Frage nach dem Handelsobjekt, einem zentralen Bestandteil der standardisierten Kontraktspezifikationen, nachgegangen. Bei Kontrakten mit physischer Lieferung und lediglich einem oder wenigen homogenen lieferbaren Titeln ist das Handelsobjekt durch die Kontraktspezifikationen genau bestimmt. Beispielsweise sind beim T-Bill-Future diejenigen T-Bills Handelsobjekt, die bei Fälligkeit eines Kontraktes die dort festgelegte Restlaufzeit aufweisen. Auch bei Kontrakten, die durch Cash Settlement erfüllt werden, läßt sich das Handelsobjekt relativ leicht benennen. Das Handelsobjekt solcher Kontrakte ist das Portefeuille, aus dessen Bestandteilen der Wert des Settlement-Index berechnet wird - also zum Beispiel bei einem Aktienindexfuture das Aktienportefeuille, das wie der Index zusammengesetzt ist.

Schwieriger ist es dagegen, bei Kontrakten mit vielen Lieferalternativen eine Antwort auf die Frage nach dem Handelsobjekt zu finden. Es wurde gezeigt, daß bei Anleihefutures Konversionsfaktoren die Kassapreise der lieferbaren Titel einander angleichen. Wären

---

1) Viele Börsen, die in jüngerer Zeit Anleihefutures eingeführt haben, verzichteten darauf, neben der Qualitätsoption weitere Lieferoptionen zuzulassen. So beinhalten die Kontraktspezifikationen des Notional-Bond-Future des MATIF und der Bund-Futures der LIFFE und der DTB lediglich eine Qualitätsoption; siehe MATIF (1990a), S. 16; LIFFE (1992a), S. 8; DTB (1992b), S. 18 f.

die Konversionsfaktoren ideal, das heißt würden sie
die Preisunterschiede der lieferbaren Anleihen vollkommen ausgleichen, so würde tatsächlich der Stan-
dardtitel gehandelt. Da es aber für die gegenwärtig
gehandelten Anleihefutures keine idealen Konversionsfaktoren gibt, wird immer eine Anleihe CTD sein. Die
Qualitätsoption erlaubt es dem Inhaber der Short-
Position, eine Anleihe aus dem Kreis der Lieferalternativen zur Lieferung auszuwählen. Darüber hinaus
räumen ihm die Kontraktbedingungen mancher Anleihefutures Wahlrechte hinsichtlich des Lieferzeitpunktes
ein.

Handelsobjekt ist letztlich der Titel, der der Preisbildung eines Future zugrunde liegt. In der Literatur
wird häufig davon gesprochen, daß sich der Preis
eines Anleihefuture an einer fiktiven Standardanleihe
mit einem bestimmten Kupon und einer bestimmten Laufzeit orientiert.[1] In Publikationen von Futurebörsen
werden dagegen keine Standardlaufzeiten, sondern
Laufzeitbereiche für die lieferbaren Anleihen genannt.[2] Hinzu kommt, daß Arbitrageure in einer
fiktiven Anleihe keine Kassapositionen aufbauen
können, was notwendig wäre, um den Bewertungszusam-

---

1) Beispielsweise sprechen folgende Autoren von einem Stan-
   dardtitel des T-Bond-Future des CBOT mit einem Kupon von
   8 % und einer Laufzeit von 20 Jahren: M.D. Fitzgerald
   (1983), S. 33; E.W. Schwarz et al. (1986), S. 70; M. Pitts
   (1987), S. 801; R.W. Kolb (1991), S. 292. Dagegen geben A.
   Kane und A.J. Marcus (1984), S. 55, bei gleichem Standardkupon die Standardlaufzeit lediglich mit 15 Jahren an.

2) Siehe beispielsweise CBOT (1989), S. 5, für den T-Bond-
   und die T-Note-Futures des CBOT; LIFFE (1992a), S. 8, für
   den Bund-Future der LIFFE. In den Handelsbedingungen der
   DTB wird der Kontraktgegenstand des Bund-Future als eine
   fiktive Bundesanleihe mit einem Zinssatz von 6 % und einer
   Laufzeit von 8,5-10 Jahren definiert; Ziffer 2.1.1.1
   Abs. 1 DTB-HandelsB.

menhang zwischen Kassa- und Futuremarkt sicherzustellen. Sie können nur in real am Kassamarkt verfügbaren Anleihen Positionen eingehen.

Eine fiktive Standardanleihe kann demnach nicht
Gegenstand der Preisbildung bei Anleihefutures sein.
Es läßt sich vielmehr beobachten, daß sich der
Futurepreis am Kassapreis der jeweils günstigsten
lieferbaren Anleihe orientiert.[1] Das verwundert
deshalb nicht, weil rational handelnde Inhaber von
Short-Positionen regelmäßig die CTD liefern werden.
Während der Laufzeit eines Kontraktes können verschiedene lieferbare Anleihen CTD sein, deren Kassapreise dann jeweils Grundlage der Preisbildung sein
werden. Zusätzlich beeinflußt der Wert der Lieferoptionen die Preisbildung. Insgesamt betrachtet läßt
sich das Handelsobjekt eines Anleihefuture demnach am
ehesten als Bündel aus den lieferbaren Anleihen und
einer oder mehreren Lieferoptionen beschreiben.

II. Kontraktgröße

Im vorigen Abschnitt wurde der Frage nachgegangen,
inwieweit die Standardisierung des Handelsobjektes
den Erfolg eines Future beeinflussen kann. Nun wird
untersucht, welchen Erfolgseinfluß die Wahl der Kontraktgröße hat.

Die Kontraktgröße bestimmt die kleinste handelbare
Schlußeinheit eines Future. Ihre Denominierung hängt

---

1)   Siehe z.B. T.E. Kilcollin (1982), S. 1189, Fn. 6; J.F.
     Meisner und J.W. Labuszewski (1984), S. 570; E.W. Schwarz
     et al. (1986), S. 161 f.; R.W. Kolb (1991), S. 296; D.
     Lien (1989), S. 263.

von der Art des Handelsobjektes ab. Bei Warenfutures
wird die Kontraktgröße als Vielfaches eines gängigen
Volumen- oder Gewichtsmaßes ausgedrückt, wie "bushel"[1] bei Getreidefutures und Unzen bei Edelmetallfutures. Bei Zinsfutures wird die Größe als Nominalbetrag des zugrundeliegenden Zinstitels, bei Aktienindexfutures in Geldeinheiten pro Indexpunkt und bei
Devisenfutures als Währungsbetrag angegeben.

Um die Erfolgschancen eines Kontraktes zu erhöhen,
muß eine Börse versuchen, die Kontraktgröße so
festzulegen, daß die Bedürfnisse möglichst vieler
Marktteilnehmer erfüllt werden.[2] Ist ein Kontrakt zu
groß, können Inhaber kleinerer Positionen ihn nicht
oder nur eingeschränkt zum Hedging verwenden. Beispielsweise läßt sich eine Position von nominal DM
125.000 Bundesanleihen nur unvollkommen mit dem Bund-
Future der DTB absichern, der auf nominal DM 250.000
lautet. Nimmt man an, daß sich Kassa- und Futurepreis
um den gleichen Betrag verändern, dann ist die Wertänderung der Bund-Future-Position doppelt so groß
wie diejenige der Kassaposition.[3] Die Hedgingeffektivität ist um so geringer, je weiter die Nominalwer-
te der abzusichernden Kassaposition und des Future
voneinander abweichen.

Auch Spekulanten und Marketmaker mit geringer Kapitalausstattung werden nicht bereit sein, Positionen

---

1) Amerikanisches Volumenmaß; 1 bushel entspricht etwa 36
   Liter.

2) So H.R. Stoll und R.E. Whaley (1993), S. 16.

3) Der Bund-Future wäre in diesem Fall nur dann als Hedging-
   instrument geeignet, wenn der Kassapreis der Anleihe
   doppelt so volatil wäre wie der Futurepreis. Siehe D.M.
   Chance (1991), S. 244.

in einem Kontrakt mit hohem Nominalwert zu übernehmen, wenn das Preisrisiko für sie zu hoch ist.[1] Das Ausmaß dieses Risikos ist bei gegebener Preisänderung um so höher, je größer der Kontrakt ist. Beispielsweise wird ein Grund für den Mißerfolg des ECU-Anleihefuture der LIFFE darin gesehen, daß das Risiko für Locals[2] mit geringer Kapitalausstattung aufgrund der Kontraktgröße von ECU 200.000 zu hoch war.[3] Sie beteiligten sich daher kaum am Handel und standen nicht als Anbieter des Sofortigkeitsservice zur Verfügung. Anders als der Kontrakt der LIFFE hat sich der ECU-Anleihefuture des MATIF, der lediglich über ECU 100.000 lautet, am Markt durchsetzen können.

Wenn die Effizienzvorteile des Futurehandels erhalten bleiben sollen, darf eine Börse die Kontraktgröße aber auch nicht beliebig klein festsetzen. Die losgrößenfixen Transaktionskosten pro Kontrakt, wie Börsen- und Clearinggebühren, fallen um so stärker

---

1) So D.G. Black (1986), S. 14. E.W Schwarz et al. (1986), S. 71, weisen darauf hin, daß sich nur diejenigen individuellen oder institutionellen Anleger am Futurehandel beteiligen werden, deren Kapital ausreicht, um das Futurepreisrisiko zu tragen.

2) Locals sind Börsenmitglieder, die für eigene Rechnung handeln. Sie versuchen, durch ihre Futuregeschäfte Prognosen über die Preisentwicklung auszunutzen. Abhängig vom Prognosezeitraum gehen sie Positionen für sehr kurze Frist, maximal bis zum Ende eines Börsentages (Day Trader) oder auch darüber hinaus (Position Trader) ein. Viele Locals betätigen sich auch als Scalper und bieten mit ihren Kursgeboten anderen Marktteilnehmern Sofortigkeitsservice an.

3) Vgl. die Fallstudie zu den ECU-Anleihefutures des MATIF und der LIFFE im Abschnitt B.III des dritten Teils dieser Arbeit.

ins Gewicht, je kleiner ein Kontrakt ist.[1] Dadurch
könnten insbesondere große institutionelle Marktteilnehmer vom Handel abgehalten werden.

Außer den bereits genannten ECU-Anleihefutures der
LIFFE und des MATIF gibt es weitere Beispiele für
Kontrakte, deren Erfolg sich mit abweichenden Kontraktgrößen erklären läßt. Die MidAmerica Commodity
Exchange (MACE) hat sich auf Kontrakte spezialisiert,
die bei sonst im wesentlichen gleichen Kontraktspezifikationen geringere Kontraktgrößen aufweisen als die
an anderen Börsen gehandelten Kontrakte. Beispielsweise ist der T-Bond-Future der MACE mit einer Kontraktgröße von US$ 50.000 halb so groß wie der T-
Bond-Future des CBOT.[2] Die Kontrakte der MACE konnten sich offenbar deshalb neben ihren früher einge-
führten Pendants am Markt etablieren, weil sie die
Bedürfnisse anderer Zielgruppen erfüllen. Der Unterschied in der Kontraktgröße ist groß genug, um den
Liquiditätsvorteil der bestehenden größeren Kontrakte
zu überwinden.[3]

---

1) Siehe D.M. Chance (1991), S. 244.

2) Der CBOT hat am 22.8.1977 den Handel des T-Bond-Future
aufgenommen. An der MACE begann der Handel am 18.9.1981;
CFTC (1991), S. 103. Im Jahr 1991 wurden am CBOT 67,9 Mio.
Kontrakte und an der MACE 1,4 Mio. Kontrakte gehandelt;
Quelle: FIA (1992).

3) Siehe dazu J.K. Dew (1981), S. 163; R.W. Anderson (1984b),
S. 324. W.L. Silber (1981), S. 136, weist darauf hin, daß
die Kontraktmärkte der MACE Satellitenmärkte der an anderen Börsen gehandelten Kontrakte seien. Die Preisbildung
ihrer Kontrakte erfolge nicht autonom, sondern würde von
den Preisen der an den anderen Börsen gehandelten umsatz-
stärkeren Pendants bestimmt. Der Erfolg der Kontrakte der
MACE zeige aber, daß sie für bestimmte Marktteilnehmer
einen Nutzen hätten, weil sie die unteilbare kleinste
Schlußeinheit reduzierten.

Insgesamt muß eine Börse also versuchen, die Kontraktgröße so festzulegen, daß einerseits möglichst viele kleinere Marktteilnehmer den Kontrakt nutzen können, andererseits aber die Effizienzvorteile des Futurehandels erhalten bleiben.

III. Liefermonate

Auch bei der Festlegung der Liefermonate kommt es für eine Börse darauf an, die Bedürfnisse möglichst vieler Marktteilnehmer zu erfüllen, um die Erfolgsaussichten eines Kontraktes zu erhöhen. Die zugelassenen Liefermonate bestimmen die möglichen Laufzeiten der Futuregeschäfte.[1]

Die Wahl der Liefermonate beeinflußt in erster Linie das Handelsinteresse der Hedger. Sie sind im allgemeinen bestrebt, die Fälligkeit des zur Absicherung verwendeten Future auf das Ende ihrer Planungsperiode (Hedgeperiode) abzustimmen. Je weiter der Fälligkeitstermin entfernt ist, wenn ein Hedger seine Futureposition glattstellt, desto größer ist das Risiko einer unvorhergesehenen Veränderung der Basis.[2] Dieses Basisrisiko besteht auch dann, wenn die übrigen Spezifikationen des Kontraktes mit den Merkmalen der gesicherten Kassaposition übereinstimmen. Für Hedger wäre es daher vorteilhaft, wenn möglichst viele, dicht zusammenliegende Liefertermine

---

1) Zusätzlich muß die Börse in den jeweiligen Liefermonaten den oder die zulässigen Liefertage festlegen. Nach der Zahl der zulässigen Liefertage richtet sich, ob den Inhabern der Short-Positionen Lieferoptionen hinsichtlich des Erfüllungszeitpunktes zur Verfügung stehen.

2) E.W. Schwarz et al. (1986), S. 201 f.

zur Verfügung stünden. Sie könnten dann einen Kontrakt auswählen, dessen Laufzeit annähernd mit ihrer gewünschten Hedgeperiode übereinstimmt, und so eine hohe Hedgingeffektivität erreichen.

Die Hedgingeffektivität ist aber, wie bereits angesprochen, nur ein wichtiges Kriterium bei der Auswahl eines Future als Sicherungsinstrument. Das andere wichtige Kriterium ist die Liquidität. Die Standardisierung auf wenige Liefermonate trägt dazu bei, die Liquidität der einzelnen Liefermonate zu erhöhen und die Kosten sofortigen Abschlusses zu senken. Wie bei der Standardisierung anderer Kontraktspezifikationen stehen also auch bei der Festlegung der Liefermonate die Ziele Hedgingeffektivität und Liquidität in Konkurrenz zueinander.[1]

Bei den meisten Financial Futures beträgt der Abstand zwischen zwei aufeinanderfolgenden Liefermonaten ein Quartal. Es sind die Monate März, Juni, September und Dezember als Liefermonate üblich.[2] Die Aufträge der Marktteilnehmer können sich somit auf wenige Kontraktmonate konzentrieren, wodurch deren Liquidität zunimmt. Gleichzeitig erscheinen die Abstände gering genug, um eine hohe Hedgingeffektivität für viele Hedger zu gewährleisten.

---

1) S. Figlewski (1986), S. 49; C.T. Shalen (1989), S. 215, weisen darauf hin, daß Hedger bei der Auswahl des Liefermonats zwischen der Hedgingeffektivität und der Liquidität abwägen.

2) D.M. Chance (1991), S. 245. Es gibt einige Ausnahmen, wie den MMI-Aktienindexkontrakt des CBOT, der weitere Liefermonate zuläßt, und zwar die nächsten drei Monate sowie die darauffolgenden drei Monate des Zyklus März, Juni, September, Dezember; FOW (1992c), S. 76.

Das Konkurrenzverhältnis zwischen Hedgingeffektivität und Liquidität ist auch für die Frage von Bedeutung, wieviele aufeinanderfolgende Liefermonate gleichzeitig gehandelt werden sollten. Für Hedger mit längeren Planungsperioden bieten Kontrakte mit entfernteren Fälligkeiten eine höhere Hedgingeffektivität als die nahen Liefermonate. Allerdings konzentrieren sich die Aufträge bei vielen Kontrakten in den nächsten ein oder zwei Liefermonaten, was man anhand des Handelsvolumens und des Open Interest der jeweils verfügbaren Liefermonate erkennen kann. Die Tabellen 2.2 und 2.3 zeigen am Beispiel des Bund-Future der DTB, wie sich diese beiden Größen im Zeitablauf verändern.

Tabelle 2.2: **Handelsvolumen des DTB-Bund-Future Januar bis September 1992 nach Liefermonaten**

Monat	Liefermonat				
	März 1992	Juni 1992	Sep. 1992	Dez. 1992	März 1993
Jan.	513.332	18.288	1.188	--	--
Feb.	393.028	40.304	1.247	--	--
März	43.369(a)	457.789	10.733	188(b)	--
Apr.	--	406.810	14.401	26	--
Mai	--	379.024	29.137	148	--
Juni	--	32.565(c)	315.033	5.579	--
Juli	--	--	454.353	15.934	16
Aug.	--	--	473.965	38.797	1.207
Sep.	--	--	62.092(d)	542.924	40.463
(a) bis einschl. 06.03.92 (c) bis einschl. 05.06.92 (b) ab 09.03.92 bis Ultimo (d) bis einschl. 08.09.92					

Quelle: Eigene Darstellung; Daten aus: DTB (1992a).

Tabelle 2.3: **Open Interest des DTB-Bund-Future am Monatsende Januar bis September 1992 nach Liefermonaten**

Monat	Liefermonat				
	März 1992	Juni 1992	Sep. 1992	Dez. 1992	März 1993
Jan.	52.194	1.183	181	--	--
Feb.	43.129	9.412	246	--	--
März	3.889(a)	44.931	530	55	--
Apr.	--	50.597	3.662	73	--
Mai	--	38.507	7.418	151	--
Juni	--	2.366(b)	34.953	1.491	--
Juli	--	--	61.896	4.878	10
Aug.	--	--	49.942	20.361	927
Sep.	--	--	4.078(c)	60.794	16.040

(a) am 06.03.92   (b) am 09.06.92   (c) am 08.09.92

Quelle: Eigene Darstellung; Daten aus: DTB (1992a).

Man erkennt, daß die Handelsaktivität in dem nächstfälligen Kontrakt am größten ist, solange der jeweilige Liefermonat noch nicht erreicht ist. Daher entstehen bei Abschlüssen in späteren Liefermonaten höhere Sofortigkeitskosten, als wenn nahe Liefermonate verwendet werden. Hedger verwenden deshalb oft zunächst einen Kontrakt, dessen Laufzeit kürzer ist als ihre geplante Hedgeperiode und transferieren ihre Hedgeposition in später fällige Kontrakte, wenn diese eine ausreichende Liquidität erreicht haben. Dabei wird die zunächst eingegangene Futureposition geschlossen und gleichzeitig eine Position in einem späteren Liefermonat geöffnet. Diese Hedgestrategie wird als Rolling Hedge bezeichnet.[1] Dem Vorteil dieser Hedgestrategie, der höheren Liquidität, stehen als Nachteile gegenüber, daß zusätzliche Transaktionsgebühren anfallen und das Basisrisiko meist höher ist, als wenn man sofort einen Kontrakt verwendet, dessen Laufzeit der Hedgeperiode entspricht.[2] Hedger werden entferntere Liefermonate erst einsetzen, wenn deren Liquiditätsnachteil gegenüber den nächstfälligen Kontrakten die Nachteile einer Rolling Hedge nicht mehr überwiegt.

Ein wichtige Voraussetzung für die Liquidität der entfernteren Liefermonate ist, daß möglichst viele Marktteilnehmer sogenannte Spreads zwischen den Liefermonaten handeln.[3] Ein solcher Spread besteht aus einer Position in einem nahen Liefermonat und einer entgegengesetzten Position in einem entfernten

---

1) Siehe zur Rolling Hedge S. Figlewski (1986), S. 50 f.; C.W. Smith, Jr. et al. (1990), S. 182-185. Auch M.D. Fitzgerald (1983), S. 78 f., behandelt diese Hedgestrategie, bezeichnet sie allerdings als "Rolling Strip Hedge". G.M. McCabe und C.T. Franckle (1983) untersuchen die Effektivität der Rolling Hedge mit T-Bill-Futures.

2) E.W. Schwarz et al. (1986), S. 202.

3) Siehe L. Melamed (1981), S. 408 f., der die Ansicht vertritt, daß Hedger entferntere Liefermonate nicht verwenden würden, wenn Spreader nicht mit ihren Aufträgen für Liquidität in diesen Liefermonaten sorgten.

Liefermonat. Marktteilnehmer, die Spreads handeln,
versuchen, Prognosen über eine Veränderung der Preisdifferenzen zwischen den Liefermonaten auszunutzen.[1]

Bei vielen Kontrakten werden zu jedem Zeitpunkt die
nächsten drei oder vier Quartalsmonate gehandelt,
das heißt die maximale Laufzeit beträgt neun oder
zwölf Monate. Nur bei wenigen Kontrakten stehen wie
beim 3-Monats-Eurodollarkontrakt der CME im zweiten
Jahr und darüber hinaus Liefermonate zur Verfügung.
Seit 1988 werden gleichzeitig 16 Liefermonate des
Eurodollar-Future gehandelt.[2] Damit können die
Marktteilnehmer den 3-Monats-Eurodollarzinssatz bis
maximal vier Jahre im voraus festschreiben.

Das Beispiel des Short-Sterling-Kontraktes der LIFFE
zeigt, daß die Erhöhung der Zahl der Liefermonate
nicht immer erfolgreich ist. Die LIFFE hatte im Juni
1990 die Zahl der Liefermonate von acht auf zwölf erhöht. Bereits im September 1991 reduzierte sie die
Zahl auf neun, weil das Handelsvolumen in den entfernteren Liefermonaten zu niedrig war. Offenbar
wurden nicht genügend Spreads zwischen den nahen und
den entfernteren Liefermonaten gehandelt. Die LIFFE
wollte durch die Reduktion der Anzahl der Liefermonate insbesondere die Liquidität der Liefermonate im

---

1) Diese Form des Spread wird als horizontaler Spread, Kalen-
   derspread oder "intra-commodity spread" bezeichnet; siehe
   R.W. Kolb (1991), S. 318 f. Im Unterschied dazu werden
   Spreads zwischen verschiedenen Futurekontrakten "inter-
   commodity spreads" genannt; vgl. R.W. Kolb (1991), S. 88.
   Inter-Commodity Spreads werden im Abschnitt B.I dieses
   Teils der vorliegenden Arbeit behandelt.

2) J. Treanor (1991c), S. 53.

zweiten Jahr (Quartalsmonate fünf bis acht) stärken.[1]

Zusammenfassend läßt sich festhalten, daß eine Börse
bei der Standardisierung der Liefermonate zwischen
der Hedgingeffektivität und der Liquidität der einzelnen Liefermonate abwägen muß. Es bietet sich nur
an, zusätzliche Liefermonate einzuführen, wenn zu
erwarten ist, daß diese liquide genug sein werden und
möglichst niedrige Kosten sofortigen Abschlusses für
die Marktteilnehmer gewährleisten.

IV. Margins

Margins sind Sicherheiten in Geld oder in Wertpapieren, die die Marktteilnehmer zu leisten haben, wenn
sie eine Long- oder eine Short-Position in Futures
eingehen. Die Margins sollen sicherstellen, daß die
Vertragspartner ihren Liefer- oder Zahlungsverpflich-
tungen aus einem Kontrakt nachkommen, auch wenn sie
durch ihre Position Verluste erleiden.

Da die Futurebörsen die Höhe der Margins für jeden
Kontrakt individuell festgelegen, werden die Margins
hier als Bestandteil der Kontraktspezifikationen
angesehen. Um ihren Beitrag zur Funktionsfähigkeit
börslicher Terminmärkte zu erkennen, erscheint es
daher hilfreich, sich zunächst mit der Rolle des
Clearinghauses an Terminbörsen auseinanderzusetzen.
Im Anschluß daran wird auf die Funktionen von Margins

---

1) Siehe A. Bradbery (1992), S. 49. Bradbery weist darauf
   hin, daß die Händler an der LIFFE, die gewöhnlich Spread-
   geschäfte abschließen, 1991 ein schlechtes Geschäftsjahr
   hatten.

und auf ihre Bedeutung für den Kontrakterfolg eingegangen.

1. Margins und die Rolle des Clearinghauses

Das Clearinghaus tritt als Gegenpartei des Käufers und des Verkäufers in jedes an einer Terminbörse abgeschlossene Geschäft ein. Das ermöglicht es den Marktteilnehmern, eine eingegangene Position durch den Abschluß eines Gegengeschäftes glattzustellen, ohne mit dem ursprünglichen Vertragspartner verhandeln zu müssen, wie es bei außerbörslichen Termingeschäften notwendig ist. Das Clearinghaus übernimmt die Erfüllungsgarantie für die abgeschlossenen Kontrakte, die es den Marktteilnehmern ermöglicht, an der Terminbörse zu handeln, ohne die Bonität der Kontrahenten überprüfen zu müssen. Auch darin liegt ein wesentlicher Unterschied zum außerbörslichen Terminhandel. Das Clearinghaus trägt durch die Übernahme der Gegenposition und die Erfüllungsgarantie zur Fungibilität von Terminkontrakten bei.[1]

Damit das Clearinghaus seine Garantiefunktion erfüllen kann, benötigt es Instrumente, mit denen es sich gegen Ausfälle von Marktteilnehmern schützen kann. Nur wenn die Marktteilnehmer von der Werthaltigkeit der Erfüllungsgarantie überzeugt sind, werden sie in den Kontrakten handeln, die von dem Clearinghaus garantiert werden. Ein solches Sicherungsinstrument sind die Margins in Verbindung mit dem täglichen Gewinn- und Verlustausgleich (Marking-to-Market).

---

1) Darauf hat in der deutschen Literatur bereits O. von Nell-Breuning (1928), S. 191, hingewiesen. Bis 1931 trat in Hamburg die Liquidationskasse, die damals Clearingstelle war, als Kontrahentin in Termingeschäfte ein (sog. Hamburger System); vgl. ebda. Siehe auch H.R. Stoll (1984), S. 257.

Bei Abschluß eines Futuregeschäftes haben beide Kontraktpartner die sogenannte Initial Margin (Einschuß)
zu zahlen. Sie beträgt meist unter 5 Prozent des
nominellen Kontraktwertes.[1] Die Initial Margin wird
auf den Marginkonten beim Clearinghaus gutgeschrieben. Im Rahmen des täglichen Gewinn- und Verlustausgleichs werden Gewinne (Verluste) dem Marginkonto
gutgeschrieben (belastet). Um den Wert ihrer Sicherheit zu erhalten, müssen die Marktteilnehmer Nachschüsse leisten, wenn das Guthaben auf ihrem Marginkonto durch Verluste sinkt. Den notwendigen Nachschuß
nennt man Variation Margin[2], die Aufforderung zum
Nachschuß Margin Call. An vielen Börsen erfolgt ein
Margin Call erst, wenn das Guthaben auf dem Marginkonto einen Grenzwert, den durchzuhaltenden Einschuß
(Maintenance Margin), unterschritten hat.[3] Ein
Margin Call erfolgt bei Bedarf grundsätzlich einmal
täglich. Einige Börsen, wie zum Beispiel der CBOT und
die CME, sehen in ihren Börsenregeln jedoch routine-
mäßige Margin Calls auch während eines Börsentages
vor. An anderen Börsen erfolgen Margin Calls während
eines Börsentages nur bei besonders großen Preisbewe-

---

1) R.W. Kolb (1991), S. 11. Nach D.M. Chance (1990), S. 3,
    liegt die Initial Margin normalerweise unter 10 %, mei-
    stens jedoch zwischen 3% und 5% des Kontraktwertes.

2) Es sei darauf hingewiesen, daß in einigen Quellen nicht
    der Nachschuß, sondern bereits die täglichen Veränderungen
    des Kontostandes auf dem Marginkonto durch das Marking-
    to-Market als Variation Margin bezeichnet wird. So z.B.
    o.V. (1990a), S. 9; O. Loistl (1990), S. 373.

3) Siehe B.S. Bernanke (1990), S. 137, Fn. 3. Die Maintenance
    Margin beträgt meist etwa 75 % der Initial Margin; R. W.
    Kolb (1991), S. 11.

gungen.[1] Leistet ein Marktteilnehmer einen fälligen Nachschuß nicht innerhalb der vorgesehenen Frist, hat das Clearinghaus das Recht, seine Position zwangsweise glattzustellen.

Das Inkasso der Margins erfolgt stufenweise. Werden Kundengeschäfte über ein Börsenmitglied abgeschlossen, das nicht gleichzeitig Clearingmitglied ist (sogenanntes Nicht-Clearingmitglied), erfolgt das Margininkasso in drei Stufen. Die Nicht-Clearingmitglieder ziehen die Margins von ihren Kunden ein. Die Nicht-Clearingmitglieder ihrerseits müssen für Positionen ihrer Kunden und für Eigenpositionen Margins bei einem Clearingmitglied hinterlegen. Die Marginberechnung erfolgt dabei auf Basis von Brutto-Positionen, d.h. Long- und Short-Positionen der einzelnen Kunden im gleichen Kontrakt werden nicht miteinander verrechnet.[2] Das Clearingmitglied schließlich leitet die von den Nicht-Clearingmitgliedern erhaltenen Margins zusammen mit den Margins für Eigenpositionen und für Positionen eigener Kunden an das Clearinghaus weiter.[3] Dabei werden allerdings meist nur Nettopositionen berücksichtigt.[4]

---

1) Siehe R.D. Rutz (1988), S. 357 f.; B.S. Bernanke (1990), S. 138, Fn. 5.

2) Siehe dazu F.R. Edwards (1983b), S. 372 f.; B.S. Bernanke (1990), S. 137 .

3) Bei Kundengeschäften von Clearingmitgliedern liegt zweistufiges Margininkasso vor:
    Kunde --> Clearingmitglied --> Clearinghaus.

4) In den USA verlangen lediglich die Clearinghäuser an der CME und an der NYMEX von ihren Mitgliedern Margins auf Basis von Bruttopositionen; siehe R.D. Rutz (1988), S. 360.

Werden die Margins durch das Clearinghaus auf Basis
von Bruttopositionen berechnet, stehen ihm mehr Mittel zur Sicherung der Erfüllungsgarantie zur Verfügung, als wenn man Nettopositionen zugrunde legt. Man
könnte also zu der Ansicht gelangen, daß Margininkasso auf Basis von Bruttopositionen die finanzielle
Integrität des Clearinghauses erhöht. In der Literatur wird jedoch die Ansicht vertreten, daß die finanzielle Integrität bei Brutto- und Nettorechnung
gleich ist, wenn die Clearingmitglieder von Kunden
erhaltene Margins von eigenen finanziellen Mitteln
streng getrennt halten, sie insbesondere nicht für
Marginzahlungen für eigene Kontrakte verwenden, und
sie rechtzeitig Nachschüsse von ihren Kunden einzie-
hen.[1]

Wenn bei der Berechnung der Marginleistung der
Clearingmitglieder an das Clearinghaus lediglich die
Nettopositionen berücksichtigt werden, erstreckt sich
die Erfüllungsgarantie des Clearinghauses direkt nur
auf diese Nettopositionen. Die einzelnen Clearingmitglieder übernehmen dabei ihrerseits die Erfüllungsgarantie gegenüber ihren Kunden und angeschlossenen
Nicht-Clearingmitgliedern.[2] Die Börsen und ihre
Clearinghäuser haben jedoch ein Interesse daran, die
finanzielle Integrität der Clearingmitglieder zu
erhalten, weil durch einen Ausfall eines Clearingmitgliedes das Vertrauen der Kunden in die Sicherheit
des Clearingsystems insgesamt beeinträchtigt würde.
Dadurch würde das Handelsinteresse in den Kontrakten
der Börse und damit auch die Einnahmen der Börse

---

1)   Siehe W.G. Tomek (1985), S. 155; R.D. Rutz (1988), S. 365.

2)   Siehe F.R. Edwards (1983b), S. 374 f.; B.S. Bernanke
     (1990), S. 138.

zurückgehen. Eine wichtige Aufgabe des Clearinghauses besteht daher darin, die Bonität seiner Mitglieder zu überwachen.[1]

Neben den Marginzahlungen dienen folgende Maßnahmen der Sicherung des Clearinghauses gegen einen Ausfall der Clearingmitglieder:

- Clearingmitglieder müssen ein bestimmtes Mindestkapital nachweisen, um eine Clearinglizenz zu erhalten. Die Kapitalanforderung ist dabei höher als für Börsenmitglieder ohne Clearinglizenz.[2] Das Mindestkapital trägt dazu bei, die Konkurswahrscheinlichkeit der Clearingmitglieder zu vermindern.

- Viele Börsen legen für ihre Kontrakte Positionsobergrenzen (Positionslimits) fest, die oft an das Eigenkapital der Clearingmitglieder gebunden sind. Sie bilden eine Obergrenze für das Ausfallrisiko der einzelnen Clearingmitglieder. Letztlich folgt aus den Positionslimits der Zwang zur Risikominderung durch Diversifikation.[3]

- An vielen Börsen besteht ein Garantiefonds, zu

---

1) Siehe F.R. Edwards (1983b), S. 375. So wird u.a. Überprüft, ob die Clearingmitglieder Marginguthaben ihrer Kunden von eigenen finanziellen Mitteln getrennt halten und rechtzeitig Nachschüsse einfordern; R.D. Rutz (1988), S. 362 f.

2) F.R. Edwards (1983b), S. 370; R.D. Rutz (1988), S. 365.

3) F.R. Edwards (1983b), S. 383; C. Imo (1988), S. 423; B.S. Bernanke (1990), S. 136. Zu Positionslimits siehe im einzelnen Abschnitt A.VII dieses Teils dieser Arbeit.

dem alle Clearingmitglieder einen Beitrag zu leisten haben. Der Beitrag zum Garantiefonds kann durch Barmittel, Wertpapiere oder Bankgarantien erfolgen.[1] Das Clearinghaus kann Mittel aus dem Garantiefonds in Anspruch nehmen, wenn ein Clearingmitglied ausfällt und die hinterlegten Margins nicht ausreichen, um Glattstellungsverluste abzudecken.

- Zusätzlich stellen die Clearinghäuser Überschüsse aus dem laufenden Geschäft in eine Clearingrücklage ein, auf die sie zurückgreifen können, wenn andere Mittel nicht ausreichen, um Glattstellungsverluste zu decken.[2]

2. Mögliche Funktionen von Margins

   a)   Überblick

Den Margins werden in der Literatur eine Reihe von Funktionen zugeschrieben. Die am häufigsten genannten Funktionen werden in dem folgenden Überblick kurz erläutert und auf ihren Erfolgseinfluß hin unter-

---

1) An der DTB besteht der Garantiefonds aus den Clearinggarantien der Clearingmitglieder; siehe Ziffer 1.1.2 Abs. 2 und Ziffer 1.6.1 Abs. 1 und 2 DTB-ClearingB. Eine Übersicht über die Bestandteile der Garantiefonds amerikanischer Terminbörsen liefert F.R. Edwards (1983b), S. 377-380.

2) Siehe C. Imo (1988), S. 423. An den meisten US-Börsen wird zunächst auf den Garantiefonds und dann auf die Clearingrücklage zurückgegriffen; siehe die Übersicht bei F.R. Edwards (1983b), S. 379. An der DTB werden dagegen zunächst die Clearingrücklage und dann die Clearinggarantien der solventen Clearingmitglieder verwertet; siehe Ziffer 1.6.2 Abs. 2 DTB-ClearingB.

sucht. Danach wird näher auf die Funktion der Margins
als Sicherheit gegen Ausfälle eingegangen.

Sicherung des Clearinghauses gegen Ausfälle

Das Marginsystem leistet, wie in dem vorigen Abschnitt bereits anklang, einen wichtigen Beitrag zur
Sicherung der Erfüllungsgarantie des Clearinghauses.
Margins werden im Falle des Ausfalls eines Clearingmitgliedes vor allen anderen Sicherheiten genutzt, um
das Clearinghaus vor Glattstellungsverlusten zu
schützen. Sie werden daher oft als die wichtigste
Sicherungsmöglichkeit gegen Ausfälle betrachtet.[1]
Die Sicherung des Clearinghauses gegen Ausfälle ist
von zentraler Bedeutung für die Funktionsfähigkeit
des Futurehandels im allgemeinen und für den Erfolg
einzelner Kontrakte im besonderen. Es spricht daher
einiges dafür, hierin die Hauptfunktion des Marginsystems im Hinblick auf den Kontrakterfolg zu sehen.

Volatilitätsbegrenzung

Es wird häufig die Ansicht vertreten, daß sich die
Volatilität beeinflussen läßt, indem man die Höhe
der Margins verändert. Insbesondere staatliche Regu-
latoren in den USA, aber auch in anderen Ländern,
sehen in den Margins ein Instrument, mit dem man
starke Preisbewegungen eindämmen und Situationen wie
im Oktober 1987 und im Oktober 1989 vermeiden kön-

---

1) So z.B. R.D. Rutz (1988), S. 361; B.S. Bernanke (1990), S.
    136; M.H. Miller (1990), S. 393 f.

ne.[1] Dahinter steht die Vorstellung, daß bestimmte Spekulanten durch ihre Transaktionen die Preise destabilisieren, was zu übermäßiger Volatilität führt.[2] Gerade die Futuremärkte sind danach für solche Spekulanten aufgrund der relativ niedrigen Margins und des daraus resultierenden Hebeleffektes[3] besonders interessant.[4] Man befürchtet, daß durch

---

1) In einigen Untersuchungen über die Gründe des starken Kursrückgangs an den Aktienmärkten im Oktober 1987 wurde die Forderung erhoben, die Margins für Aktienindexfutures auf das wesentlich höhere Marginniveau des Kassamarktes anzuheben. Man wollte dadurch spekulative Kursübertreibungen, die·mit für den Kurssturz verantwortlich gemacht wurden, für die Zukunft vermeiden. Siehe N.F. Brady et al. (1988), S. 64-66; SEC (1988), S. 366 f.

2) Siehe zu dieser Argumentation z.B. F.R. Edwards (1988), S. 65. Vertreter dieser Ansicht unterstellen implizit, daß der Kursverlauf der sogenannten Mean Reversion unterliegt. Mean Reversion bezeichnet die Tendenz der Kurse zunächst über den fundamental gerechtfertigten Wert "hinauszuschießen", bevor sich der Kurs bei diesem Wert einpendelt. Einen Überblick über die E.·gebnisse neuerer Untersuchungen zur Mean Reversion auf Aktienmärkten liefern C. Engel und C.S. Morris (1991).
   In der deutschen Literatur hat sich bereits H. Schmidt (1970), S. 159-165, mit der möglichen kursstabilisierenden Wirkung von Einschüssen bei Kreditkäufen und bei Leerverkäufen auf Aktienkassamärkten beschäftigt. Er unterstellt bei seinen Überlegungen Mean Reversion und kommt zu dem Schluß, daß Einschüsse kursstabilisierend wirken können; ebda, S. 163 f.

3) Ein Hebeleffekt wird darin gesehen, daß man durch die Zahlung einer Margin, die nur einen geringen Prozentsatz des Kontraktwertes beträgt, an Wertänderungen des Future partizipieren kann, die ein Vielfaches des eingesetzten Kapitals ausmachen. Telser definiert den Hebel als den Quotienten aus dem aktuellen Marktwert eines Kontraktes und der (Initial) Margin; L.G. Telser (1981a), S. 233.

4) Sehr pointiert vertritt Katzenbach diese These in seiner Studie über die Ereignisse des Oktobers 1987 im Auftrag der NYSE. Er ist der Ansicht, daß das System aus niedrigen Margins für Aktienindexfutures in Verbindung mit der Erfüllung durch Cash Settlement eine große Anziehungskraft
                                        (Fortsetzung...)

151

Spekulanten ausgelöste Preisbewegungen auf den
Futuremärkten durch Arbitrage auf die Kassamärkte
übertragen werden.[1]

Als ein Beispiel für destabilisierende Transaktionen
von Spekulanten wird das sogenannte Pyramiding genannt. Beim Pyramiding werden Gutschriften aus dem
Gewinn- und Verlustausgleich als Initial Margin für
zusätzliche Futurepostionen verwendet. Im Falle von
Kurssteigerungen (-senkungen) können die Inhaber von
Long- (Short-) Positionen weitere Kontrakte kaufen
(verkaufen) und verstärken so einen bestehenden
Preistrend.[2] Kehrt sich ein solcher Preistrend um,
können die Inhaber dieser Positionen gezwungen sein,
Teile ihrer Position glattzustellen (Depyramiding),
um fällige Margin Calls zu erfüllen. Dadurch kann
eine umgekehrte Preisbewegung verstärkt werden.[3]

---

4)(...Fortsetzung)
 auf Spekulanten ausübt: "We are convinced ... that the
 present system encourages speculation by making it so
 inexpensive and so leveraged."; N. Katzenbach (1987), S.
 31.

1) Katzenbach merkt in seiner Untersuchung dazu an: "New
 York, with its different products an its different
 philosophy, is linked to Chicago by arbitragers; it has no
 choice."; N. Katzenbach (1987), S. 30.

2) Siehe dazu L.G. Telser (1981a), S. 236 f.; F.R. Edwards
 (1983a), S. 195.

3) Einen ähnlichen "Schneeballeffekt" beschreibt H. Schmidt
 (1970), S. 160, für den Aktienmarkt. Ein solcher Schneeballeffekt kann entstehen, wenn Inhaber von Haussepositio-
 nen (kreditfinanzierten Effektenbeständen) bei Kursrückgängen gezwungen sind, ihre Positionen zu verkaufen, und
 durch ihre Verkäufe weitere Kursrückgänge auslösen. Für
 Zwangseindeckungen von Minuspositionen durch vorhergehende
 Leerverkäufe im Falle von Kurssteigerungen gilt entspre-
 chendes.

Pyramiding steht im Einklang mit einem Kursverlauf
der Mean Reversion, den einige Autoren implizit unterstellen. Nimmt man dagegen wie andere Autoren an,
daß der Kursverlauf einem Random Walk folgt, ist es
fraglich, ob es zu einem Pyramiding-Effekt kommt. Es
ist offenkundig, daß man zu sehr unterschiedlichen
Ergebnissen gelangen kann, wenn man verschiedene
Kursverlaufsannahmen trifft. Eine eingehende Diskussion dieses Problemkreises würde über den Umfang der
vorliegenden Arbeit hinausgehen. Sie kann hier zudem
unterbleiben, weil nicht anzunehmen ist, daß Terminbörsen - selbst wenn es möglich wäre - Margins einsetzen würden, um die Volatilität zu vermindern. Sie
würden dadurch tendenziell die Nachfrage von Hedgern
und Spekulanten nach einem Kontrakt vermindern und so
den Kontrakterfolg in Frage stellen.[1]

Begrenzung von Transaktionsrisiken der Anleger

Die Börsenregeln über Einschüsse und Nachschüsse erhöhen die Rechtssicherheit für die Marktteilnehmer.
Bei Abschluß eines Futuregeschäftes sind klare Spiel-
regeln bekannt, nach denen während der Laufzeit eines
Kontraktes verfahren wird. Dadurch werden die Marktteilnehmer zum Beispiel vor willkürlichen Nachschuß-
forderungen bis hin zu Zwangsglattstellungen ihrer
Kontrakte durch die Börse oder ihre Mitglieder geschützt. Ihnen entstehen so geringere Kosten der
Sicherung gegen Transaktionsrisiken. Die Möglichkeit,
Marginforderungen zu einem großen Teil durch Hinter-
legung von Wertpapieren zu erfüllen, schützt die

---

1) Der Einfluß der Marginhöhe auf die Nachfrage der Markt-
    teilnehmer wird unten im Abschnitt IV.3 dieses Teils
    untersucht.

Marktteilnehmer zudem vor der möglichen Ausbeutung durch überhöhte Marginforderungen. Werden Margins in Zahlungsmitteln geleistet, wachsen dem Clearinghaus und seinen Mitgliedern, anders als im Fall hinterlegter Wertpapiere, Anlageerträge zu. Es könnte dann ein Anreiz für das Clearinghaus oder seine Mitglieder bestehen, überhöhte Margins von den Marktteilnehmern zu verlangen. Es ist allerdings ohnehin nicht anzunehmen, daß ein Clearinghaus oder seine Mitglieder überhöhte Marginforderungen stellen, weil sie dann Kunden an Wettbewerber verlieren.

Schaffung eines Wettbewerbsvorsprungs gegenüber dem Kassamarkt

Marginzahlungen sind außer bei Futures bei börslichen Optionsgeschäften und in einigen Ländern bei bestimmten Wertpapierkassageschäften üblich.[1] Beim Kassakauf von Aktien auf Effektenkredit bestimmt der Einschuß den Eigenmittelanteil, den der Käufer aufbringen muß. Lediglich den Restbetrag darf er von seinem Broker als Kredit aufnehmen.[2] Das gekaufte Wertpapier dient dabei als Kreditsicherheit. Damit wird so vorgegangen, wie es im Kreditgeschäft der Banken üblich ist: Ein Sicherungsgut - hier eine Aktie - wird nur bis zu einer bestimmten Beleihungsgrenze als

---

1) So z.B. in den USA bei Leerverkäufen und Kreditkäufen von Aktien. Einen Überblick über die Marginregelungen an den amerikanischen Aktienbörsen gibt G. Sofianos (1988).

2) In den USA handelt es sich dabei um eine durch die amerikanische Zentralbank festgelegte und von Zeit zu Zeit veränderte Beleihungsgrenze.

Sicherheit akzeptiert. Die Bank schützt sich so gegen einen möglichen Wertrückgang des Sicherungsgutes.[1]

Beim Leerverkauf hat der Verkäufer an den Verleiher der leerverkauften Aktie eine Margin zu zahlen, die den Verkaufserlös um einen bestimmten Betrag übersteigt. Der über den Verkaufserlös hinausgehende Betrag dient dazu, den Verleiher davor zu schützen, daß sich der Entleiher bei Kurssteigerungen der betreffenden Aktie nicht mehr eindecken kann. Marginzahlungen auf Kassamärkten sind also stets mit einem Kreditgeschäft verbunden. Sie sollen die Rückführung des Geld- oder des Wertpapierkredits sicherstellen.

Short-Positionen im Future sind das Äquivalent des Leerverkaufs am Kassamarkt, Long-Positionen entsprechen dem Kassakauf auf Effektenkredit. Es besteht demnach theoretisch ein Wettbewerbsverhältnis zwischen Future- und Kassamarkt. Es ist manchmal behauptet worden, daß die wesentlich höheren Margins für Aktienkassageschäfte diese im Wettbewerb mit Aktienindexfutures benachteiligen. Folgt man dieser Argumentation, so könnte eine Funktion des Marginsystems der Futuremärkte darin bestehen, einen Wettbewerbsvorsprung gegenüber den Kassamärkten zu schaffen oder zu sichern.

Die gegenüber dem Kassamarkt wesentlich niedrigeren Marginzahlungen an Futuremärkten sind auf Unterschiede in der Organisationsstruktur der Märkte zurückzuführen. So gibt es am Kassamarkt keine zentrale Garantie- und Abrechnungsstelle wie das Clearinghaus. Es wird auch nicht immer ein täglicher Gewinn- und Verlustausgleich vorgenommen. Die Marginsysteme der

---

1)   Siehe dazu L.G. Telser (1981a), S. 225, 227-229.

Futuremärkte sind demnach eher sicherer als die der Kassamärkte.[1] Daher können die Margins für Futurege- schäfte niedriger sein als für Kassageschäfte. Insge- samt betrachtet scheinen die Margins nicht der wich- tigste Faktor zu sein, der die Transaktionsentschei- dungen von Investoren bestimmt. Sonst könnten die Kassamärkte nicht bereits seit vielen Jahren neben den Futuremärkten bestehen.[2] Eine weitere Diskussion dieses Punktes erscheint daher im Rahmen dieser Ar- beit verzichtbar zu sein.

Schutz der Marktteilnehmer vor Manipulationen

Manche Clearinghäuser setzen die Marginforderungen im Liefermonat herauf, um die Inhaber von Long-Posi- tionen dazu zu bewegen, ihre Positionen glattzustel- len. Das geschieht insbesondere dann, wenn die Lie- feransprüche aus offenen Positionen im Verhältnis zur Anzahl der zur Lieferung verfügbaren Titel hoch erscheint.[3] Ein Beispiel für ein solches Vorgehen zeigte sich im Fall der durch die Gebrüder Hunt initiierten Corner-Situation auf den Silbermärkten. Im Januar 1980 setzte die COMEX in Abstimmung mit der CFTC neben anderen Maßnahmen zur Eindämmung des Corners die Marginforderungen für ihre Silberfutures

---

1) So z.B. W.G. Tomek (1985), S. 195; M.H. Miller et al. (1988), S. 217.

2) Siehe C.M. Seeger (1985), S. 24.

3) Siehe dazu W.G. Tomek (1985), S. 200; R.D. Rutz (1988), S. 362. Aktionen in dieser Richtung können auch als Beein- flussung der Kurstendenz interpretiert werden (insbeson- dere dann, wenn genügend lieferbare Titel verfügbar sind). Sie sind daher schwer von der oben angesprochenen Volati- litätsbegrenzung abzugrenzen. Hier soll aber die Verhin- derung von Manipulationen im Vordergrund stehen.

erheblich herauf.[1] Sie wollte so verhindern, daß
weitere Long-Positionen aufgebaut wurden, weil die
Lieferansprüche aus offenen Positionen bereits weit
über der Menge des frei verfügbaren Kassasilbers lag.

In empirischen Untersuchungen hat sich der theoretisch zu erwartende inverse Zusammenhang zwischen
Marginhöhe und Open Interest weitgehend bestätigt.[2]
Das Open Interest ist wiederum ein Indikator für die
Liquidität eines Futuremarktes. Marginerhöhungen
scheinen demnach die Liquidität eines Futurekontraktes und damit seinen Erfolg zu beeinträchtigen.[3] Es
erscheint also dem Kontrakterfolg grundsätzlich nicht
förderlich, Margins einzusetzen, um zum Beispiel
Corner-Situationen zu vermeiden, weshalb dieser Punkt
hier nicht weiter behandelt wird.

b) **Margins als Sicherheit gegen Ausfälle**

Margins sind das wichtigste Mittel der Clearinghäuser, um sich gegen Ausfälle abzusichern und dadurch
das Vertrauen der Marktteilnehmer in ihre Erfüllungsgarantie zu erhöhen. Dieses Vertrauen ist für den Erfolg einzelner Kontrakte und einer Futurebörse insgesamt von besonderer Bedeutung. Denn ein wichtiger
Grund dafür, daß Marktteilnehmer in vielen Fällen
Futures gegenüber außerbörslichen Termingeschäften

---

1) Siehe dazu F.R. Edwards (1983a), S. 199; D. Duffie (1989),
    S. 336 f.

2) Siehe W.G. Tomek (1985), S. 182-189; R.P.H. Fishe und L.G.
    Goldberg (1986), S. 266-270; M.L. Hartzmark (1986),
    S. S168-S171.

3) Siehe dazu D.M. Chance (1990), S. 21.

und möglicherweise auch gegenüber dem Kassamarkt
bevorzugen, ist die größere Sicherheit der Erfüllung.[1]

Margins bieten einem Clearinghaus einen perfekten
Schutz gegen den Ausfall eines Clearingmitgliedes,
solange der potentielle Verlust aufgrund von Preisänderungen bis zum Zeitpunkt, in dem ein Nachschuß zu
leisten ist, im Rahmen des Guthabens auf dem Marginkonto des Clearingmitgliedes bleibt.[2] Das Clearinghaus kann in diesem Fall den Verlust aus einer
Zwangsglattstellung immer voll durch das Marginguthaben abdecken. Wenn aber der potentielle Glattstellungsverlust das Marginguthaben übersteigt, ist
das Clearinghaus erst wieder gesichert, wenn der
eingeforderte Nachschuß eingeht.

Die Clearingmitglieder werden jedoch in den meisten
Fällen nachschießen, solange der Nachschuß nicht zu
ihrer Zahlungsunfähigkeit führt. Würde ein Clearingmitglied einen fälligen Nachschuß nicht leisten,
könnte es vom Handel ausgeschlossen werden. Zumindest
aber würden viele Kunden in Zukunft nicht mehr bereit
sein, über dieses Clearingmitglied Geschäfte abzuschließen. Ein Anreiz dazu, Nachschüsse zu leisten,
besteht also darin, daß man auch in Zukunft noch
Geschäfte abschließen möchte. Ein weiterer Anreiz
liegt in den sonstigen Sicherheiten, wie der Clea-
ringgarantie oder anderen Beiträgen zum Garantiefonds.

---

1) S. Figlewski (1984), S. 412; W.G. Tomek (1985), S. 196.

2) Siehe B.S. Bernanke (1990), S. 138.

Zwei Komponenten beeinflussen das Ausfallrisiko und
sind daher bei der Festlegung der Marginhöhe durch
die Börsengremien zu berücksichtigen:[1]

- das Ausmaß der möglichen Preisänderung bis zum
  nächsten Nachschuß und
- das individuelle Konkursrisiko der Marktteilnehmer.

Das Ausfallrisiko ist gering, wenn der durchzuhaltende Einschuß so hoch ist, daß er in der überwiegenden
Anzahl der Fälle über den Verlusten durch Preisveränderungen bis zum nächsten Nachschuß liegt. Da bei
Futures im Regelfall täglich ein Gewinn- und Verlustausgleich stattfindet und notwendige Nachschüsse bis
zum Beginn des folgenden Handelstages zu leisten
sind,[2] genügt es, wenn die Margins lediglich den
möglichen Verlust innerhalb eines Börsentages abdecken. Je größer die erwartete Preisänderung bis zum
nächsten Börsentag ist, desto höher werden die
Börsengremien die Margin festlegen. Die Marginhöhe
wird sich also an der (erwarteten) Volatilität der
Futurepreise orientieren.[3]

Das individuelle Konkursrisiko der Clearingmitglieder
ist aufgrund der Mindestkapitalanforderungen und der
laufenden Überwachung durch das Clearinghaus relativ

---

1) Siehe dazu W.G. Tomek (1985), S. 157.

2) Bei großen Preisausschlägen kann das Clearinghaus die Inhaber von Verlustpositionen auch während eines Börsentages
   zu Nachschüssen auffordern, die dann kurzfristig zu erfüllen sind.

3) Siehe dazu D.T. Breeden (1985), zitiert nach: D.M. Chance
   (1990), S. 27, 52; G.D. Ginter (1991), S. 50 f.; J.T.
   Moser (1991), S. 2.

ähnlich. Es erscheint daher gerechtfertigt, daß Clearinghäuser im Regelfall von allen Clearingmitgliedern
für gleiche Positionen gleich hohe (Mindest-)Margins
verlangen.[1] Es gibt aber vielfach unterschiedliche
Marginforderungen für offene und gedeckte Positionen.
Auch Spread-Positionen sind weniger risikoreich, weil
dabei Gegenpositionen bestehen, die etwaige Kursverluste zumindest teilweise kompensieren. Daher sind an
vielen Börsen die Margins für Hedge- und Spread-
Positionen niedriger als für offene Positionen.[2]

Die bisherige Untersuchung hat gezeigt, daß ein
Clearinghaus perfekt gegen Glattstellungsverluste
bei Ausfall eines Clearingmitgliedes geschützt ist,
wenn die Wertveränderung eines Futurekontraktes kleiner oder gleich dem Marginguthaben ist. Aufgrund der
Organisation des Clearingprozesses, insbesondere des
täglichen Gewinn- und Verlustausgleichs und der Verpflichtung der Clearingmitglieder zu Nachschüssen,
bieten bereits relativ geringe (durchzuhaltende) Ein-

---

1) Anders als die Clearingmitglieder können ihre Kunden sehr
   unterschiedliche individuelle Konkursrisiken aufweisen.
   Aus diesem Grund können die Marginforderungen der Clearingmitglieder an ihre Kunden voneinander abweichen.

2) Siehe dazu L.G. Telser (1981a), S. 232; K.H. Kahl et al.
   (1985), S. 108; W.G. Tomek (1985), S. 157 f.; D.M. Chance
   (1990), S. 7. An den amerikanischen Börsen ist es üblich,
   daß Futurekontrakte, die dem Hedging dienen, auf einem
   separaten Konto erfaßt werden. Die Marktteilnehmer müssen
   sich verpflichten, über dieses Konto nur Hedgegeschäfte
   abzuwickeln; siehe R.E. Fink und R.B. Feduniak (1988),
   S. 173, die auch eine entsprechende Verpflichtungserklä-
   rung wiedergeben (S. 185). Dieses Verfahren ermöglicht es,
   für Hedgepositionen niedrigere Marginsätze zu verwenden.
   Das ist derzeit an der DTB nicht möglich. Es gibt aber
   ermäßigte Marginsätze für Spread-Positionen; siehe o.V.
   (1990a), S. 12.

schüsse einen hohen Schutz gegen Glattstellungsverluste beim Ausfall eines Clearingmitgliedes.[1]

Orientiert man sich bei der Festlegung der Marginhöhe
an der maximalen historischen Preisschwankung, so
ist anzunehmen, daß bei Aktienindexfutures ein durchzuhaltender Einschuß von etwa 25 Prozent des Kontraktwertes einen nahezu perfekten Schutz gegen Ausfall bieten.[2] Bei Anleihefutures dürfte bereits ein
erheblich geringerer durchzuhaltender Einschuß ausreichen, um nahezu jede Preisänderung abzudecken. Es
ist also theoretisch denkbar, die Margins so hoch
festzusetzen, daß die Wahrscheinlichkeit dafür, daß
dem Clearinghaus durch den Ausfall eines Mitgliedes
kein Glattstellungsverlust entsteht, gegen 100 Prozent geht.[3] In der Praxis setzen die Clearinghäuser
allerdings wesentlich niedrigere Margins fest, so daß
eine geringe Restwahrscheinlichkeit dafür verbleibt,
daß ein Glattstellungsverlust entsteht, der das Marginguthaben einzelner Clearingmitglieder übersteigt.
Da die meisten Clearingmitglieder auch dann noch die
fälligen Nachschüsse leisten werden, ist die tatsächliche Ausfallwahrscheinlichkeit wesentlich geringer.

Der Grund dafür, daß Clearinghäuser die Margins nicht
so hoch festsetzen, daß die Ausfallwahrscheinlichkeit

---

1)   Siehe dazu W.G. Tomek (1985), S. 159.

2)   Der bislang größte absolute Kursverlust innerhalb eines
      Börsentages an der Wall Street wurde am 19. Oktober 1987
      mit 508 Indexpunkten (Dow Jones Industry Average), ent-
      sprechend 22,6 Prozent, beobachtet; siehe o.V. (1991b). Im
      gesamten Oktober 1987 betrugen die Kursrückgänge an den
      Aktienmärkten in der jeweiligen Landeswährung gemessen in
      Japan 12,8 Prozent, in den USA 21,6 Prozent, in Deutsch-
      land 22,3 Prozent und in Großbritannien 26,4 Prozent;
      siehe R.W. Roll (1989), S. 37.

3)   So D.M. Chance (1990), S. 10.

161

praktisch null ist, liegt darin, daß den Marktteilnehmern durch die Marginzahlungen Kosten entstehen.[1]
Um eine Ausfallwahrscheinlichkeit von null zu erreichen, müßten die Margins so hoch sein, daß der Handel
für viele Marktteilnehmer zu teuer wäre. Sie würden
den Handel einstellen, wodurch die Liquidität sinken
und die Kosten sofortigen Abschlusses steigen würden.

Insgesamt betrachtet scheint es den Clearinghäusern
an den Futurebörsen in der Vergangenheit überwiegend
gelungen zu sein, die Margins hoch genug festzusetzen, um Verluste auszugleichen und die finanzielle
Integrität der Kontrakte zu sichern.[2] Selbst während
der Ereignisse des Oktobers 1987, als Inhaber von
Long-Positionen aufgrund der überdurchschnittlich
großen Kursverluste an den Aktienmärkten Margin Calls
in vorher nicht dagewesenem Ausmaß erfüllen mußten,
hat es keine Konkurse von Clearingmitgliedern oder
gar Clearinghäusern gegeben. Das wird allerdings auch
darauf zurückgeführt, daß die amerikanischen Zentral-

---

1) Zu den durch Marginzahlungen verursachten Kosten siehe
   den folgenden Abschnitt 3.

2) Siehe dazu z.B. die Untersuchungen von Figlewski und von
   Tomek; S. Figlewski (1984), S. 393, 399-405, 413; W.G.
   Tomek (1985), S. 166-182. Miller weist darauf hin, daß die
   beiden großen Terminbörsen in Chicago, die CME und der
   CBOT, häufig hervorheben, daß noch nie Kunden durch den
   Ausfall eines Kontraktpartners geschädigt worden seien;
   M.H. Miller (1990), S. 394. Er führt allerdings einschrän-
   kend aus, daß in den letzten 20 Jahren an zwei kleineren
   Futurebörsen, der MACE und der COMEX, jeweils ein Clea-
   ringmitglied ausgefallen sei, und daß nur die Kunden des
   Clearingmitgliedes an der COMEX, nach einiger Verzögerung,
   entschädigt worden seien; ebda, Fn. 5. Auch Tomek schil-
   dert zwei Fälle, bei denen Margin Calls in größerem Umfang
   nicht erfüllt wurden: die 1976 beim Kartoffelfuture der
   NYMEX und bei der Silberkrise 1979/80; W.G. Tomek (1985),
   S. 180 f.

banken (Federal Reserve Banks) dem Bankensystem reichlich Liquidität zur Verfügung gestellt haben.[1]

3. Margins und Kontrakterfolg

Die bisherigen Ausführungen lassen den Schluß zu, daß Margins dazu beitragen, das Vertrauen der Marktteilnehmer in die Bonität des Clearinghauses zu sichern. Dieses Vertrauen ist wichtig für den Kontrakterfolg. Der Kontrakterfolg hängt aber auch von der Höhe der Transaktionskosten ab. Das Handelsvolumen ist ceteris paribus um so höher, je niedriger die Transaktionskosten sind. Daher sei zunächst untersucht, inwieweit den Marktteilnehmern durch die Verpflichtung zu Marginzahlungen Transaktionskosten entstehen.

Manche Autoren argumentieren, daß den Marktteilnehmern durch Marginzahlungen keine Kosten entstehen, sofern sie in Form von ertragbringenden Titeln erbracht werden.[2] Da die Zinsen aus diesen Titeln den Marktteilnehmern zustehen, entstehen ihnen insoweit keine Opportunitätskosten. Allerdings handelt es sich bei den von Clearinghäusern zugelassenen Titel um geldnahe Papiere, die das Clearinghaus im Falle eines Ausfalls schnell und ohne große Liquidationsdisagien verwerten kann.[3] Geldnahe Titel weisen aber meist

---

1) B.S. Bernanke (1990) S. 148-150. Die Federal Reserve Banks werden daher im weiteren Sinne als Teil des Clearingsystems in den USA angesehen; ebda, S. 134. Zur Rolle der Zentralbanken bei der Bewältigung der Probleme im Bankensystem im Oktober 1987 siehe auch M.H. Miller und C.W. Upton (1991), S. 140.

2) So z.B. R.W. Anderson (1981), S. 260 f.; siehe auch L. Kalavathi und L. Shanker (1991), S. 214.

3) Zum Begriff des Liquidationsdisagios siehe H. Schmidt (1979), S. 710-712.

eine niedrigere Rendite auf als weniger geldnahe
Titel.[1] Deshalb kann man annehmen, daß die Marktteilnehmer, wenn sie über ihre Anlagen frei von Mar-
gin-Überlegungen entscheiden, weniger hohe Bestände
geldnaher Titel halten. Den Marktteilnehmern entstehen also durch die Marginzahlung Opportunitätskosten
mindestens in Höhe der Differenz zwischen der Rendite
einer Alternativanlage und der Rendite des hinterlegten Titels. Noch höhere Kosten entstehen, wenn die
Margin in bar geleistet wird oder sogar ein Kredit
aufgenommen werden muß, um die Margin zu zahlen.

Weitere Opportunitätskosten können dadurch entstehen,
daß die als Margin verwendeten Mittel während der
Haltedauer des Future der Verfügungsmacht der Marktteilnehmer entzogen sind, also nicht mehr zu ihrem
Vorsichtsbestand gehören.[2] Sie stehen dadurch nicht
mehr für sich kurzfristig bietende ertragreichere
Anlagemöglichkeiten oder für einen sonstigen Zah-
lungsmittelbedarf zur Verfügung. Alle Kosten, die im
Zusammenhang mit der Aufbringung der Mittel für die
Marginzahlungen anfallen, werden im folgenden unter
dem Begriff Marginhaltekosten zusammengefaßt.

Die Höhe der Marginhaltekosten hängt zum einen von
der Wahrscheinlichkeit eines plötzlichen Mittel-
bedarfs während der Haltedauer eines Future ab.[3] Zum
anderen ist für die Höhe der Kosten von Bedeutung,
inwieweit die als Sicherheiten zugelassenen Mittel
für den einzelnen Marktteilnehmer einen Engpaß dar-

---

1) B.S. Bernanke (1990), S. 142.

2) L.G. Telser (1981a), S. 235 f.

3) M.L. Hartzmark (1986), S. S153-S155.

stellen. Sind die zugelassenen Sicherheiten kein
Engpaß, etwa weil ohnehin während der Laufzeit des
Future keine andere Verwendung vorgesehen ist, entstehen zunächst keine oder nur geringe Kosten. Mit
zunehmender Größe der Futureposition und zunehmender
Marginhöhe sehen sich die Marktteilnehmer dann doch
einem Engpaß gegenüber, wodurch zunehmend Marginhaltekosten anfallen.

Margins können den Kontrakterfolg danach in zweier-
lei Hinsicht beeinflussen. Zum einen tragen sie dazu
bei, das Vertrauen der Marktteilnehmer in die Bonität
des Clearinghauses zu erhalten. Dieses Vertrauen ist
für den Erfolg jeder Börse und ihrer Kontrakte von
existentieller Bedeutung,[1] weil Marktteilnehmer sich
nur in einem Kontrakt engagieren werden, wenn sie mit
hoher Wahrscheinlichkeit davon ausgehen können, daß
der Kontrakt erfüllt wird. Zum anderen entstehen den
Marktteilnehmern durch Marginzahlungen Kosten. Je
höher diese Kosten sind, desto weniger Marktteilnehmer interessieren sich für den Handel und desto geringer ist das Handelsvolumen und damit der Kontrakterfolg. Darüber hinaus führt die sinkende Zahl der
Marktteilnehmer zu einem abnehmenden Wettbewerb zwischen den Anbietern des Sofortigkeitsservice, was
tendenziell zu breiteren Spannen und damit zu höheren
Sofortigkeitskosten führt. Die höheren Sofortigkeitskosten lassen die Nachfrage nach einem Kontrakt
weiter zurückgehen.

Es ergeben sich also durch höhere Margins gegenläu-
fige Einflüsse auf den Kontrakterfolg. Auf der einen
Seite ist das Risiko eines Ausfalls des Clearinghau-

---

1) W.G. Tomek (1985), S. 196 f.

ses um so geringer, je höher die Margins sind. Entsprechend sinken die Risikokosten der Marktteilnehmer, wodurch ihre Nachfrage nach einem Kontrakt tendenziell steigt. Auf der anderen Seite steigen aufgrund höherer Margins die Marginhaltekosten und die
Sofortigkeitskosten der Marktteilnehmer, wodurch die
Nachfrage nach dem Kontrakt tendenziell sinkt. Um ein
hohes Handelsvolumen zu erreichen, kommt es darauf
an, die Transaktionskosten so weit wie möglich zu
senken. Die optimale Marginhöhe sollte daher so
gewählt werden, daß die Summe der Risikokosten, der
Opportunitätskosten und der Sofortigkeitskosten mini-
mal ist.[1] Aufgrund unterschiedlicher Kosten können
sich auf den einzelnen Stufen des Marginsystems verschiedene optimale Marginhöhen ergeben. Zwischen dem
Clearinghaus und seinen Mitgliedern kann eine andere
Marginhöhe optimal sein als zwischen den jeweiligen
Clearingmitgliedern und ihren Kunden. Denkbar ist
ferner, daß auch zwischen einem Clearingmitglied und
verschiedenen Kundengruppen unterschiedliche optimale
Marginhöhen gelten.

---

1) Siehe dazu G.D. Gay et al. (1986), S. 308; D.M. Chance
    (1990), S. 27, der sich auf D.T. Breeden (1985) bezieht;
    M.H. Miller (1990), S. 394. In der Praxis kann die Margin-
    höhe etwas über dem optimalen Niveau liegen. W.G. Tomek
    (1985), S. 177, führt dafür drei Gründe an: Erstens kann
    es bei der Ermittlung der erwarteten Volatilität zu
    Schätzfehlern kommen, so daß eine Neigung besteht, die
    Margins etwas höher anzusetzen, als es nach der Schätzung
    gerechtfertigt wäre. Zweitens kann die Tendenz der Börsen-
    gremien zu einer Änderungen der Margin von der aktuellen
    Marginhöhe abhängen. Bei bereits hohem Niveau besteht mög-
    licherweise eine geringere Neigung, die Margins weiter zu
    erhöhen als bei niedrigen Margins, weil man sich der nega-
    tiven Auswirkungen auf Open Interest und Handelsvolumen
    bewußt wird. Umgekehrt ist die Neigung gering, niedrige
    Margins weiter zu senken, auch wenn es von der Volatilität
    her gerechtfertigt wäre. Drittens verursacht jede Änderung
    der Margins Kosten, weshalb die Marginhöhe so festgelegt
    wird, daß kurzfristige Steigerungen der Volatilität
    gedeckt sind.

166

In Abbildung 2.2 sind mögliche Verläufe der Risikokosten, der Marginhaltekosten und der Sofortigkeitskosten in Abhängigkeit von der Marginhöhe (M) aus
der Sicht aller Mitglieder eines Clearinghauses
dargestellt (Kurxen KR, KH und KS).

Abbildung 2.2: <u>Marginhöhe und durch Margins</u>
<u>induzierte Transaktionskosten</u>

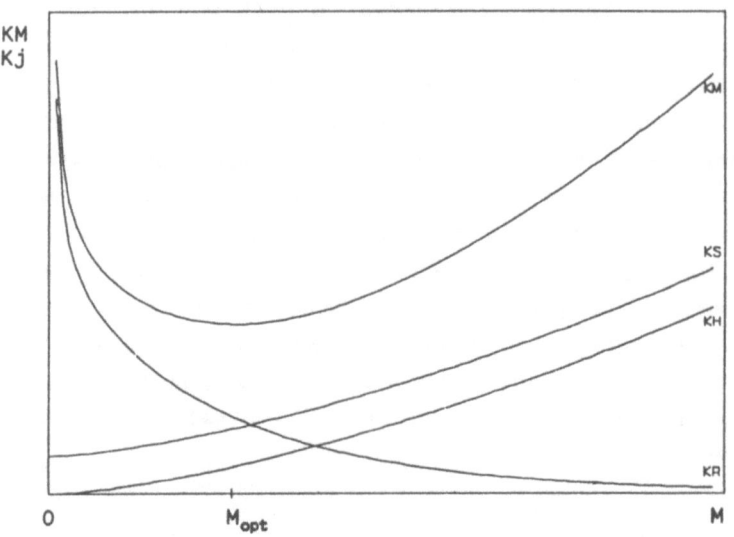

Quelle: Eigene Darstellung.

Symbole: KM   =   Summe der durch Margins induzierten
                      Transaktionskosten,
           KR   =   Risikokosten,
           KH   =   Marginhaltekosten,
           KS   =   Sofortigkeitskosten,
           j   =   Index; j = R, H, S,
           M   =   Marginhöhe,
           M_{opt} =   optimale Marginhöhe.

Die degressiv verlaufende Kurve KR spiegelt den
Rückgang der Risikokosten mit zunehmender Marginhöhe
wider (δKR/δM < 0). Der konvexe Kurvenverlauf läßt
sich wie folgt erklären. Das Risiko des Ausfalls des
Clearinghauses ist ceteris paribus bei einer Margin
von Null am höchsten. Bereits durch eine relativ
geringe Margin wird die Mehrzahl der täglichen
Preisschwankungen mit der größten Eintrittswahr-
scheinlichkeit abgedeckt. Steigende Margins decken
zwar immer größere tägliche Preisschwankungen ab,
deren Eintrittswahrscheinlichkeiten aber immer
kleiner sind. Deswegen gehen die Risikokosten bei
einer Erhöhung der Margin um eine Einheit zunächst
sehr stark und dann immer weniger zurück; die Risikokosten sinken mit abnehmender Grenzrate.

Die Kurve KH gibt den positiven Zusammenhang zwischen
Marginhöhe und Marginhaltekosten wieder (δKH/δM > 0).
Die Marginhaltekosten nehmen mit steigender Marginhöhe überproportional zu, und zwar um so stärker, je
mehr zur Sicherheitenleistung auf Mittel zurückgegriffen werden muß, die einen Engpaß darstellen. Der
konvexe Verlauf der Kurve KH trägt diesem Zusammenhang Rechnung.

Die Kurve der Sofortigkeitskosten KS steigt wie die
Kurve KH mit zunehmender Marginhöhe (δKS/δM > 0).
Ausgehend davon, daß zwischen der Konkurrenz der
Anbieter von Sofortigkeitsservice und der Marginhöhe
eine inverse Beziehung besteht, nehmen die Sofortigkeitskosten mit zunehmender Marginhöhe zu. Auch für
KS ist hier ein konvexer Verlauf dargestellt, aber
auch ein linerarer Verlauf ist denkbar. Die Sofortigkeitskosten hängen unter anderem von der Höhe der

Transaktionskosten ab[1], und sind damit auch von den
Marginhaltekosten und den Risikokosten abhängig. Sie
werden damit von der Marginhöhe bestimmt. Der Verlauf
der Kurve KS berücksichtigt diesen Zusammenhang.
Nimmt man an, daß der Einfluß der Marginhaltekosten
auf die Spanne größer ist als der Einfluß der Risikokosten, so spricht das für den dargestellten progres-
siven Verlauf der Kurve der Sofortigkeitskosten.

Die gesamten durch Margins induzierten Transaktionskosten (KM) ergeben sich als Summe der Risikokosten,
der Marginhaltekosten und der Sofortigkeitskosten:

$$(2.9) \quad KM = \sum_j Kj \quad ; \text{ für } j = R, H, S.$$

Die optimale Marginhöhe M_{opt} ergibt sich im Minimum
der Kurve KM, in dem gilt:

$$(2.10) \quad \sum_j \delta Kj / \delta M = 0 \quad ; \text{ für } j = R, H, S.$$

Links von der optimalen Marginhöhe M_{opt} überwiegt der
Einfluß der Risikokosten. Je weiter die Margins gesenkt werden, desto stärker nehmen die Risikokosten
zu. Der gleichzeitige Rückgang der Marginhaltekosten
aufgrund der niedrigeren Marginzahlungen und der Sofortigkeitskosten aufgrund des zunehmenden Handelsvolumens am betreffenden Futuremarkt wird dabei überkompensiert. Daher steigt die Gesamtkostenkurve links
von M_{opt} an. Erhöht das Clearinghaus nun die Margins,
nehmen die Risikokosten ab. Gleichzeitig steigen aber
die Marginhaltekosten und die Sofortigkeitskosten.
Rechts von M_{opt} nehmen die Marginhaltekosten und die
Sofortigkeitskosten stärker zu, als die Risikokosten

---

1)   Siehe zu diesem Zusammenhang H. Schmidt (1992), S. 115 f.

zurückgehen, weshalb die Gesamtkostenkurve dort wieder ansteigt.

Das Handelsvolumen in einem Kontrakt wird ceteris paribus um so größer sein, je niedriger die durch die Margins induzierten Transaktionskosten sind. Die Marginhöhe wirkt sich somit direkt auf den Kontrakterfolg aus. Da die Futurebörsen in der Regel in Konkurrenz zu anderen Börsen, aber auch zu Anbietern von außerbörslichen Sicherungsgeschäften stehen, sind sie gezwungen, ihre Margins stets in der Nähe des - sich ständig verändernden - optimalen Niveaus zu halten. Die Festlegung der Marginhöhe gehört also zu den Wettbewerbsparametern einer Futurebörse und ist eine komplexe Entscheidung, weil die erwartete Preisvolatilität, die Zeit bis zum nächsten Gewinn- und Verlustausgleich, die Bonität der Mitglieder und die Struktur ihres Termingeschäftes zu berücksichtigen sind.

Aus diesem Grund ist für die Börsen von Bedeutung, daß diese Entscheidung über die Marginhöhe nicht auf eine staatliche Aufsichtsbehörde übertragen wird, wie es beispielsweise in den USA nach dem Oktober 1987 vielfach gefordert wurde.[1] Weicht die Margin von ihrem optimalen Niveau ab, wird das Handelsvolumen zurückgehen. Die Börse und ihre Mitglieder verspüren das direkt durch einen Ertragsrückgang. Sie werden sich daher bemühen, die Margin stets in der Nähe des optimalen Niveaus zu halten. Dieser Regelmechanismus

---

1) Diese Forderung ist z.B. im Brady-Report erhoben worden; N.F. Brady et al. (1988), S. 64. Auch der Präsident der SEC und amerikanische Kongreßabgeordnete haben sich später dieser Forderung angeschlossen; siehe dazu M.H. Miller (1990), S. 400.

entfällt, wenn man die Regulierung der Marginhöhe auf
eine Aufsichtsbehörde überträgt, da nicht zu erwarten
ist, daß eine Behörde einzelwirtschaftliche Auswirkungen bei ihrer Entscheidung in gleichem Maße
berücksichtigen wird.[1] Vielmehr kann man vermuten,
daß eine Aufsichtsbehörde die Margins höher als das
optimale Niveau ansetzen wird, um ihre eigene Reputa-
tion zu schützen.[2] Außerdem kann eine Aufsichtsbehörde nicht so flexibel auf Marktveränderungen reagieren, wie es die Börse und ihre Mitglieder können,
die den Markt täglich beobachten. Für den Fall einer
staatlichen Regulierung der Marginhöhe in den USA
wird daher erwartet, daß sich der Handel aufgrund der
Kosten durch zu hohe Margins an ausländische Börsen
ohne staatlich festgesetzte Margins oder zu außerbörslichen Geschäften verlagert.[3]

---

1) So M.H. Miller (1990), S. 402.

2) M.H. Miller (1990), S. 402. Miller weist in diesem
    Zusammenhang darauf hin, daß der Federal Reserve Board
    hinsichtlich der Margins für Aktienkassageschäfte die
    Politik verfolgt hätte, die Margins auf einem konstant
    hohen Niveau zu belassen; ebda. Der Fed hat die Margins
    für Kreditkäufe von Aktien seit 1974 unverändert bei 50%
    belassen; G. Hardouvelis (1988), S. 81, Tabelle 1; D.A.
    Hsieh und M.H. Miller (1990), S. 3. Ebenso erwartet Tomek,
    daß eine Aufsichtsbehörde die Margins zu hoch ansetzen und
    selten an Volatilitätsänderungen anpassen würde; W.G.
    Tomek (1985), S. 162 f. Ähnlich argumentieren M.H. Miller
    und C.W. Upton (1991), S. 161-163, gegen eine staatliche
    Regulierung von Margins. Auch Edwards untersucht die
    Frage, ob eine staatliche Margin-Regulierung zweckmäßig
    ist; F.R. Edwards (1983a), S. 195-201. Er kommt zu dem
    Schluß, daß die Regulierung der Margins bei den Börsen
    verbleiben sollte (S. 200).

3) M.H. Miller (1990), S. 404-406. Zustimmend hierzu H.R.
    Stoll (1990b), S. 409. Dagegen hält es Katzenbach für
    unwahrscheinlich, daß ausländische Börsen einen größeren
    Teil des US-Futurehandels übernehmen könnten. Er schlägt
    aber Verhandlungen mit ausländischen Börsenaufsichtsbehör-
    den vor, um einheitliche Aufsichtsregeln zu erreichen; N.
    Katzenbach (1987), S. 31.

Vor dem Hintergrund dieser Argumentation mag man einwenden, ob Terminbörsen, die für sich das Recht beanspruchen, frei von (staatlicher) Fremdbestimmung die Marginhöhe festzusetzen, dieses Recht nicht auch ihren Mitgliedern zugestehen und auf Mindestmargins verzichten sollten. Genauso wie es im Eigeninteresse des Clearinghauses einer Börse liegt, die Margins gerade so hoch festzusetzen, wie es zur Sicherung gegen Ausfall notwendig ist, liegt es grundsätzlich im Eigeninteresse der Börsenmitglieder, von ihren Kunden risikoadäquate Margins zu fordern.[1] Tatsächlich sind die Marginforderungen der Clearingmitglieder meist höher als die Mindestmargin.[2]

Der Ausfall eines Clearingmitgliedes und daraus unter Umständen resultierende Verluste seiner Kunden würde jedoch das Vertrauen der Marktteilnehmer in das Clearinghaus und damit in die Börse insgesamt beeinträchtigen. Das Clearinghaus und seine Mitglieder haben daher ein Interesse daran, Clearingmitglieder, die in Zahlungsschwierigkeiten geraten, zu unterstützen und ihnen möglicherweise kurzfristige Kredite zur Verfügung zu stellen, um deren Kunden vor Verlusten zu bewahren. Im Vertrauen auf diese Unterstützung könnten einzelne Clearingmitglieder geneigt sein, aus Wettbewerbsgründen von ihren Kunden niedrigere Margins zu fordern als sie es sonst tun würden. Sie würden sich so auf Kosten der übrigen Börsenmitglieder einen Konkurrenzvorsprung verschaffen, wenn die Kun-

---

1) So z.B. L.G. Telser (1981a), S. 234.

2) Siehe dazu auch J.V. Jordan und G.E. Morgan (1990), S. 912.

den bei ihrer Auswahl nur die Marginhöhe und nicht das Konkursrisiko des Clearingmitgliedes beachten.[1]

Einem solchen Verhalten einzelner Clearingmitglieder wird durch eine Mindestmargin vorgebeugt. Die Mindestmargin sollte aber nicht höher sein als die Margin, die ein Börsenmitglied unter normalen Umständen verlangen würde.[2] Für die Festlegung einer einheitlichen Mindestmargin spricht ferner, daß sich in dem Börsengremium, das die Margins festlegt, der Sachverstand mehrerer Börsenmitglieder bündelt. Ein solches Gremium dürfte besser dazu in der Lage sein, die optimale Marginhöhe zu bestimmen als einzelne Mitglieder.[3]

Aus dem Wettbewerb zwischen Terminbörsen und ihrem Bemühen heraus, mit möglichst niedrigen Margins den Wert der Erfüllungsgarantie ihrer Clearinghäuser zu sichern, sind die sogenannten Portfoliomodelle zur Marginberechnung (auch "Risk-Based Margining") ent-

---

1) Siehe zu dieser Argumentation L.G. Telser (1981a), S. 234 f. W.G. Tomek (1985), S. 162, 197, spricht in diesem Zusammenhang von einem Moral-Hazard-Problem, wobei das Kollektiv, das bestimmte Risiken abdeckt, das Clearinghaus und seine Mitglieder sind. Zum Begriff "Moral Hazard" vgl. E. Dichtl und O. Issing (1987), S. 195. Daß sich im Wettbewerb zwischen Terminbörsen nicht auch ein Moral-Hazard-Problem ergibt, liegt darin begründet, daß in diesem Fall nicht ein einzelnes Clearingmitglied entscheidet, sondern die Gesamtheit aller Börsenmitglieder mit unterschiedlichen Planungshorizonten.

2) So L.G. Telser (1981a), S. 234 f. Eine Untersuchung von Hunter zeigt, daß die von den Börsen festgesetzten Mindestmargins tatsächlich so niedrig sind, wie sie sich im Wettbewerb der Börsenmitglieder ergeben würden; W.C. Hunter (1986).

3) Siehe W.G. Tomek (1985), S. 198; G.D. Gay et al. (1986), S. 310.

standen.[1] Bei der traditionellen Form der Marginberechnung werden die Margins getrennt für die einzelnen Kontraktarten ermittelt, wobei lediglich Spread-
und eventuell Hedge-Positionen zu einer verminderten
Marginleistung führen. Mit Hilfe der Portfoliomodelle läßt sich dagegen eine Gesamt-Margin für alle
Future- und Optionspositionen eines Marktteilnehmers
an einer Börse berechnen.[2] Dabei kann man kompensa-
torische Effekte zwischen Positionen in Kontrakten
berücksichtigen, zwischen denen ein Preiszusammenhang
besteht.[3] Portfoliomodelle erlauben es also, Aus-

---

1) Ein weiterer Grund für die Entwicklung der Portfoliomodelle dürfte darin liegen, daß die Börsen nach einem Verfahren suchten, mit dem sich eine Gesamt-Margin für Futures
und Optionen auf diese Futures berechnen läßt.

2) Portfoliomodelle zur Marginberechnung werden inzwischen
an allen größeren Terminbörsen verwendet. Zu den bekannte-
sten Modellen gehören das von der CME entwickelte SPAN
(Standard Portfolio Analysis of Risk), das die großen
amerikanischen Futurebörsen sowie die LIFFE verwenden,
und das von der amerikanischen Options Clearing Corporation (OCC) entwickelte TIMS (Theoretical Intermarket Margin System), das die OCC und die DTB einsetzen. Zum SPAN-
System siehe R.W. Kolb (1991), S. 45; The London Clearing
House (o.J.a). Eine Aufstellung der Börsen, die SPAN verwenden, enthält CBOT (1991). Zum TIMS-System siehe The
Options Clearing Corporation (1991), S. 7 f.; o.V.
(1990a), S. 8-12; W. Krämer (1991). Die OCC verwendet TIMS
für das Clearing der Optionen und Futures von acht amerikanischen Börsen. Eine Übersicht über diese Börsen und
ihre Kontrakte bietet The Options Clearing Corporation
(1991), S. 28-32. Einen detaillierten Vergleich zwischen
dem TIMS- und dem SPAN-Modell einschließlich einer Bei-
spielrechnung liefert: The London Clearing House (o.J.b).

3) Zur Verminderung der Marginzahlungen für Kontrakte an der
DTB durch Berücksichtigung von Kombinationsgeschäften zwi-
schen korrelierenden Kontrakten siehe o.V. (1992g), S. 6-
10. Erfolgt das Clearing für die Kontrakte mehrerer Börsen
durch ein Clearinghaus, ist es auch denkbar, eine Gesamt-
Margin über alle Kontrakte und alle Börsen zu berechnen.
Zu dem zugrundeliegenden Prinzip des "Intermarket Cross
Margining" siehe R.W. Kolb (1991), S. 43 f. Beim "Inter-
market Cross Margining" läßt sich die Marginleistung da-
(Fortsetzung...)

174

fallrisiko und Marginhöhe besser aufeinander abzustimmen, was im Regelfall niedrigere Marginforderungen zur Folge hat. Dadurch sinken die durch Margins
induzierten Transaktionskosten, und das Handelsinteresse der Marktteilnehmer nimmt tendenziell zu. Portfoliomodelle zur Marginberechnung können so zum
Kontrakterfolg beitragen.

V. Mindestkursabstufung

Als Mindestkursabstufung bezeichnet man im Börsenhandel den kleinsten zulässigen Abstand zwischen zwei
benachbarten Kursen oder Kursgeboten. An Terminbörsen unterscheidet man zwischen der Mindestkursabstufung (Minimum Tick) und dem Wert eines Tick in Geldeinheiten. Den Tick-Wert erhält man, wenn man den
Minimum Tick auf die Kontraktgröße bezieht.[1] Im
folgenden wird untersucht, inwieweit sich Mindestkursabstufungen auf den Kontrakterfolg auswirken
können. Dabei stehen ihre Auswirkungen auf die
Transaktionskosten der Marktteilnehmer und auf die
Liquidität im Vordergrund.

Mindestkursabstufungen tragen dazu bei, Angebot und
Nachfrage in den gehandelten Kontrakten zu homogeni-

---

3)(...Fortsetzung)
    durch reduzieren, daß man verminderte Marginsätze auf
    Spreads aus Kontrakten anwendet, die an verschiedenen
    Börsen gehandelt werden, deren Preise aber miteinander
    korrelieren. Kolb führt als Beispiel einen Spread aus
    einer Long-Position im T-Bill-Future der CME und einer
    Short-Position im T-Bond-Future des CBOT an.

1) Eine Tick-Größe von 0,01 (Prozent) für den Bund-Future der
    DTB entspricht z.B. einem Tick-Wert von DM 25
    (DM 250.000/100 x 0,01 = DM 25); DTB (1992b), S. 18.

sieren.[1] Sie erhöhen dadurch die Wahrscheinlichkeit dafür, daß die Kursgebote von Käufern und Verkäufern zueinander passen, und senken so die Transaktionskosten der Marktteilnehmer.[2] Niedrigere Transaktionskosten erhöhen tendenziell das Handelsinteresse der Marktteilnehmer und tragen so zum Kontrakterfolg bei.

Eine weitere Funktion von Mindestkursabstufungen wird darin gesehen, daß sie einen Anreiz für Marketmaker darstellen, Sofortigkeitsservice anzubieten. Die Analyse im ersten Teil dieser Arbeit hat gezeigt, daß Futures unter anderem dann erfolgreich sind, wenn ihre Handelsobjekte eine hohe Preisvolatilität aufweisen.[3] Bei hoher Preisvolatilität ist die Nachfrage nach Sofortigkeitsservice besonders hoch.[4] Beispielsweise haben Hedger gerade dann ein besonderes Interesse daran, schnell und ohne große Preiszugeständnisse Kontrakte kaufen oder verkaufen zu können, um Kassapositionen abzusichern. Für den Erfolg eines Future ist es daher von Bedeutung, daß jederzeit genügend Anbieter des Sofortigkeitsservice bereitstehen.

---

1) Mindestkursabstufungen sind auch an den meisten Kassabörsen Bestandteil der Musterverträge für Effektentransaktionen. Sie betragen im Aktienkassahandel an den deutschen Börsen für die meisten Aktien 10 Pfennig. An amerikanischen Börsen betragen die Kursabstufungen $ 1/8 für Aktien, deren Kurs $ 1 und höher ist; L. Harris (1991), S. 390, Fn. 2.

2) Siehe dazu H. Schmidt (1970), S. 140; ders. (1988a), S. 9.

3) Vgl. Abschnitt B.I.3 des ersten Teils.

4) Siehe dazu S.J. Grossman und M.H. Miller (1988), S. 619, die ausführen: "Successful futures markets are the leading examples of markets where the demand for immediacy is high."

Wichtige Anbieter des Sofortigkeitsservice sind auf
vielen Märkten Marketmaker oder Marktteilnehmer, die
sich wie Marketmaker verhalten[1], zum Beispiel Scalper.[2] Marketmaker sehen sich, abgesehen von den
direkten Kosten der Auftragsbearbeitung, die bei jeder Transaktion entstehen, hauptsächlich zwei Kosten-
arten gegenüber:[3] den Bestandshaltekosten und den

---

1) Weitere Anbieter des Sofortigkeitsservice sind Marktteilnehmer, die limitierte Aufträge erteilen. Zum Einfluß von
Mindestkursabstufungen auf die Neigung der Marktteilnehmer
zur Abgabe von limitierten Aufträgen siehe unten in diesem
Abschnitt.

2) Scalper sind Händler auf dem Parkett (im Pit), die für
kurze Zeiträume (meist bis zu wenigen Minuten) Positionen
übernehmen; siehe R.W. Kolb (1991), S. 154-156. Die Rolle
der Scalper als Marketmaker auf Futuremärkten hat W.L.
Silber (1984), S. 937-953, empirisch untersucht. Er weist
darauf hin, daß Scalper meist kontinuierlich Geld- und
Briefkurse stellen, um gegenüber anderen Händlern im Pit
und limitierten Aufträgen konkurrenzfähig zu sein; ebda.,
S. 941. Prinzipiell würde es ausreichen, wenn sie abhängig
von ihren Beständen nur auf der Kauf- oder auf der Ver-
kaufsseite Kurse stellen und nur dann gleichzeitig Geld
und Brief stellen, wenn ihre Bestände null sind. In elektronischen Handelssystemen mit automatischer Auftragszu-
sammenführung gibt es im Regelfall keine Scalper. Aufgrund
der laufenden Publikation aller Kursgebote besteht für sie
dort keine Möglichkeit, sich als Intermediär zwischen
Käufer und Verkäufer zu stellen, um die Spanne zu verdienen, weil die Marktteilnehmer direkt auf die angezeigten
Gebote handeln können; S.J. Grossman und M.H. Miller
(1988), S. 630, Fn. 8.

3) Die hier gewählte Einteilung folgt M.H. Miller (1990), S.
395 f. Andere Autoren unterteilen die Kosten der Marketmaker abweichend. Häufig werden drei Kostenkomponenten unterschieden: die Kosten der Geschäftsabwicklung, die
Bestandshaltekosten und die Kosten aufgrund asymmetrischer
Informationsverteilung; siehe z.B. H.R. Stoll (1989), S.
115. Stoll bezieht sich in seiner Untersuchung auf Aktien,
die im National Market System des NASDAQ-Systems gehandelt
werden. Er findet folgende Aufteilung der gestellten
Spanne auf die drei Kostenkomponenten: 47 % Kosten der
Geschäftsabwicklung, 10 % Bestandshaltekosten und 43 %
Kosten aufgrund asymmetrischer Informationsverteilung;
ebda., S. 129. Eine vergleichbare Untersuchung für

(Fortsetzung...)

Kosten, die durch die ständige Präsenz des Marketmakers am Markt entstehen.[1] Die Bestandshaltekosten
ergeben sich im wesentlichen aus dem Risiko einer
ungünstigen Preisentwicklung zwischen zwei entgegengesetzten Transaktionen. Dazu seien hier auch die
Kosten gerechnet, die aufgrund asymmetrischer Informationsverteilung, also durch das Risiko entstehen,
mit besser informierten Marktteilnehmern abzuschließen (adverse selection risk).[2]

Die Bestandshaltekosten des einzelnen Marketmakers,
insbesondere die Kosten aufgrund asymmetrischer
Informationsverteilung, sind um so niedriger, je mehr
Marketmaker aktiv sind, weil sich das Preisrisiko
dann auf eine größere Zahl von Marketmakern ver-
teilt.[3] Je geringer diese Kosten sind, desto mehr
konkurrierende Marketmaker haben einen Anreiz, in den
Handel einzutreten. Aufgrund der zunehmenden Konkur-

---

3)(...Fortsetzung)
   Futuremärkte ist dem Verfasser nicht bekannt. Es liegt
   aber die Vermutung nahe, daß die einzelnen Kostenkomponenten aufgrund der unterschiedlichen Marktstrukturen
   ein anderes Gewicht haben als auf Aktienmärkten.

1) M.H. Miller (1990), S. 395 f., spricht in diesem Zusammenhang von Opportunitätskosten des eingesetzten Finanz- und
   Humankapitals. Zu den Opportunitätskosten der Marktpräsenz
   siehe auch W.L. Silber (1984), S. 939; S.J. Grossman und
   M.H. Miller (1988), S. 618. Die Kosten der Marktpräsenz
   gehören wie die oben angesprochenen direkten Kosten der
   Auftragsbearbeitung zu den Kosten der Geschäftsabwicklung
   im Sinne der Einteilung von H.R. Stoll (1989); S. 115.

2) So verfährt M.H. Miller (1990), S. 395, Fn. 7. Zu den
   Kosten, die Marketmakern durch Abschlüsse mit besser
   informierten Marktteilnehmern entstehen, siehe z.B. W.
   Bagheot (1971); T.E. Copeland und D. Galai (1983); L.R.
   Glosten und P.R. Milgrom (1985).

3) Siehe dazu S.J. Grossman und M.H. Miller (1988), S. 618
   f., 629; M.H. Miller (1990), S. 395.

renz der Marketmaker können sich die Spannen jedoch
soweit verengen, daß viele Marketmaker die Kosten der
Marktpräsenz, die einen hohen Fixkostenanteil aufweisen,[1] nicht mehr decken können. Sie müßten dann aus
dem Markt ausscheiden. Dadurch würde die Zahl der
konkurrierenden Marketmaker zurückgehen, was breitere
Spannen und entsprechend höhere Kosten sofortigen
Abschlusses für die Marktteilnehmer zur Folge
hätte.[2]

Mindestkursabstufungen können nun unter Umständen
verhindern, daß Marketmaker sich gegenseitig aus dem
Markt drängen. Sie bilden eine Untergrenze für die
gestellte Spanne und garantieren den Marketmakern
damit einen Mindestertrag aus einem schnellen Um-
schlag.[3] Die Marketmaker sind dadurch in der Lage,
ihre Fixkosten zu decken. Sie bleiben im Markt, weil
zumindest Transaktionen normalen Umfangs für sie

---

1) Zu diesen Kosten gehören unter anderem das kalkulatorische
   Einkommen des Marketmaker, u.U. das Gehalt von Angestell-
   ten, die Kosten für den Börsensitz sowie die Kosten für
   das Bereithalten der notwendigen Kommunikationsmittel und
   der Büroausstattung.

2) Siehe zu dieser Argumentation S.J. Grossman und M.H.
   Miller (1988), S. 629 f.

3) So S.J. Grossman und M.H. Miller (1988), S. 629 f. Es sei
   darauf hingewiesen, daß Marketmaker nur in dem Ausnahmefall, daß sie praktisch gleichzeitig zu ihrem Geldkurs
   kaufen und zu ihrem Briefkurs verkaufen oder sich der
   Gleichgewichtskurs zwischen beiden Transaktionen nicht
   verändert, die volle gestellte Spanne vereinnahmen; siehe
   ebda., S. 628; H.R. Stoll (1985), S. 83 f. Untersuchungen
   für Aktienmärkte haben ergeben, daß Marketmaker durchschnittlich etwa 50 Prozent der gestellten Spanne realisieren; siehe dazu z.B. H.R. Stoll (1985), S. 84; ders.
   (1989), S. 127-129.

attraktiv sind.[1] Es ist daher zu erwarten, daß auf einem Markt mit Mindestkursabstufungen mehr Market-maker handeln als ohne solche Kursabstufungen.[2] Eine weitere Funktion im Hinblick auf die Unterstützung der Liquidität haben Mindestkursabstufungen auf Märkten, auf denen bestimmte Kriterien festlegen, in welcher Reihenfolge limitierte Aufträge bedient werden. Marktteilnehmer, die Limitorders erteilen, also bereit sind, eine Wartezeit bis zur Auftragsausführung hinzunehmen, sind wie Marketmaker Anbieter von Sofortigkeitsservice. Feste Reihungskriterien tragen für diese Marktteilnehmer zur Rechtssicherheit bei und schaffen dann einen Anreiz, Limitorders zu erteilen, wenn sie die Wahrscheinlichkeit erhöhen, mit einer Limitorder zum Zuge zu kommen.[3] Neben der Höhe des Limits (Prinzip des besten Preises) als primärem Reihungskriterium sind eine Reihe von Sekundärkriterien denkbar, die festlegen, in welcher Reihenfolge Aufträge mit gleicher Limithöhe auszuführen sind.[4]

Ein verbreitetes Sekundärkriterium, gerade in Compu-

---

1) H. Schmidt (1988), S. 26. S.J. Grossman und M.H. Miller (1988), S. 630, sehen in der oft starken Konkurrenz der Händler auf Futuremärkten ein Anzeichen für die Attraktivität von Kontrakten mit Mindestkursabstufungen für Marketmaker. Dieses Verhalten der Händler legt den Schluß nahe, daß die Spannen bei Transaktionen normalen Umfangs mit Mindestkursabstufungen weiter sind als diejenigen, die sich unter Wettbewerb ergeben würden.

2) "Ohne Kursabstufungen" bedeutet hier, daß die Börse keine Kursabstufungen vorgibt. Streng genommen gelten in diesem Fall "Mindestkursabstufungen" in Höhe der kleinsten üblichen Währungseinheit.

3) Siehe H. Schmidt (1992), S. 251.

4) Siehe zu solchen Kriterien z.B. H. Schmidt (1970), S. 205-211; L.E. Harris (1990), S. 17-26; H. Schmidt (1992), S. 251.

ter-Handelssystemen, ist die zeitliche Reihenfolge
des Auftragseingangs.[1] Die Priorität kann Kaufgebote
oder Verkaufsgebote außenstehender Auftraggeber aber
nur schützen, wenn es - nicht vernachlässigbar kleine
- Mindestkursabstufungen gibt. Bei zu kleinen Mindestkursabstufungen könnten Händler das Limit eines
privaten Anlegers geringfügig über- bzw. unterbieten
und so seinen Kursvorteil vereinnahmen.[2] Mindestkursabstufungen unterstützen also die Wirksamkeit
sekundärer Reihungskriterien und bieten Marktteilnehmern dadurch einen Anreiz, über Limitorders Sofortigkeitsservice anzubieten.

Die obigen Ausführungen haben gezeigt, daß Mindestkursabstufungen einen Anreiz für Marketmaker darstellen, Sofortigkeitsservice anzubieten. Große Mindestkursabstufungen locken viele Marketmaker an, die um
Aufträge konkurrieren. Der Wettbewerb der Marketmaker
führt zu engeren Spannen und damit zu geringeren
Kosten sofortigen Abschlusses für größere Aufträge.
Andererseits erhöhen sich die Kosten sofortigen
Abschlusses für Transaktionen kleiner und mittlerer

---

1) Siehe L.E. Harris (1990), S. 18, 23 f. Die zeitliche
   Priorität ist z.B. an der DTB sekundäres Reihungskriterium; siehe J. Franke und C. Imo (1990), S. 107 f.; Ziffer
   1.2.2 Abs. 4 DTB-HandelsB. Das Kriterium eignet sich
   deshalb gut für Computer-Handelssysteme, weil hier jedem
   Auftrag einfach die Eingabezeit zugeordnet werden kann.
   Dagegen ist es beim Parketthandel meist nicht möglich,
   Kursgebote in der Reihenfolge des Ausrufs zu berücksichtigen; W.L. Silber (1984), S. 940. Siehe auch die Ausführungen im Abschnitt C dieses Teils der Arbeit.

2) Siehe dazu L.E. Harris (1990), S. 23; H. Schmidt (1992),
   S. 252. Aus dem gleichen Grund dürfen für Limitorders der
   Anleger nicht größere Mindestkursabstufungen gelten als
   für Kursgebote professioneller Börsenhändler, weil sonst
   Händler die Möglichkeit hätten, ihre Kursgebote so festzusetzen, daß sie nicht mit der Konkurrenz durch Limitorders rechnen müssen; H. Schmidt (1970), S. 207, Fn. 2.

Größe, für die ohne Kursabstufungen engere Spannen gestellt werden könnten.[1] Die folgende Abbildung 2.3 verdeutlicht diesen Zusammenhang.

---

1) Siehe dazu auch L.E. Harris (1990), S. 24. An dieser Stelle wird bereits deutlich, daß die Festlegung der Mindestkursabstufungen durch die Börsengremien einem Balanceakt gleichkommt. Einerseits sind umso mehr Marketmaker bereit, Kursgebote abzugeben und um Aufträge zu konkurrieren, je höher die Kursabstufungen sind. Andererseits sind mit steigenden Kursabstufungen immer weniger Marktteilnehmer mit kleinen und mittleren Auftragsgrößen bereit zu handeln, weil sich dadurch ihre Kosten sofortigen Abschlusses erhöhen.

Abbildung 2.3: <u>Mindestkursabstufung und Kosten</u>
<u>sofortigen Abschlusses</u>

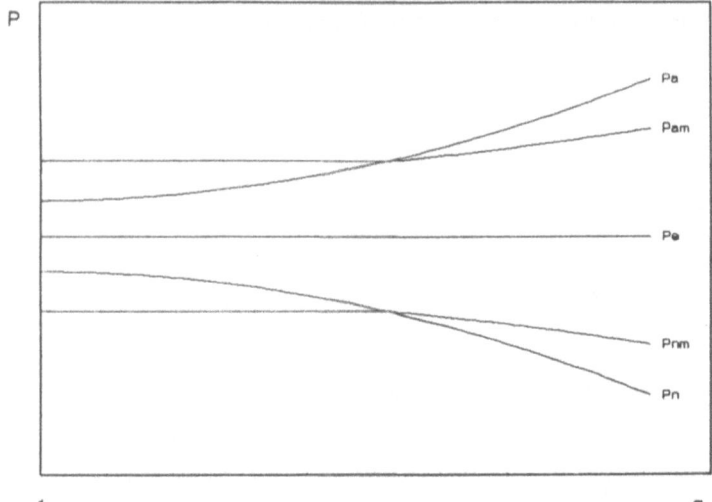

Quelle: Eigene Darstellung; in Anlehnung an H. Schmidt
            (1988), S. 24.

Symbole: P   =   Kurs,
            q   =   Anzahl der Kontrakte pro Auftrag,
            Pe =   Gleichgewichtskurs,
            Pa =   Angebotskurve (Briefkurse) ohne Mindest-
                    kursabstufung,
            Pn =   Nachfragekurve (Geldkurse) ohne Mindest-
                    kursabstufung,
            Pam =   Angebotskurve (Briefkurse) mit Mindest-
                    kursabstufung,
            Pnm =   Nachfragekurve (Geldkurse) mit Mindest-
                    kursabstufung.

Die Kurven[1] Pa und Pn repräsentieren die Briefkurse
und die Geldkurse, zu denen ein Marktteilnehmer eine
bestimmte Anzahl von Kontrakten (q) sofort kaufen
bzw. verkaufen kann, wenn keine Mindestkursabstufun-

---

1) Die dargestellten Kurven müßten strenggenommen aufgrund
    der Mindestkursabstufung unstetig verlaufen, sind aber
    einfachheitshalber stetig dargestellt; siehe dazu H.
    Schmidt (1988), S. 24.

gen gelten. Der Abstand zwischen Pa und Pe entspricht
dem Sofortigkeitszuschlag beim Kauf, der Abstand
zwischen Pn und Pe entspricht dem Sofortigkeitsab-
schlag beim Verkauf. Man erkennt, daß die Sofortigkeitszuschläge und -abschläge mit zunehmender Transaktionsgröße steigen. Das läßt sich dadurch begründen, daß ein Marketmaker gewöhnlich um so länger
braucht, eine Position glattzustellen, je größer
diese ist. Entsprechend steigt sein Preisrisiko mit
zunehmender Transaktionsgröße.[1]

Führt man nun Mindestkursabstufungen ein, ergeben
sich für die Briefkurse und für die Geldkurse die
Kurven Pam bzw. Pnm. Man erkennt, daß die Sofortigkeitszuschläge und -abschläge für kleine Aufträge
größer sind als im Fall ohne Mindestkursabstufungen,
während sich bei größeren Aufträgen niedrigere
Sofortigkeitszuschläge und -abschläge ergeben. Bis
zu den Schnittpunkten der Kurven Pa und Pam bzw. Pn
und Pnm verlaufen die Kurven Pam und Pnm parallel zur
Abszisse, weil die Marketmaker für Kontraktzahlen in
diesem Bereich engere Spannen stellen könnten, wenn
es keine Mindestkursabstufungen gäbe.

Durch die Mindestkursabstufungen vermindern sich also
die Kosten sofortigen Abschlusses für größere Aufträge, das heißt die Markttiefe erhöht sich. Da die
Spannen für kleine und mittlere Aufträge gleichzeitig
breiter werden, kann man davon sprechen, daß die
Kleinanleger die Geschäfte mit Großanlegern subven-
tionieren. Das läßt sich möglicherweise rechtfertigen, wenn dadurch weitgehend verhindert wird, daß

---

1) Siehe dazu H. Schmidt (1977), S. 396 f.; ders. (1988a), S.
   24 f.

große Aufträge außerhalb der Börse abgeschlossen werden, wodurch die Liquidität des Marktes insgesamt beeinträchtigt würde.[1] Es kommt aber für eine Börse darauf an, die Mindestkursabstufungen so festzusetzen, daß auch Marktteilnehmer mit kleinen und mittleren Auftragsgrößen im Markt bleiben. Die Mindestkursabstufung sollte daher wohl nur wenig größer sein als die engste Spanne, die sich ohne Kursabstufung im Wettbewerb der Marketmaker ergeben würde.[2]

Mindestkursabstufungen sollten auch deshalb nicht zu groß sein, weil sie ähnlich wie die im folgenden Abschnitt behandelten Preislimits eine Form der Preisregulierung durch die Börse darstellen. Zu große Kursabstufungen können den Preisfindungsprozeß und die Marktliquidität beeinträchtigen, weil Marktteilnehmer dann nicht bereit sein werden zu handeln, wenn der Gleichgewichtspreis wesentlich von den nach den Kursabstufungen zulässigen Preisen abweicht.[3]

Betrachtet man die Mindestkursabstufungen unterschiedlicher Futures, so zeigt sich, daß sie meist denen auf den Kassamärkten angepaßt sind.[4] Um den Einfluß von Mindestkursabstufungen auf den Kontrakterfolg beurteilen zu können, ist es aber von Bedeutung, die Kursabstufung auf die Kontraktgröße (Nominalbetrag) zu beziehen. Beispielsweise verdoppelt sich bei unveränderter Mindestkursabstufung der Tick-

---

1) So in etwas anderem Zusammenhang M.H. Miller und C.W. Upton (1991), S. 156 f.

2) So H. Schmidt (1988), S. 26.

3) Siehe dazu C.K. Ma et al. (1989a), S. 322.

4) Siehe z.B. R.L. Sandor und H.B. Sosin (1983), S. 261.

Wert eines Kontraktes, wenn man die Kontraktgröße verdoppelt. Entscheidend für den Ertrag der Marketmaker ist also nicht in erster Linie die Mindestkursabstufung selbst, sondern der Tick-Wert. Sandor und Sosin[1] berichten, daß man in der Entwicklungsphase des GNMA-Zinsfuture am CBOT nach einigen Entwürfen die Mindestkursabstufung mit 1/32 % und die Kontraktgröße mit US$ 100.000 festgelegt hat. Es ergab sich dadurch ein Tick-Wert von US$ 31,25, der zum Zeitpunkt der Einführung des GNMA-Future fünfmal so groß war wie bei den gleichfalls am CBOT gehandelten Getreidefutures (US$ 6,25).[2] Man wollte durch den größeren Tick-Wert Marketmaker bewegen, in dem neuen Kontrakt zu handeln, um einen liquiden Markt entstehen zu lassen.

Zusammenfassend läßt sich festhalten, daß Mindestkursabstufungen zum Kontrakterfolg beitragen können. Sie homogenisieren die Kursgebote von Anbietern und Nachfragern und senken die Transaktionskosten. Zudem locken sie Marketmaker an, die miteinander um Aufträge konkurrieren und dadurch zu engen Spannen beitragen. Dabei müssen die Börsengremien versuchen, die Mindestkursabstufung so festzusetzen, daß möglichst viele konkurrierende Marketmaker am Markt aktiv sind, aber der Handel für kleinere Marktteilnehmer nicht zu teuer wird. Die Wahl der Mindestkursabstufung stellt

---

1) R.L. Sandor und H.B. Sosin (1983), S. 261 f.

2) Die Mindestkursabstufung für die Getreidefutures wurde später von 1/8 Cent auf 1/4 Cent pro "bushel" verdoppelt; es ergab sich ein Tick-Wert von US$ 12,50; R.L. Sandor und H.B. Sosin (1983), S. 262, Fn. 15.

demnach einen komplizierten Teilaspekt der Kontraktgestaltung dar.[1]

VI. Preislimits

Preislimits sind die in den Kontraktbedingungen vieler Futures festgelegten maximal zulässigen Schwankungen des Futurepreises. Danach darf der Futurepreis
innerhalb eines Börsentages höchstens um einen bestimmten Betrag vom Schlußkurs des Vortages nach oben
oder unten abweichen. Die Preislimits werden in Pro-
zentpunkten (bei Zinsfutures) oder in Indexpunkten
(bei Aktienindexfutures), manchmal auch als Geldbetrag angegeben. Erreicht der Futurepreis das obere
oder das untere Preislimit, wird der Handel eingestellt und erst am folgenden Börsentag wieder aufgenommen, es sei denn, es kommen während des Börsentages noch Abschlüsse zu Preisen innerhalb der Preislimits zustande.[2]

Preislimits gehören zu den sogenannten Circuit Breakers und sind die häufigste Form solcher Handelsunterbrechungen aufgrund ex ante festgelegter Regeln.[3]

---

1) Grossman und Miller sprechen bildhaft davon, daß die
   Festlegung der Mindestkursabstufung "part of the art of
   managing a futures exchange..." sei; S.J. Grossman und
   M.H. Miller (1988), S. 630.

2) Siehe dazu D.R. Siegel und D.F. Siegel (1990), S. 27; R.W.
   Kolb (1991), S. 7 f.

3) Der englische Ausdruck Circuit Breaker bezeichnet in der
   Elektrotechnik einen automatischen Schalter, der einen
   Stromkreis unterbricht, wenn durch Überlastung ein Schaden
   an den elektrischen Geräten im Stromkreis droht. Im Unter-
   schied zur herkömmlichen (Schmelz-)Sicherung schließt ein
   Circuit Breaker den Stromkreis nach der Entlastung wieder.
   Der Ausdruck Circuit Breaker ist auf den Finanzmärkten für
   Schutzbestimmungen übernommen worden, die bei einer
   (Fortsetzung...)

Insbesondere seit den Ereignissen des Oktobers 1987 ist wieder verstärkt über Preislimits diskutiert worden. Es ist in der Literatur umstritten, wie sich Preislimits auf Futuremärkte und die Kassamärkte ihrer Handelsobjekte auswirken. Im folgenden werden zunächst mögliche Vor- und Nachteile von Preislimits untersucht. Danach wird dargestellt, ob und welche Preislimits ausgewählte Futurebörsen für ihre Kontrakte verwenden. Schließlich wird der Frage nach dem Einfluß der Preislimits auf den Kontrakterfolg nachgegangen.

1. Mögliche Vorteile von Preislimits

Nach Ansicht ihrer Befürworter bieten Preislimits die Möglichkeit, Überreaktionen der Marktteilnehmer auf neue Informationen, wie zum Beispiel Panikverkäufe, zu vermeiden.[1] Die Handelsunterbrechung nach Erreichen eines Preislimits ermöglicht es den Marktteilnehmern, die neuen Informationen in Ruhe auszuwerten und ihre Dispositionen zu überdenken. Preis-

---

3)(...Fortsetzung)
befürchteten Überlastung der Handelssysteme den Handel vorübergehend unterbrechen. Siehe dazu J.T. Moser (1990), S. 2. Moser unterscheidet drei Arten der Circuit Breaker: Circuit Breaker, die bei starken Ungleichgewichten zwischen Kauf- und Verkaufsaufträgen eingreifen, solche, die an das Auftragsvolumen gebunden sind, und schließlich Preislimits; ebda., S. 3-5.

1) Nach einer Untersuchung von French und Roll werden Preisbewegungen (Volatilität) ausgelöst durch öffentlich verfügbare Informationen, durch nicht-öffentliche Informationen (Insider-Informationen) und durch Überreaktionen von Marktteilnehmern; K.R. French und R. Roll (1986). Solche Überreaktionen, die nicht durch veränderte fundamentale Faktoren ausgelöst werden, nennt man auch "noise"; F. Black (1986); E.F. Fama (1989), S. 77 f.; C.K. Ma et al. (1989b), S. 169.

188

limits können so als "Abkühlungsmechanismus" wirken
und die Volatilität der Futurepreise senken.[1]

In eine ähnliche Richtung geht das Argument, daß die
Handelsunterbrechung nach Erreichen eines Preislimits
den Kommissionshändlern Zeit gibt, von ihren Kunden
neue Instruktionen einzuholen, die die veränderte
Marktlage berücksichtigen. Dadurch werden Kosten
vermieden, die Kunden durch nachteilige Auftragsausführung entstehen können.[2]

Ein weiterer Vorteil von Preislimits wird darin gesehen, daß sie Ausfallrisiken im Futurehandel begrenzen und so die Funktion des Marginsystems unterstützen.[3] Nach Brennan[4] lassen sich mit Hilfe von Preislimits in bestimmten Fällen die notwendigen Mindestmargins senken und so die durch Margins induzierten
Transaktionskosten der Marktteilnehmer vermindern. Er

---

1) Siehe dazu F.R. Edwards (1981), S. 431; ders. (1983b), S.
383 f.; S.J. Khoury und G.L. Jones (1984), S. 23; J.H. von
Stein und H. Groß (1984), S. 8; A.S. Kyle (1988), S. 428;
C.K. Ma et al., (1989a), S. 324; dies. (1989b), S. 165;
M.H. Miller (1989), S. 201; C.S. Morris (1990), S. 36.

2) L.G. Telser (1981a), S. 240; ders. (1989), S. 104. Brennan
weist darauf hin, daß hierin zwar ein Argument für eine
kürzere Handelsunterbrechung liegen kann, nicht aber für
eine Unterbrechung bis zum Ende eines Handelstages; M.J.
Brennan (1986), S. 216, Fn. 10. Auf die Rolle von Handelsunterbrechungen (Kursaussetzungen) bei der Begrenzung von
Realisationsrisiken an Kassabörsen geht Schmidt ein. Er
führt aus, daß durch eine Handelsunterbrechung alle Auftraggeber, nicht nur die standortbegünstigten und damit
reaktionsschnelleren Börsenhändler, die (nicht immer sinn-
volle) Möglichkeit erhalten, ihre Aufträge an die geänder-
te Marktlage anzupassen; H. Schmidt (1970), S. 185-189.

3) Zum Marginsystem und seinen Funktionen siehe Abschnitt
A.IV dieses Teils.

4) M.J. Brennan (1986), S. 216 f.

begründet das wie folgt: Für den Inhaber eines Futurekontraktes kann ein Anreiz bestehen, einen Nachschuß nicht zu leisten, wenn die Wertänderung des Kontraktes gegenüber dem Vortag das Guthaben auf seinem Marginkonto übersteigt.[1] Setzt man das Preislimit entsprechend fest, kann man diesen Anreiz vermindern oder sogar beseitigen, da durch das Preislimit unter Umständen die Information der Inhaber von Verlustpositionen über ihren tatsächlichen Verlust beschränkt werden kann. Wird der Handel unterbrochen, weil ein Preislimit erreicht ist, weiß der Marktteilnehmer zwar, daß sein potentieller Verlust seit dem Vortag möglicherweise höher ist als der beobachtbare Verlust aufgrund des limitierten Preises, aber nicht um wieviel. Um eine Entscheidung darüber zu treffen, ob er seine Nachschußverpflichtung erfüllen soll oder nicht, ist er also gezwungen, seinen erwarteten Verlust zu schätzen.

Ist der Marktteilnehmer risikoneutral[2], so wird sein (durch die Information über das Erreichen des Preislimits) bedingter erwarteter Verlust kleiner sein als der maximale Verlust, der sich ohne ein Preisli-

---

1) Wie oben im Abschnitt A.IV.3 dieses Teils über Margins als
    Sicherheit gegen Ausfälle ausgeführt, werden auch dann
    noch viele Marktteilnehmer fällige Nachschüsse leisten, um
    auch in Zukunft Geschäfte abschließen zu können. Folgt man
    Brennans Argumentation, so läßt sich jedoch durch Preisli-
    mits die Wahrscheinlichkeit erhöhen, daß Margin Calls
    erfüllt werden.

2) Die Annahme der Risikoneutralität der Marktteilnehmer
    trifft M.J. Brennan (1986), S. 217. Es erscheint jedoch
    zumindest zweifelhaft, ob tatsächlich alle Marktteilnehmer
    risikoneutral sind, was die Argumentationskette Brennans
    in Frage stellt. Ein risikoaverser Marktteilnehmer würde
    in seine Verlusterwartung eine Risikoprämie einrechnen,
    die dazu führen kann, daß sein erwarteter Verlust so groß
    ist wie der tatsächliche oder sogar darüber liegt.

190

mit hätte einstellen können. Es sind demnach Situationen denkbar, in denen bei gegebener durchzuhaltender Margin ein Nachschuß geleistet wird, wenn ein Preislimit besteht, nicht aber ohne ein solches Limit. Die Wahrscheinlichkeit für den Ausfall eines Marktteilnehmers kann daher bei einem Kontrakt mit Preislimit geringer sein als ohne Preislimit.[1] Bei geeigneter Wahl der Preislimits könnte man also die Mindestmargin senken, ohne die Erfüllungsgarantie des Clearinghauses zu beeinträchtigen.[2] Zudem gibt die Handelsunterbrechung den Marktteilnehmern mehr Zeit, die für die Marginzahlungen benötigten Mittel zu beschaffen.[3]

Es ist allerdings fraglich, ob Preislimits tatsächlich die Ausfallwahrscheinlichkeit reduzieren. Wenn das Handelsobjekt eines Future auf einem liquiden Kassamarkt gehandelt wird, was bei Financial Futures regelmäßig der Fall ist, liefert der Kassapreis den Marktteilnehmern einen guten Indikator für den zukünftigen Gleichgewichtspreis des Future. Der vom Marktteilnehmer erwartete Verlust wird dann nahezu

---

1) M.J. Brennan (1986), S. 217.

2) M.J. Brennan (1986), S. 216. So auch S.J. Khoury und G.L. Jones (1984), S. 24. Dagegen vertritt L.G. Telser (1981a), S. 239 f., die Ansicht, daß Preislimits keinen Einfluß auf die Höhe der Margins haben. Auch S. Figlewski (1984), S. 399, Fn. 17, hält Preislimits nicht für direkte Substitute für Margins, da sie ein mögliches Defizit auf einem Marginkonto nicht der Höhe nach begrenzen, sondern lediglich den Zeitraum verlängern, bis es erreicht ist.

3) F.R. Edwards (1983b), S. 384; A.S. Kyle (1988), S. 429 f.

dem tatsächlichen Verlust nach der Wiederaufnahme des
Handels entsprechen, und das Preislimit wäre insofern
wirkungslos.[1]

2. Mögliche Nachteile von Preislimits

Den genannten Vorteilen von Preislimits stehen einige
Nachteile gegenüber. Zum einen können Preislimits den
Preisbildungsprozeß für den jeweiligen Future beeinträchtigen. Ein durch neue Informationen gerechtfer-
tigter Gleichgewichtspreis kann sich nur verzögert
einstellen, wenn er außerhalb der Preislimits liegt.
Preislimits können also den Prozeß der Informations-
verarbeitung - einer wesentlichen Funktion von
Futuremärkten - behindern und zu Informationsineffi-
zienzen führen.[2]

Ein weiterer Einwand gegen Preislimits besteht darin,
daß sie die Liquidität des betroffenen Futurekontraktes beeinträchtigen. Wird der Handel nach Erreichen
eines Preislimits unterbrochen, können sich Marktteilnehmer vorübergehend nicht mehr aus bestehenden
Positionen lösen oder neue Positionen eingehen.[3]
Dadurch steht Hedgern der Kontrakt gerade dann nicht
zur Verfügung, wenn sie ihn am dringendsten zur Absi-

---

1) Brennan selbst hält deshalb Preislimits bei Financial
   Futures für ungeeignet; siehe M.J. Brennan (1986), S. 217,
   227, 229-233.

2) Siehe dazu L.G. Telser (1981a), S. 238; S.J. Khoury und
   G.L. Jones (1984), S. 24; R. Roll (1984), S. 864; CFTC
   (1988), S. 351.

3) F.R. Edwards (1983b), S. 384; S.J. Khoury und G.L. Jones
   (1984), S. 24; J.H. von Stein und H. Groß (1984), S. 12;
   CFTC (1988), S. 351; N.F. Brady et al. (1988), S. 66; C.K.
   Ma et al. (1989a), S. 321 f.; dies. (1989b), S.170.

cherung benötigen - bei starken Preisbewegungen.[1]
Zudem kann die Liquidität des Kontraktes dadurch
beeinträchtigt werden, daß sich weniger Spekulanten
am Handel beteiligen, weil sie befürchten müssen, bei
starken Preisbewegungen in ihren Positionen "gefangen" zu werden. Ihnen ginge dadurch die notwendige
Flexibilität verloren, um am Markt profitabel agieren
zu können. Gerade Spekulanten sind darauf angewiesen,
offene Positionen schnell zu schließen, wenn sie neue
Informationen erhalten. Durch die (drohende) Illiquidität eines Kontraktes entstehen den Marktteilnehmern
Kosten, und zwar um so höhere, je enger die Preislimits sind, und je größer damit die Wahrscheinlichkeit
für eine Handelsunterbrechung ist.[2]

Die Eignung eines Kontraktes mit Preislimits zum
Hedging wird weiter dadurch beeinträchtigt, daß der
Bewertungszusammenhang zwischen Kassa- und Futuremarkt durch eine Handelsunterbrechung auf dem Futuremarkt gestört wird.[3] Dadurch entsteht zusätzliches Basisrisiko.

---

1) CFTC (1988), S. 351; B.G. Malkiel (1988), S. 13. Als ein
Beispiel verweist Moser auf die Situation im Oktober 1989.
Nach starken Kursrückgängen an den Aktienmärkten und an
den entsprechenden Future- und Optionsbörsen wurde beim
S&P-500-Future der CME das maximale Preislimit erreicht
und der Handel eingestellt. Zu diesem Zeitpunkt schätzte
man den Überhang an Verkaufsaufträgen auf ungefähr 2000
Kontrakte, was einem Volumen von ca. US$ 330 Mio. entsprach. Danach läßt sich vermuten, daß Aktienpositionen in
Höhe dieses Betrages an diesem Tag ungesichert blieben,
weil der Futuremarkt vorzeitig geschlossen worden war;
J.T. Moser (1990), S. 8.

2) M.J. Brennan (1986), S. 221.

3) C.K. Ma et al. (1989a), S. 322; dies. (1989b), S. 170.
Hierin liegt auch ein Grund für die Forderung, Handelsunterbrechungen auf Kassamärkten und den verbundenen Options- und Futuremärkten, wenn überhaupt, nur koordiniert
durchzuführen. Siehe dazu: N. Katzenbach (1987), S. 16;
(Fortsetzung...)

Außerdem können Preislimits Preisbewegungen dadurch verstärken, daß Marktteilnehmer kurz vor Erreichen eines Preislimits versuchen, ihre Positionen glattzustellen.[1] Bei starken Preissteigerungen (-senkungen) versuchen Inhaber von Short- (Long-) Positionen noch vor der Handelsunterbrechung zu kaufen (verkaufen) und verstärken so den bestehenden Preistrend in Richtung des Preislimits. Zudem können Marktteilnehmer, die ihre Positionen nicht mehr vor der Handelsunterbrechung glattstellen konnten, durch ihre Transaktionen dazu beitragen, daß nach der Wiederaufnahme des Handels auch das neue Preislimit schnell erreicht wird.[2]

Aber auch ohne solche Transaktionen ist damit zu rechnen, daß sich die Volatilität aufgrund einer Handelsunterbrechung erhöht. Direkt nach der Handelsunterbrechung kann die Volatilität höher sein als während der Handelsphase davor, weil die Unsicherheit

---

3)(...Fortsetzung)
N.F. Brady et al. (1988), S. 66 f.; P.A. Tosini (1988), S. 450; C.K. Ma et al. (1989b), S. 170; C.S. Morris (1990).

1) Siehe dazu A.S. Kyle (1988), S. 428; B.G. Malkiel (1988), S. 13; F.R. Edwards (1989), S. 104; E.F. Fama (1989), S. 80.

2) So CFTC (1988), S. 351, Fn. 99; R. Ferguson (1988), S. 16. Diese Aussage wird allerdings in einer Untersuchung von Ma et al. nur in etwa einem Drittel der Fälle bestätigt. Zwischen Juli 1977 und Juli 1988 gab es beim T-Bond-Future des CBOT 62 Tage, an denen das obere Preislimit, und 55 Tage, an denen das untere Preislimit erreicht wurde. In 20 der 62 Fälle des oberen Preislimits (32 %) wurde das Preislimit an zwei oder mehreren aufeinanderfolgenden Tagen erreicht. Beim unteren Preislimit trat diese Situation in 18 der 55 Fälle (33 %) ein; C.K. Ma et al. (1989b), S. 173-175.

über den "richtigen" Gleichgewichtspreis größer ist.
Diese Unsicherheit steigt mit der Dauer der Handelsunterbrechung. Handelsunterbrechungen aufgrund von
Preislimits erhöhen demnach tendenziell die Volatilität.[1] Insgesamt können Preislimits also dazu beitragen, daß sich die Volatilität erhöht und nicht, wie
von ihren Befürwortern vorgebracht, reduziert.

Im Hinblick auf den bereits angesprochenen Zusammenhang zwischen Preislimits und Margins zeigt sich ein
weiterer Nachteil von Preislimits. Wird der Handel
nach Erreichen eines Preislimits eingestellt, so
müssen Marktteilnehmer mit Verlustpositionen nur den
Nachschuß leisten, der sich aufgrund des limitierten
Schlußkurses ergibt. Dieser Nachschuß kann aber niedriger sein als derjenige, der ohne ein Preislimit
fällig wäre, wenn der durch neue Informationen
gerechtfertigte Gleichgewichtskurs außerhalb der
Preislimits liegt. In diesem Fall wird den Inhabern
von Verlustpositionen implizit ein Marginkredit
eingeräumt.[2] Dieser Kredit ist nicht besichert und
wird zinslos gewährt. Die Kredithöhe ergibt sich aus
der Differenz zwischen dem Nachschuß, der ohne Preislimit fällig wäre, und demjenigen aufgrund des limitierten Schlußkurses. Der implizite Marginkredit
vergrößert tendenziell das Risiko, daß Marktteilnehmer Nachschüsse nicht leisten, und beeinträchtigt
somit die Erfüllungsgarantie des Clearinghauses.

Der Wert der Erfüllungsgarantie wird weiter dadurch
gemindert, daß die Handelsunterbrechung nach Erreichen eines Preislimits dazu führen kann, daß das

---

1) M.H. Miller (1989), S. 203.

2) Siehe dazu J.T. Moser (1990), S. 3, 12 f.

Clearinghaus Positionen von ausgefallenen Marktteilnehmern nicht mehr unverzüglich glattstellen kann.
Dadurch können Glattstellungsverluste entstehen, die
das Guthaben auf dem Marginkonto übersteigen.[1]
Angesichts solcher Auswirkungen von Preislimits müßte
das Clearinghaus seine Marginforderungen nicht senken, wie es Befürworter von Preislimits vorschlagen,
sondern sogar erhöhen, wodurch die durch die Margins
induzierten Transaktionskosten steigen.

3. **Preislimits in der Praxis ausgewählter**
   Futurebörsen

Insgesamt betrachtet scheinen Preislimits mehr
Nachteile als Vorteile zu haben. Insbesondere bei
Financial Futures, für deren Handelsobjekte liquide
Kassamärkte bestehen, auf die Marktteilnehmer bei
einer Handelsunterbrechung ausweichen können, kann
man vermuten, daß Preislimits die ihnen zugeschriebe-
nen positiven Wirkungen nicnt entfalten. Trotzdem
gelten für viele Financial Futures Preislimits. An
den amerikanischen Futurebörsen gibt es solche Limits
für Zins- und Aktienindexfutures.[2] Während die
Preislimits für Zinsfutures meist symmetrisch sind,
die zulässige Schwankung nach oben also genauso groß
ist wie diejenige nach unten, werden bei Aktienin-

---

1) F.R. Edwards (1983b), S. 375. Darauf weist auch E. Kane
   (1984), S. 46, hin.

2) Die Preislimits für die Devisenfutures der CME sind Ende
   1984 abgeschafft worden; CFTC (1988), S. 352; J.T. Moser
   (1990), S. 7.

dexfutures nur Kursrückgänge beschränkt.[1] Von Mitte der 80er Jahre bis zum Oktober 1987 galten für Aktienindexfutures in den USA keine Preislimits.[2]

Unter dem Eindruck der Ereignisse des Oktobers 1987 haben die Börsen jedoch erneut Preislimits für Aktienindexfutures eingeführt. Es spricht einiges dafür, daß sie in erster Linie deshalb wieder Preislimitregeln erlassen haben, um einer Regelung durch die staatlichen Aufsichtsbehörden zuvorzukommen, was zumindest vorerst gelungen ist.[3] Solche staatlichen Regelungen hätten die Unabhängigkeit der Börsen und ihre Fähigkeit, auf Marktveränderungen flexibel zu reagieren, beeinträchtigt.

Was die in Europa gehandelten Futures betrifft, so gelten für die Kontrakte der LIFFE außer beim Future auf japanische Staatsanleihen (JGB-Future) keine

---

1) Siehe dazu J.T. Moser (1990), S. 5. Die Bestimmungen des CBOT sehen eine Handelsunterbrechung nur bei starken Kursrückgängen, nicht aber bei Kurssteigerungen vor; siehe CBOT (1990), Regulation 1008.01, Abschn. F. An der CME gelten mit Ausnahme eines Eröffnungslimits von +/- 5 Indexpunkten ebenfalls nur Limits nach unten; siehe die Bestimmungen über Circuit Breaker der CME, abgedruckt bei C.S. Morris (1990), S. 44-46.

2) Diese Kontrakte waren zwar zunächst mit Preislimitregeln eingeführt worden. Man hat aber wenig später die Limits ausgeweitet und schließlich abgeschafft; siehe M.J. Brennan (1986), S. 229; CFTC (1988), S. 352, J.T. Moser (1990), S. 6 f.

3) Bereits früher konnte man beobachten, daß die Börsen von sich aus ihre Regularien verschärft haben, wenn zu erwarten war, daß die staatlichen Aufsichtsgremien eigene Vorschriften erlassen; siehe J.T. Moser (1990), S. 5.

Preislimits.[1] Auch für die Kontrakte der DTB gelten
keine Preislimits. Die DTB behält sich aber das Recht
vor, Preislimits einzuführen, wenn es die Marktlage
erfordert.[2] Preislimits gelten dagegen für die
Financial Futures des MATIF.[3]

4. Preislimits und Kontrakterfolg

Aus den vorstehenden Ausführungen ergeben sich folgende Implikationen für den Einfluß von Preislimits
auf den Kontrakterfolg. Preislimits beschränken die
Handelsmöglichkeiten von Hedgern gerade dann, wenn
ihr Absicherungsbedarf besonders hoch ist, nämlich
bei großen Preisausschlägen. Das kann dazu führen,
daß sich Hedger andere Möglichkeiten suchen, um ihre
Risiken abzusichern. Sie verlagern den Handel auf
Futures, für die keine Preislimits gelten,[4] oder
alternative Sicherungsinstrumente, wie Forwards,

---

1) A. Carpenter und C. Capozzi (1991), S. 676. Zu den
   Preislimits für den JGB-Future siehe die Kontraktspezifikationen dieses Kontraktes, abgedruckt ebda., S. 700.

2) Siehe DTB (1992b), S. 19; DTB (1992c), S. 21. Das Regelwerk der DTB enthält keine expliziten Bestimmungen über
   die mögliche Einführung von Preislimits. Die Befugnis des
   DTB-Börsenvorstandes, Preislimits einzuführen, könnte sich
   aber aus § 6 Abs. 2 Nr. 5 DTB-BörsO ergeben, wonach der
   Börsenvorstand die Aufgabe hat, die Bedingungen für den
   Handel an der DTB festzusetzen.

3) Siehe die Kontraktspezifikationen der am MATIF gehandelten
   Kontrakte, abgedruckt bei R. Kormanicki et al. (1991), S.
   147-191.

4) Beispielsweise konnte man beim T-Bond-Future der LIFFE am
   20.10.1987, als der Handel dieses Kontraktes am CBOT eingestellt worden war, einen Anstieg des Handelsvolumens um
   das Achtfache beobachten. Siehe F.R. Edwards (1989),
   S. 106, Fn. 14; C.K. Ma et al. (1989b), S. 196.

Swaps oder außerbörsliche Optionen.[1] Zudem können
Hedger durch die drohende Störung des Preiszusammen-
hangs zwischen Kassa- und Futuremarkt von der Verwendung eines Kontraktes mit Preislimits abgehalten
werden. Ebenso werden sich Spekulanten zurückhalten,
weil sie befürchten müssen, bei starken Preisbewegungen in Positionen "gefangen" zu werden.

Aus dem Argument der impliziten Kreditgewährung an
die Inhaber von Verlustpositionen ergibt sich ein
weiterer Grund dafür, daß Preislimits den Erfolg
eines Kontraktes beeinträchtigen können. Aufgrund von
Preislimits kann es vorkommen, daß das Clearinghaus
unbesicherte Marginkredite gewährt. Dadurch vermindert sich der Wert seiner Erfüllungsgarantie. Das
wiederum kann das Vertrauen der Marktteilnehmer in
die Sicherheit ihrer Positionen schwächen, was
tendenziell zu einem Rückgang des Handelsvolumens
führt. Insgesamt ist damit zu rechnen, daß der Marktanteil von Kontrakten ohne Preislimits zu Lasten von
Kontrakten mit einem solchen Limit steigt.[2]

Sollte eine Futurebörse sich trotz der genannten
Nachteile dazu entschließen, Preislimits einzuführen
oder beizubehalten - etwa um entsprechenden staatlichen Vorschriften zu entgehen -, erscheint es wichtig, einige Punkte zu beachten. Erstens sollten die
Limits nicht zu eng sein, damit das Geschäft an Han-

---

1) Für börslich gehandelte Optionen gelten vielfach auch
   Preislimits.

2) So z.B. E.F. Fama (1989), S. 80. M.H. Miller et al.
   (1988), S. 220, prognostizieren, daß die Stellung der US-
   Futurebörsen als Medium für Portfoliotransaktionen großer
   institutioneller Investoren aufgrund der Preislimitregeln
   längerfristig geschwächt werden wird.

delstagen mit durchschnittlichen Preisschwankungen nicht behindert wird. Preislimits greifen in diesem Fall nur bei außergewöhnlich großen Preisausschlägen.[1] Zweitens sollten kurz vor dem Liefertermin eines Kontraktes keine Preislimits gelten, weil sonst der Lieferprozeß beeinträchtigt werden könnte.[2] Drittens sollten Preislimits für Futures mit denen für die verbundenen Kassa- und Optionsmärkte koordiniert werden, damit eine Handelsunterbrechung auf einem Markt nicht dazu führt, daß sich der Handel auf einen anderen Markt verlagert und dort Preisbewegungen hervorruft oder verstärkt.

VII. Positionslimits

Für viele Futures gelten Positionslimits, die die Höchstzahl der Kontrakte festlegen, die ein Marktteilnehmer für eigene Rechnung halten darf. Positionslimits werden aufgrund staatlicher Aufsichtsbestimmungen oder aufgrund von Börsenregeln durch die Börsengremien festgelegt. Der folgende Abschnitt beschäftigt sich mit den Funktionen von Positionslimits, ihrem Einsatz an ausgewählten Futurebörsen und ihrem Einfluß auf den Kontrakterfolg.

---

1) Die Preislimits an den amerikanischen Futurebörsen scheinen so angelegt zu sein. Zudem gibt es oft Regeln, nach der die Limits ausgeweitet werden, wenn das Preislimit an mehreren Tagen hintereinander erreicht wird. Siehe z.B. CBOT (1990), Regulation 1008.01, Abschn. B.

2) Siehe dazu L.G. Telser (1981a), S. 238; E.D. Maberly (1982), S. 105. Dem ist z.B. am CBOT Rechnung getragen worden. Dort sind die jeweils nächstfälligen Kontrakte der meisten Futures während des gesamten Lieferzeitraumes (d.h. zwei Börsentage vor Beginn des Liefermonats bis zum Liefertermin) von der Preislimitregel ausgenommen; CBOT (1990), Regulation 1008.01, Abschn. C.

1. Mögliche Funktionen von Positionslimits

Es ist bereits angesprochen worden, daß manche Spekulation für gefährlich halten und glauben, Futuremärkte seien zur Spekulation besonders geeignet. Vertreter dieser Ansicht machen Spekulanten für "übermäßi-
ge" Preisvolatilität verantwortlich.[1] Die Eindämmung
solcher "übermäßigen" Volatilität wird als eine Funktion von Positionslimits angesehen.[2] Durch Positionslimits könne man die Größe spekulativer Positionen begrenzen und so den Einfluß der Spekulanten auf
die Preise reduzieren. Es ist jedoch in der Literatur umstritten, ob Spekulanten den Handel auf den
Finanzmärkten tatsächlich negativ beeinflussen.[3]
Insbesondere übersehen Kritiker der Spekulation, daß
Spekulanten auf Futuremärkten häufig die Gegenposition von Hedgegeschäften übernehmen, und so einen
wichtigen Beitrag zum Risikotransfer leisten. Es
scheint daher - zumindest aus Börsensicht - nicht
sachgerecht zu sein, Spekulation mit Hilfe von Positionslimits zu begrenzen.

Die in der Literatur am häufigsten genannte Funktion

---

1) Siehe F.R. Edwards (1981), S. 431, und die Ausführungen
   zur Volatilitätsbegrenzung durch Margins oben im Abschnitt
   A.IV.2.a dieses Teils.

2) Nach L.H. Hunt Jr. und W.J. Nissen (1981), S. 461, handelt
   es sich dabei um die ursprüngliche Funktion von Positionslimits. Section 4a(1) des US-amerikanischen Commodity
   Exchange Act in der Fassung von 1981 beschreibt die Verhinderung von "exzessiver Spekulation" und davon ausgehen-
   den Preisveränderungen als den Grund, aus dem die CFTC
   Positionslimits festlegen darf; zitiert nach: L.H. Hunt
   Jr. und W.J. Nissen (1981), S. 463.

3) L.H. Hunt Jr. und W.J. Nissen (1981), S. 461, sprechen
   sogar davon, daß die Ablehnung von Spekulation aufgrund
   des Fortschritts im ökonomischen Denken überholt sei.

von Positionslimits ist deren Beitrag zur Vermeidung
von marktbeherrschenden Positionen, wie Corner und
Squeeze.[1] Gibt es Anzeichen dafür, daß einzelne
Marktteilnehmer marktbeherrschende Positionen aufbauen können oder bereits aufgebaut haben, kann das
dazu führen, daß viele der übrigen Marktteilnehmer
sich aus dem betroffenen Kontrakt zurückziehen. Zumindest werden sie Risikoprämien verlangen, um mögliche Verluste durch Marktbeherrschung zu kompensieren. Aufgrund dieser Risikoprämien kann der aktuelle Futurepreis vom erwarteten zukünftigen Kassapreis abweichen.[2] Anders ausgedrückt können durch
marktbeherrschende Positionen die Preise auf dem
Futuremarkt und auf dem Kassamarkt verzerrt werden,
was die Korrelation zwischen Kassa- und Futurepreisen
reduziert.[3] Dadurch geht die Hedgingeffektivität des
Kontraktes zurück, und es werden weniger Hedger den
Kontrakt nutzen.

---

1) Siehe z.B. P. Cagan (1981), S. 175 f.; L.H. Hunt Jr. und
   W.J. Nissen (1981), S. 462 f.; H.S. Houthakker (1982b),
   S. 484; R.L. Sandor und H.B. Sosin (1983), S. 262; Board
   of Governors of the Federal Reserve System, CFTC und SEC
   (1984), S. VII-16 f.; R.E. Fink und R.B. Feduniak (1988),
   S. 114.
   Nach O. von Nell-Breuning (1928), S. 180, Fn. 26, gab es
   bereits 1927 an der "Chicagoer Getreidebörse" (gemeint ist
   wohl der CBOT) Vorschläge, eine "Obergrenze der Nettoter-
   minengagements des einzelnen Händlers" festzulegen.
   Dadurch sollte dazu beigetragen werden, daß nicht "das
   übertriebene Ausmaß einzelner Groß- und Riesenumsätze
   (Nettoengagements von Großspekulanten) zur Verfälschung
   der Marktlage und zur willkürlichen Preisbeeinflussung im
   Sinne des Spekulanten führe."

2) Siehe dazu L.N. Edwards und F.R. Edwards (1984), S. 348
   f.; F.H. Easterbrook (1986), S. S107 f.

3) L.N. Edwards und F.R. Edwards (1984), S. 349 f., zeigen
   analytisch, daß die Korrelation zwischen Kassa- und
   Futurepreis aufgrund von Manipulationen sinkt.

Positionslimits sollen nun verhindern, daß einzelne Marktteilnehmer so große Positionen im Future aufbauen, daß sie eine marktbeherrschende Stellung erlangen und den Futurepreis beeinflussen können.[1] Will man den Aufbau von marktbeherrschenden Positionen mit Hilfe von Positionslimits verhindern, so bietet es sich an, das Limit auf die Anzahl der lieferbaren Titel zu beziehen.[2] Eine weitere Möglichkeit besteht darin, die Positionslimits als Anteil am Open Interest zu einem bestimmten Stichtag festzulegen.[3] Bei geeigneter Wahl des Positionslimits kann dabei kein Marktteilnehmer eine so große Position aufbauen, daß er eine marktbeherrschende Stellung erlangt. Zudem werden Inhaber großer Positionen gezwungen, diese zumindest teilweise glattzustellen, wenn das Open Interest wie üblich zum Liefertermin hin zurückgeht. Sie können so keinen marktbeherrschenden Einfluß erlangen.

Zu erwähnen ist in diesem Zusammenhang ferner, daß sich die Rechtssicherheit der Marktteilnehmer erhöhen läßt, indem man die Positionslimits ex ante festlegt.[4] Will man durch Positionslimits die Wahr-

---

1) Voraussetzung dafür ist, daß geeignete Überwachungsmöglichkeiten zur Verfügung stehen, durch die sich verhindern läßt, daß kollusiv handelnde Marktteilnehmer marktbeherrschende Positionen aufbauen.

2) Das schlägt z.B. P. Cagan (1981), S. 176, vor. Die DTB hat die Positionslimits für ihre Aktienoptionen an das frei handelbare Kapital der jeweils zugrundeliegenden Aktie gebunden; siehe J. Franke und C. Imo (1990), S. 111; § 30 Abs. 2 Satz 2 DTB-BörsO.

3) Das schlägt H.S. Houthakker (1982b), S. 484, vor.

4) Siehe dazu P. Cagan (1981), S. 176, der es als "unfairen" Gebrauch aufsichtsrechtlicher Befugnisse bezeichnet, wenn
(Fortsetzung...)

scheinlichkeit eines Corners oder eines Squeeze verringern, erscheinen ständige Limits besser geeignet
als solche, die die zuständigen Gremien erst in Kraft
setzen, wenn bereits eine marktbeherrschende Stellung
entstanden ist.

Eine weitere Funktion von Positionslimits ist bereits
im Zusammenhang mit der Sicherung der finanziellen
Integrität des Clearinghauses angesprochen worden.[1]
Durch Positionslimits läßt sich zum einen die Wahrscheinlichkeit vermindern, daß ein Marktteilnehmer so
große Positionen aufbaut, daß durch Preisänderungen
Nachschüsse fällig werden, die ihn überfordern. Zum
anderen wird der potentielle Verlust begrenzt, den
das Clearinghaus übernehmen muß, falls ein Clearingmitglied ausfällt. Um das Ausfallrisiko zu begrenzen,
erscheinen Positionslimits geeignet, die an das
Eigenkapital der Clearingmitglieder gebunden sind.[2]

2. Positionslimits in der Praxis ausgewählter Futurebörsen

Positionslimits haben an den internationalen Futurebörsen einen unterschiedlichen Stellenwert. An vielen
Börsen gelten keine Positionslimits. Beispielsweise
haben die beiden großen Chicagoer Futurebörsen, der
CBOT und die CME, im vergangenen Jahr die Positions-

---

4)(...Fortsetzung)
     Marktteilnehmer während der Laufzeit eines Kontraktes
     durch eine Senkung der Positionslimits gezwungen werden,
     Positionen glattzustellen.

1)   Vgl. Abschnitt A.IV.1 dieses Teils.

2)   Siehe dazu F.R. Edwards (1983b), S. 383.

limits für einige Financial Futures abgeschafft.[1]
Auch für die Kontrakte der LIFFE gelten keine Positionslimits.

An der DTB gibt es derzeit keine Positionslimits für
Futures.[2] Allerdings überwacht die Marktaufsicht der
DTB die Positionsgrößen der Marktteilnehmer, wobei
für jeden Kontrakt eine interne Positionsgrenze von
9.999 Kontrakten gilt.[3] Marktteilnehmer mit größeren
Positionen werden der Marktaufsicht automatisch nach
der nächtlichen Stapelverarbeitung angezeigt. Diese
Marktteilnehmer sind aber, anders als bei offiziellen
Positionslimits, nicht verpflichtet, ihre Positionen
zu verringern. Die internen Positionsgrenzen dienen
der DTB lediglich dazu, potentiell marktbeherrschende
Positionen rechtzeitig zu erkennen.

Der MATIF verwendet zwei Arten von Positionslimits.
Zum einen darf die Position eines Marktteilnehmers 20
Prozent des Open Interest eines Kontraktes je Liefer-

---

1) FOW (1992b), S. 21. Am CBOT wurden die Positionslimits für
   den T-Bond- und die 5- und 10-Jahres-T-Note-Futures und an
   der CME diejenigen für den Eurodollar- und die Devisenfutures abgeschafft. Für andere Kontrakte bestehen weiter
   Positionslimits; siehe CBOT (1990), Regulation 425.01.

2) J. Franke und C. Imo (1990), S. 111, weisen darauf hin,
   daß Positionslimits zumindest für den DAX-Future auch
   nicht erforderlich sind, da dieser Kontrakt durch Cash
   Settlement erfüllt wird.
   Der Börsenvorstand der DTB kann aber gemäß § 30 Abs. 1
   DTB-BörsO Positionslimits für Futures festsetzen, "um den
   ordnungsgemäßen Terminhandel zu sichern und um Gefahren
   für die Kassamärkte abzuwenden." Für diesen Fall ist
   vorgesehen, daß die Positionslimits "für jedes Produkt als
   Höchstgesamtzahl von gekauften und verkauften Kontrakten
   festgelegt" werden; siehe § 30 Abs. 2 Satz 1 DTB-BörsO.

3) Telefonische Auskunft der DTB am 06.05.1992.

monat nicht übersteigen.[1] Dieses Limit soll marktbeherrschende Positionen vermeiden. Zum anderen gilt
ein Positionslimit, das an das Eigenkapital der
Marktteilnehmer gebunden ist, also das Clearinghaus
vor Ausfällen schützen soll. Dieses Limit bezieht
sich allerdings nicht auf einzelne Kontrakte, sondern
auf die Gesamtposition in allen Kontrakten. Danach
darf erstens die Summe der Einschüsse, die ein Marktteilnehmer (Clearingmitglied oder Kunde) aufzubringen
hat, 20 Prozent seines Eigenkapitals nicht übersteigen. Zweitens dürfen die Einschüsse aller Kunden
eines Clearingmitgliedes 200 Prozent seines Eigenkapitals nicht überschreiten, wobei die Einschüsse
eines einzelnen Kunden 100 Prozent des Eigenkapitals
des Clearingmitgliedes nicht übersteigen dürfen.[2]

3. Positionslimits und Kontrakterfolg

Die vorstehenden Ausführungen zeigen, daß Positionslimits den Kontrakterfolg fördern können, indem sie
den Aufbau marktbeherrschender Positionen vermeiden
helfen.[3] Zudem tragen sie zur Sicherung des Clearinghauses und damit zum Vertrauen der Marktteilnehmer in dessen finanzielle Integrität bei. Positionslimits können also zum einen das Marktbeeinflussungspotential vermindern und zum anderen die
Fähigkeit der Marktteilnehmer sichern, eingegangene

---

1) MATIF (1989), S. 4.

2) MATIF (1989), S. 5.

3) Allerdings gibt es auch andere Mittel gegen Corner und
   Squeezes wie die Zulassung vieler Lieferalternativen oder
   die Erfüllung durch Cash Settlement. Siehe dazu oben
   Abschnitt A.I.1.a.ac bzw. A.I.1.b dieses Teils.

Positionen zu tragen. Wo - wie am MATIF - beide Arten von Positionslimits gelten, muß das jeweils kleinere Limit greifen.

Positionslimits können den Kontrakterfolg jedoch auch beeinträchtigen, wenn sie zu niedrig festgesetzt werden. Ein Positionslimit ist letztlich eine Marktzutrittsschranke,[1] die zwar keinen Marktteilnehmer ganz vom Handel ausschließt, ihm aber ab einer bestimmten Positionsgröße den Abschluß weiterer Geschäfte verwehrt. Das könnte insbesondere große institutionelle Anleger, wie Versicherungen und Kapitalanlagegesellschaften, daran hindern, ihre Portefeuilles in dem gewünschten Maß gegen Preisrisiken abzusichern. Unter Umständen werden durch Positionslimits auch Marktteilnehmer betroffen, die gewöhnlich die Gegenposition von Hedgegeschäften übernehmen, was die Liquidität eines Kontraktes beeinträchtigt.

Zu niedrige Positionslimits reduzieren also tendenziell die Liquidität eines Kontraktes und erhöhen somit die Kosten sofortigen Abschlusses der Marktteilnehmer.[2] Insbesondere Hedger, die einen hohen

---

1) L.H. Hunt Jr. und W.J. Nissen (1981), S. 462.
   G.D. Koppenhaver (1987), S. 6, weist darauf hin, daß zu niedrige Positionslimits verhindern können, daß die ökonomischen Vorteile von Futures eintreten.

2) L.H. Hunt Jr. und W.J. Nissen (1981), S. 462; F.R. Edwards (1983b), S. 383. Mit Hilfe eines Simulationsmodells zeigen S.R. Pliska und C.T. Shalen (1991), S. 146-148, daß Handelsvolumen und Open Interest eines Kontraktes zurückgehen, wenn man das Positionslimit reduziert. B. Kovner (1990), S. 416, hält die Positionslimits im US-amerikanischen Futurehandel für zu niedrig im Vergleich zu den Positionsgrößen auf den zugrundeliegenden Kassamärkten. Um den Liquiditätsnachteil durch Positionslimits abzumil-
   (Fortsetzung...)

Bedarf an Sofortigkeitsservice haben, werden dadurch beeinträchtigt. Das kann dazu führen, daß Hedger ihre Positionen teilweise unbesichert lassen oder auf andere Sicherungsgeschäfte ausweichen. Zudem kann die Preisbildung beeinträchtigt werden, wenn durch die Positionslimits Marktteilnehmer vom Handel ausgeschlossen werden, die neue Informationen in die Kurse bringen.

Insgesamt betrachtet lassen sich Positionslimits nur bei Kontrakten rechtfertigen, bei denen aufgrund geringer Volumina lieferbarer Titel die Gefahr von Preismanipulationen besteht, und bei denen sich diese Gefahr nicht dadurch abmildern läßt, daß man den Kreis der lieferbaren Titel ausdehnt oder Erfüllung durch Cash Settlement einführt.[1] Unterstützend können Positionslimits auch bei der Sicherung des Clearinghauses wirken. Um die Liquidität eines Future und damit dessen Erfolg nicht zu beeinträchtigen, erscheint es jedoch ratsam, Positionslimits den Positionsgrößen der größeren Marktteilnehmer auf den Kassamärkten der Handelsobjekte entsprechend festzusetzen.

---

2)(...Fortsetzung)
dern, gelten an einigen Börsen für Anbieter von Sofortigkeitsservice höhere Positionslimits als für andere Marktteilnehmer. An der DTB sind die Positionslimits für Marketmaker in Aktienoptionen dreimal so hoch wie diejenigen für andere Marktteilnehmer; J. Franke und C. Imo (1990), S. 111; § 31 DTB-BörsO.

1) Es könnte dann nicht angebracht sein, den Kreis der lieferbaren Titel auszudehnen, wenn dadurch die Korrelation zwischen Kassa- und Futurepreis vermindert und damit die Hedgingeffektivität beeinträchtigt würde; siehe dazu Abschnitt A.I.1.a.ac dieses Teils. Gegen die Einführung des Cash Settlement könnte sprechen, daß kein geeigneter Settlementindex verfügbar ist; siehe dazu Abschnitt A.I.1.b diese Teils.

VIII. Transaktionsgebühren

Die folgende Untersuchung der Transaktionsgebühren[1]
schließt die Analyse des Einflusses der Kontraktspezifikationen auf den Kontrakterfolg ab. Diese Gebühren werden für jeden gehandelten Kontrakt von beiden
Kontrahenten erhoben. Dabei gelten für die einzelnen
Kontrakte einer Börse individuelle Gebührensätze.
Daher erscheint es gerechtfertigt, die Transaktionsgebühren als Kontraktspezifikation zu interpretieren.

Die Transaktionsgebühren bilden die Haupteinnahme-
quelle der Futurebörsen. Andere Einnahmen, wie jährliche Mitgliedsgebühren oder Erlöse aus dem Vertrieb
von Preis- und Umsatzdaten, haben dagegen nur eine
untergeordnete Bedeutung und bleiben daher hier außer
Betracht.[2] Mit den Gebühreneinnahmen decken die
Börsen ihre Kosten, insbesondere Personalkosten,
Grundstücks- und Raumkosten (die bei Parkettbörsen
auch die Kosten für den Börsensaal enthalten), Kosten
der technischen Einrichtungen sowie für die Entwicklung und das Marketing neuer Kontrakte.[3]

Im Vergleich zu den Mindestkursabstufungen, die, wie
oben ausgeführt, die Höhe der Kosten sofortigen Abschlusses determinieren, sind die Transaktionsgebüh-

---

1) Unter diesem Begriff seien hier Handels- und Clearinggebühren zusammengefaßt. An manchen Börsen werden diese
   Gebühren getrennt ausgewiesen.

2) Beispielsweise entfielen von den Umsatzerlösen der DTB im
   Geschäftsjahr 1991 (DM 113,3 Mio.) 87,6 % auf Transaktionsgebühren; DTB (1992e), S. 34.

3) Siehe hierzu S. Chambers und C. Carter (1990), S. 82.

ren erheblich geringer.[1] Gleichwohl erhöhen sie die
Transaktionskosten der Marktteilnehmer und reduzieren
somit tendenziell deren Handelsinteresse.[2] Gerade im
Wettbewerb mit anderen Börsen können die Transaktionsgebühren daher zu einer wichtigen Determinante
des Kontrakterfolges werden.[3]

Insbesondere in der Einführungsphase eines neuen
Kontraktes versuchen manche Börsen das Handelsinteresse der Marktteilnehmer dadurch zu erhöhen, daß sie
für eine bestimmte Zeit keine Transaktionsgebühren
erheben. Beispielsweise hat die DTB zwischen August
1991 und Juni 1992 die Gebühren für ihren Bund-Future
ausgesetzt, um Aufträge an die DTB zu ziehen und die
Liquidität des Kontraktes zu erhöhen. Sie wollte
dadurch die Wettbewerbsposition ihres Bund-Future

---

1) Beispielsweise berechnet die DTB beim Bund-Future DM 0,50
pro Kontrakt und beim DAX-Future DM 4,00 pro Kontrakt. Die
entsprechenden Tick-Werte betragen DM 25,00 bzw. DM 50,00;
DTB (1993b), S. 2 f.; DTB (1992b), S. 18; DTB (1992c),
S. 20.

2) Die Börsen vereinnahmen die Gebühren aus allen Geschäften
von ihren Mitgliedern. Soweit die Börsenmitglieder als
Kommissionäre Aufträge ihrer Kunden an der Börse ausfüh-
ren, werden sie sich die Gebühren, meist im Rahmen der
Provision, von ihren Kunden erstatten lassen.
Auf die Höhe dieser Provisionen haben die Börsen keinen
Einfluß. Sie können lediglich versuchen, die Zahl ihrer
Mitglieder zu erhöhen. Die Konkurrenz der Mitglieder um
Kundenaufträge läßt die Provisionen tendenziell sinken.

3) Darauf weist R.W. Kolb (1991), S. 55, mit Blick auf die
zunehmende internationale Konkurrenz im Futurehandel hin.
Er führt aus, daß im internationalen Vergleich die niedrigsten Transaktionsgebühren von den amerikanischen Börsen
erhoben werden, die auch die höchsten Umsätze hätten. Er
sieht darin einen Ausdruck der Economies of Scale im
Futurehandel.

gegenüber dem Bund-Future der LIFFE verbessern.[1] Die Aussetzung der Transaktionsgebühren bedeutet, daß eine Börse den entsprechenden Kontrakt vorübergehend subventioniert. Diese Subventionen werden aus den Gebühreneinnahmen für die anderen Kontrakte der Börse getragen.[2] Das erscheint nur gerechtfertigt, wenn der Kontrakt mit hoher Wahrscheinlichkeit nach einiger Zeit eine ausreichende Liquidität erreicht, um ohne diese Subventionierung auskommen zu können.

Einige Börsen berechnen den Marktteilnehmern verminderte Gebührensätze, die sich zum Marketmaking in einem Kontrakt verpflichten.[3] Die geringeren Gebühren stellen für die Marketmaker neben den Mindestkursabstufungen einen zusätzlichen Anreiz dar, anderen Marktteilnehmern Sofortigkeitsservice anzubieten. Durch eine solche Gebührenpolitik kann eine Börse also dazu beitragen, daß genügend Marketmaker um Aufträge der Nachfrager des Sofortigkeitsservice – vor allem der Hedger – konkurrieren. Die Konkurrenz der Marketmaker führt tendenziell zu engeren Spannen, reduziert also die Sofortigkeitskosten. Niedrigere Gebührensätze für Marketmaker können demnach die Liquidität eines Kontraktes erhöhen und zu dessen Erfolg beitragen.

---

1) Siehe dazu im einzelnen die Fallstudie zum relativen Erfolg der Bund-Futures der LIFFE und der DTB im Abschnitt B.II des dritten Teils.

2) Siehe dazu S. Chambers und C. Carter (1990), S. 85.

3) Beispielsweise betragen an der DTB die Transaktionsgebühren für Marketmaker in Optionen auf den Bund-Future und auf den Bobl-Future DM 0,10 statt DM 0,50 pro Kontrakt und für Marketmaker in Optionen auf den DAX-Future DM 1,00 statt DM 4,00 pro Kontrakt; DTB (1993b), S. 4 f.

Im Interesse des Kontrakterfolges erscheint es wichtig, daß Börsen sich bemühen, ihre Leistungen zu möglichst geringen Kosten zu erstellen. Sie können dann auch bei niedrigen Gebühren kostendeckend arbeiten. Je niedriger die Gebühren, desto mehr Marktteilnehmer werden sich am Handel beteiligen und desto größer ist der Kontrakterfolg.

B. Einfluß der Produktpalette einer Futurebörse auf den Kontrakterfolg

Die vorhergehende Analyse hat gezeigt, welche Kontraktspezifikationen die Erfolgsaussichten eines Future erhöhen und welche Spezifikationen den Erfolg eher behindern. Im folgenden geht es nun um den Erfolgseinfluß weiterer an einer Börse gehandelter Kontrakte. Zunächst werden Futures mit korrelierenden Handelsobjekten und danach Optionen auf Futures untersucht.[1]

I. Handel von Futures auf korrelierende Handelsobjekte

Ein Erfolgseinfluß anderer an einer Börse gehandelter Kontrakte ist vor allem zu erwarten, wenn deren Handelsobjekte miteinander verbunden sind, ihre Kassa-

---

1) Optionen auf Kassatitel seien hier nicht gesondert betrachtet, da sie nicht zur Produktpalette der traditionellen reinen Futurebörsen gehören. Im Abschnitt B.II dieses Teils werden aber börslich gehandelte Zinsoptionen und Aktienindexoptionen mit den entsprechenden Optionen auf Futures verglichen.

preise also korrelieren, wie es beispielsweise bei
Zinstiteln der Fall ist. Die Untersuchung im ersten
Teil dieser Arbeit hat ergeben, daß ein neuer Kontrakt nur dann neben einem bestehenden Kontrakt
erfolgreich sein kann, wenn sein Vorteil bei der
Hedgingeffektivität groß genug ist, um seinen Liquiditätsnachteil auszugleichen. Daher wird eine Börse
einen zusätzlichen Future nur einführen, wenn ein
bestehender Kontrakt für genügend potentielle Hedger
nur ein unvollkommenes Hedgeinstrument ist, die
Preise der Handelsobjekte beider Kontrakte also
relativ gering miteinander korreliert sind. Anders
ausgedrückt: Die Preisdifferenzen zwischen den
Handelsobjekten müssen volatil genug sein, um einen
zusätzlichen Kontrakt zu rechtfertigen.[1] Sind die
Preisdifferenzen dagegen stabil, können Hedger auch
den bestehenden Kontrakt zum Hedging verwenden.

Darin dürfte der wesentliche Grund dafür bestehen,
daß an kaum einer Börse mehr als ein Aktienindexfuture gehandelt wird; die Aktienindizes, die Handelsobjekt sein könnten, sind im allgemeinen stark

---

1)   D.R. Siegel und D.F. Siegel (1990), S. 313, sehen den
     Hauptgrund für die Markteinführung des Municipal-Bond-
     Future 1985 am CBOT darin, daß sich der T-Bond-Future
     nicht als ein effektives Hedgeinstrument für Zinsrisiken
     aus Positionen in Municipal Bonds erwiesen hatte. Sie
     ermitteln eine Korrelation zwischen den Renditen von T-
     Bonds und Municipal Bonds von unter 55 %. Auf den Handel
     zweier Kontrakte an einer Börse lassen sich auch die
     Ausführungen von B. Cornell (1981), S. 313-315, übertra-
     gen. Er sieht einen Grund für den Mißerfolg des Commer-
     cial-Paper-Future (CP) des CBOT darin, daß die Rendite-
     differenzen zwischen T-Bills und Commercial Papers nicht
     variabel genug waren. Daher hätte sich der CP-Future nicht
     gegen den früher eingeführten T-Bill-Future der CME durch-
     setzen können.

miteinander korreliert.[1] Dagegen sind im Bereich der
Zinsfutures Kontrakte mit korrelierenden Handelsobjekten verbreitet. Die Differenzierung der Handelsobjekte erfolgt dabei nach den Laufzeitbereichen der
lieferbaren Titel oder nach den Schuldnern. Bei der
Differenzierung nach Laufzeitbereichen läßt sich eine
ausreichende Volatilität der Preisdifferenzen (Renditedifferenzen) zwischen den Handelsobjekten am
besten dadurch erreichen, daß man die Laufzeitbereiche der lieferbaren Titel für die einzelnen Kontrakte
klar voneinander trennt.[2]

Bei der Differenzierung nach dem Schuldner ergeben
sich Preisdifferenzen vor allem aufgrund unterschiedlicher Bonitäten. Ein Beispiel dafür sind der T-Bill-
und der Eurodollar-Future der CME. Beiden Futures
liegen 3-Monats-Zinssätze zugrunde. Da die Bonität
des amerikanischen Staates jedoch allgemein höher
eingeschätzt wird als die der Eurobanken, liegen die
Renditen der T-Bills unterhalb der Zinssätze für
Eurodollar-Termineinlagen gleicher Laufzeit. Diese
Renditedifferenz ist meist nicht konstant, weil sich
die Einschätzung der Marktteilnehmer über die relative Bonität der Schuldner im Zeitablauf ändert. Ein

---

1) Werden mehrere Aktienindexfutures gehandelt, beziehen
diese sich auf Portefeuilles mit Aktien verschiedener
nationaler Aktienmärkte. Beispiele dafür sind der S&P-500-
und der NIKKEI-225-Future an der CME sowie der SMI- und
der Eurotop-100-Future an der SOFFEX; FOW (1992c), S. 69,
78. Ferner handeln einige Börsen, wie die schwedische Terminbörse OM, nebeneinander einen Aktienindexfuture und
Futures auf einzelne Aktien; vgl. FOW (1992c), S. 69.

2) Beispielsweise sind an der DTB beim Bund-Future Bundesanleihen und Anleihen der Treuhandanstalt mit einer Laufzeit zwischen 8,5 und 10 Jahren und beim Bobl-Future
Emissionen des Bundes und der Treuhandanstalt mit einer
Laufzeit zwischen 3,5 und 5 Jahren lieferbar.

weiteres Beispiel für eine Differenzierung sind die
Kontrakte auf Staatsanleihen in verschiedenen Währun-
gen, wie sie an der LIFFE gehandelt werden.[1]

Nach der Einführung eines zusätzlichen Kontraktes
werden manche Hedger diesen Kontrakt anstelle des
bestehenden (Cross-Hedge-)Kontraktes verwenden, weil
er eine höhere Hedgingeffektivität verspricht. Das
geringere Auftragsvolumen der Hedger führt aber meist
nicht dazu, daß die Liquidität des bestehenden Kontraktes insgesamt zurückgeht, da der zusätzliche Kontrakt Spread-Geschäfte (Inter-Commodity Spreads)
ermöglicht, die diesen Auftragsrückgang häufig ausgleichen, wenn nicht überkompensieren. Ein solcher
Spread beinhaltet den - meist gleichzeitigen - Abschluß entgegengesetzter Futurepositionen, beispielsweise einer Long-Position im Bund-Future und einer
Short-Position im Bobl-Future.

Gegenüber Spreads zwischen Kontrakten, die an verschiedenen Börsen gehandelt werden, haben Spreads
zwischen Kontrakten einer Börse den Vorteil einer
geringeren Marginbelastung, da nur die Spread-Margin
fällig wird und nicht zweimal die Margin auf offene
Positionen.[2] Zudem lassen sich die Preise der Kontrakte einer Börse im allgemeinen besser beobachten,
um den günstigsten Zeitpunkt für den Aufbau eines
Spread zu ermitteln. Vielfach fördern Börsen Spread-
Geschäfte in ihren Kontrakten auch dadurch, daß sie

---

1) Zur Zeit werden Kontrakte auf britische (Long Gilt),
   amerikanische (T-Bond), deutsche (Bund), italienische
   (BTP), und japanische (JGB) Staatsanleihen gehandelt;
   LIFFE (1992a).

2) Siehe dazu die Ausführungen zu Margins im Abschnitt A.IV
   dieses Teils.

Kombinationsaufträge zulassen, die es erlauben, beide
Seiten eines Spread gleichzeitig zu eröffnen.[1]

Mit Hilfe von Spreads können Marktteilnehmer Veränderungen der Preisdifferenzen zweier Kontrakte ausnutzen. Dabei handelt es sich um spekulative Strategien:
Wer mit einem Spread Geld verdienen möchte, braucht
eine Prognose über die zukünftige Änderung der Preisdifferenz.[2] Diese Prognose muß sich von den Erwartungen des Marktes unterscheiden, weil diese bereits
in den Futurepreisen enthalten sind, wenn eine
Spread-Position aufgebaut wird.[3] Ein großer Teil der
Spekulanten in Zinsfutures verwendet Spreads und
keine offenen Positionen.[4] Mit Spreads aus Futures,
deren Handelsobjekte unterschiedliche Laufzeitbereiche abdecken, können sie ihre Prognosen über Veränderungen des Zinsniveaus und der Zinsstruktur ausnutzen.[5] Da sie dabei entgegengesetzte Positionen eingehen, also lediglich auf Preisdifferenzen setzen,

---

1) Das bietet sich vor allem bei Computerbörsen an. An
Parkettbörsen sind die Handelsringe für korrelierende
Kontrakte meist benachbart, um Spreads zu erleichtern.

2) Vgl. in diesem Zusammenhang auch die Abgrenzung zwischen
aktiven und passiven Anlagestrategien bei H. Schmidt
(1989a), S. 28. Spreads gehören zu den dort angeführten
aktiven Strategien, mit denen man Prognosen über Kursrelationen ausnutzen kann.

3) Darauf weist R.W. Kolb (1991), S. 322, hin.

4) R.W. Kolb (1991), S. 318.

5) Erwarten Spekulanten beispielsweise einen Anstieg des
Zinsniveaus (parallele Verschiebung der Zeitstruktur der
Zinssätze nach oben) oder eine steilere Zinsstruktur,
gehen sie eine Short-Position in einem Future mit längerem
Laufzeitbereich (z.B. Bund-Future) und eine Long-Position
in einem Future mit kürzerem Laufzeitbereich (z.B. Bobl-
Future) ein; siehe dazu R.W. Kolb (1991), S. 322 f.

übernehmen sie weniger Risiko, als wenn sie offene Positionen eingehen, um Prognosen über die Höhe des Preises auszunutzen.

Spekulanten können - vorausgesetzt ihre Prognosen sind richtig - um so mehr von Spreads profitieren, je stärker die Preisdifferenzen schwanken. Das Handelsinteresse der Spekulanten erhöht sich demnach mit zunehmenden Schwankungen der Preisdifferenzen. Wie oben ausgeführt, trifft das auch für Hedger zu. Somit dürften die Erfolgsaussichten von Futures mit korrelierenden Handelsobjekten tendenziell mit steigender Volatilität der Preisdifferenzen zunehmen.

II. Handel von Optionen auf Futures

Optionen auf Futures gibt es seit 1982, als der CBOT Optionen auf seinen T-Bond-Future in den Handel einführte. Im Jahr darauf wurden die ersten Optionen auf Aktienindexfutures gehandelt.[1] Heute bieten die meisten Futurebörsen ihren Kunden neben Futures auch Optionen auf diese Futures an.

Während bei Wertpapieroptionen Kassatitel geliefert werden, wenn der Inhaber der Option sein Optionsrecht ausübt, wird bei einer Option auf einen Future eine Futureposition geliefert. Der Inhaber einer Kaufoption auf einen Future hat das Recht, zum Basispreis eine Long-Position im Future einzugehen, wobei der

---

1) Der CBOT führte die Optionen auf den T-Bond-Future am 1.10.1982 in den Handel ein; CFTC (1991), S. 104. Am 28.1.1983 nahmen die CME und die NYFE den Handel mit Optionen auf den S&P-500-Indexfuture bzw. auf den NYSE-Composite-Indexfuture auf; CFTC (1991), S. 102.

Stillhalter die entsprechende Short-Position übernimmt. Umgekehrt erhält der Inhaber einer Verkaufsoption bei Ausübung eine Short-Position im Future und
der Stillhalter übernimmt die Long-Position. Für die
neu eröffneten Futurepositionen erfolgt ein soforti-
ger Gewinn- und Verlustausgleich auf Basis des aktuellen Futurepreises. Dadurch erhält der Inhaber einer
Option auf einen Future vom Stillhalter den Unter-
schiedsbetrag zwischen dem Basispreis (E) und dem
aktuellen Futurepreis (F) bei Ausübung (F-E beim Call
und E-F beim Put).[1] Für die durch die Ausübung
eröffneten Futurepositionen haben beide Partnern die
üblichen Margins zu entrichten.

Optionen auf Futures ergänzen das feste Termingeschäft der Futurebörsen. Sie eröffnen den Marktteilnehmern zusätzliche Anlagestrategien.[2] Diese Anlagestrategien lassen sich grundsätzlich auch mit Optionen auf Kassatitel realisieren. Es stellt sich daher
die Frage, warum es für viele Handelsobjekte neben
Optionen auf Kassatitel auch Optionen auf Futures
gibt.

Gegenüber Optionen auf Kassatitel haben Optionen auf
Futures den Vorteil, sich besser in das Handels- und
Abrechnungssystem der Börse einfügen zu lassen. Das
gilt zumindest aus der Sicht reiner Futurebörse wie

---

1) Siehe z.B. P. Ritchken (1987), S. 251 f.; D.M. Chance
(1991), S. 440 f.

2) Auf die Darstellung der Anlagestrategien mit Optionen kann
hier verzichtet werden, weil man sie bereits in der ein-
schlägigen Literatur findet. Stellvertretend für viele
seien genannt: R.M. Bookstaber (1981), S. 112-160; P.
Ritchken (1987), S. 36-69; D.M. Chance (1991), S. 157-236;
H.R. Stoll und R.E. Whaley (1993), S. 249-283.

dem CBOT, der LIFFE oder dem MATIF.[1] Zudem werden Arbitragetransaktionen zwischen Futures und Optionen dadurch erleichtert, daß die Optionen an der gleichen Börse gehandelt werden wie ihr Bezugsgut.[2] Solche Arbitragegeschäfte erhöhen die Liquidität beider Instrumente und verbessern die Preisbildung.

Viele Marktteilnehmer bevorzugen Optionen auf Futures auch, weil der liquide Markt für das Bezugsgut ihnen Transaktionskostenvorteile verschafft.[3] Die Liquidität des Futuremarktes erleichtert es ihnen, eine Position, die sie durch die Ausübung einer Option erworben haben, zu niedrigen Sofortigkeitskosten glattzustellen. Außerdem können sie die Futurepreise besser beobachten, als wenn das Bezugsgut an einer anderen Börse gehandelt wird. So können sie die Optionen leichter anhand aktueller Preise des Bezugsgutes bewerten.[4] Ein weiterer Vorteil ergibt sich bei der Ausübung einer Option dadurch, daß sie nicht

---

1) In den USA kommt hinzu, daß aufgrund der getrennten Aufsicht über Future- und Wertpapiermärkte die Futurebörsen keine Optionen auf Kassatitel handeln dürfen, wenn sie sich nicht der zusätzlichen Aufsicht durch die SEC unterstellen wollen. Ein Gesetz aus dem Jahr 1982 legt fest, daß die Aufsicht über Optionen auf Futures der CFTC obliegt. Der Handel in allen anderen Optionen untersteht der Aufsicht durch die SEC; vgl. P. Ritchken (1987), S. 261.

2) Siehe z.B. H. Schmidt (1989a), S. 31. Parkettbörsen fördern solche Arbitragegeschäfte zudem dadurch, daß sie die Handelsringe für Futures und ihre Optionen im Börsensaal in direkter Nachbarschaft zueinander anordnen und es den Marktteilnehmern so erleichtern, Arbitragemöglichkeiten aufzuspüren.

3) H. Schmidt (1988), S. 69; D.M. Chance (1991), S. 461.

4) L.S. Goodman (1985), S. 14; H.R. Stoll und R.E. Whaley (1985), S. 255; P. Ritchken (1987), S. 302.

den vollen Basispreis aufwenden müssen, sondern lediglich die Einschüsse, die durch die Etablierung der Futureposition fällig werden.[1]

Ein Überblick über Optionen auf Financial Futures zeigt, daß Optionen auf Zinsfutures wesentlich erfolgreicher sind als Optionen auf Aktienindexfutures.[2] Optionen auf Zinsfutures sind zudem erfolgreicher als Optionen auf entsprechende Kassatitel. Dagegen werden an den Terminbörsen wesentlich mehr Aktienindexoptionen als Optionen auf Aktienindexfutures gehandelt.

Optionen auf Zinsfutures haben sich an den Märkten durchgesetzt, weil sie gegenüber Zinsoptionen auf Kassatitel über die bereits genannten Vorteile hinaus weitere Vorzüge haben. Erstens besteht bei Optionen auf Anleihefutures nicht das Problem der Laufzeitverkürzung, durch die sich bei Optionen auf eine Anleihe ein wichtiges Merkmal des Bezugsgutes bis zur Fälligkeit der Option ändert und die deren Bewertung erschwert.[3] Zweitens wird die Bewertung von Optionen

---

1) H. Schmidt (1988), S. 69. So auch R.W. Kolb (1991), S. 610, der darauf hinweist, daß der Ausübungswert, den der Inhaber einer Option auf einen Future erhält, im allgemeinen ausreicht, um die Marginzahlungen abzudecken.

2) Die umsatzstärksten Optionen auf Futures sind diejenigen auf den T-Bond-Future am CBOT (Umsätze 1991: 21,9 Mio. Kontrakte, auf den Notional Bond Future am MATIF (8,4 Mio.) und den Eurodollar-Future an der CME (7,9 Mio.); Quelle: FOW (1992c), S. 11. Zum Vergleich: die umsatzstärkste Option auf einen Aktienindexfuture in den USA, die Option auf den S&P-500-Indexfuture der CME, erreichte 1991 ein Handelsvolumen von 1,8 Mio Kontrakten; FIA (1992).

3) H.R. Stoll und R.E. Whaley (1985), S. 255. Optionen auf kurzfristige Zinstitel werden manchmal auf Titel geschrie-
(Fortsetzung...)

auf Zinsfutures nicht durch Zinszahlungen während der
Laufzeit der Option erschwert.[1] Drittens besteht bei
Optionen auf einzelne Zinstitel die Gefahr von Lie-
ferengpässen (Squeezes), die bei Optionen auf Futures
praktisch ausgeschlossen sind.[2]

Optionen auf Aktienindexfutures konnten sich nicht in
dem Maße wie Optionen auf Zinsfutures gegenüber den
vergleichbaren Optionen auf Kassatitel behaupten. Das
dürfte unter anderem darauf zurückzuführen sein, daß
das Interesse von Privatanlegern an Aktienindextermingeschäften allgemein höher ist als bei Zinstermingeschäften.[3] Diesen Anlegern kommen die geringeren
Kontraktgrößen der Aktienindexoptionen gegenüber
Optionen auf Indexfutures entgegen.[4] Institutionelle

---

3)(...Fortsetzung)
ben, die erst bei Fälligkeit der Option emittiert werden.
Man kann dann zwar die Ausstattungsmerkmale des Bezugsgutes genau festlegen, aber es ergeben sich hier Bewertungs-
probleme dadurch, daß man den zur Optionsbewertung benötigten Preis des Bezugsgutes anhand von Emissionen mit
ähnlicher Laufzeit schätzen muß; siehe H.R. Stoll und R.E.
Whaley (1985), S. 256. Ein möglicher Ausweg aus dem Problem der Laufzeitverkürzung bei Zinsoptionen wäre eine
Option auf einen Rentenindex. Es sei hier darauf verzichtet, dieser Möglichkeit nachzugehen. Nach Kenntnis des
Verfassers wird ein solcher Kontrakt an den internationalen Terminbörsen derzeit nicht gehandelt.

1) Siehe z.B. H.R. Stoll und R.E. Whaley (1985), S. 255;

2) L.S. Goodman (1985), S. 13 f.; P. Ritchken (1987), S. 302;
    D.M. Chance (1991), S. 462.

3) So P. Ritchken (1987), S. 262.

4) Beispielsweise lauten die Indexoptionen der CBOE auf den
    S&P-100- und den S&P-500-Index auf das 100fache des Index-
    wertes, während der Option auf den S&P-500-Future an der
    CME das 500fache des Index zugrunde liegt; FOW (1992c),
    S. 75, 78. Die Kontraktgröße der DAX-Option der DTB
    beträgt DM 10 pro Indexpunkt, während sich die Option auf
    (Fortsetzung...)

Anleger, die auch die Futurekontrakte verwenden, dürften dagegen Optionen auf Indexfutures bevorzugen.

Interessant ist in diesem Zusammenhang, daß an der DTB sowohl Optionen auf den DAX-Future als auch DAX-Optionen gehandelt werden. Auch dort sind die Aktienindexoptionen wesentlich erfolgreicher als die Optionen auf den Indexfuture, selbst wenn man das Handelsvolumen um die unterschiedlichen Kontraktgrößen korrigiert.[1] Das höhere Handelsinteresse für DAX-Optionen dürfte unter anderem darauf zurückzuführen sein, daß den Marktteilnehmern an der DTB Optionen auf Kassatitel bereits vom Aktienoptionshandel her geläufig waren. Hinzu kommt, daß die DAX-Optionen vor den Optionen auf den DAX-Future eingeführt worden sind, und daher einen Liquiditätsvorsprung hatten.

Zusammenfassend läßt sich festhalten, daß Optionen auf Futures die möglichen Anlagestrategien der Marktteilnehmer an Futurebörsen erweitern. Arbitrage- und Sicherungsgeschäfte, beispielsweise von Marketmakern in Optionen auf Futures, erhöhen die Liquidität der Futures und der Optionen und tragen somit zum Kontrakterfolg bei. Auch wenn Optionen auf Kassatitel im allgemeinen besser in das Handelssystem der Futurebörsen passen, ist es - wie das Beispiel der DTB zeigt - denkbar, daß neben Optionen auf Aktienindexfutures auch Aktienindexoptionen gehandelt werden.

---

4)(...Fortsetzung)
den DAX-Future auf einen Future mit einer Kontraktgröße von DM 100 pro Indexpunkt bezieht; DTB (1991b), S. 22; DTB (1991c), S. 4.

1) Im Geschäftsjahr 1992 wurden an der DTB 13,9 Mio. DAX-Optionen und 136.000 Optionen auf den DAX-Future gehandelt; DTB (1992a).

Bedenkt man jedoch, daß beide Optionen sehr ähnliche
Eigenschaften aufweisen, erscheint es fraglich, ob
sie auf die Dauer genügend Handelsinteresse auf sich
ziehen können, damit sich der parallele Handel lohnt.

C. Handelssystem - Parkettbörse versus
   Computerbörse

In den vorhergehenden Abschnitten dieses Teils wurde
untersucht, wie die Kontraktspezifikationen eines
Future dessen Erfolg beeinflussen, und welche Bedeutung für den Kontrakterfolg der Handel mit Futures
auf korrelierende Handelsobjekte sowie mit Optionen
auf Futures an derselben Börse hat. Nun wird der
Frage nachgegangen, inwieweit der Erfolg eines Kontraktes davon abhängt, ob er an einer Parkettbörse
oder an einer Computerbörse gehandelt wird.

An den großen amerikanischen, aber auch an den ersten
in Europa gegründeten Terminbörsen, wie der LIFFE und
dem MATIF, werden Futures überwiegend auf dem Börsen-
parkett gehandelt.[1] Im Zuge des Fortschritts im Bereich der Informations- und der Kommunikationstechno-
logie haben diese Börsen zwar EDV-Systeme entwickelt,
mit denen Aufträge an die Börse geleitet werden und
die die Abwicklung unterstützen. Der eigentliche

---

1) Auf dem Parkett dieser Terminbörsen gibt es für jeden
   gehandelten Kontrakt eine abgegrenzte Fläche, den sogenannten Handelsring (pit). Alle Händler, die Geschäfte in
   einem Kontrakt abschließen möchten, kommen in dem jeweiligen Handelsring zusammen. Sie geben ihre Kursgebote
   durch offenen Ausruf (open outcry) der gesamten Händler-
   schaft bekannt; siehe z.B. R.W. Kolb (1991), S. 5.

Geschäftsabschluß, also die Kursermittlung, findet
aber weiter überwiegend auf dem Parkett statt, auch
wenn einige dieser Börsen außerhalb der Handelszeiten
auf dem Parkett bereits elektronische Handelssysteme
einsetzen.[1]

Die in jüngerer Zeit gegründeten Terminbörsen, wie
die SOFFEX (1988) und die DTB (1990), verwenden dagegen reine Computerhandelssysteme.[2] Das Computersystem übernimmt an diesen Börsen nach der Eingabe der
Aufträge alle Funktionen von der Auftragsweiterlei-
tung über die Kursermittlung bis zum Clearing und
zur Abwicklung.

Durch den Computerhandel lassen sich erhebliche
Rationalisierungsvorteile erzielen.[3] Für die Marktteilnehmer ergeben sich zudem Kostenvorteile durch
geringere Transaktions-, insbesondere Realisations-

---

1) Beispiele für solche Handelssysteme sind das APT-System
der LIFFE und das von der CME und dem CBOT zusammen mit
Reuters entwickelte GLOBEX-System. Siehe zum APT-System
o.V. (1989a). Einen Überblick über das GLOBEX-System gibt
o.V. (1992f).

2) Die erste elektronische Futurebörse, die International
Futures Exchange (INTEX), wurde 1984 auf Bermuda eröffnet.
Die dort gehandelten Kontrakte haben bis heute nur ein
vergleichsweise geringes Handelsvolumen erreicht; K.J.
Cohen und R.A. Schwartz (1989), S. 46.

3) H. Schmidt (1992), S. 250. Auf mögliche Kostenvorteile des
automatisierten Effektenhandels hat Schmidt bereits früher
hingewiesen: H. Schmidt (1977), S. 358. Eine Kostenerspar-
nis ergibt sich beispielsweise dadurch, daß beim Computerhandel anders als beim Parketthandel Auftragsdaten nur
einmal eingegeben werden müssen. Nach der Kursermittlung
werden die Kurse den Aufträgen automatisch zugeordnet.
Computerbörsen benötigen daher weit weniger Mitarbeiter
als Parkettbörsen; siehe F. Bublitz (1990b). Auf eine
(Personal-)Kostenersparnis durch den elektronischen Handel
weist auch J. Franke (1990b), S. 59, hin.

risiken.[1] Alle Aufträge und Gebote werden zusammen mit ihrer Eingabezeit in das elektronische Handelssystem eingegeben und nach dessen Regeln ausgeführt.[2] So kann die Marktaufsicht der Börse die Geschäftsabschlüsse genau nachvollziehen und etwaige unlautere Praktiken der Händler aufdecken. Dadurch werden viele Händler von solchen Praktiken abgehalten.[3]

Ein weiterer Transaktionskostenvorteil elektronischer Handelssysteme ergibt sich dadurch, daß den Händlern jederzeit alle für die Transaktionsentscheidung wichtigen Informationen zur Verfügung stehen.[4] Sie erhalten stets einen aktuellen Überblick über die jeweils günstigsten Kursgebote, über die letzten Transaktionspreise und die entsprechenden Volumina.[5]

---

1) H. Schmidt (1988), S. 96. Ein Überblick über mögliche Realisationsrisiken findet sich ebda., S. 19 f.

2) Für den Anlegerschutz an Computerbörsen und damit für den Erfolg der dort gehandelten Kontrakte ist es dabei wichtig, die Kursermittlung so zu gestalten, daß die Marktteilnehmer vor Abschlüssen zu Ausreißerkursen geschützt werden. Siehe zu entsprechenden Regeln der DTB: J. Franke und C. Imo (1990), S. 105-111; H. Schmidt (1991a), S. 16-18. Zu den besonderen Regeln für unlimitierte Aufträge im Futurehandel an der DTB siehe J. Franke und C. Imo (1990), S. 109; Ziffer 1.3.2 Abs. 3 DTB-HandelsB.

3) Zum Beitrag elektronischer Handelssysteme zur Verhinderung unlauterer Machenschaften der Händler siehe z.B. J.M. Burns (1982), S. 36 f. Siehe auch H. Schmidt (1991a), S. 16. Auf die präventive Schutzwirkung der erleichterten Marktaufsicht bei elektronischen Handelssystemen weist auch G. Eberstadt (1991), hin.

4) H. Schmidt (1988), S. 96.

5) Siehe J.M. Burns (1982), S. 35 f.; W. Gerke und C. Aignesberger (1987), S. 216; H.R. Stoll (1990a), S. 12.

Vor dem Hintergrund der Kostenvorteile des Computer-
handels mag es verwundern, daß der Parketthandel im
börslichen Termingeschäft - wie übrigens auch an den
Kassabörsen - immer noch so große Bedeutung hat.[1]
Das mag zum einen durch technische Probleme zu begründen sein. Beispielsweise wurde der Handel an der
DTB in den ersten Handelsmonaten bei großen Auftrags-
zahlen zum Teil erheblich durch lange Antwortzeiten
des Computerhandelssystems behindert. Im Zuge des
weiteren Fortschritts im Bereich der Computertechno-
logie und der Software-Entwicklung dürften diese
Probleme aber in den Hintergrund treten.[2]

Wesentlich stärker dürfte dagegen der Liquiditätsnachteil der elektronischen Börsen, der Nachteil bei
den Kosten sofortigen Abschlusses, ins Gewicht
fallen.[3] Diesen Liquiditätsnachteil erkennt man,
wenn man bedenkt, daß wichtige Anbieter des Sofortigkeitsservice im Futurehandel, wie Marketmaker oder
Scalper,' die Geld-Brief-Spannen stellen, den übrigen
Marktteilnehmern Optionen anbieten, ohne dafür eine

---

1)   So H. Schmidt (1992), S. 250. Die Frage, warum sich der
     "scheinbar primitive" Parketthandel mit Financial Futures
     bis heute gegenüber dem elektronischen Handel behaupten
     konnte, stellen sich auch M.H. Miller und C.W. Upton
     (1991), S. 157.

2)   So ist es der DTB inzwischen gelungen, durch technische
     Verbesserungen die Zeiten für Auftragsausführungen auf
     wenige Sekunden zu senken; siehe R. Lemster (1992), S. 27,
     sowie die Fallstudie zu den Bund-Futures im Abschnitt B.II
     des dritten Teils.

3)   Siehe M.H. Miller (1990), S. 397; H.R. Stoll (1990a),
     S. 17-21; M.H. Miller und C.W. Upton (1991), S. 157; R.D.
     Huang und H.R. Stoll (1992), S. 51; H. Schmidt (1992),
     S. 249 f.

Prämie zu verlangen.[1] Die Marketmaker sind dabei die
Stillhalter in einer Kaufoption mit dem Basispreis
"Brief" und in einer Verkaufsoption mit dem Basispreis "Geld". Beide Optionen stehen im Moment der
Kursstellung aus dem Geld. Wenn neue Informationen
bekanntwerden, die einen Gleichgewichtspreis über dem
Brief- bzw. unter dem Geldkurs des Marketmakers
rechtfertigen, kann eine der Optionen jedoch schnell
ins Geld kommen. Dieses Risiko ist im Parketthandel
relativ gering, weil die Gebote dort nur solange
gelten, wie der Händler braucht, um Luft zu holen.[2]
Die Optionsfristen sind also extrem kurz und die
Optionsprämien daher meist vernachlässigbar gering.[3]
Das erlaubt es Marketmakern im Parketthandel, sehr
enge Spannen zu stellen.

Hat ein Marketmaker seine Kursgebote dagegen in ein
elektronisches Handelssystem eingegeben, kann wesentlich mehr Zeit vergehen, bis er sie im System ändern
oder löschen kann. Dadurch verlängern sich die
Optionsfristen, und die Prämien für die "kostenlosen"
Optionen steigen. Damit sich nicht zu hohe Prämien
ergeben, werden Marketmaker daher in elektronischen
Handelssystemen Optionen anbieten, die weiter aus dem

---

1)   Die Optionsinterpretation von Kursgeboten geht zurück auf
     T.E. Copeland und D. Galai (1983), S. 1464-1468. Siehe
     auch H. Schmidt (1992), S. 249.

2)   H. Schmidt (1992), S. 249. Siehe auch W.L. Silber (1984),
     S. 940: "... bids or offers 'live' only as long as they
     are coming out of the mouth of the trader."; M.H. Miller
     und C.W. Upton (1991), S. 157: "... the market makers'
     bids are valid ... only for as long as the sound of the
     voice lasts."

3)   H. Schmidt (1992), S. 249.

Geld stehen, also breitere Spannen stellen.[1] In
Computerhandelssystemen sind die Kosten sofortigen
Abschlusses daher tendenziell höher, die Liquidität
also geringer, als beim Parketthandel.[2]

Da die Nachfrage nach Sofortigkeitsservice im Futurehandel besonders hoch ist, können höhere Kosten sofortigen Abschlusses den Erfolg eines elektronisch
gehandelten Kontraktes erheblich beeinträchtigen.
Allerdings ermöglichen es Computerhandelssysteme,
diesen Liquiditätsnachteil abzumildern. Zum einen
kann man den Marketmakern spezielle Funktionen zur
Verfügung stellen, mit denen sie Kursgebote schnell
ändern oder löschen, also die Optionsfristen kurz
halten können.[3] Zum anderen erleichtern es elektronische Handelssysteme, Marktteilnehmern Anreize zur
Erteilung limitierter Aufträge zu geben. Dadurch
werden zusätzliche Anbieter des Sofortigkeitsservice

---

1) Im diesem Zusammenhang wird oft darauf hingewiesen, daß
   die Spannen in elektronischen Handelssystemen auch deshalb
   breiter sein müßten, weil aufgrund der Anonymität des
   elektronischen Handels die Gefahr für die Marketmaker
   steigt, mit besser informierten Marktteilnehmern abzuschließen; siehe z.B. M.H. Miller (1990), S. 397; M.H.
   Miller und C.W. Upton (1991), S. 157. Das trifft für den
   Computerhandel mit einzelnen Aktien zu, nicht jedoch für
   den Handel mit Aktienindexfutures, denen Aktienporte-
   feuilles zugrundeliegen; siehe H. Schmidt (1992), S.
   249 f. Auch im Handel mit Anleihefutures, denen überwiegend staatliche Emissionen zugrundeliegen, dürfte das
   Risiko eher gering sein, mit Insidern abzuschließen.

2) Schmidt spricht in diesem Zusammenhang von einem Span-
   nungsfeld zwischen Automation und Liquidität; H. Schmidt
   (1992), S. 249 f.

3) Darauf weist H.R. Stoll (1990a), S. 20, hin. An der DTB
   gibt es spezielle System-Funktionen für Marketmaker in
   Optionen (sog. MASS-Funktionen); DTB (1990a), Ziffer
   4.3.4-4.3.10. Auch im APT-System erlauben es bestimmte
   Funktionen, einige oder alle Kursgebote durch einen
   Tastendruck zu löschen; LIFFE (1991a), S. 2.43-2.45.

auf dem Markt aktiv, und der oben beschriebene Liquiditätsnachteil wird abgemildert.[1] Beispielsweise
erlauben es elektronische Handelssysteme, in denen
alle Aufträge mit ihrer Eingabezeit gespeichert
werden, strikte Preis- und Zeitpriorität sicherzustellen. Dadurch erhöht sich die Wahrscheinlichkeit,
mit limitierten Aufträgen zum Zuge zu kommen.[2]
Dagegen besteht beim Parketthandel keine Möglichkeit,
Kursgebote in der Reihenfolge ihres Ausrufs zu
berücksichtigen.[3] In großen Pits mit sehr vielen
Händlern kann es sogar vorkommen, daß die Priorität
des besten Preises verletzt wird.[4]

Die Übersicht über aktuelle Kursgebote auf dem Bild-
schirm erleichtert es zudem außenstehenden Marktteilnehmern, ihre Aufträge näher am aktuellen Marktpreis
zu limitieren.[5] Darüber hinaus lassen sich Limits in
elektronischen Handelssystemen einfacher indexieren,
also automatisch der aktuellen Marktlage anpassen, so

---

1) M.H. Miller (1990), S. 397, Fn. 10, deutet an, daß
   elektronische Handelssysteme möglicherweise ganz ohne den
   Sofortigkeitsservice traditioneller Marketmaker auskommen
   könnten, wenn viele andere Marktteilnehmer zu Geschäfts-
   abschlüssen bereitstehen.

2) L.E. Harris (1990), S. 17 f.; H. Schmidt (1992), S. 251.
   Beispielsweise ordnet das Computersystem der DTB Aufträge
   und Kursgebote zunächst nach den besten Kursgeboten (höch-
   ster Geld-/niedrigster Briefkurs). Bei gleichem Kursgebot
   entscheidet die zeitliche Reihenfolge des Auftragseingangs; vgl. Ziffer 1.2.2 Abs. 4 DTB-HandelsB und oben
   Abschnitt A.V dieses Teils.

3) W.L. Silber (1984), S. 940.

4) Siehe W.L. Silber (1981), S. 141; H.R. Stoll (1990a),
   S. 9; sowie B. Kovner (1990), S. 416, der darauf hinweist,
   daß dadurch die Preisfindungsfunktion des Futuremarktes
   beeinträchtigt wird.

5) J.M. Burns (1982), S. 35.

daß die Wahrscheinlichkeit sinkt, zu einem nicht mehr
marktgerechten Kurs abzuschließen.[1]

Es erscheint schwierig zu prognostizieren, ob und
gegebenfalls wann Computerhandelssysteme den traditionellen Parketthandel ablösen werden.[2] Letztlich
wird sich im Wettbewerb das kostengünstigste Handelssystem durchsetzen. Die einzigen Kontrakte, bei denen
sich zur Zeit ein direkter Wettbewerb zwischen dem
Parkett- und dem Computerhandel beobachten läßt, sind
die Bund- und die Bobl-Futures der LIFFE und der
DTB.[3] Die weitere Entwicklung des Erfolges dieser
Kontrakte wird unter Umständen auch eine Antwort auf
die Frage nach dem geeignetsten Handelssystem für
Futures zulassen.

---

1) H. Schmidt (1992), S. 251.

2) M.H. Miller (1990), S. 397, hält es besonders bei Kontrakten mit sehr hohen Handelsvolumina, wie dem T-Bond-Future
des CBOT oder dem Eurodollar-Future der CME, für wenig
wahrscheinlich, daß sich in absehbarer Zukunft elektronische Handelssysteme gegen den Parketthandel im Pit
durchsetzen können.

3) Siehe dazu auch die Fallstudie zum relativen Erfolg der
Bund-Futures der LIFFE und der DTB im Abschnitt B.II des
dritten Teils der vorliegenden Arbeit.

D. Zusammenfassung des zweiten Teils

In diesem Teil wurden die endogenen Determinanten des
Kontrakterfolges untersucht. Dabei nahm die Analyse
der Kontraktspezifikationen breiten Raum ein. Sie
stellen die standardisierten Vertragsbedingungen der
Musterverträge dar, die an Terminbörsen abgeschlossen
werden. Im Hinblick auf den Erfolg eines Future muß
es das Ziel einer Börse sein, die Kontraktspezifikationen so zu gestalten, daß sie die Bedürfnisse
vieler Marktteilnehmer – Hedger und Spekulanten –
erfüllen.

Zunächst ging es um die Spezifikation des standardisierten Handelsobjektes. Das Handelsobjekt bestimmt
die Preisbildung eines Future und die Korrelation
zwischen Kassa- und Futurepreis. Eine hohe Korrelation ist für die Hedgingeffektivität, aber auch für
die Prognostizierbarkeit der Preisentwicklung eines
Future von Bedeutung und beeinflußt wesentlich die
Nachfrage von Hedgern und Spekulanten nach einem
Kontrakt. Die Spezifikation des Handelsobjektes
stellt daher die zentrale strategische Entscheidung
einer Terminbörse bei der Kontraktentwicklung dar.

Für die Untersuchung des Handelsobjektes wurde von
der Art der Erfüllung und den mit dem Erfüllungspro-
zeß verbundenen Lieferoptionen ausgegangen. Bei
Kontrakten mit physischer Lieferung zeigte sich, daß
die Hedgingeffektivität von Kontrakten mit einem
lieferbaren Titel oder wenigen Lieferalternativen
allgemein höher ist, als wenn viele Lieferalternativen zugelassen sind. Kontrakte mit vielen Lieferalternativen haben jedoch häufig einen Liquiditätsvorteil, einen Vorteil bei den Kosten sofortigen Ab-

schlusses, der den Nachteil bei der Hedgingeffektivität überwiegt. Hinzu kommt, daß bei Kontrakten mit
vielen Lieferalternativen Lieferengpässe weniger
wahrscheinlich sind.

Eine wichtige Voraussetzung für den Erfolg von Kontrakten mit vielen Lieferalternativen ist es, die
Preisunterschiede der lieferbaren Titel auszugleichen. Dazu dienen bei Anleihefutures Konversionsfaktoren. Je weiter die Konversionsfaktoren die
Preise der lieferbaren Anleihen einander angleichen,
desto besser eignet sich ein Kontrakt zum Hedging
und desto geringer ist die Gefahr von Lieferengpäs-
sen. Ein Überblick über Untersuchungen zur Güte von
Konversionsfaktorsystemen zeigte, daß die gebräuchlichen Konversionsfaktoren Preisunterschiede lieferbarer Anleihen zwar nicht perfekt, aber offenbar hin-
reichend gut ausgleichen, um den Erfolg der Anleihefutures nicht zu beeinträchtigen.

Implizite Lieferoptionen erhöhen die Komplexität von
Anleihefutures und können einen zusätzlichen Anreiz
für Spekulanten darstellen. Andererseits hat sich
gezeigt, daß Lieferoptionen die Hedgingeffektivität
vermindern können. Darin mag ein Grund dafür liegen,
daß europäische Terminbörsen für ihre Anleihefutures,
im Unterschied zum CBOT, außer der Qualitätsoption
keine Lieferoptionen eingeführt haben.

Die Untersuchung zum Cash Settlement hat gezeigt, daß
diese Erfüllungsform für den Erfolg eines Future
besonders wichtig ist, wenn physische Belieferung
unmöglich ist oder hohe Kosten verursachen würde.
Voraussetzung für eine hohe Hedgingeffektivität und
damit für den Erfolg eines Kontraktes mit Cash

Settlement ist ein Settlement-Index, der auf der Grundlage zuverlässiger Kassakurse berechnet wird, mit den Preisen der Kassapositionen der Hedger hoch korreliert und unempfindlich gegen Manipulationen ist. In dem Mangel geeigneter Indizes mag ein Grund dafür liegen, daß sich das Cash Settlement als Erfüllungsform bei Anleihefutures, anders als bei Aktienindexfutures und Futures auf kurzfristige Zinstitel, bislang nicht hat durchsetzen können.

Neben dem Handelsobjekt hängt es von der Kontraktgröße und den Liefermonaten ab, wie exakt Hedger eine Futureposition auf die Merkmale der abzusichernden Kassaposition abstimmen können. Die Hedgingeffektivität eines Kontraktes ist tendenziell um so größer, je kleiner der Kontrakt ist und je mehr Liefermonate angeboten werden. Es zeigte sich jedoch, daß eine geringe Kontraktgröße insbesondere große institutionelle Anleger vom Handel abhalten kann. Dadurch wird die Liquidität ebenso reduziert wie durch die Verteilung der Aufträge auf viele Liefermonate. Vorteile bei der Liquidität lassen es daher als angebracht erscheinen, die Kontraktgröße im Bereich der durchschnittlichen Transaktionsgrößen auf dem Kassamarkt festzulegen und die Zahl der Liefermonate zu begrenzen.

Die Untersuchung der Margins ergab, daß sie eine zentrale Bedeutung hinsichtlich der Sicherung des Clearinghauses gegen Ausfälle haben. Sie stärken das Vertrauen der Marktteilnehmer in dessen Erfüllungsgarantie und tragen dadurch zum Erfolg der durch das Clearinghaus garantierten Kontrakte bei. Es konnte abgeleitet werden, daß optimale Marginhöhen existieren, die die margininduzierten Transaktionskosten minimie-

ren. Ferner zeigte sich, daß die Börsen die Marginhöhe bei Änderungen der Volatilität anpassen, um dem
geänderten Ausfallrisiko Rechnung zu tragen.

Weiter wurde herausgearbeitet, daß die Mindestkursabstufung Marketmaker anlockt, deren Konkurrenz zu
niedrigen Kosten sofortigen Abschlusses führt. Zudem
erhöht die Mindestkursabstufung die Wahrscheinlichkeit dafür, daß Marktteilnehmer mit Limitorders zum
Zuge zu kommen. Allerdings darf die Mindestkursabstufung nicht zu groß sein, damit Marktteilnehmer mit
kleinen und mittleren Auftragsgrößen nicht vom Handel
abgehalten werden.

Ferner ergab sich, daß Preislimits den Kontrakterfolg
beeinträchtigen, weil sie zur zeitweiligen Illiquidität eines Kontraktes führen und die Preisbildung behindern können. Hinsichtlich der Positionslimits
zeigte sich, daß sie Marktteilnehmer von einer bestimmten Positionsgrenze an von weiteren Geschäften
abhalten und so die Liquidität eines Kontraktes reduzieren. Andererseits können sie den Kontrakterfolg
dadurch fördern, daß sie das Marktbeeinflussungspotential vermindern und die Fähigkeit der Marktteilnehmer sichern, eingegangene Positionen zu tragen.

Die Analyse der Produktpalette einer Futurebörse hat
ergeben, daß Terminbörsen die Erfolgsaussichten ihrer
Kontrakte erhöhen können, indem sie Kontrakte mit
korrelierenden Handelsobjekten einführen. Voraussetzung dafür ist, daß die Handelsobjekte unterschiedlich genug sind, das heißt deren Preisdifferenzen
schwanken. Ebenso trägt der Handel von Optionen auf
einen Future zu dessen Erfolg bei.

Die abschließende Untersuchung der Handelsverfahren
zeigte, daß der Computerhandel erhebliche Rationalisierungsvorteile ermöglicht. Gegenüber dem Parketthandel besteht jedoch ein Nachteil bei den Kosten
sofortigen Abschlusses. Dieser Liquiditätsnachteil
wird dadurch abgemildert, daß Marktteilnehmer mit
limitierten Aufträgen im Computerhandel mit größerer
Wahrscheinlichkeit zum Zuge kommen als auf dem Parkett. Eine abschließende Beurteilung des Erfolgseinflusses des Handelssystems erscheint derzeit nicht
möglich. Es ist jedoch anzunehmen, daß sich der Trend
zur Automation des Futurehandels fortsetzen wird.

DRITTER TEIL

Ansätze zur empirischen Untersuchung des Einflusses exogener und endogener Determinanten auf den Erfolg von Financial Futures

A. Möglichkeiten und Grenzen der empirischen Untersuchung mit Hilfe der Regressionsanalyse

I. Entwicklung eines umfassenden Regressionsmodells

Im bisherigen Verlauf dieser Arbeit wurde eine Vielzahl möglicher Determinanten des Kontrakterfolges untersucht. Im ersten Teil standen sogenannte exogene Determinanten im Vordergrund der Betrachtung. Darunter wurden die rechtlichen und die ökonomischen Rahmenbedingungen zusammengefaßt, die die Terminbörsen zumindest nicht unmittelbar verändern können, die aber die Erfolgsaussichten ihrer Kontrakte beeinflussen können. Im zweiten Teil wurden die endogenen Erfolgsdeterminanten untersucht, die die Börsen im wesentlichen frei von äußerer Einflußnahme festlegen. Der Schwerpunkt der Untersuchung lag dabei bei den Kontraktspezifikationen.

Der Untersuchung des Erfolgseinflusses der einzelnen Determinanten lag im wesentlichen eine qualitative Sichtweise zugrunde. Es konnten Aussagen darüber getroffen werden, bei welchen Determinanten ein Erfolgseinfluß erwartet werden kann, und ob es sich

dabei um einen positiven oder einen negativen Einfluß
handelt. Für Börsen, die neue Kontrakte entwickeln,
sind aber auch quantitative Aspekte von Interesse.
Wenn es gelänge, die Stärke des Einflusses einzelner
Determinanten auf den Kontrakterfolg abzuschätzen,
stünde den Börsen eine Entscheidungshilfe bei der
Entwicklung neuer Kontrakte zur Verfügung.

Die Art dieser Fragestellung legt für die quantitative Untersuchung einen Modellansatz wie bei der multiplen Regression nahe: Welchen Einfluß auf die
abhängige Größe Kontrakterfolg haben die einzelnen
Erfolgsdeterminanten als unabhängige Variable? Die
folgenden Abschnitte dienen dazu, ein Regressionsmodell zu entwickeln, das die theoretischen ökonomischen Zusammenhänge zwischen dem Kontrakterfolg und
den einzelnen Erfolgsdeterminanten berücksichtigt.
Dazu muß man zunächst ein Maß für die zu erklärende
Variable Kontrakterfolg entwickeln und die zu berück-
sichtigenden Erfolgsdeterminanten so spezifizieren,
daß sie als erklärende Variable in das Regressionsmodell aufgenommen werden können.

1. Maß für den Kontrakterfolg

Um den Zusammenhang zwischen dem Kontrakterfolg und
den einzelnen Erfolgsdeterminanten mit Hilfe der Regressionsanalyse untersuchen zu können, benötigt man
zunächst ein metrisch skaliertes Maß für den Kontrakterfolg. Ein verbreitetes Maß für den Kontrakterfolg ist die Zahl der gehandelten Kontrakte in
einer bestimmten Periode.[1] Ein hohes Handelsvolumen

---

1)   So z.B. W.L. Silber (1981), S. 127-129; D.G. Black (1986),
(Fortsetzung...)

zeigt, daß ein Kontrakt von vielen Marktteilnehmern nachgefragt wird, und weist zudem auf einen liquiden Kontrakt mit niedrigen Kosten sofortigen Abschlusses hin.

Darüber hinaus läßt es sich auch aus der Sicht der Börsenmitglieder begründen, daß das Handelsvolumen ein geeigneter Erfolgsmaßstab ist. Die Börsenmitglieder schließen Geschäfte in einem Kontrakt entweder als Kommissionäre im Auftrag ihrer Kunden oder auf eigene Rechnung als Hedger oder als Spekulanten ab. Als Kommissionäre erzielen sie Gebühreneinnahmen, die umso höher sind, je mehr Kontrakte die Kunden handeln. Somit steigt der Nutzen der Kommissionäre mit zunehmendem Handelsvolumen.[1]

Soweit die Mitglieder einen Kontrakt als Hedger oder als Spekulanten nutzen, profitieren sie wie außenstehende Marktteilnehmer von hoher Liquidität und entsprechend niedrigen Kosten sofortigen Abschlusses.[2] Der Nutzen der drei Gruppen von Börsenmitgliedern ist also umso größer, je höher das Handelsvolumen ist.

---

1)(...Fortsetzung)
    S. 18-21, 34-38. Neben dem Kontraktvolumen wird manchmal auch das Open Interest als Maß für den Kontrakterfolg herangezogen. Das Open Interest spiegelt im wesentlichen das Handelsinteresse von Hedgern in einem Kontrakt wider, das für einen dauerhaften Kontrakterfolg als wichtig angesehen wird. Es ist denkbar, in dem im folgenden abgeleiteten Regressionsmodell das Open Interest anstelle des Handelsvolumens als zu erklärende Variable einzusetzen. So geht D.G. Black (1986), S. 52, bei ihrer Regression vor. Siehe dazu auch die Ausführungen zum Modell von Black in Abschnitt A.II.3 dieses Teils.

1) Siehe dazu D.G. Black (1986), S. 18 f. Das Interesse der Mitglieder von Kassabörsen an einem hohen Orderaufkommen untersucht H. Schmidt (1970), S. 27-30.

2) Siehe dazu D.G. Black (1986), S. 20 f.

Ein hohes Handelsvolumen liegt demnach im Interesse der Börsenmitglieder und damit auch im Interesse der Börse, die von diesen Mitgliedern getragen wird. Danach scheint das Handelsvolumen geeignet zu sein, um den Kontrakterfolg für ein Regressionsmodell zu operationalisieren.[1]

2. Spezifikation der Erfolgsdeterminanten

Dieser Abschnitt dient dazu, die Erfolgsdeterminanten so zu spezifizieren, daß sie als erklärende Variable in ein Regressionsmodell aufgenommen werden können. In der Tabelle 3.1 sind die meisten der im ersten und zweiten Teil untersuchten Erfolgsdeterminanten zusammen mit den Gliederungspunkten aufgeführt, unter denen sie in dieser Arbeit behandelt wurden.

---

1) Es ist bereits darauf hingewiesen worden, daß ein Vergleich der Handelsvolumina, gemessen an der Zahl der umgesetzten Kontrakte, aufgrund der unterschiedlichen Kontraktgrößen problematisch sein kann. Es ist beispielsweise fraglich, ob ein Umsatz von 100 Kontrakten im T-Bond-Future des CBOT (Kontraktgröße US$ 100.000) genauso zu bewerten ist, wie ein gleichhoher Umsatz im Eurodollarfuture der CME (Kontraktgröße US$ 1.000.000). Dieser Umstand wird im folgenden bei der Spezifikation der erklärenden Variablen berücksichtigt, soweit es aufgrund der sachlogischen Zusammenhänge zwischen dem Handelsvolumen und der jeweiligen Erfolgsdeterminante erforderlich erscheint.

Tabelle 3.1:   **Als erklärende Variable zu**
              spezifizierende Erfolgsdeterminanten

Erklärende Variable	Teil, Gliede-rungspunkt
Volatilität des Kassapreises	1, B.I.3
Größe des Kassamarktes	1, B.I.4
Zentrum des Kassamarktes	1, B.II
Liquidität außerbörslicher Festgeschäfte	1, B.III
Liquidität anderer Futures	1, B.IV
Erfüllungsverfahren	2, A.I.1
Implizite Lieferoptionen	2, A.I.2
Kontraktgröße	2, A.II
Liefermonate	2, A.III
Margins	2, A.IV
Mindestkursabstufung	2, A.V
Preislimits	2, A.VI
Positionslimits	2, A.VII
Transaktionsgebühren	2, A.VIII
Handel von Futures auf korrelierende Handelsobjekte	2, B.I
Handel von Optionen auf Futures	2, B.II
Handelssystem Parkett/Computer	2, C

In der Tabelle 3.1 sind die rechtlichen Rahmenbedingungen sowie die Eigenschaften des Handelsobjektes
Lagerbarkeit und Homogenität nicht als zu spezifizie-
rende Erfolgsdeterminanten enthalten. Das läßt sich
folgendermaßen begründen.

Im ersten Teil ist dargelegt worden, daß die rechtlichen Rahmenbedingungen den Kontrakterfolg beeinflussen können. Dieser Erfolgseinfluß läßt sich allerdings nur schwer quantifizieren. Die rechtlichen Rahmenbedingungen lassen sich daher nicht als erklärende Variable in einem Regressionsmodell berücksichtigen.[1] Die Ergebnisse der Regression dürften dadurch aber nicht wesentlich verzerrt werden, da viele Staaten versuchen werden, ihre Gesetze und Verordnungen so zu gestalten, daß ihre nationalen Terminbörsen international wettbewerbsfähig sein können. Darüber hinaus wird die Kooperation der Börsenaufsichtsbehörden tendenziell zu einer Angleichung der Vorschriften führen.[2]

Die Lagerbarkeit ist in Tabelle 3.1 nicht als erklärende Variable berücksichtigt worden, weil die Untersuchung im ersten Teil ergeben hat, daß diese Eigen-

---

1) Man könnte zwar versuchen, den rechtlichen Rahmenbedingungen Werte einer Ordinalskala zuzuordnen. Diese Skala könnte beispielsweise Abstufungen von null (keine Restriktionen durch die rechtlichen Rahmenbedingungen) bis fünf (sehr restriktive rechtliche Rahmenbedingungen) beinhalten. Es erscheint jedoch zumindest zweifelhaft, ob man dabei zu intersubjektiv nachvollziehbaren Beobachtungswerten gelangen kann. Daher wird diese Art der "Messung" des Einflusses rechtlicher Rahmenbedingungen in dieser Arbeit nicht weiter verfolgt.

2) Will man trotzdem versuchen, den Einfluß rechtlicher Rahmenbedingungen auf den Kontrakterfolg abzuschätzen, könnte man die Regression auf der Grundlage zweier Stichproben durchführen: einer Stichprobe mit Kontrakten aus verschiedenen Rechtskreisen und einer Referenzstichprobe mit Kontrakten, die alle dem gleichen Rechtsregime unterliegen. Für die Referenzstichprobe bieten sich Kontrakte der Börsen in den USA an, weil dort weltweit die meisten Kontrakte gehandelt werden. Dadurch ist eine Stichprobengröße gewährleistet, die aussagefähige Ergebnisse erwarten läßt. Ein Vergleich der Ergebnisse beider Regressionen erlaubt unter Umständen Rückschlüsse über den Einfluß rechtlicher Rahmenbedingungen auf den Kontrakterfolg.

schaft für den Erfolg von Financial Futures nicht
relevant ist. Diese Objekteigenschaft muß daher nicht
in ein Regressionsmodell eingehen, das den Erfolg von
Financial Futures erklären soll.

Dagegen wurde gezeigt, daß ein hoher Grad an Homogenität des Handelsobjektes für den Erfolg von Financial Futures wichtig ist. Dieser qualitative Aspekt
läßt sich allerdings nur schwer quantifizieren und
kann daher auch nicht als erklärende Variable berücksichtigt werden.

Nach dieser Vorbemerkung werden im folgenden die
Erfolgsdeterminanten aus Tabelle 3.1 darauf untersucht, ob und wie sie sich für ein Regressionsmodell
operationalisieren lassen.

Volatilität des Kassapreises

Die Untersuchung im ersten Teil hat gezeigt, daß das
Handelsinteresse der Marktteilnehmer mit steigender
Volatilität des Kassapreises zunimmt. Der Erfolg
eines Kontraktes und damit dessen Handelsvolumen
dürften demnach umso größer sein, je stärker der
Kassapreis schwankt.

Als Maß für die Volatilität wird häufig die Standardabweichung der prozentualen Preisänderungen verwendet, weil man auf Basis prozentualer Preisänderungen
ein Volatilitätsmaß erhält, das von dem jeweiligen
Kursniveau unabhängig ist.[1] Zudem erlaubt es ein
solches relatives Maß, Volatilitäten von Preisen

---

1) Beispielsweise eignet sich ein so ermitteltes Volatili-
    tätsmaß für einen Vergleich der Kursvolatilität von Aktien
    mit stark unterschiedlichen Kursniveaus.

miteinander zu vergleichen, die in unterschiedlichen Einheiten[1] angegeben werden. Die Verwendung dieses Volatilitätsmaßes im Rahmen des abzuleitenden Regressionsmodells impliziert ökonomisch betrachtet, daß der Absicherungsbedarf der Hedger und das Handelsinteresse der Spekulanten umso größer sind, je höher die prozentuale Volatilität ist.[2] Unabhängig von der Art des Volatilitätsmaßes ist aufgrund der Vorüberlegungen ein positives Vorzeichen des Regressionskoeffizienten zu erwarten.

Größe des Kassamarktes

Nach der Untersuchung im ersten Teil ist ein positiver Zusammenhang zwischen der Größe des Kassamarktes des Handelsobjektes und dem Handelsvolumen des entsprechenden Future zu erwarten. Die Größe des Kassamarktes läßt sich an Stromgrößen, aber auch an

---

1) Beispielsweise Prozentpunkte bei Anleihen oder Indexpunkte bei Aktienindizes.

2) Dagegen verwendet D. Black in ihrer Untersuchung ein Volatilitätsmaß auf der Basis absoluter Preisänderungen. Sie berechnet für jeden Kontrakt ihrer Stichprobe die Standardabweichung der täglichen Preisveränderungen bezogen auf einen Geldbetrag in Höhe der Kontraktgröße. Beispielsweise legt sie im Falle des T-Bond-Future die tägliche Preisveränderung einer Position von nominal US$ 100.000 und beim Eurodollar-Future von US$ 1.000.000 zugrunde; siehe D.G. Black (1986), S. 47. Sie begründet nicht, warum sie diesem Volatilitätsmaß gegenüber einem prozentualen Maß den Vorzug gibt. Ein Grund dafür könnte in dem Versuch liegen, Preisänderungen in Nachfrage nach Kontrakten zu übersetzen. Es erscheint jedoch fraglich, ob die Kontraktnachfrage von Hedgern und Spekulanten tatsächlich stärker von der absoluten als von der prozentualen Preisänderungen bestimmt wird. Welches Volatilitätsmaß geeignet ist, um den Kontrakterfolg zu erklären, läßt sich im Rahmen dieser Arbeit nicht abschließend klären. Immerhin gelangt Black mit ihrem Volatilitätsmaß zu signifikanten Ergebnissen; siehe dazu unten Abschnitt A.II.3 dieses Teils.

Bestandsgrößen ablesen, beispielsweise am durchschnittlichen Wertpapierumlauf am Jahresende während
des Beobachtungszeitraums.[1]

Die Höhe dieses Wertpapierumlaufs bestimmt den potentiellen Hedgingbedarf. Um die daraus resultierende
potentielle Kontraktnachfrage zu erhalten, muß der
Wertpapierumlauf durch die Kontraktgröße dividiert
werden, um zum potentiellen Hedgingbedarf in Kon-
traktäquivalenten zu gelangen. Für den Regressionskoeffizienten ist ein positives Vorzeichen zu erwarten.

Zentrum des Kassamarktes

Durch die theoretische Untersuchung im ersten Teil
ließ sich nicht eindeutig klären, ob der Erfolg eines
Future davon abhängt, daß er am Ort des Kassahandels
seines Handelsobjektes gehandelt wird. Diese Einfluß-
größe ist zwar nicht quantifizierbar, hat aber nur
zwei mögliche Zustände: entweder der betreffende
Future wird am Zentrum des Kassamarktes (Heimatmarkt)
gehandelt, oder der Handel findet nicht am Heimatmarkt statt. Ein solcher Sachverhalt läßt sich in
einem Regressionsmodell als sogenannte Indikatorva-
riable oder Dummy-Variable berücksichtigen.[2] Der

---

1) So D.G. Black (1986), S. 47 f. Die relevanten Kassamärkte
   für Zinsfutures unterschiedlicher Laufzeitbereiche (z.B.
   Bund- und Bobl-Future der DTB) sind dabei diesen Bereichen
   entsprechend voneinander abzugrenzen. Als Datenquelle
   ließe sich im Falle von auf D-Mark lautenden Futures die
   Wertpapierstatistik der Deutschen Bundesbank heranziehen
   (Deutsche Bundesbank, Statistische Beihefte zu den Monats-
   berichten der Deutsche Bundesbank, Reihe 2, Wertpapier-
   Statistik).

2) Zur Verwendung von Dummy-Variablen in Regressionsmodellen
   siehe z.B. J. Kmenta (1986), S. 461-476.

Dummy-Variablen - im Modell mit D_1 bezeichnet - wird der Wert "1" zugeordnet, wenn ein Kontrakt aus der Stichprobe am Heimatmarkt gehandelt wird, und der Wert "0", wenn dies nicht der Fall ist:

$$D_1 = \begin{cases} 1, \text{ wenn Handel am Heimatmarkt,} \\ 0 \text{ sonst.} \end{cases}$$

Die Überlegungen im ersten Teil lassen eher ein positives Vorzeichen dieser Variablen erwarten.

Liquidität außerbörslicher Festgeschäfte

Die Untersuchung im ersten Teil hat gezeigt, daß der Erfolg eines Future beeinträchtigt werden kann, wenn wie im Fall von Devisen ein liquider Markt für außerbörsliche Festgeschäfte besteht. Ein Indiz für die Liquidität ist das Handelsvolumen. Da außerbörsliche Festgeschäfte jedoch dezentral von vielen Marktteilnehmern abgeschlossen werden, dürfte es schwierig sein, das Handelsvolumen verläßlich zu schätzen.[1] Das Handelsvolumen außerbörslicher Festgeschäfte kann daher eher nicht als erklärende Variable im Regressionsmodell berücksichtigt werden.

Liquidität anderer Futures

Im ersten Teil ist herausgearbeitet worden, daß die Erfolgsaussichten eines Future gering sind, wenn an einer anderen Börse bereits ein liquider Kontrakt mit dem gleichen Handelsobjekt gehandelt wird. Das gilt

---

1) Beispielsweise liegen nach Angaben der BIZ keine zuverlässigen Schätzungen des Marktumfangs von Forward Rate Agreements vor; vgl. BIZ (1992), S. 200.

245

in ähnlichem Maße auch, wenn es Kontrakte gibt, die zum Cross Hedging genutzt werden können. Cross-Hedge-Kontrakte haben zwar eine geringere Hedgingeffektivität als Own-Hedge-Kontrakte. Dieser Nachtteil kann jedoch durch die niedrigen Kosten sofortigen Abschlusses eines liquiden Cross-Hedge-Kontraktes überkompensiert werden. Die Kosten sofortigen Abschlusses sind tendenziell umso niedriger, je höher das Handelsvolumen ist. Es ist also zu erwarten, daß der Erfolg eines Future umso geringer ist, je höher das Handelsvolumen des besten Cross-Hedge-Kontraktes ist.[1]

Um die Regression mit der erklärenden Variablen "Liquidität des besten Cross-Hedge-Future" durchführen zu können, muß man für jeden Futurekontrakt der Stichprobe den Cross-Hedge-Kontrakt mit der minimalen Varianz des Hedgeportefeuilles und dessen Handelsvolumen ermitteln. Aufgrund des theoretisch negativen Zusammenhangs zwischen dem Handelsvolumen eines Future und dessen besten Cross-Hedge-Kontraktes dürfte der Regressionskoeffizient ein negatives Vorzeichen haben.

---

1) Der beste Cross-Hedge-Kontrakt ist derjenige mit der niedrigsten Portefeuillevarianz eines Hedgeportefeuilles aus der abzusichernden Kassaposition und der zur Absicherung verwendeten Futureposition; D.G. Black (1986), S. 39. Black bezeichnet auch die besten Hedges sogenannter duplikativer Kontrakte, die mit dem gleichen Handelsobjekt bereits an anderen Börsen gehandelt werden, als beste Cross Hedges, obgleich diese streng genommen Own Hedges sind. Diese vereinfachende Terminologie wird in diesem Abschnitt übernommen. Um etwaige systematische Schätzfehler aufgrund von duplikativen Kontrakten in der Stichprobe zu vermeiden, schlägt Black vor, die Regression einmal mit und einmal ohne duplikative Kontrakte durchzuführen; D.G. Black (1986), S. 34.

Erfüllungsverfahren

Bei der Untersuchung des Erfolgseinflusses der Kontraktspezifikationen im zweiten Teil nahmen Fragen
der Gestaltung des Handelsobjektes breiten Raum ein.
Dabei wurden die Erfüllungsverfahren und die Lieferoptionen untersucht. Die Erfüllungsverfahren wurden
in physische Lieferung und Cash Settlement unterteilt. Mischformen zwischen beiden Verfahren sind
heute an den Terminbörsen nicht mehr relevant.[1]

Die Futurekontrakte einer möglichen Stichprobe, auf
die die Regression angewendet werden kann, lassen
sich demnach eindeutig einem der beiden Erfüllungsverfahren zuordnen. Das Erfüllungsverfahren läßt sich
daher in der Regressionsgleichung als Dummy-Variable
berücksichtigen, die man formal wie folgt beschreiben kann:

$$D_2 = \left\{ \begin{array}{l} 1, \text{ wenn physische Lieferung,} \\ 0, \text{ wenn Cash Settlement.} \end{array} \right.$$

Die Ergebnisse einer Regression, die diese Dummy-
Variable berücksichtigt, kann Aufschluß darüber
geben, ob ein signifikanter Zusammenhang zwischen der
Art des Erfüllungsverfahrens und dem Erfolg eines
Future besteht. Dadurch erhielten die Börsen einen
Anhaltspunkt dafür, welches Erfüllungsverfahren sie
für Kontrakte festlegen sollten, bei denen theore-
tisch sowohl physische Lieferung als auch Cash
Settlement möglich sind.

---

1) Vgl. Abschnitt A.I.1.c des zweiten Teils dieser Arbeit.

Implizite Lieferoptionen

Implizite Lieferoptionen gehören wie die Erfüllungsverfahren in den Bereich der Spezifikation des Handelsobjektes. Im zweiten Teil ist herausgearbeitet
worden, daß das Handelsobjekt der Anleihefutures, bei
denen Lieferoptionen üblich sind, sich als Bündel aus
den lieferbaren Anleihen und der oder den Lieferoptionen auffassen läßt. Die Frage, ob implizite
Lieferoptionen den Kontrakterfolg eher fördern oder
eher beeinträchtigen, konnte theoretisch nicht
eindeutig beantwortet werden.

Diese Frage läßt sich unter Umständen beantworten,
indem man die Lieferoptionen im Rahmen des hier zu
entwickelnden Regressionsmodells als Dummy-Variable
berücksichtigt. Diese Dummy-Variable (D_3) wird wie
folgt definiert:

$$D_3 = \left\{ \begin{array}{l} 1, \text{ wenn mindestens eine Lieferoption,} \\ 0, \text{ wenn keine Lieferoption.} \end{array} \right.$$

Durch diese Definition der Dummy-Variablen geht die
Information verloren, welche und wieviele implizite
Lieferoptionen dem Inhaber der Short-Position eingeräumt werden.[1] Das Ergebnis dürfte dadurch jedoch
nicht wesentlich verfälscht werden, weil alle Anleihefutures mit physischer Lieferung die Qualitätsoption beinhalten und nur bei wenigen Kontrakten darüber hinaus weitere Lieferoptionen vorgesehen sind.

---

1) Man könnte daher anstelle der Dummy-Variablen auch eine
   erklärende Variable "Anzahl der Lieferoptionen" verwenden,
   die Werte von "0" bis "4" annehmen kann.

Kontraktgröße

Die Untersuchung im zweiten Teil hat ergeben, daß die Wahl der Kontraktgröße den Erfolg eines Future beeinflussen kann. Liegt die durch die Kontraktgröße festgelegte Mindestschlußeinheit wesentlich über der gewünschten Transaktionsgröße kleiner Marktteilnehmer, werden diese vom Handel abgehalten. Eine zu geringe Kontraktgröße reduziert dagegen die Effizienzvorteile des Futurehandels und vermindert dadurch insbesondere das Handelsinteresse großer institutioneller Anleger.

Diese theoretischen Überlegungen lassen einen nichtlinearen Zusammenhang zwischen der Kontraktgröße und dem Handelsvolumen erwarten. Damit wäre die Linearitätsprämisse der multiplen Regression verletzt.[1] Bevor man die Kontraktgröße als erklärende Variable in das Regressionsmodell aufnimmt, muß man daher anhand der Stichprobendaten den entsprechenden Kurvenverlauf feststellen und prüfen, ob sich der Zusammenhang durch Variablentransformation linearisieren läßt.[2]

---

1) Siehe zur Nichtlinearität und ihrer möglichen Identifizierung z.B. C. Schuchard-Ficher et al. (1982), S. 92, und die dort angegebene Literatur; siehe auch M. Tiede (1987), S. 205 f. Zum möglichen Ausgleich dieses Prämissenvestoßes durch Transformation der Variablen siehe M. Tiede (1987), S. 216 f.

2) Die Beobachtungswerte für die Kontraktgröße lassen sich bei Zinsfutures direkt aus den Kontraktbedingungen ablesen. Dagegen wird die Kontraktgröße bei Aktienindexfutures als Produkt aus einem Multiplikator in Geldeinheiten [beispielsweise beim DAX-Future der DTB DM 100 pro Indexpunkt des DAX; DTB (1992c), S. 20] und dem aktuellen Stand des zugrundeliegenden Aktienindex angegeben. Es bietet sich bei diesen Indexfutures an, als Beobachtungswert für die Kontraktgröße das Produkt aus dem Multiplikator und dem

(Fortsetzung...)

Liefermonate

Die Überlegungen im zweiten Teil haben ergeben, daß Börsen nur dann über die nächsten drei oder vier Quartale hinaus weitere Liefermonate einführen sollten, wenn die bestehenden Liefermonate bereits ein hohes Handelsvolumen erreicht haben. Anderenfalls ist nicht zu erwarten, daß die Kontrakte mit späteren Fälligkeiten ein genügend hohes Handelsvolumen erreichen werden, um niedrige Kosten sofortigen Abschlusses und eine zügige Auftragsausführung zu gewährleisten. Ob dieser theoretische Befund zutrifft, läßt sich unter Umständen im Rahmen des Regressionsmodells ermitteln, indem man die Anzahl der gleichzeitig gehandelten Liefermonate als erklärende Variable in die Regressionsgleichung einbezieht. Das Vorzeichen des Regressionskoeffizienten wird dann zeigen, ob zwischen der Anzahl der Liefermonate und dem Handelsvolumen der erwartete positive Zusammenhang besteht.

Margins

Die Rolle der Margins im Futurehandel ist im zweiten Teil ausführlich untersucht worden. Dabei wurde abgeleitet, daß die margininduzierten Transaktionskosten steigen, wenn die Marginhöhe nach oben oder nach unten von ihrem optimalen Niveau abweicht.

Das Handelsvolumen ist ceteris paribus umso höher, je niedriger die Transaktionskosten sind. Es ist daher zu vermuten, daß das Handelsvolumen zurückgeht, wenn die Marginhöhe von ihrem optimalen Niveau ab-

---

2)(...Fortsetzung)
durchschnittlichen Indexstand über den Beobachtungszeitraum zu verwenden.

weicht. Der Zusammenhang zwischen der Marginhöhe und
den margininduzierten Transaktionskosten legt den
Schluß nahe, daß zwischen der Marginhöhe und dem
Handelsvolumen als Indikator für den Kontrakterfolg
ein nichtlinearer Zusammenhang besteht. Somit wäre
die Linearitätsprämisse der multiplen Regression
verletzt. Um bei der Regression Probleme aufgrund
dieser Prämissenverletzung zu vermeiden, muß man
versuchen, den geeigneten Funktionstyp herauszufinden, der den Zusammenhang zwischen Marginhöhe und
Handelsvolumen wiedergibt.[1] Danach ist zu prüfen, ob
sich dieser Zusammenhang durch Variablentransformation linearisieren läßt.

Mindestkursabstufung

Im zweiten Teil ist herausgearbeitet worden, daß
Mindestkursabstufungen zu niedrigeren Transaktionskosten beitragen und so den Kontrakterfolg fördern
können. Zum einen ziehen Mindestkursabstufungen
konkurrierende Marketmaker an, deren Wettbewerb zu
engeren Spannen und geringeren Kosten sofortigen
Abschlusses führt. Zum anderen homogenisieren sie
Angebotskurse und Nachfragekurse und tragen dadurch
zu niedrigen Transaktionskosten bei. Allerdings hat
sich auch gezeigt, daß zu große Kursabstufungen das
Handelsinteresse kleiner Marktteilnehmer vermindern
und die Preisbildung beeinträchtigen.

Der Erfolgseinfluß der Kursabstufungen läßt sich
unter Umständen besser beurteilen, wenn man sie als

---

1) In diesem Fall liegt vermutlich ein negativ-quadratischer
   Zusammenhang vor. Dieser Zusammenhang läßt sich jedoch
   erst genau ermitteln, wenn die entsprechenden Daten für
   die Kontrakte einer Stichprobe erhoben worden sind.

erklärende Variable in das Regressionsmodell aufnimmt. Es bietet sich dabei an, die Kursabstufungen
an der Höhe der Tick-Werte in Geldeinheiten zu messen. Denn der Tick-Wert eines Kontraktes bestimmt
einerseits die Ertragsmöglichkeiten der Marketmaker
und damit die Zahl der konkurrierenden Marketmaker in
dem Kontrakt: Je mehr Marketmaker um Geschäftsabschlüsse konkurrieren, desto geringer sind tendenziell die Kosten sofortigen Abschlusses und desto
größer ist die Nachfrage nach dem Kontrakt. Andererseits bestimmt der Tick-Wert die Höhe der Kosten
sofortigen Abschlusses der Marktteilnehmer mit
kleineren Transaktionsgrößen und damit deren Nachfrage nach dem Kontrakt.[1] Die Höhe des Tick-Wertes
beeinflußt demnach das Handelsvolumen eines Kontraktes, und ist daher die geeignete Größe, um die
Mindestkursabstufungen zu messen.

Die gegenläufigen Einflüsse der Höhe des Tick-Wertes
auf die Kontraktnachfrage[2] lassen einen nichtlinea-

---

1) Die Tick-Werte erlauben es zudem, Mindestkursabstufungen
   miteinander zu vergleichen, die in unterschiedlichen Einheiten angegeben werden (z.B. Prozentpunkte bei Zinsfutures oder Indexpunkte bei Aktienindexfutures).

2) Die Kontraktnachfrage steigt zunächst bei steigenden Tick-
   Werten, weil immer mehr Marketmaker um Aufträge konkurrieren und dadurch zu niedrigeren Kosten sofortigen Abschlusses beitragen. Mit steigenden Tick-Werten werden jedoch
   die Kosten sofortigen Abschlusses für immer mehr Marktteilnehmer (mit immer größeren Transaktionen) höher als
   ohne Mindestkursabstufungen; vgl. Abbildung 2.3 auf S. 181
   dieser Arbeit. Daher wird die gesamte Kontraktnachfrage
   von einem bestimmten Tick-Wert an wieder zurückgehen. Es
   bleibt jedoch anzumerken, daß der Einfluß des Tick-Wertes
   auf die Kontraktnachfrage letztlich von der Verteilung der
   Abschlußgrößen abhängt. Liegen z.B. wenige Abschlüsse im
   diskriminierten Bereich, kann es auch keine Reduktion der
   Kosten sofortigen Abschlusses für größere Abschlüsse
   geben.

ren Zusammenhang zwischen der Höhe der Mindestkursabstufung und dem Handelsvolumen erwarten. Bevor man
die Mindestkursabstufungen in ein Regressionsmodell
aufnehmen kann, muß man zunächst prüfen, ob sich
dieser Zusammenhang durch Variablentransformation
linearisieren läßt.[1]

Preislimits

Im zweiten Teil ist theoretisch abgeleitet worden,
daß Preislimits den Kontrakterfolg beeinträchtigen
können. Danach ist zu erwarten, daß das Handelsvolumen tendenziell umso höher sein wird, je größer die
zulässigen Preisschwankungen sind. Preislimits werden
in der Regel als zulässige Abweichung des Futurepreises vom Schlußkurs des Vortages nach oben und nach
unten festgelegt. Ein gegebenes Preislimit wirkt umso
restriktiver, je höher das aktuelle Preisniveau ist.
Um diesen Niveaueffekt zu erfassen, bietet es sich
an, für die Regression ein prozentuales Maß für das
Preislimit zu verwenden. Ein solches Maß erhält man
beispielsweise, wenn man die Spanne zwischen dem
oberen und dem unteren Preislimit durch den durchschnittlichen Futurepreis über den Beobachtungszeitraum dividiert. Das Vorzeichen des Regressionskoeffizienten dürfte nach den Vorüberlegungen positiv sein.

---

1) Ob sich der Zusammenhang zwischen der Höhe der Mindestkursabstufung und dem Handelsvolumen linearisieren läßt,
kann an dieser Stelle nicht geklärt werden, da man den
genauen Kurvenverlauf erst aufgrund der Beobachtungswerte
für eine Stichprobe ermitteln kann.

Positionslimits

Die Untersuchung im zweiten Teil hat ergeben, daß
Positionslimits das Marktbeeinflussungspotential
vermindern und die Fähigkeit der Marktteilnehmer
sichern, eingegangene Positionen zu erfüllen. Sie
tragen insoweit zum Kontrakterfolg bei. Allerdings
können zu niedrige Positionslimits den Kontrakterfolg
auch beeinträchtigen. Die entgegengesetzten Wirkungen
von Positionslimits auf den Kontrakterfolg lassen
einen nichtlinearen Zusammenhang zwischen dieser
erklärenden Variablen und der zu erklärenden Variablen Handelsvolumen erwarten. Vor der Aufnahme der
Positionslimits als erklärende Variable muß man daher
zunächst prüfen, ob sich dieser Zusammenhang linearisieren läßt.[1]

Transaktionsgebühren

Transaktionsgebühren sind ein Teil der Transaktionskosten. Das Handelsinteresse der Marktteilnehmer ist
tendenziell umso größer, je niedriger die Transaktionskosten sind. Es ist also zu erwarten, daß die
Höhe der Transaktionsgebühren in einem inversen
Verhältnis zum Kontrakterfolg steht. Für die Regression benötigt man für jeden Kontrakt der Stichprobe
einen Geldbetrag, der die Summe der beobachteten
Transaktionsgebühren (Handels- und Clearinggebühren)

---

1) Diese Prüfung kann man erst vornehmen, wenn man anhand von
Beobachtungswerten für die Kontrakte einer Stichprobe den
Kurvenverlauf bestimmt hat.

zusammenfaßt.[1] Der entsprechende Regressionskoeffizient dürfte ein negatives Vorzeichen haben.

Handel von Futures auf korrelierende Handelsobjekte

Die Untersuchung im zweiten Teil hat gezeigt, daß
der parallele Handel von Futures auf korrelierende
Handelsobjekte an derselben Börse das Handelsvolumen
eines Future erhöhen kann. Das gilt insbesondere für
Zinsfutures. Werden an einer Börse Futures auf
Zinstitel unterschiedlicher Laufzeitbereiche gehandelt, so können Marktteilnehmer Spreads zwischen
diesen Kontrakten handeln. Die Möglichkeit solcher
Spreads erhöht tendenziell das Auftragsvolumen und
damit das Handelsvolumen der betreffenden Kontrakte.
Voraussetzung für ein höheres Handelsvolumen ist
jedoch, daß die Handelsobjekte dieser Kontrakte sich
so stark unterscheiden, daß die einzelnen Kontrakte
ein genügend großes Hedginginteresse auf sich ziehen.

Ist das der Fall, so dürfte das Handelsvolumen eines
Kontraktes umso größer sein, je höher das Handelsvolumen der Kontrakte mit korrelierenden Handelsobjekten ist. Problematisch für die Berücksichtigung dieser Erfolgsdeterminante in der Regressionsgleichung
ist, daß einzelne Kontrakte der Stichprobe mehrere
verwandte Kontrakte haben können. Für eine Quer-
schnittsanalyse benötigt man dagegen einen einzigen
Beobachtungswert pro Kontrakt. Man könnte aber in
diesem Fall das Gesamtvolumen aller Kontrakte mit
korrelierenden Handelsobjekten als Beobachtungswerte

---

1) Weitere Börsengebühren, wie die jährliche Grundfestgebühr
    der DTB, bleiben außer Betracht, weil die Untersuchung im
    zweiten Teil ergeben hat, daß diese Gebühren im Vergleich
    zu den Transaktionsgebühren kein spürbares Gewicht haben.

verwenden. Nach den theoretischen Vorüberlegungen ist
für den Regressionskoeffizienten ein positives Vorzeichen zu erwarten.[1]

Handel von Optionen auf Futures

Werden neben einem Future an einer Terminbörse auch
Optionen auf diesen Future gehandelt, dürfte sich
dadurch tendenziell das Handelsvolumen des Future
erhöhen. Beispielsweise werden sich Händler, die als
Marketmaker Positionen in Optionen auf den Future
übernehmen, zumindest teilweise durch Käufe oder Verkäufe des Future absichern. Es ist zu vermuten, daß
das Handelsvolumen eines Future ceteris paribus umso
höher ist, je mehr Optionen auf den Future gehandelt
werden. Im Rahmen des Regressionsmodells läßt sich
dieser Zusammenhang überprüfen, indem man das Handelsvolumen der Optionen als erklärende Variable in
das Modell aufnimmt. Der entsprechende Regressionskoeffizient müßte ein positives Vorzeichen haben.

Handelssystem

Die theoretische Untersuchung im zweiten Teil hat
keine abschließende Antwort auf die Frage ergeben, ob
der Kontrakterfolg wesentlich von der Art des Han-

---

1) Es sei angemerkt, daß die Berücksichtigung dieser erklä-
    renden Variablen problematisch sein kann, wenn ein neuer
    Kontrakt und dessen bester existierender Cross-Hedge-
    Future an derselben Börse gehandelt werden. In diesem Fall
    würde man hier als Beobachtungswert die gleiche Zahl
    gehandelter Kontrakte einsetzen müssen wie für die oben
    abgeleitete erklärende Variable "Liquidität des besten
    Cross-Hedge-Future". Man müßte dann - um das Ergebnis der
    Regression nicht zu verzerren - den entsprechenden neuen
    Kontrakt aus dem Sample herausnehmen oder die erklärende
    Variable "Handel von Futures auf korrelierende Handelsob-
    jekte" aus der Regressionsgleichung eliminieren.

delssystems beeinflußt wird. Der Klärung dieser Frage kann man im Rahmen des Regressionsmodells näher kommen, indem man als eine erklärende Variable die Art des Handelssystems aufnimmt.

Die meisten Futures lassen sich eindeutig einem der beiden Handelssysteme - Parketthandel oder Computerhandel - zuordnen. Es bietet sich daher an, die Art des Handelssystems als Dummy-Variable zu berücksichtigen. Diese Dummy-Variable (D_4) wird wie folgt definiert:

$$D_4 = \left\{ \begin{array}{l} 1, \text{ wenn Parketthandel,} \\ 0, \text{ wenn Computerhandel.} \end{array} \right.$$

Allerdings gibt es auch Kontrakte, bei denen außerhalb der Handelszeiten auf dem Parkett ein Computerhandel stattfindet.[1] Bei diesen Kontrakten entfällt der Hauptumsatz zumindest zur Zeit noch auf den Parketthandel. Um eventuell auftretende Verzerrungen zu vermeiden, könnte man bei diesen Kontrakten nur die Umsätze berücksichtigen, die im Parketthandel zustandekommen.

---

1) Beispiele dafür sind einige Kontrakte an der LIFFE, die nach der Handelszeit auf dem Parkett über das Computerhandelssystem APT gehandelt werden. Auch einige Kontrakte der an GLOBEX beteiligten Börsen fallen in diese Kategorie.

3. Aufstellen des Regressionsmodells

Nachdem die zu erklärende Variable und die erklärenden Variablen spezifiziert worden sind, kann man nun
die Regressionsgleichung aufstellen. Es ist zu vermuten, daß zwischen der zu erklärenden Variablen und
einzelnen erklärenden Variablen nichtlineare Zusammenhänge bestehen. Dadurch würde die Prämisse der
Linearität verletzt. Hinweise auf Nichtlinearität
ergaben oben bereits die theoretischen Überlegungen
zu den Zusammenhängen zwischen dem Handelsvolumen und
den erklärenden Variablen Marginhöhe, Mindestkursabstufungen und Positionslimits.[1] Abschließend läßt
sich diese Frage nur klären, nachdem man die benötigten Daten für die Kontrakte einer Stichprobe erhoben
hat. Aus diesem Grund sind die Variablen in der folgenden Regressionsgleichung (3.1) nicht transformiert
und additiv miteinander verknüpft:

---

1) Neben dieser Form der Nichtlinearität kann es auch aufgrund von Wechselwirkungen zwischen erklärenden Variablen
zu Nichtlinearität kommen. Beispielsweise wird ein Kontrakt auch bei hoher Volatilität des Kassapreises keinen
Erfolg haben, wenn aufgrund eines kleinen Kassamarktes nur
ein geringer Hedgingbedarf besteht.

$$(3.1) \; VOL_i = \beta_0 + \beta_1 PVAR_i + \beta_2 SIZE_i + \beta_3 D_1 + \beta_4 CLIQ_i + \beta_5 D_2$$
$$+ \beta_6 D_3 + \beta_7 MONAT_i + \beta_8 M_i + \beta_9 TICK_i + \beta_{10} PREIS_i$$
$$+ \beta_{11} POS_i + \beta_{12} GEB_i + \beta_{13} KORR_i + \beta_{14} FUTOP_i + \beta_{15} D_4$$
$$+ u_i,$$

mit:
VOL_i	=	Handelsvolumen des Kontraktes i der Stichprobe,
$PVAR_i$	=	Volatilität des Kassapreises des Handelsobjektes i,
$SIZE_i$	=	Größe des Kassamarktes des Handelsobjektes i,
D_1	=	Dummy-Variable für Zentrum des Kassamarktes,
$CLIQ_i$	=	Handelsvolumen des besten Cross-Hedge-Future,
D_2	=	Dummy-Variable für die Art des Erfüllungsverfahrens,
D_3	=	Dummy-Variable für Lieferoptionen,
$MONAT_i$	=	Anzahl der Liefermonate des Kontraktes i,
M_i	=	Marginhöhe für den Kontrakt i,
$TICK_i$	=	Tick-Wert für den Kontrakt i,
$PREIS_i$	=	Preislimit für den Kontrakt i,
POS_i	=	Positionslimit für den Kontrakt i,
GEB_i	=	Transaktionsgebühren pro Kontrakt i,
$KORR_i$	=	Handelsvolumen der Futures auf korrelierende Handelsobjekte (an derselben Börse),
$FUTOP_i$	=	Handelsvolumen der Optionen auf den Kontrakt i,
D_4	=	Dummy-Variable für die Art des Handelssystems,
u_i	=	Reststreuung.

4. Grenzen der Anwendung des abgeleiteten Modells

Es liegt nun ein Regressionsmodell vor, mit dem sich der Einfluß der erklärenden Variablen auf den Kontrakterfolg testen ließe. Man müßte dazu eine Stichprobe zusammenstellen und die für die Regression benötigten Daten erheben. Die Zahl der erklärenden Variablen legt es nahe, den Ansatz der stufenweisen Regression zu verwenden. Dabei werden die erklärenden Variablen schrittweise in die Regressionsgleichung aufgenommen. Man kann dadurch die Wirkung der einzelnen erklärenden Variablen auf das Bestimmtheitsmaß und damit ihren Erfolgseinfluß besser beurteilen.[1]

Die Regression läßt sich, wie im folgenden noch deutlicher werden wird, für die hier interessierenden Kontrakte europäischer Börsen wegen der gegenwärtigen Datenlage im Rahmen dieser Arbeit nicht durchführen. Es soll jedoch auf einige Probleme eingegangen werden, die sich einem Untersuchenden stellen können.

Zunächst ist die Frage zu beantworten, welche Kontrakte in die Stichprobe aufgenommen werden sollen. Die Stichprobe sollte ausreichend viele Kontrakte enthalten, damit man zu statistisch gesicherten Ergebnissen gelangen kann.[2] Der Handelsbeginn dieser Kontrakte sollte wenigstens drei Jahre zurückliegen, da sich meistens in dieser Zeit entscheidet, ob ein Kontrakt erfolgreich ist oder nicht.[3]

Für die Entscheidung, welche Kontrakte in die Stichprobe aufgenommen werden sollen, ist auch von Bedeutung, ob für diese Kontrakte Positionslimits gelten. Bei Kontrakten ohne Positionslimits können die Posi-

---

1) Zur stufenweisen (oder schrittweisen) Regression siehe z.B. C. Schuchard-Ficher et al. (1982), S. 76-80; M. Tiede (1987), S. 195-197.

2) Gewöhnlich geht man davon aus, daß die Zahl der Beobachtungen größer als 30 sein sollte; so z.B. C. Schuchard-Ficher et al. (1982), S. 102. Dagegen führt Black ihre Regressionsanalyse zum Erfolg von Financial Futures mit Stichproben aus 15 und 19 Kontrakten durch. Sie gelangt dabei zu signifikanten Ergebnissen; siehe dazu im einzelnen unten Abschnitt A.II dieses Teils.

3) Black geht in ihrer Untersuchung von einem Zeitraum von drei Jahren aus. Sie verwendet daher als Maß für den Kontrakterfolg das durchschnittliche tägliche Handelsvolumen über die ersten drei Jahre nach der Handelseinführung. Siehe dazu D.G. Black (1986), S. 34 f., sowie die Ausführungen unten im Abschnitt A.II dieses Teils.

tionen einzelner Marktteilnehmer theoretisch unendlich groß sein. Der Wert "unendlich" läßt sich jedoch
nicht als Beobachtungswert für die Regression verwenden. Man könnte nun statt dieses Wertes einen sehr
großen Wert als Beobachtungswert einsetzen, beispielsweise ein Positionslimit, das zehnmal größer
ist als das größte beobachtete Positionslimit. Ein
solcher subjektiv gewählter Wert könnte jedoch die
Schätzergebnisse der Regression verfälschen. Man
könnte dieses Problem dadurch lösen, daß man nur
solche Kontrakte in die Stichprobe aufnimmt, für die
Positionslimits gelten. Allerdings muß man dabei
einen Informationsverlust in Kauf nehmen.[1]

Das Regressionsmodell in Gleichung 3.1 enthält 15
erklärende Variable. Aufgrund dieser Zahl kann man
vermuten, daß Prämissen der linearen Regression
verletzt werden. Insbesondere können einzelne erklärende Variable miteinander korreliert sein.

So hat beispielsweise die Untersuchung der Margins im
zweiten Teil ergeben, daß Terminbörsen die Marginhöhe
bei größeren Änderungen der täglichen Volatilität des
Futurepreises anpassen. Die Preisvolatilität eines
Future wird wesentlich durch die Volatilität des
Kassapreises seines Handelsobjektes bestimmt. Die
Marginhöhe dürfte also mit der Volatilität des Kassa-
preises korreliert sein, die ebenfalls als erklärende

---

1) Man kann dieses Problem auch dadurch zu lösen versuchen,
   daß man eine Dummy-Variable in die Regressionsgleichung
   aufnimmt, die den Wert "1" annimmt, wenn Positionslimits
   gelten und die den Wert "0" annimmt, wenn keine Positionslimits gelten. Eine andere Möglichkeit besteht darin, die
   erklärende Variable "Positionslimits" nicht in der Regression zu berücksichtigen.
   Ein vergleichbares Problem stellt sich bei Kontrakten ohne
   Preislimits.

Variable in der Regressionsgleichung enthalten ist.
Es kann demnach zu Multikollinearität kommen, wenn
man die Kassapreisvolatilität und die Marginhöhe in
die Regressionsgleichung mit einbezieht. Dadurch kann
das Ergebnis der Regression verzerrt werden.

Eine Möglichkeit, solche Verzerrung zu vermeiden,
besteht darin, eine der erklärenden Variablen - in
diesem Fall zum Beispiel die Marginhöhe - aus der
Regressionsgleichung zu eliminieren. Allerdings muß
man dann unter Umständen einen Informationsverlust
in Kauf nehmen. Man sollte daher zunächst testen, ob
tatsächlich Multikollinearität vorliegt.[1] Nur wenn
dieser Test den theoretischen Befund der Multikollinearität bestätigt, sollte eine der erklärenden Variablen aus der Regressionsgleichung eliminiert
werden.

Des weiteren wird sich bei der Durchführung der Regression unter Umständen zeigen, daß einige der erklärenden Variablen statistisch nicht signifikant
sind. Die Ergebnisse anderer empirischer Untersuchungen mit Hilfe der multiplen Regression lassen vermuten, daß auch bei dem vorliegenden Modell lediglich
drei oder vier der erklärenden Variablen eine hohe
Erklärungskraft haben werden. Bereits eine Regression
mit diesen Variablen führt zu einem hohen Bestimmtheitsmaß. Es ist in diesem Fall unwahrscheinlich, daß

---

1) Dafür steht ein Testverfahren zur Verfügung, das zumindest
    einen Hinweis auf Multikollinearität liefert. Es gibt al-
    lerdings kein objektives Beurteilungskriterium für Multi-
    kollinearität. Siehe dazu und zum Einfluß der Multikolli-
    nearität auf die Ergebnisse einer mutiplen Regression C.
    Schuchard-Ficher et al. (1982), S. 92-96. Siehe zur Multi-
    kollinearität auch M. Tiede (1987), S. 206-210; P. Bohley
    (1989), S. 715-717.

sich das Bestimmtheitsmaß wesentlich erhöht, wenn man
zusätzliche erklärende Variable in die Regressionsgleichung aufnimmt.

Ein Regressionsmodell zur Erklärung des Erfolges von
Financial Futures, das mit weniger Regressoren aus-
kommt als das Modell in Gleichung 3.1, hat D. Black
entwickelt.[1] Sie verwendet vier erklärende Variable.
Ihre Untersuchung zeigt, daß die Regressionsanalyse
grundsätzlich geeignet ist, um den Erfolg oder den
Mißerfolg von Futures zu erklären. Das Modell von
Black und dessen Ergebnisse werden im folgenden
Abschnitt in wesentlichen Zügen dargestellt.

II. Die Untersuchung von D. Black

1. Das Modell

Black verwendet das Handelsvolumen als Maß für den
Kontrakterfolg und damit als zu erklärende Variable
in ihrem Regressionsmodell. Als erklärende Variable
berücksichtigt sie vier Erfolgsdeterminanten. Das Modell von Black basiert auf dem Wechselspiel zwischen
der Hedgingeffektivität und den Kosten sofortigen Abschlusses. Danach wird ein neuer (Own-Hedge-)Kontrakt
nur dann erfolgreich sein, wenn er die Hedgingeffektivität gegenüber einem liquiden Cross-Hedge-Kontrakt
genügend erhöht, um den Nachteil der höheren Kosten
sofortigen Abschlusses der Own Hedge im Vergleich zur
Cross Hedge aufzuwiegen.[2]

---

1)   D.G. Black (1986).

2)   D.G. Black (1986), S. 21.

Als Maß für die unterschiedliche Hedgingeffektivität
des Own-Hedge-Kontraktes und des besten Cross-Hedge-
Kontraktes verwendet Black das relative Restrisiko
der Cross Hedge im Vergleich zur Own Hedge.[1] Aufgrund ihrer theoretischen Vorüberlegungen erwartet
sie einen positiven Zusammenhang zwischen dem Handelsvolumen des betrachteten Own-Hedge-Future und dem
relativen Restrisiko, das heißt das Handelsvolumen
ist umso größer, je höher das Restrisiko der Cross
Hedge im Vergleich zur Own Hedge ist.

Das relative Restrisiko ist die erste erklärende
Variable in dem Modell von Black.[2] Als zweite erklärende Variable verwendet sie die Kosten sofortigen
Abschlusses der Own Hedge im Vergleich zur Cross
Hedge. Die Kosten sofortigen Abschlusses der Cross
Hedge sind umso geringer, je größer die Liquidität
des Cross-Hedge-Future ist. Diesen Zusammenhang macht
sich Black zunutze, indem sie als Maß für die Kosten
sofortigen Abschlusses das Handelsvolumen des Cross-

---

1) Das Restrisiko ist dabei definiert als das verbleibende
   Preisrisiko eines Hedgeportefeuilles aus Kassa- und Futureposition gegenüber einer theoretisch perfekten Hedge
   mit einem Restrisiko von null; D.G. Black (1986), S. 22.
   Das relative Restrisiko mißt Black anhand des Quotienten
   aus den Varianzen der Portefeuillewerte bei der Cross
   Hedge und bei der Own Hedge [VAR(R_c) / VAR(R_o)]. Die beiden
   Portefeuilles enthalten jeweils den abzusichernden Titel
   und den zur Sicherung verwendeten Future; D.G. Black
   (1986), S. 38-42.

2) Man könnte sich fragen, warum die erklärende Variable
   "relatives Restrisiko" nicht in dem im vorigen Abschnitt
   entwickelten Regressionsmodell enthalten ist. Der Grund
   dafür liegt darin, daß diese Variable die Erfolgswirkung
   der meisten Kontraktspezifikationen zusammenfaßt, die im
   Regressionsmodell in Gleichung 3.1 einzeln als erklärende
   Variable berücksichtigt worden sind. Siehe dazu auch D.G.
   Black (1986), S. 25, die darauf hinweist, daß die Hedgingeffektivität eines Kontraktes von dessen Kontraktspezifikationen beeinflußt wird.

Hedge-Kontraktes verwendet.[1] Sie erwartet demnach einen negativen Zusammenhang zwischen dem Erfolg eines (Own-Hedge-)Future und dem Handelsvolumen des besten Cross-Hedge-Future.

Neben dem relativen Restrisiko und den Kosten sofortigen Abschlusses verwendet Black in ihrem Modell zwei weitere erklärende Variable: die Volatilität des Kassapreises und die Größe des Kassamarktes. Sie berücksichtigt damit zwei Eigenschaften des Handelsobjektes, die auch nach den obigen Ausführungen für den Erfolg eines Future wichtig zu sein scheinen. Bei niedriger Volatilität des Kassapreises bestehen nur ein geringer Hedgingbedarf und geringe Gewinnmöglichkeiten für Spekulanten. Es ist dann nicht zu erwarten, daß ein entsprechender Future erfolgreich sein wird, selbst wenn der Kontrakt ein geringes Restrisiko aufweist. Ebenso wird ein Kontrakt auf ein Handelsobjekt mit kleinem Kassamarkt nur wenig Handelsinteresse auf sich ziehen.[2]

Black vermutet Wechselwirkungen zwischen den erklärenden Variablen hinsichtlich ihres Einflusses auf das Handelsvolumen und daraus resultierende Nichtlinearität. Beispielsweise dürfte bei sehr niedriger Kassapreisvolatilität die Größe des Kassamarktes, die Liquidität des besten Cross-Hedge-Future und das relative Restrisiko keinen Einfluß auf das Handelsvolumen eines Future haben. Diese Größen wirken erst bei höherer Volatilität auf das Handelsvolumen. Als einen möglichen Funktionstyp, der diese Wechselwir-

---

1) Vgl. D.G. Black (1986), S. 44-46.

2) Siehe dazu auch D.G. Black (1986), S. 30.

kungen berücksichtigt, stellt sie folgende Gleichung auf:[1]

$$(3.2) \quad VOL_i = \beta_0 RR_i{}^{\beta_1} CLIQ_i{}^{\beta_2} PVAR_i{}^{\beta_3} SIZE_i{}^{\beta_4} e^{u_i} ,$$

mit: VOL_i = Handelsvolumen des Kontraktes i der Stichprobe,
RR_i = Relatives Restrisiko,
$CLIQ_i$ = Handelsvolumen des besten Cross-Hedge-Future,
$PVAR_i$ = Volatilität des Kassapreises des Handelsobjektes i,
$SIZE_i$ = Größe des Kassamarktes des Handelsobjektes i,
u_i = Reststreuung.

Durch Logarithmieren dieser Gleichung erhält Black das Regressionsmodell, das sie im weiteren Verlauf ihrer Arbeit verwendet:[2]

$$(3.3) \quad \ln VOL_i = \ln\beta_0 + \beta_1 \ln RR_i + \beta_2 \ln CLIQ_i + \beta_3 \ln PVAR_i + \beta_4 \ln SIZE_i + u_i.$$

Black prognostiziert aufgrund ihrer theoretischen Vorüberlegungen folgende Vorzeichen für die Regressionskoeffizienten: $\beta_1 > 0$, $\beta_2 < 0$, $\beta_3 > 0$ und $\beta_4 > 0$.

Das Regressionsmodell in Gleichung 3.3 beinhaltet drei der erklärenden Variablen des in Gleichung 3.1 aufgestellten Modells: das Handelsvolumen des besten Cross-Hedge-Future, das Black als Maß für dessen Kosten sofortigen Abschlusses im Vergleich zur Own Hedge verwendet, die Volatilität des Kassapreises und die Größe des Kassamarktes. Die vierte erklärende Variable, das relative Restrisiko, erfaßt die Hedgingeffektivität eines Future im Vergleich zu seinem besten Cross-Hedge-Kontrakt. Die Hedgingeffektivität wird von den Kontraktspezifikationen be-

---

1) D.G. Black (1986), S. 30 f.

2) D.G. Black (1986), S. 31.

stimmt. Das relative Restrisiko läßt sich somit, wie bereits angesprochen, als eine erklärende Variable auffassen, die den Erfolgseinfluß der Kontraktspezifikationen in einer Größe zusammenfaßt.

2. Die Kontrakte der Stichprobe

Black testet ihr Regressionsmodell anhand einer Stichprobe aus Financial Futures, die zwischen 1975 und 1982 an US-amerikanischen Futurebörsen eingeführt worden sind.[1] Sie berücksichtigt dabei Zins- und Aktienindexfutures, nicht aber Devisenfutures.[2] In den Fällen, in denen mehrere Kontrakte mit dem gleichen Handelsobjekt gleichzeitig eingeführt wurden, berücksichtigt sie nur den jeweils umsatzstärksten Kontrakt.[3] Es verbleibt eine Stichprobe mit 19 Kontrakten. Davon sind vier Kontrakte sogenannte duplikative Kontrakte, die bei ihrer Einführung bereits an einer anderen Börse gehandelt wurden. Um mögliche Verzerrungen durch duplikative Kontrakte zu erkennen, testet Black ihr Modell für Stichproben ohne (15 Kontrakte) und mit duplikativen Kontrakten (19 Kontrakte). Da alle Kontrakte an US-Börsen gehandelt werden, können die Testergebnisse nicht durch Unterschiede im Aufsichtsrecht beeinflußt werden.

---

1) Vgl. D.G. Black (1986), S. 40 f., Tabelle 2. Die Daten der Handelseinführung dieser Kontrakte finden sich ebda., S. 36 f., Tabelle 1.

2) Black berücksichtigt Devisenfutures in ihrer Stichprobe nicht, weil ihr keine Zahlen für die Größe der Devisenkassamärkte zur Verfügung standen; D.G. Black (1986), S. 33, Fn. 25.

3) Siehe zur Begründung D.G. Black (1986), S. 33 f.

3. Ergebnisse des Tests und ihre Interpretation

Black testet ihr Regressionsmodell für den Kontrakterfolg in insgesamt acht Varianten. Sie verwendet dabei neben dem Handelsvolumen das Open Interest als zu erklärende Variable und führt die Regression für die Stichproben ohne und mit duplikativen Kontrakten durch. Zusätzlich variiert sie die Länge der Beobachtungsperioden.[1] Die Testergebnisse zweier Varianten werden im folgenden näher erläutert. Beide Varianten basieren auf der Stichprobe aus 15 Kontrakten, also ohne duplikative Kontrakte.

In der ersten Variante verwendet Black das durchschnittliche tägliche Handelsvolumen während der ersten drei Jahre seit der Markteinführung eines Kontraktes als zu erklärende Variable. Bei Kontrakten, deren Handel vor Ablauf der ersten drei Jahre eingestellt wurde, wird das durchschnittliche Handelsvolumen über den entsprechend kürzeren Zeitraum berechnet. In Spalte (1) der Tabelle 3.2 sind die Ergebnisse der Regression in der ersten Variante zusammengefaßt.

---

1) Siehe dazu im einzelnen D.G. Black (1986), S. 48-53.

Tabelle 3.2:   Ergebnisse des Modells von D. Black

Erklärende Variable	Zu erklärende Variable	
	(1) Durchschn. Volumen über 3 Jahre	(2) Durchschn. Volumen über 1 Jahr
Konst. Glied	- 5,023 (3,589)	- 1,353 (2,408)
RR	2,3275(a) (0,526)	1,797(a) (0,400)
CLIQ	- 0,100 (0,318)	- 0,105 (0,241)
PVAR	1,414(a) (0,594)	0,839(b) (0,467)
SIZE	0,454 (0,262)	0,480(a) (0,271)
R^2	0,848	0,671
F	13,913(a)	13,249(a)
Anzahl der Beobachtungen	15(c)	31(c)
(a) signifikant auf dem 5%-Niveau (b) signifikant auf dem 10%-Niveau (c) ohne duplikative Kontrakte (Standardfehler in Klammern)		

Quelle: D.G. Black (1986), S. 50 f.

Es zeigt sich, daß das Modell von Black den Kontrakterfolg gut erklärt.[1] Das relativ hohe Bestimmtheitsmaß von 84,8 Prozent zeigt, daß durch die vier erklärenden Variablen bereits ein großer Teil der Gesamt-

---

1)   Siehe zur Erläuterung der Testergebnisse auch D.G. Black
      (1986), S. 49.

streuung erfaßt wird. Der empirische F-Wert von
13,913 ist für eine Vertrauenswahrscheinlichkeit von
95 Prozent deutlich signifikant. Somit kann die Null-
hypothese abgelehnt werden, nach der kein Zusammenhang zwischen der zu erklärenden Variablen und den
erklärenden Variablen besteht. Die Betrachtung der
einzelnen Regressionskoeffizienten zeigt, daß diese
das prognostizierte Vorzeichen haben. Die Koeffizienten der Variablen für das relative Restrisiko und die
Volatilität des Kassapreises sind auf einem Vertrauensniveau von 5 Prozent signifikant von null ver-
schieden, das heißt sie können mit einer Vertrauenswahrscheinlichkeit von 95 Prozent nicht als unbrauch-
bar abgelehnt werden.

Wie oben ausgeführt, verwendet Black in dieser ersten
Variante als zu erklärende Variable das durchschnitt-
liche tägliche Handelsvolumen über die ersten drei
Jahre des Kontrakthandels. Dadurch geht jedoch die
Information über die Veränderung der verwendeten
Größen im Zeitablauf verloren. Beispielsweise können
zwei Kontrakte über die ersten drei Jahre das gleiche
durchschnittliche Handelsvolumen aufweisen, obgleich
das Handelsvolumen in diesem Zeitraum bei dem einen
Kontrakt steigt, während es bei dem anderen sinkt.
Um diese zeitliche Entwicklung zu erfassen, verkürzt
Black die Dauer der Beobachtungszeiträume.[1] Als zu
erklärende Variable verwendet sie in der zweiten
Variante das durchschnittliche tägliche Handelsvolumen pro Handelsjahr. Auch für die erklärenden Variablen ermittelt sie einen Beobachtungswert pro Jahr.
Die Zahl der Beobachtungen pro Kontrakt steigt dadurch auf drei oder entsprechend weniger, wenn die

---

1)   Siehe dazu die Ausführungen von D.G. Black (1986), S. 49.

Lebensdauer des betreffenden Kontraktes kürzer als drei Jahre war. Über alle Kontrakte der Stichprobe ergeben sich insgesamt 31 Beobachtungen.

Spalte (2) der Tabelle 3.2 enthält die Ergebnisse der Regression auf Basis von jährlichen Beobachtungen. Die Ergebnisse weisen grundsätzlich in die gleiche Richtung wie die der ersten Variante.[1] Das Bestimmtheitsmaß ist zwar mit 67,1 Prozent geringer als bei der ersten Variante, jedoch ist der Zusammenhang zwischen der erklärten und den erklärenden Variablen weiter signifikant auf einem Vertrauensniveau von 5 Prozent, wie der empirische F-Wert zeigt. Die einzelnen Regressionskoeffizienten haben auch bei dieser Variante das prognostizierte Vorzeichen. Die Erklärungskraft der Größe des Kassamarktes ist höher, während diejenige der Kassapreisvolatilität geringer ist als bei der ersten Variante.[2]

Auch die Ergebnisse der übrigen sechs Varianten sind überwiegend statistisch signifikant.[3] Sie zeigen, daß das von Black entwickelte Modell gut geeignet ist, den Erfolg von Financial Futures mit Hilfe der vier verwendeten Erfolgsdeterminanten zu erklären.

---

1) Siehe dazu auch D.G. Black (1986), S. 51 f.

2) Der Regressionskoeffizient der Größe des Kassamarktes ist nun signifikant auf dem 5-Prozent-Niveau, während der Koeffizient der Volatilität nur noch signifikant auf dem 10-Prozent-Niveau ist; siehe D.G. Black (1986), S. 52.

3) Siehe zur Erläuterung dieser Ergebnisse im einzelnen D.G. Black (1986), S. 50-53.

III. Zusammenfassung

Im diesem Abschnitt wurde der Frage nachgegangen, inwieweit sich der Erfolg von Financial Futures mit Hilfe der Regressionsanalyse untersuchen läßt. Es wurde zunächst ein Regressionsmodell entwickelt, das die meisten der im ersten und zweiten Teil behandelten Erfolgsdeterminanten als erklärende Variable berücksichtigt. Inwieweit sich dieses umfassende Modell dazu eignet, den Erfolg von Financial Futures empirisch zu untersuchen, konnte nicht abschließend geklärt werden. Diese Frage läßt sich erst beantworten, wenn man die benötigten Daten erhoben hat. Theoretische Vorüberlegungen zeigten jedoch, daß sich bei der Anwendung eines solchen umfassenden Modells einige Probleme ergeben können. Danach erscheint es zumindest zweifelhaft, ob sich das Modell mit seinen 15 erklärenden Variablen noch handhaben läßt und zu statistisch signifikanten Ergebnissen führen kann.

Im Anschluß an dieses Regressionsmodell wurde das Modell von Black vorgestellt. Black berücksichtigt in ihrem Modell vier erklärende Variable und zeigt, daß sich mit diesen ein großer Teil des Kontrakterfolges erklären läßt.

Die Arbeit von Black ist nach Kenntnis des Verfassers die bislang einzige umfassende empirische Untersuchung zum Kontrakterfolg. Das liegt offenbar vor allem daran, daß sich viele der Erfolgsdeterminanten - insbesondere die Kontraktspezifikationen - schwer quantifizieren lassen.[1] Das Modell von Black bietet in dieser Hinsicht einen wesentlichen Fortschritt.

---

1) So D.G. Black (1986), S. 64.

Sie leitet mit dem relativen Restrisiko eine Kennziffer ab, die es erlaubt, die Erfolgswirkung der Kontraktspezifikationen in einer Größe zusammenzufassen und sie so meßbar zu machen.

Black zeigt, daß ihr Modell über die Erklärung des Erfolges bestehender Futures hinaus Voraussagen über den potentiellen Erfolg neuer Kontrakte erlaubt.[1] Voraussetzung dafür ist, daß sich die für das Modell benötigten erklärenden Variablen beobachten lassen und durch den neuen Kontrakt keine strukturellen Änderungen im Modell eintreten.[2] Sind diese beiden Voraussetzungen erfüllt, lassen sich mit dem Modell das durchschnittliche tägliche Handelsvolumen und das Open Interest von Kontraktinnovationen prognostizieren.[3]

Das Modell von Black berücksichtigt Aspekte der Auswahl des Handelsobjektes und der Kontraktspezifikationen. Es kann somit Terminbörsen bei Entscheidungen im Bereich der Kontraktentwicklung helfen. Daher wäre es interessant, zu überprüfen, ob das Modell ähnlich gute Ergebnisse liefert, wenn man es auf Stichproben aus anderen Kontrakten anwendet.

In Europa, wo erst seit verhältnismäßig kurzer Zeit Financial Futures gehandelt werden, wurden in den

---

1) Siehe dazu D.G. Black (1986), S. 54-58.

2) D.G. Black (1986), S. 54.

3) D.G. Black (1986), S. 56-58. Da sich für einen noch nicht gehandelten Kontrakt keine Futurepreise beobachten lassen, kann man auch das Restrisiko einer Hedge mit diesem Kontrakt nicht ermitteln. Als Näherungswert verwendet Black daher das durchschnittliche Restrisiko der Own-Hedge-Futures ihrer Stichprobe; ebda., S. 58.

vergangenen Jahren eine Reihe neuer Terminbörsen
gegründet. Diese Börsen führten viele Kontraktinnovationen in den Handel ein, deren Handelsvolumina
mit teilweise hohen Wachstumsraten zunahmen. Es wäre
daher interessant, den Erfolg der an europäischen
Börsen gehandelten Futures mit Hilfe der Regressionsanalyse zu untersuchen.

Für eine solche Regressionsanalyse benötigt man eine
genügend große Stichprobe mit Kontrakten, die bereits
lange genug gehandelt werden, um ihren Erfolg oder
Mißerfolg zu erkennen.[1] Viele der an den europäischen Terminbörsen gehandelten Kontrakte werden
allerdings noch nicht so lange gehandelt, daß man sie
in eine solche Stichprobe aufnehmen könnte. Eine
Regressionsanalyse auf Basis einer ausreichend großen Stichprobe europäischer Financial Futures wird
man daher erst in ein oder zwei Jahren durchführen
können. Man kann aber bereits heute versuchen, den
Einfluß einzelner Erfolgsdeterminanten auf den Kontrakterfolg durch Fallstudien abzuschätzen. Dabei
wird versucht, den relativen Erfolg eines Kontraktes
im Vergleich zu einem zweiten Kontrakt mit Hilfe der
unterschiedlichen Ausprägungen ihrer Erfolgsdeterminanten zu erklären. Im folgenden Abschnitt werden
solche Fallstudien anhand ausgewählter Kontrakte
vorgestellt.

---

1) In Anlehnung an die Untersuchung von Black sollte die
   Stichprobe mindestens 15 Kontrakte umfassen, deren Han-
   delseinführung zum Untersuchungszeitpunkt wenigstens drei
   Jahre zurückliegt.

B. Fallstudien zum relativen Erfolg ausgewählter
Financial Futures

I. Vorbemerkung

Im Rahmen von Fallstudien zum relativen Erfolg zweier
Financial Futures ließen sich grundsätzlich alle
Kontrakte paarweise miteinander vergleichen. Das
würde jedoch sicherlich zu weit führen. Daher erscheint es angebracht, sich bei der Auswahl der Kontrakte für Fallstudien zu beschränken. Zudem gerät
man ohne eine solche Beschränkung der Untersuchungsgegenstände leicht in den Bereich der Spekulation
darüber, welche der abweichenden Erfolgsdeterminanten
ursächlich für den Erfolg oder den Mißerfolg eines
Kontraktes sind. Das läßt sich zumindest teilweise
dadurch vermeiden, daß man den relativen Erfolg von
Kontrakten mit gleichen Handelsobjekten (duplikative
Kontrakte) untersucht. Die Betrachtung duplikativer
Kontrakte reduziert die Interpretationsmöglichkeiten,
weil bei diesen Kontrakten mehrere Erfolgsdeterminanten, wie zum Beispiel die Kassapreisvolatilität und
die Größe des Kassamarktes, übereinstimmen. Dadurch
werden Aussagen über den Erfolgseinfluß der übrigen
Determinanten weniger willkürlich.

Die folgenden Fallstudien beschränken sich daher auf
duplikative Kontrakte. Es erscheint hilfreich, die
Fallstudien zum einen mit Kontrakten durchzuführen,
deren Kontraktspezifikationen übereinstimmen, und zum
anderen mit solchen, deren Kontraktspezifikationen
sich unterscheiden. Die Untersuchung von Kontrakten
mit übereinstimmenden Kontraktspezifikationen ermöglicht Aussagen über die übrigen Erfolgsdeterminanten,
soweit diese nicht auch aufgrund des gleichen Han-

delsobjektes übereinstimmen. Und indem man Kontrakte mit abweichenden Kontraktspezifikationen untersucht, kann man Aussagen über den Erfolgseinfluß einzelner Kontraktspezifikationen ableiten. Zusätzlich läßt sich der Einfluß weiterer Erfolgsdeterminanten beobachten.

Im folgenden wird zunächst der relative Erfolg der Bund-Futurekontrakte der LIFFE und der DTB untersucht, die praktisch identische Kontraktspezifikationen aufweisen.[1] Eine zweite Fallstudie beschäftigt sich dann mit den ECU-Anleihefutures des MATIF und der LIFFE, deren Kontraktspezifikationen teilweise voneinander abweichen.[2]

II. Fallstudie zum relativen Erfolg der Bund-Futures der LIFFE und der DTB

An der LIFFE wurde der Handel mit einem Futurekontrakt auf deutsche Bundesanleihen (Bund-Future) am 29. September 1988 aufgenommen. Gut zwei Jahre später, am 23. November 1990, führte die DTB ihren Bund-Future in den Handel ein. Beide Kontrakte haben weitgehend identische Kontraktspezifikationen, wie die Übersicht in Tabelle 3.3 zeigt.[3]

---

1) Vgl. Tabelle 3.3 auf S. 275 f. dieser Arbeit.

2) Vgl. Tabelle 3.4 auf S. 291 f. dieser Arbeit.

3) Für beide Kontrakte gelten keine Preislimits und keine Positionslimits. Diese beiden Kontraktspezifikationen sind daher nicht in der Tabelle 3.3 enthalten. Ebenso sind die Transaktionsgebühren dort nicht aufgeführt. Auf sie wird unten noch näher eingegangen. Schließlich sind die Margins nicht in diese Tabelle aufgenommen worden. Der Erfolgseinfluß der Margins ließe sich erst durch einen detaillierten
(Fortsetzung...)

Tabelle 3.3:   Kontraktspezifikationen der Bund-
              Futures der LIFFE und der DTB

Kontrakt- spezifikation	Bund-Future der LIFFE	Bund-Future der DTB
Handelsobjekt	DM 250.000 einer idealtypischen (Bundes-) Anleihe mit einem Kupon von 6 %	
Lieferbare Titel	Anleihen des Bundes (einschließlich Fonds Deutsche Einheit) mit einer Restlaufzeit am Liefertag von 8,5 - 10 Jahren (a)	
Mindestkurs- abstufung	0,01 (Tick-Wert: DM 25)	
Liefermonate	März, Juni, September, Dezember (b)	
Liefertag	10. Kalendertag des Liefermonats (oder der folgende Börsentag)	
Letzter Handelstag	3 Börsentage vor dem Liefertag (Handels-schluß 11.00 Uhr Frankfurter Zeit)	2 Börsentage vor dem Liefertag (Handels-schluß 12.30 Uhr Frankfurter Zeit)
Handelszeiten	07.30 - 16.15 Uhr Londoner Zeit (Par-kett); 16.20 - 17.55 Uhr Londoner Zeit über Computer (APT)	08.00 - 17.30 Uhr Frankfurter Zeit (c) (Computerhandel)

(Fortsetzung...)

---

3)(...Fortsetzung)
     Vergleich der Marginbelastungen bestimmen, der auch Unter-
     schiede der Systeme zur Marginberechnung (SPAN an der
     LIFFE, TIMS an der DTB) berücksichtigen müßte. Ein solcher
     Vergleich ginge über den Rahmen dieser Fallstudie hinaus.
     Es ist jedoch nicht zu erwarten, daß die Marginbelastun-
     gen, die sich an beiden Börsen eng an der Kassapreisvola-
     tilität orientieren, so stark voneinander abweichen, daß
     sie den relativen Kontrakterfolg spürbar beeinflussen.

(...Fortsetzung von Tabelle 3.3)

Schlußabrech-nungspreis	Durchschnitt der letzten drei Trans-aktionskurse	Durchschnitt der Transaktionskurse der letzten Handelsminute oder der letzten fünf Transaktionskurse
(a) Neben den Bundesanleihen sind an der DTB für die ab März 1993 fälligen Kontrakte auch Anleihen der Treuhandanstalt lieferbar; o.V. (1992b). Ab Juni 1993 sind diese Anleihen auch für den Kontrakt der LIFFE lieferbar; o.V. (1992c). (b) Gehandelt werden jeweils die nächsten 3 Liefermonate. (c) Dem fortlaufenden Handel geht eine Vorhandelsphase von 07.30 - 08.00 Uhr voraus, in der Aufträge und Kursgebote in das System eingegeben werden können, aus denen der Eröffnungskurs als Gesamtkurs ermittelt wird. An die Handelszeit schließt sich eine Nachhandelsphase an (17.30 - 18.00 Uhr), in der Gebote für den nächsten Handelstag eingegeben werden können; siehe Ziffer 1.1.3 DTB-HandelsB; H. Schmidt (1991a), S. 8-10.		

Quellen: LIFFE (1992a), S. 8; DTB (1992b), S. 18 f.

Unterschiede zwischen den Spezifiktionen der Bund-Futures der LIFFE und der DTB bestehen lediglich beim letzten Handelstag, bei der Berechnung des Schlußabrechnungspreises sowie bei den Handelszeiten.[1]

Der letzte Handelstag liegt an der DTB zwei statt drei Börsentage vor dem Liefertag. An diesem letzten Handelstag endet der Handel an der DTB erst um 12.30 Uhr und nicht wie an der LIFFE bereits um 11.00 Uhr. Demnach kann der Bund-Future an der DTB einen Tag und eineinhalb Stunden länger gehandelt werden als an der LIFFE. Die längere Handelszeit des jeweils fälligen Kontraktes an der DTB dürfte jedoch keine wesentliche Wirkung auf das Handelsvolumen haben, zumal an den letzten Handelstagen überwiegend Glattstellungsgeschäfte abgeschlossen werden.

---

1) Siehe zu den Unterschieden auch F. Bublitz (1990b); o.V. (1991e).

Auch der Unterschied in der Berechnung des Schlußabrechnungspreises dürfte den relativen Erfolg der
Bund-Futures der LIFFE und der DTB nicht wesentlich
beeinflussen. Der Berechnungsmodus der DTB erscheint
aber für den dortigen Handel als sachgerecht. Würde
der Schlußabrechnungspreis auf der Grundlage von
weniger als fünf Kursen berechnet, wäre der DTB-Bund-
Future vor allem in den ersten Handelsmonaten bei
noch niedrigen Umsätzen manipulationsanfälliger gewesen. Dadurch hätten manche Marktteilnehmer vom
Handel abgehalten werden können.

Was schließlich den Unterschied der Handelszeiten
betrifft, so beginnt der Handel an der DTB normaler-
weise eine halbe Stunde eher als an der LIFFE und
endet eineinhalb Stunden vor dem Ende des APT-Handels
an der LIFFE.[1] Zur Handelseinführung des DTB-Bund-
Future im November 1990 hatte die LIFFE den Handelsbeginn ihres Kontraktes von 08.05 Uhr auf 07.00 Uhr
Londoner Zeit vorverlegt, damit ihr durch den späteren Handelsbeginn keine Umsätze verloren gingen. Seit
Anfang März 1991 beginnt der Handel eine halbe Stunde
später um 07.30 Uhr.[2] An der DTB wurde die Handelszeit Anfang Dezember 1991 um eine halbe Stunde (Handelsschluß 17.30 statt 17.00 Uhr) verlängert.[3] Es
ist das Bemühen beider Börsen erkennbar, ihre Handelszeiten soweit wie möglich einander anzugleichen,
um keine Wettbewerbsnachteile zu erleiden.

---

1) Zwischen London und Frankfurt besteht meist eine Stunde
   Zeitunterschied.

2) Offenbar sah man an der LIFFE nicht mehr die Notwendigkeit
   für einen so frühen Handelsbeginn; siehe o.V. (1991r).

3) O.V. (1991d).

279

Als Maß für den Kontrakterfolg dient im folgenden das durchschnittliche tägliche Handelsvolumen. Die Entwicklung der Handelsvolumina der Bund-Futures der LIFFE und der DTB seit der Handelseinführung des DTB-Kontraktes sind in Abbildung 3.1 dargestellt.

Abbildung 3.1: <u>Durchschnittliches tägliches Handelsvolumen der Bund-Futures der LIFFE und der DTB von November 1990 bis November 1992</u>

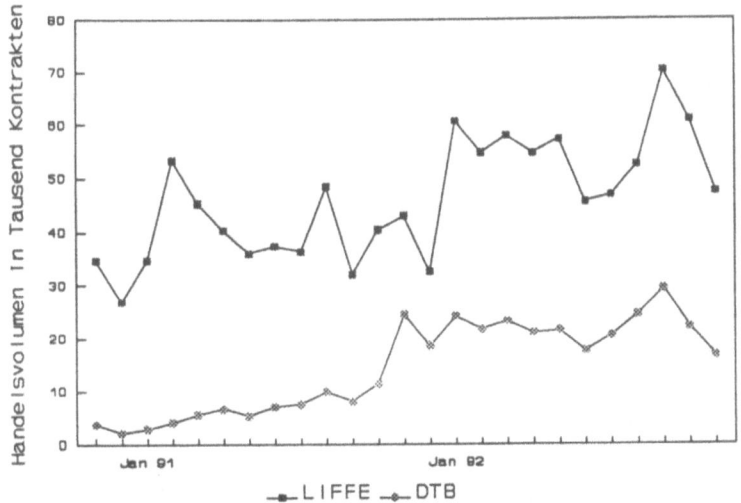

Quellen: Eigene Darstellung; Daten aus: DTB (1990b), DTB (1991a), DTB (1992a), LIFFE (1992b).

Wie oben ausgeführt, weichen die Spezifikationen der beiden Kontrakte kaum voneinander ab, so daß sich die vor allem anfänglich großen Unterschiede im Handelsvolumen damit nicht erklären lassen. Folglich liegt die Vermutung nahe, daß die Gründe dafür in anderen Erfolgsdeterminanten liegen.

Ein wesentlicher Grund scheint darin zu bestehen, daß
bei der Handelseröffnung des DTB-Bund-Future an der
LIFFE bereits seit gut zwei Jahren ein praktisch
identischer Kontrakt gehandelt wurde, dessen Handelszeiten großenteils mit denen an der DTB übereinstimm-
ten. Der Kontrakt der LIFFE hatte bereits ein hohes
Handelsvolumen erreicht.[1] Die damit verbundene Liquidität ermöglichte es den Marktteilnehmern, Transaktionen zum Hedging und zur Spekulation im Bereich
der langfristigen DM-Zinsen schneller und zu niedrigeren Kosten sofortigen Abschlusses abzuschließen als
an der DTB, deren Bund-Future ein wesentlich niedri-
geres Handelsvolumen aufwies. Diesem Liquiditätsnachteil des Kontraktes der DTB stand kein Vorteil hinsichtlich der Hedgingeffektivität gegenüber, da die
Kontraktspezifikationen übereinstimmen.

Daher waren die Umsätze des Bund-Future an der DTB in
den ersten Handelsmonaten relativ niedrig. Das durchschnittliche tägliche Handelsvolumen stieg zwar von
gut 2.000 Kontrakten im Dezember 1990 auf knapp
10.000 Kontrakte im August 1991. Das Handelsvolumen
blieb jedoch deutlich hinter dem Umsatz an der LIFFE
und auch hinter dem selbst gesetzten Umsatzziel von
durchschnittlich 15.000 Kontrakten[2] zurück.

Damit erfüllte sich die Erwartung der DTB zunächst

---

1) Bereits im ersten vollen Handelsjahr 1989 wurden an der
   LIFFE über fünf Millionen Bund-Futurekontrakte gehandelt.
   Im Jahr 1990 betrug das Handelsvolumen knapp zehn Millio-
   nen Kontrakte; siehe FOW (1991b), S. 13. Im weltweiten
   Vergleich lag der Bund-Future unter allen Zinsfutures 1990
   und 1991 an sechster Stelle; FOW (1992c), S. 11.

2) Dieses Umsatzziel hat der Geschäftsführer der DTB, Jörg
   Franke, kurz vor der Handelseröffnung im November 1990
   genannt; vgl. o.V. (1990d).

nicht, daß sich der Bund-Futurehandel zumindest zu einem großen Teil an die DTB verlagern würde, weil das Zentrum des Kassahandels mit Bundesanleihen in Deutschland liegt.[1] Der Vorteil des DTB-Handels am Heimatmarkt reichte demnach nicht aus, um den Liquiditätsvorteil des LIFFE-Bund-Future auszugleichen.

Der geringe anfängliche Erfolg des DTB-Bund-Future ist auch mit dem Wettbewerbsvorsprung der LIFFE im Bereich des Handels mit Futures auf korrelierende Handelsobjekte sowie mit Optionen auf Futures zu erklären. Als der Bund-Futurehandel an der DTB begann, wurden an der LIFFE bereits Optionen auf den Bund-Future, ein 3-Monats-Euro-DM-Future sowie Optionen auf den Euro-DM-Future gehandelt.[2]

Ein weiterer wesentlicher Unterschied zwischen den Kontrakten der LIFFE und der DTB besteht in der Art des Handelssystems. Der Handel des Bund-Future fand an der LIFFE zunächst ausschließlich auf dem Parkett durch offenen Ausruf der Kursgebote ("open outcry")

---

1) Diese Vermutung hat beispielsweise J. Franke (1990b), S. 64, geäußert. Siehe dazu auch die Ausführungen im Abschnitt B.II des ersten Teils und die dort angegeben Quellen.

2) Die Optionen auf den Bund-Future und der Euro-DM-Future werden seit dem 20.4.1989, die Optionen auf den Euro-DM-Future seit dem 1.3.1990 gehandelt; siehe o.V. (1989d); o.V. (1990f); U. Rettberg (1990). An der DTB werden seit dem 16.8.1991 Optionen auf den Bund-Future gehandelt; o.V. (1991t). Am 4.10.1991 begann dort der Handel mit einem Future auf Emissionen des Bundes und der Treuhandanstalt im Laufzeitbereich von 3,5 bis 5 Jahren (Bobl-Future) und am 15.1.1993 mit Optionen auf den Bobl-Future; o.V. (1991u); o.V. (1993).

statt.[1] Dagegen wird der Bund-Future der DTB über
ein Computerhandelssystem gehandelt. Deshalb wird der
Wettbewerb im Bund-Futurehandel zwischen der LIFFE
und der DTB auch als Wettbewerb der Handelssysteme
angesehen.[2]

Der geringe Erfolg des DTB-Bund-Future in den ersten
Monaten des Handels ist zum Teil auf technische Probleme des elektronischen Handelssystems der DTB zurückzuführen. In dieser Zeit gab es oftmals erhebliche Verzögerungen der Auftragsausführung durch lange Antwortzeiten.[3] Es ist der DTB inzwischen gelungen, durch technische Verbesserungen die Antwortzeiten wesentlich zu verkürzen. Die Zeit zwischen Auf-
tragserteilung und Auftragsausführung beträgt nunmehr
fünf bis höchstens zehn Sekunden.[4] Kürzere Fristen
werden auch im Parketthandel nicht erreicht. Daher
dürfte die Art des Handelssystems - zumindest was die
Geschwindigkeit der Auftragsausführung betrifft - den

---

1) Seit Mitte Dezember 1989 wird der Kontrakt im Anschluß an
die Parketthandelszeit auch über das neu geschaffene
elektronische Handelssystem APT (Automated Pit Trading)
gehandelt. Das APT-System ist am 30.11.1989 mit dem Euro-
DM-Kontrakt in Betrieb genommen worden; o.V. (1989b); o.V.
(1990e). Der Hauptumsatz findet jedoch während der Par-
ketthandelszeiten statt.

2) Siehe z.B. J. Franke (1990b), S. 59; R. Lemster (1992), S.
26 f. Zum Einfluß des Handelssystems auf den Kontrakterfolg siehe auch die Ausführungen im Abschnitt C des
zweiten Teils.

3) Siehe o.V. (1991p); o.V. (1991q).

4) Siehe dazu R. Lemster (1992), S. 27. Zu den technischen
Veränderungen des DTB-Handelssystems und seinen Vorteilen
siehe o.V. (1991s); R. Ristau (1991).

relativen Kontrakterfolg der Bund-Futures nicht mehr beeinflussen.[1)]

Es ist nun geklärt, warum das Handelsvolumen des DTB-Bund-Future in den ersten Monaten nach seiner Handelseinführung niedriger als dasjenige des Kontraktes der LIFFE war. Im wesentlichen ist dies auf den Liquiditätsvorsprung des Bund-Future der LIFFE, auf den dort schon weit ausgebauten Handel mit anderen DM-Kontrakten sowie auf die anfänglich langen Antwortzeiten des DTB-Computerhandelssystems zurückzuführen. Nunmehr wird der Frage nachgegangen, wie der Umsatzanstieg des DTB-Kontraktes ab Mitte 1991 zu erklären ist.

Die DTB und die sie tragenden Banken haben aufgrund der niedrigen Umsätze in den ersten Handelsmonaten einige Maßnahmen getroffen, um das Handelsvolumen des DTB-Bund-Future zu erhöhen und so den Liquiditätsvorsprung des Kontraktes der LIFFE zu verringern.

Anfang April 1991 vereinbarte die DTB mit zunächst neun (später zwölf) Mitgliedsbanken ein sogenanntes Quasi-Marketmaking[2)]. Diese Banken verpflichteten

---

1) Eine andere Frage ist, ob die Spannen im DTB-Handelssystem aufgrund der Problematik der "kostenlosen" Optionen weiter sind als im Parketthandel an der LIFFE. Es gibt dafür z.Zt. keine Anhaltspunkte. Diese Frage wäre nur durch einen detaillierten Spannenvergleich zu beantworten, der jedoch über den Rahmen dieser Fallstudie hinausgeht.

2) Der Ausdruck "Quasi-Marketmaking" wird verwendet, um das hier angesprochene Marketmaking in Futures von dem Marketmaking in DTB-Optionen abzugrenzen. Nur für Optionen, nicht jedoch für Futures, sehen die Handelsbedingungen der DTB ein Marketmaking vor (Ziffer 1.1.5 DTB-HandelsB). Auch die Vorschriften über die Zulassung von Marketmakern und ihre Rechte und Pflichten (§§ 17-19 DTB-BörsO) beschränken sich auf das Marketmaking in Optionen. Die Quasi-Marketmaker in Futures haben demnach eine andere Rechtsstellung
(Fortsetzung...)

sich gegenüber der DTB, während der Börsenzeit jederzeit Geld und Brief für mindestens 20 Kontrakte zu
stellen und dabei eine maximale Geld-Brief-Spanne
von drei Ticks einzuhalten.[1] Zuvor gab es im Futurehandel an der DTB keine Marktteilnehmer, die wie die
Marketmaker in Optionen verpflichtet waren, Sofortigkeitsservice anzubieten.[2]

Als einen weiteren Anreiz zum Handel ihres Bund-
Future setzte die DTB die Transaktionsgebühren für
diesen Kontrakt mit Wirkung vom 16.8.1991 aus.[3] Bis

---

2)(...Fortsetzung)
als die Marketmaker in Optionen. Zum Marketmaking in
Aktienoptionen an der DTB siehe im einzelnen die Arbeit
von C.H. Daube (1993).

1) O.V. (1991f); o.V. (1991g).

2) Man hatte an der DTB geglaubt, im Futurehandel auf Marketmaker verzichten zu können. Dazu führen J. Franke und C.
Imo (1990), S. 106, aus, daß die "notwendige Liquidität
[im Futurehandel] auch ohne Market Making gewährleistet"
wäre, weil sich der Handel bei Futures - im Unterschied zu
Optionen mit mindestens 24 Optionsserien pro Basiswert -
auf nur drei Fälligkeiten [Liefermonate] konzentrieren
würde. Zudem glaubte man, aufgrund der größeren Volumina
von Futures wäre es für Marketmaker "sehr schwierig, bin-
dende Kauf- und Verkaufsgebote mit überschaubarem finanziellen Risiko einzugehen"; so eine Veröffentlichung der
DTB: o.V. (1989c), S. 4. Dem ist entgegenzuhalten, daß an
der LIFFE sogenannte Locals mit relativ geringer Kapitalausstattung als Marketmaker tätig sind.

3) Siehe o.V. (1991g); o.V. (1991h); o.V. (1991i). Zugleich
wurde bekanntgegeben, daß die Gebühren für die Bund-
Future-Option mit DM 0,75 und damit etwa halb so hoch wie
an der LIFFE festgesetzt worden sei. Seit dem 1.7.1992
werden erneut Transaktionsgebühren erhoben. Die Gebühren
betragen für Käufer und Verkäufer DM 0,50 pro Kontrakt;
o.V. (1992a). Gleichzeitig wurden die Gebühren für die
Bund-Future-Option auf DM 0,50 gesenkt. Von freiwilligen
Marketmakern im Bund- und im Bobl-Future sowie Marketmakern in der Bund-Future-Option werden lediglich DM 0,10
pro Kontrakt erhoben; ebda.

dahin wurde eine Gebühr von DM 1,50 pro Kontrakt erhoben. An der LIFFE beträgt die entsprechende Gebühr £ 0,45. Vergleicht man diese Beträge mit dem Tick-Wert von DM 25, so dürfte der Gebührenvorteil des DTB-Kontraktes für die meisten Marktteilnehmer nicht stark ins Gewicht fallen. Allerdings ist die Gebührenfreiheit ein Vorteil für die Quasi-Marketmaker an der DTB, die größere Positionen schnell hintereinander öffnen und schließen wollen. Bei dieser Transaktionshäufigkeit können sich auch geringe Gebühren pro Kontrakt zu größeren Beträgen summieren. Die Streichung der Transaktionsgebühren fördert damit vor allem die Handelsteilnahme dieser Anbieter des Sofortigkeitsservice, die durch ihre Tätigkeit die Marktliquidität erhöhen.

Die dritte Maßnahme zur Verbesserung der Liquidität bestand in einer Übereinkunft (sog. Gentlemen's Agreement) zwischen den Mitgliedsbanken, die sich als Quasi-Marketmaker im DTB-Bund-Future verpflichtet hatten. Diese Banken verständigten sich Anfang November 1991 darauf, ihre Eigenhandelsgeschäfte aus allen Sparten von der LIFFE an die DTB zu verlagern.[1] Ziel dieser Maßnahme war es, die Liquidität des DTB-Bund-Future soweit zu erhöhen, daß der Kontrakt auch für Kunden attraktiv würde.

---

1) Siehe dazu o.V. (1991k); J. Franke (1992), S. 153. Franke weist beispielhaft darauf hin, daß die Swap-Abteilungen der beteiligten Banken seit der Vereinbarung vom 1.11.1991 ihre Aufträge an die DTB geleitet hätten; ebda. Bereits im Dezember 1990 hatten große deutsche Banken angekündigt, ihren Eigenhandel an die DTB verlagern zu wollen; siehe dazu o.V. (1990g). Dadurch erhöhte sich der Umsatz jedoch nicht spürbar. Das mag auch darauf zurückzuführen sein, daß viele Kunden zu dieser Zeit weiterhin Ausführung über die LIFFE verlangten. Aufgrund der zu dieser Zeit höheren Liquidität des Kontraktes der LIFFE konnten Aufträge dort oft schneller und zu niedrigeren Kosten sofortigen Abschlusses abgewickelt werden.

Welchen Anteil die genannten Maßnahmen an der Umsatz-
erhöhung des DTB-Bund-Future gehabt haben, läßt sich
anhand der vorliegenden Daten nicht eindeutig beurteilen, weil auch andere Einflüsse eine Rolle ge-
spielt haben können. Bei der Betrachtung des Marktanteils des DTB-Bund-Future fallen jedoch Steigerungen
von März auf April 1991 und besonders von Oktober auf
November 1991 auf. Der zeitliche Verlauf des Marktanteils des DTB-Bund-Future am Gesamtumsatz (LIFFE plus
DTB) ist in Abbildung 3.2 dargestellt.

Abbildung 3.2: <u>Marktanteil des Bund-Future der DTB</u>
<u>von November 1990 bis November 1992</u>

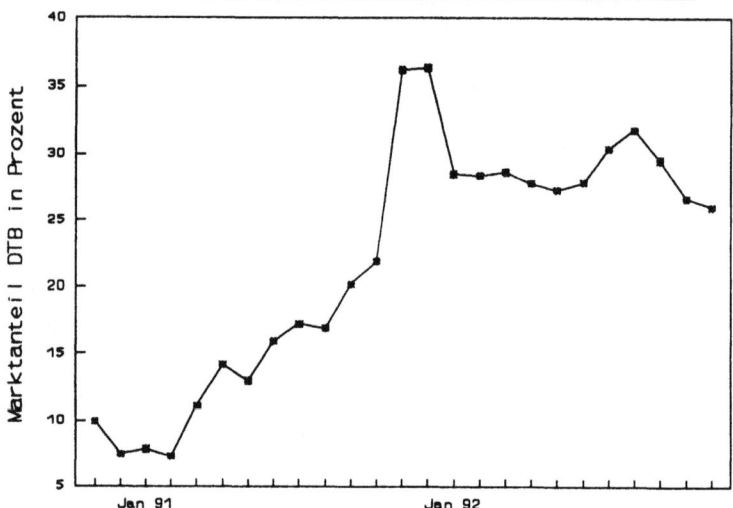

Quellen: Eigene Berechnungen; Daten aus: DTB
(1990b), DTB (1991a), DTB (1992a),
LIFFE (1992b).

Das zeitliche Zusammentreffen der temporären Spitzen
des Marktanteils im April und im November 1991 mit
den oben angesprochenen Maßnahmen - Einführung des

Quasi-Marketmaking bzw. Weiterleitung von Eigenhan-
delsaufträgen der Banken an die DTB (Gentlemen's
Agreement) - legt den Schluß nahe, daß sich die
Erhöhungen des Marktanteils zu einem großen Teil auf
diese Maßnahmen zurückführen lassen. Die Erhöhung des
Marktanteils von August auf Oktober 1991 dürfte
zumindest teilweise durch die Streichung der Transaktionsgebühren zu erklären sein. Und als weiteren
Grund für den Umsatzanstieg Ende 1991 läßt sich die
erfolgreiche Handelseinführung des Bobl-Future am
4. Oktober 1991 anführen.[1]

Es fällt auf, daß die bisherigen Höchstwerte des
Marktanteils von gut 36 Prozent im November und im
Dezember 1991 nicht gehalten werden konnten. Im
Januar 1992 lag der Marktanteil bei 28,5 Prozent und
schwankte dann im weiteren Verlauf des ersten Halb-
jahrs 1992 um 28 Prozent.[2] Bis August 1992 stieg der
Marktanteil auf rund 31 Prozent und ging bis November
wieder auf gut 25 Prozent zurück.

---

1) Zwischen Oktober und Dezember 1991 wurden rd. 236.000
Bobl-Futures an der DTB umgesetzt; DTB (1991a). Im ersten
Halbjahr 1993 waren es bereits 2,1 Mio.; FOW (1993).

2) Vor allem am Londoner Platz wurde vermutet, das Handelsvolumen des DTB-Bund-Future sei in den Monaten November
und Dezember 1991 durch Überkreuzgeschäfte (cross trades)
künstlich gesteigert worden; o.V. (1991m); o.V. (1991n).
Dieser Sachverhalt wurde laut Pressebericht auch von einigen DTB-Händlern eingeräumt; o.V. (1991o). Dagegen hat
der Geschäftsführer der DTB, Jörg Franke, diesen Vorwurf
zurückgewiesen. Er erklärt den Umsatzanstieg des DTB-Bund-
Future mit der steigenden Geschäftstätigkeit der Banken
nach der Vereinbarung vom 1.11.1991, in dessen Folge auch
die Kundengeschäfte zugenommen hätten; J. Franke (1992),
S. 153 f. Die Aufteilung des Umsatzes des DTB-Bund-Future
in Kundenhandel und Eigenhandel der Mitglieder zeigt, daß
der Anteil des Kundenhandels von 16,1 % im Oktober 1991
auf 13,8 % im November 1991 zurückgegangen ist, sich dann
jedoch auf 17,2 % erhöht hat. Im Jahresdurchschnitt stieg
der Anteil von 16 % 1991 auf 22,7 % 1992; eigene Berechnungen; Daten aus: DTB (1991a), DTB (1992a).

Im Verlauf der vorliegenden Arbeit ist bereits mehr-
fach darauf eingegangen worden, daß das Hedginginteresse in einem Kontrakt eine der Grundvoraus-
setzungen für den Kontrakterfolg ist.[1] Um die langfristigen Erfolgsaussichten des DTB-Kontraktes beurteilen zu können, soll abschließend untersucht werden, wie groß das Hedginginteresse im Bund-Future
der DTB im Vergleich zur LIFFE ist. Das Hedginginteresse läßt sich relativ genau anhand des Open Interest
abschätzen.[2]

Um bei einem solchen Vergleich des Open Interest der
beiden Bund-Futures den Einfluß des unterschiedlichen
Handelsvolumens zu neutralisieren, kann man den Quotienten aus dem durchschnittlichen Open Interest am
Ende eines Handelstages und dem durchschnittlichen
täglichen Handelsvolumen verwenden.[3] Zur besseren
Übersichtlichkeit sind in der folgenden Abbildung 3.3
nicht die Veränderungen dieses Quotienten für die
Bund-Futures der LIFFE und der DTB dargestellt,
sondern die Differenzen beider Quotienten. Es ist die
Differenz Quotient DTB minus Quotient LIFFE abgebil-
det, so daß sich eine positive Differenz ergibt, wenn
der Quotient für den DTB-Bund-Future größer ist als
derjenige für den LIFFE-Bund-Future, und umgekehrt.

---

1) Vgl. hierzu insbesondere die Ausführungen im Abschnitt A.
des ersten Teils.

2) Im Open Interest sind zwar auch die Positionen von Spekulanten und von Marketmakern sowie Arbitrage- und Spread-
Positionen enthalten. Man kann jedoch davon ausgehen, daß
der größte Teil der offenen Kontrakte gewöhnlich aus
Hedgegeschäften resultiert.

3) Diese Kennzahl verwendet B. Cornell (1981), S. 305 f. Er
interpretiert sie als die durchschnittliche Umschlagsdauer
des Open Interest (in Handelstagen).

Abbildung 3.3: <u>Differenz der Quotienten aus Open</u>
<u>Interest und durchschnittlichem</u>
<u>täglichen Handelsvolumen für die</u>
<u>Bund-Futures der LIFFE und der DTB</u>
<u>(Quotient DTB minus Quotient LIFFE)</u>
<u>von Januar 1991 bis November 1992</u>

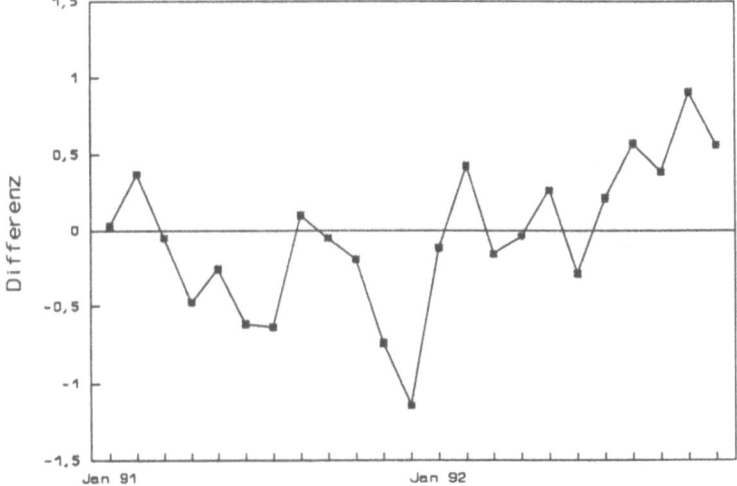

Quellen: Eigene Berechnungen; Daten aus: DTB
(1990b), DTB (1991a), DTB (1992a),
LIFFE (1992b).

Im Jahr 1991 war die Differenz der Quotienten über-
wiegend negativ, das heißt an der DTB war das Open
Interest im Verhältnis zum durchschnittlichen tägli-
chen Handelsvolumen geringer als an der LIFFE. Anders
ausgedrückt: das standardisierte Hedginginteresse am
DTB-Bund-Future war geringer als am Kontrakt der
LIFFE. Besonders auffällig sind aber die deutlich
negativen Differenzen in den Monaten November und
Dezember 1991. Sie zeigen, daß in diesen Monaten das
Volumen an der DTB wesentlich stärker gestiegen ist

als das Open Interest. Das deutet darauf hin, daß ein
größerer Teil der Umsätze auf sehr kurzfristig eingegangene Positionen entfallen ist, die sich nicht
im Open Interest am Ende eines Handelstages nieder-
schlagen.

Bereits im Januar 1992 hat sich der Quotient des DTB-
Kontraktes wieder dem des LIFFE-Kontraktes angenä-
hert, wie die geringe Differenz zeigt. Seitdem ist
das standardisierte Hedginginteresse am DTB-Bund-
Future in den meisten Monaten größer gewesen als am
Kontrakt der LIFFE. Das gilt insbesondere für den
Monat Oktober 1992.

Insgesamt gesehen ist es der DTB durch die angesprochenen Maßnahmen gelungen, das Handelsvolumen ihres
Bund-Future nachhaltig zu erhöhen.[1] Der Marktanteil
des DTB-Bund-Future lag 1992 zwischen 25 und knapp 32
Prozent. Der Bund-Future der DTB hat damit inzwischen
ein Handelsvolumen erreicht, das schnelle Auftragsausführung zu niedrigen Kosten sofortigen Abschlusses
erwarten läßt. Er kann daher als erfolgreich einge-
stuft werden. Wie sich der Markt für Bund-Futures in
der Zukunft entwickeln wird, und ob sich schließlich
einer der beiden Kontrakte am Markt durchsetzen wird,
läßt sich aus heutiger Sicht jedoch nicht beurteilen.

---

1) Das durchschnittliche tägliche Handelsvolumen des DTB-
Bund-Future betrug 1992 (Januar bis November) 22.129
Kontrakte verglichen mit 9.205 im Jahr 1991; DTB (1991a);
DTB (1992a).

III. Fallstudie zum relativen Erfolg der ECU-
Anleihefutures des MATIF und der LIFFE

Am 18. Oktober 1990 führte der MATIF einen Future auf
in ECU denominierte Anleihen ein. Ein knappes halbes
Jahr danach, am 6. März 1991, wurde an der LIFFE der
Handel mit einem ECU-Anleihefuture aufgenommen. Die
Kontraktspezifikationen der beiden ECU-Anleihefutures
weichen teilweise erheblich voneinander ab, wie die
Aufstellung in Tabelle 3.4 zeigt.[1]

Tabelle 3.4: Kontraktspezifikationen der ECU-
Anleihefutures des MATIF und der LIFFE

Kontrakt-spezifikation	ECU-Anleihefuture des MATIF	ECU-Anleihefuture der LIFFE
Handelsobjekt	ECU 100.000 einer idealtypischen Anleihe mit einem Kupon von 10 %	ECU 200.000 einer idealtypischen Anleihe mit einem Kupon von 9 %
Lieferbare Titel	Staatsanleihen und Anleihen supranatio-naler Organisationen mit einer Restlauf-zeit am Liefertag von 6 - 10 Jahren	Staatsanleihen mit einer Restlaufzeit am Liefertag von 6 - 10 Jahren (a)
Mindestkurs-abstufung	0,02 (Tick-Wert: ECU 20)	0,01 (Tick-Wert: ECU 20)
Liefermonate	März, Juni, September, Dezember	
Liefertag	20. Kalendertag des Liefermonats (oder der folgende Börsentag)	

(Fortsetzung...)

1) Die Transaktionsgebühren sind in der Tabelle nicht aufgeführt, da entsprechende Angaben nicht vorlagen. Außerdem
sind die Margins aus demselben Grund wie bei der Fallstudie zu den Bund-Futures nicht in die Tabelle aufgenommen
worden.

(...Fortsetzung von Tabelle 3.4)

Letzter Handelstag	4 Börsentage vor dem Liefertag (Handelsschluß wie an anderen Börsentagen)	3 Börsentage vor dem Liefertag (Handelsschluß 11.00 Uhr Brüsseler Zeit)
Handelszeiten	09.00 - 16.00 Uhr Pariser Zeit	08.00 - 16.15 Uhr Londoner Zeit
Schlußabrechnungspreis	Ermittlung auf Basis der letzten Transaktionskurse (b)	Marktpreis um 11.00 Uhr Brüsseler Zeit (c)
Preislimits	+/- 150 Basispunkte	keine
Positionslimits	20 Prozent des Open Interest je Liefermonat (d)	keine

(a) Vor der Änderung der Kontraktspezifikationen Anfang Januar 1992 waren auch Anleihen supranationaler Organisationen lieferbar; LIFFE (1991b), S. 6.
(b) Der Schlußabrechnungspreis wird so festgelegt, daß er die Marktverhältnisse bei Handelsschluß am besten wiedergibt; MATIF (1990b), S. 17.
(c) Wieweit dabei der Durchschnitt der letzten Transaktionskurse berücksichtigt wird, ist den Kontraktspezifikationen der LIFFE nicht zu entnehmen.
(d) Daneben gilt ein Positionslimit über alle Kontrakte, die am MATIF gehandelt werden, das die Positionsgröße an das Eigenkapital eines Börsenmitglieds oder Kunden bindet; MATIF (1989), S. 4 f.

Quellen: MATIF (1990b), S. 16-18; LIFFE (1992a), S. 11; ergänzend J.M.M. Schofield (1991).

Auf die Unterschiede der Kontraktspezifikationen der ECU-Anleihefutures des MATIF und der LIFFE wird unten bei der Untersuchung des relativen Kontrakterfolges der beiden Kontrakte näher eingegangen. Als Maß für den Kontrakterfolg dient im folgenden das Handelsvolumen pro Monat. Die Veränderung des monatlichen Handelsvolumens zwischen Januar 1991 (LIFFE seit März 1991) und Oktober 1992 ist in Abbildung 3.4 dargestellt.

Abbildung 3.4: Handelsvolumen pro Monat der ECU-
Anleihefutures des MATIF und der LIFFE
von Januar/März 1991 bis Oktober 1992

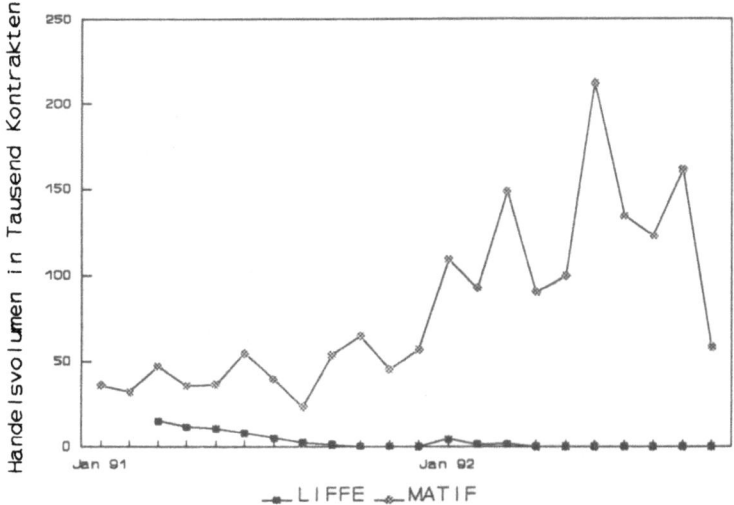

─■─ LIFFE ─▲─ MATIF

Quellen: Eigene Darstellung; Daten aus: FOW (1991a),
FOW (1992d), LIFFE (1992b).

Man erkennt, daß der ECU-Anleihefuture des MATIF in
der betrachteten Periode wesentlich erfolgreicher
war als der Kontrakt der LIFFE. Der Kontrakt der
LIFFE erreichte sein höchstes monatliches Handelsvolumen (gut 15.000 Kontrakte) im März 1991, dem Monat
der Kontrakteinführung. Anschließend sank das Handelsvolumen bis Ende 1991. Im Januar 1992 wurden noch
einmal gut 4.300 Kontrakte gehandelt. Danach ging der
Umsatz wieder zurück. Im Juni 1992 kamen letztmalig
Umsätze im LIFFE-ECU-Kontrakt zustande, so daß sich
die LIFFE Anfang November 1992 gezwungen sah, die
Notierung dieses Kontraktes einzustellen.[1] Im
folgenden sollen die Gründe für den Mißerfolg des
LIFFE-Kontraktes gegenüber dem Kontrakt des MATIF
untersucht werden.

---

1) O.V. (1992d).

Zunächst sei der Frage nachgegangen, inwieweit sich
der relative Erfolg des ECU-Anleihefuture des MATIF
gegenüber dem Kontrakt der LIFFE durch die Unterschiede der Kontraktspezifikationen erklären läßt.
Die Tabelle 3.4 zeigt, daß mehrere Kontraktspezifikationen der beiden Kontrakte voneinander abweichen.
Zwei der abweichenden Kontraktspezifikationen werden
im folgenden auf ihre Erfolgswirkung hin untersucht:
der Kreis der lieferbaren Anleihen und die Kontraktgröße.[1]

Die allgemeine Spezifikation der lieferbaren Anleihen
für den ECU-Anleihefuture der LIFFE stimmte in der
Fassung bei der Handelseinführung mit der des Kontraktes des MATIF überein. Auf der Grundlage dieser
Bestimmung ließ die LIFFE jedoch für die ersten Liefermonate neben zwei französischen und einer britischen Staatsanleihe - den lieferbaren Titeln am MATIF
- auch Emissionen des italienischen Staates und der
Europäischen Investitionsbank (EIB) zur Lieferung

---

1) Man könnte sich fragen, warum die unterschiedlichen Standardkupons der beiden Kontrakte (10 % beim MATIF-ECU-
Anleihefuture und 9 % beim LIFFE-ECU-Anleihefuture) hier
nicht näher untersucht werden. Aufgrund der unterschiedlichen Standardkupons hatten gleiche lieferbare Anleihen an
beiden Börsen verschiedene Konversionsfaktoren. Auch
wichen die Preise der beiden Kontrakte voneinander ab. Es
ist aber nicht ersichtlich, daß dieser Unterschied den
relativen Erfolg beider Kontrakte wesentlich beeinflußt
hat. Was die um eineinviertel Stunden längere Handelszeit
des Kontraktes der LIFFE und den um einen Tag längeren
Handel im Liefermonat betrifft, so hat bereits die Fallstudie zu den Bund-Futures gezeigt, daß dadurch kein größerer Erfolgseinfluß zu erwarten ist. Schließlich scheinen
die Preis- und die Positionslimits des Kontraktes des
MATIF nicht so restriktiv zu sein, daß sie einen Wettbe-
werbsnachteil gegenüber dem Kontrakt der LIFFE bedeutet
hätten, für den solche Limits nicht galten.

zu.[1] An der LIFFE waren somit Anleihen von recht unterschiedlicher Bonität lieferbar. Aufgrund der Bonitätsunterschiede bestanden Renditedifferenzen und entsprechende Preisunterschiede zwischen lieferbaren Anleihen mit sonst gleichen Ausstattungsmerkmalen, die zudem im Zeitablauf nicht stabil waren.[2]

Solche Preisunterschiede lieferbarer Anleihen können die Konversionsfaktoren nicht ausgleichen.[3] Für die Verwender des Kontraktes der LIFFE bestand daher ein größeres Lieferrisiko als für Verwender des Kontraktes des MATIF, weshalb viele Marktteilnehmer ihre Aufträge an den MATIF und nicht an die LIFFE geleitet haben dürften.

An der LIFFE hat man diesen Nachteil erkannt und Anfang Januar 1992 den Kreis der lieferbaren Titel eingeschränkt. Es konnten seitdem nur noch Staatsanleihen geliefert werden (vgl. Tabelle 3.4). Aus dem Kreis der ECU-Staatsanleihen ließ die LIFFE seitdem nur noch französische und britische, nicht aber italienische Staatsanleihen zur Lieferung zu.[4]

---

1) J. Treanor (1992), S. 45; o.V. (1991a).

2) Siehe o.V. (1990c). Beispielsweise lagen die Renditen für 7- und 10-jährige italienische ECU-Anleihen um 13 bzw. 6 Basispunkte über denen französischer Staatsanleihen mit gleicher Laufzeit. Diese Renditedifferenzen weiteten sich Ende April/Anfang Mai 1991 auf 17 bzw. 12 Basispunkte aus. Dagegen betrug die Renditedifferenz zwischen britischen und französischen ECU-Staatsanleihen lediglich 4 Basispunkte; siehe B. Curtis (1991), S. 4.

3) Siehe dazu im einzelnen die Ausführungen über die Funktion von Konversionsfaktoren im Abschnitt A.I.1.a.ac des zweiten Teils.

4) Für den Liefermonat März 1992 waren für die Kontrakte des MATIF und der LIFFE erstmals die gleichen Titel lieferbar;
(Fortsetzung...)

Die Kontraktgröße des LIFFE-ECU-Anleihefuture war mit nominell ECU 200.000 doppelt so hoch wie die des Kontraktes des MATIF. Sie war auch größer als die sonst bei Anleihefutures üblichen Größen.[1] Aufgrund seiner hohen unteilbaren Größe war der Kontrakt der LIFFE für viele Hedger weniger attraktiv als der Kontrakt des MATIF.[2] Zudem war durch die Kontraktgröße des LIFFE-ECU-Anleihefuture das Bestandshalterisiko für Locals mit geringer Kapitalausstattung nicht tragbar. Deshalb standen viele der an der LIFFE tätigen Locals nicht als Anbieter des Sofortigkeitsservice in diesem Kontrakt zur Verfügung.[3] Die Folge dürften höhere Kosten sofortigen Abschlusses gewesen sein, die viele Marktteilnehmer vom Handel des Kontraktes der LIFFE abgehalten haben werden.

Ein weiterer Grund für den Mißerfolg des ECU-Anleihe-

---

4)(...Fortsetzung)
J.M.M. Schofield (1991), S. 4. Aufgrund des unterschiedlichen Standardkupons der beiden Kontrakte galten für die Anleihen allerdings verschiedene Konversionsfaktoren.

1) Die Kontraktgröße von ECU 200.000 entspricht rd. DM 400.000. Die Bund-Futurekontrakte der LIFFE und der DTB lauten dagegen über nominell DM 250.000 und der am MATIF gehandelte Kontrakt auf französische Staatsanleihen hat eine Kontraktgröße von FF 500.000 (entsprechend rd. DM 150.000).

2) Das betrifft Hedger mit abzusichernden Positionen unter ECU 150.000, aber auch solche mit größeren Positionen. Beispielsweise könnte ein Hedger mit einer Long-Position von ECU 300.000 drei MATIF-ECU-Anleihefutures verkaufen, um seine Position vor Kursverlusten zu schützen. Würde er zur Absicherung den LIFFE-Kontrakt verwenden, könnte er einen oder zwei Kontrakte über ECU 200.000 verkaufen und würde seine Position so entweder untersichern oder übersichern. In beiden Fällen erzielte er mit dem Kontrakt der LIFFE eine niedrigere Hedgingeffektivität als mit dem des MATIF.

3) Siehe dazu o.V. (1991c).

future der LIFFE liegt in dem Liquiditätsvorsprung
des Kontraktes des MATIF, auch wenn dieser Vorsprung
nicht so deutlich war wie beispielsweise derjenige
des Bund-Future der LIFFE im Vergleich zum DTB-Bund-
Future. Als die LIFFE ihren ECU-Anleihefuture in den
Handel einführte, hatte der Kontrakt des MATIF bereits ein monatliches Handelsvolumen zwischen 30.000
und 35.000 Kontrakten erreicht. Im März 1991 erhöhte
sich das Handelsvolumen trotz der Konkurrenz durch
den Kontrakt der LIFFE auf 47.000. Aufgrund des Li-
quiditätsvorsprungs konnten Marktteilnehmer am MATIF
Geschäfte im ECU-Anleihefuture vermutlich schneller
und zu niedrigeren Kosten sofortigen Abschlusses abschließen als an der LIFFE.

Zum Erfolg des Kontraktes des MATIF hat zudem beigetragen, daß sich in Paris ein liquider Kassahandel
mit ECU-Anleihen entwickelt hat.[1] Der französische
Staat unterstützt diese Entwicklung dadurch, daß er
regelmäßig auf ECU lautende Anleihen emittiert.[2]
Dagegen hat die britische Regierung bislang erst eine
ECU-Anleihe herausgegeben.

---

1) Siehe in diesem Zusammenhang die Ausführungen zur Bedeutung der geographischen Lage des Kassamarktes für den
Kontrakterfolg im Abschnitt B.II des ersten Teils.

2) Die französische Regierung hat zugesagt, 15 Prozent der
Neuverschuldung durch Emission von ECU-Anleihen zu decken;
siehe B. Tyley (1991), S. 555; J. Treanor (1992), S. 45.
Die Bundesbank weist in einer Analyse der ECU-Anleihe-
märkte darauf hin, daß die Regierungen einiger EG-Staaten
(genannt wird in diesem Zusammenhang die französische
Regierung) in den letzten Jahren verstärkt ECU-Anleihen
emittieren, um einen Inlandsmarkt für diese Papiere zu
etablieren; Bundesbank (1992), S. 33 f. Auch D. Courtney
(1992), S. 110, vertritt die Ansicht, daß sich der ECU-
Anleihefuture des MATIF hauptsächlich auf den Pariser
Kassamarkt für französische ECU-Staatsanleihen stützt.

Ein weiterer Grund für den größeren Erfolg des ECU-
Future des MATIF scheint darin zu liegen, daß der
MATIF vom Handelsbeginn seines Kontraktes an Marketmaker eingesetzt hat. Diese stehen ständig im Pit
und sind verpflichtet, Geld und Brief mit einer maximalen Spanne von 2 Ticks (4 Basispunkten) für bis zu
30 Kontrakte zu stellen.[1] Dagegen hatte die LIFFE
zunächst darauf verzichtet, Marketmaker zu verpflichten.[2] Erst im Januar 1992 setzte sie designierte
Marketmaker ein, die verpflichtet waren, für mindestens 15 Kontrakte Kursgebote abzugeben und dabei
eine maximale Spanne von 4 Basispunkten einzuhalten.[3]

Insgesamt betrachtet ist es der LIFFE mit ihrem ECU-
Anleihekontrakt nicht gelungen, im Wettbewerb mit dem
ECU-Anleihefuture des MATIF erfolgreich zu sein. Neben dem Liquiditätsvorsprung des Kontraktes des MATIF
ist das im wesentlichen auf die nachteiligen Kontraktspezifikationen sowie auf die anfänglich fehlende Unterstützung durch Marketmaker zurückzuführen.
Die veränderten Kontraktspezifikationen und die Verpflichtung von Marketmakern führten Anfang Januar
1992 zwar zu einem leichten Umsatzanstieg, danach
ging das Handelsvolumen jedoch bald auf null zurück.

---

1) Für Auftragsgrößen zwischen 30 und 50 Kontrakte gilt eine
   maximale Spanne von 3 Ticks (6 Basispunkten); J.M.M.
   Schofield (1991), S. 2.

2) Die LIFFE setzte zunächst lediglich designierte Broker
   ein, die zwar eine Anwesenheitspflicht im Pit hatten,
   jedoch nicht verpflichtet waren, Kursgebote abzugeben;
   siehe R. Herklotz (1991).

3) Siehe o.V. (1991v); J. Treanor (1992), S. 43. Die Verpflichtung für 15 Kontrakte entspricht einem Nominalbetrag
   von ECU 3 Millionen und ist demnach mit der Verpflichtung
   der Marketmaker am MATIF vergleichbar, der für 30 Kontrakte à ECU 100.000 Kurse stellen muß.

IV. Zusammenfassung

In den Fallstudien zum relativen Erfolg der Bund-
Futures und der ECU-Anleihefutures konnten einige der
im ersten und zweiten Teil dieser Arbeit theoretisch
abgeleiteten Erfolgsfaktoren bestätigt werden. Es hat
sich insbesondere gezeigt, daß es für einen neuen
Kontrakt schwer ist, den Liquiditätsvorsprung eines
bestehenden Kontraktes aufzuholen. Der DTB ist es
nach einigen Anlaufschwierigkeiten gelungen, ihren
Bund-Future neben dem Bund-Future der LIFFE zu etablieren. Allerdings hätte der DTB-Bund-Future sein
derzeitiges Handelsvolumen ohne die Unterstützung der
wesentlichen Mitgliedsbanken der DTB, die sich als
Quasi-Marketmaker verpflichteten und begannen, ihre
Eigenhandelsgeschäfte über die DTB abzuwickeln, wohl
kaum erreichen können. Gefördert wurde die Liquidität
des Bund-Future zudem durch die Einführung des Bobl-
Future.

Auch die Fallstudie zu den ECU-Anleihefutures hat ge-
zeigt, daß sich die Erfolgsaussichten eines neuen
Kontraktes erhöhen, wenn die Börsenmitglieder dessen
Handels aktiv fördern. Während am MATIF vom Handels-
beginn an Marketmaker für Liquidität sorgten, gab es
an der LIFFE zunächst keine Marketmaker. Auch die
Locals, die in den erfolgreichen Kontrakten der LIFFE
Sofortigkeitsservice anbieten, hielten sich in ihrem
Engagement im ECU-Anleihekontrakt zurück.

Die Fallstudien haben somit gezeigt, daß neben den im
ersten und zweiten Teil dieser Arbeit behandelten

eher technischen Erfolgsdeterminanten auch andere
Aspekte für den Kontrakterfolg von Bedeutung sein
können.[1] Die Fallstudie zum ECU-Anleihefuture zeigte
zudem, daß die Gestaltung der Kontraktspezifikationen
für den Erfolg von Futurekontrakten entscheidend sein
können. Daß es der LIFFE anders als der DTB im Falle
des Bund-Future nicht gelungen ist, ihren ECU-Future
neben dem Kontrakt des MATIF am Markt zu positionie-
ren, ist zumindest teilweise auf die im Vergleich zum
Kontrakt des MATIF ungünstigeren Kontraktspezifikationen zurückzuführen.

---

1) Zu den weniger technischen Erfolgsfaktoren gehören ferner
   Maßnahmen der Marktentwicklung für einen neuen Kontrakt,
   also insbesondere Marketing und Werbung sowie die Schulung
   potentieller Marktteilnehmer; siehe hierzu R.W. Anderson
   (1984a), S. 28. Mit Marketing- und Schulungsmaßnahmen der
   Terminbörsen beschäftigt sich auch J.H. Auspurg (1992), S.
   80 f., 228-246. Er stellt die Maßnahmen dreier Terminbörsen (CME, LIFFE und SOFFEX) in diesem Bereich dar.

Wesentliche Ergebnisse und Ausblick

Ziel der vorliegenden Arbeit war es, Determinanten des Erfolges von Financial Futures zu untersuchen und herauszufinden, welche für den Kontrakterfolg besondere Bedeutung haben. Die untersuchten Erfolgsdeterminanten wurden in exogene und endogene Determinanten unterschieden.

Die exogenen Erfolgsdeterminanten bilden den Rahmen für die Geschäftstätigkeit der Terminbörsen, insbesondere für die Entwicklung neuer Kontrakte. Zunächst wurden die Rolle der Hedger und Spekulanten im Futurehandel und deren Bedürfnisse untersucht. Je besser es einer Terminbörse bei der Auswahl eines Handelsobjektes und der Kontraktgestaltung gelingt, diese Bedürfnisse zu erfüllen, desto größer sind die Erfolgsaussichten eines Kontraktes.

Anschließend ging es um den Einfluß ökonomischer Rahmenbedingungen auf den Kontrakterfolg. Dabei wurde festgestellt, daß eine hohe Kassapreisvolatilität und ein aktiver Kassamarkt des Handelsobjektes wichtige Voraussetzungen für den Erfolg eines Future sind. Weiterhin zeigte sich, daß es für einen neuen Kontrakt schwer ist, den Liquiditätsvorsprung eines etablierten Kontraktes mit dem gleichen oder einem ähnlichen Handelsobjekt zu überwinden.

Die Untersuchung des Erfolgseinflusses der rechtlichen Rahmenbedingungen ergab, daß staatliche Zugangskontrollen den Kontrakterfolg beeinträchtigen können.

Außerdem wurde abgeleitet, daß aufsichtsrechtliche Bestimmungen wichtige Marktteilnehmer, wie Kreditinstitute, Investmentfonds und Versicherungen, davon abhalten können, Financial Futures in dem gewünschten Umfang einzusetzen. Soweit das der Fall ist, reduzieren solche Vorschriften die Liquidität und hemmen den Kontrakterfolg.

Im Mittelpunkt der Untersuchung der endogenen Erfolgsdeterminanten standen die Kontraktspezifikationen, die standardisierten Vertragsbedingungen der Musterverträge, die an Terminbörsen abgeschlossen werden. Es wurde die zentrale Bedeutung des standardisierten Handelsobjektes für den Kontrakterfolg herausgearbeitet, das die Korrelation zwischen Kassa- und Futurepreis bestimmt und daher entscheidenden Einfluß auf die Hedgingeffektivität hat. Weiter zeigte sich, daß eine Börse insbesondere bei der Spezifikation des Handelsobjektes, der Kontraktgröße und der Liefermonate zwischen der Hedgingeffektivität und der Liquidität eines Kontraktes abwägen muß.

Zudem konnte festgestellt werden, daß die Margins die wichtigste Sicherung des Clearinghauses gegen Ausfälle sind. Sie stärken das Vertrauen der Marktteilnehmer in die Bonität des Clearinghauses und tragen dadurch erheblich zur Liquidität der Futures bei, deren Erfüllung sie garantieren. Voraussetzung für den Kontrakterfolg ist dabei, daß die Margins nicht wesentlich von ihrem optimalen Niveau abweichen.

Ferner ergab sich, daß eine Futurebörse den Erfolg ihrer Kontrakte verbessern kann, indem sie Futures mit korrelierenden Handelsobjekten und Optionen auf Futures in den Handel einführt. Hinsichtlich des Er-

folgseinflusses des Handelssystems zeigte sich ein
Trend zur Automation im Futurehandel, dem jedoch ein
Liquiditätsnachteil entgegenstehen kann.

In dem abschließenden dritten Teil der Arbeit wurden
Ansätze zur empirischen Untersuchung des Erfolgseinflusses der exogenen und endogenen Determinanten vorgestellt. Es wurden testbare Hypothesen über den Einfluß der Erfolgsdeterminanten auf das Handelsvolumen
abgeleitet, das als Maßstab für den Kontrakterfolg
diente. Die Untersuchung zeigte, daß sich bei einer
empirischen Überprüfung des Einflusses der Erfolgsdeterminanten mit Hilfe eines umfassenden multiplen
Regressionsmodells Probleme ergeben können. Insbesondere läßt sich vermuten, daß Prämissenverletzungen
wie Nichtlinearität und Multikollinearität auftreten.

Anhand des Modells von D. Black, das anschließend
vorgestellt wurde, konnte gezeigt werden, daß die
Regressionsanalyse grundsätzlich geeignet ist, den
Erfolg von Financial Futures zu erklären. Für zukünftige Untersuchungen erscheint es interessant, das
Modell von Black auf eine Stichprobe aus Kontrakten
europäischer Terminbörsen anzuwenden. Das dürfte in
ein oder zwei Jahren möglich sein, wenn für ausreichend viele Kontrakte so lange Zeitreihen von Umsatz-
zahlen vorliegen, daß man sie in eine Stichprobe aufnehmen kann. Nützlich erscheint es ferner, dann
schrittweise weitere der spezifizierten Erfolgsdeterminanten als erklärende Variable in das Regressionsmodell aufzunehmen, um Aufschluß über deren
Erfolgseinfluß zu erhalten.

Erste Hinweise auf die Bedeutung einzelner Erfolgsdeterminanten für den Kontrakterfolg gaben abschlie-

ßend die Fallstudien zu den Bund-Futures und den ECU-Anleihefutures. Es konnte bestätigt werden, daß es für einen neuen Kontrakt schwer ist, den Liquiditätsvorsprung eines etablierten Kontraktes aufzuholen. Weiterhin zeigte sich, daß die Unterstützung der Börsenmitglieder, insbesondere als Marketmaker, die Erfolgsaussichten eines Kontraktes erhöhen. In der Fallstudie zu den ECU-Anleihefutures konnte zudem festgestellt werden, daß Kontraktspezifikationen, wie der Kreis der lieferbaren Anleihen und die Kontraktgröße, für den Erfolg oder den Mißerfolg eines Future entscheidend sein können.

Die Entwicklung neuer erfolgreicher Kontrakte wird für Futurebörsen auch in Zukunft wichtig sein, um im internationalen Wettbewerb bestehen zu können. Während die Kontraktumsätze an den europäischen Terminbörsen mit hohen Zuwachsraten steigen und dort viele neue Financial Futures eingeführt werden, nehmen die Kontraktumsätze an US-Börsen nur noch wenig zu oder gehen sogar zurück. Einige amerikanische Börsen versuchen dieser Entwicklung dadurch zu begegnen, daß sie ihr Kontraktangebot um Kontrakte mit innovativen Handelsobjekten, wie Umweltverschmutzungsrechten und Katastrophenversicherungen, einführen. Zudem ist eine Tendenz zu Kooperationen zwischen den Börsen erkennbar, etwa beim Clearing oder beim GLOBEX-System, das die CME und der CBOT gemeinsam entwickelt haben.

Auch in Europa gibt es Ansätze zu Kooperationen zwischen Terminbörsen. Zu nennen sind hier der geplante Zusammenschluß einiger kleinerer Börsen, wie der EOE, des OM und der SOFFEX, zur "First European Exchange" und die angekündigte Kooperation zwischen der DTB und dem MATIF, die auch anderen Börsen offenstehen soll.

Ziel dieser Kooperationen ist es, den Kreis der Marktteilnehmer zu erweitern, die Liquidität der Kontrakte der beteiligten Börsen zu erhöhen und langfristig gemeinsam neue Kontrakte zu entwickeln. Zudem erhofft man sich eine Verbesserung der Ausgangsposition im Hinblick auf die zu erwartenden Veränderungen an den Futuremärkten im Zuge der Europäischen Wirtschafts- und Währungsunion, auch wenn diese zur Zeit in weitere Ferne gerückt zu sein scheint. Die Währungsunion würde zu einer Integration der nationalen Geld- und Kapitalmärkte führen und besonders bei den Zinsfutures die Zahl der potentiellen Handelsobjekte reduzieren. Es ist zu erwarten, daß sich der europäische Futurehandel in der Folge auf wenige Handelsplätze konzentrieren wird.

Anhang A

Ableitung des Konversionsfaktors für die Bund-Future-
Kontrakte der LIFFE und der DTB

Die Ableitung geht von dem Marktwert B einer Anleihe
mit jährlicher Zinszahlung aus. Dieser läßt sich für
eine Rendite von 6 % p.a. (dem Standardkupon des
Bund-Future) wie folgt berechnen, wenn man zunächst
die Stückzinsen vernachlässigt:[1]

$$(A.1) \quad B = [\sum_{t=1}^{n} \frac{C}{(1 + 0,06)^t}] + \frac{100}{(1 + 0.06)^n} ,$$

mit: B = Marktwert der Anleihe pro DM 100
Nominalbetrag,
C = jährliche Kuponzahlung,
n = Anzahl der vollen Jahre bis zur
Fälligkeit.

Die Gleichung A.1 läßt sich umformen zu:

$$(A.2) \quad B = \frac{C}{0,06} (1 - \frac{1}{(1,06)^n}) + \frac{100}{(1,06)^n} .$$

Gleichung A.2 gibt den Marktwert einer Anleihe bei
einer Rendite von 6 % an einem Zinstermin wieder. Da
die Liefertermine des Bund-Future i.d.R. nicht mit
den Zinsterminen der lieferbaren Anleihen übereinstimmen, muß der Marktwert nach Gleichung A.2 um die
Stückzinsen bereinigt werden. Dazu wird die auf den
Liefertermin folgende Kuponzahlung zu dem Marktwert

---

1) Die Ableitung erfolgt in Anlehnung an M.D. Fitzgerald
    (1983), S. 57 f.

addiert und der gesamte Ausdruck auf den Liefertermin abgezinst. Der Zeitraum zwischen dem Lieferzeitpunkt und dem folgenden Zinstermin wird dabei auf volle Monate abgerundet. Nun sind noch die Stückzinsen für den Zeitraum vom letzten Zinstermin vor dem Lieferzeitpunkt bis zum Lieferzeitpunkt abzuziehen. Der so bereinigte Marktwert der Anleihe ergibt sich nach folgender Formel:

$$(A.3) \quad B_b = \frac{1}{1,06^f} \left[C + \frac{C}{0,06} \left(1 - \frac{1}{1,06^n} \right) \right. $$

$$\left. + \frac{100}{1,06^n} \right] - C(1-f) \ , $$

mit:
B_b = bereinigter Marktwert der Anleihe,
C = jährliche Kuponzahlung,
n = Anzahl der vollen Jahre bis zur Fälligkeit,
f = Anzahl der vollen Monate bis zum nächsten Zinstermin, dividiert durch 12.

Der Konversionsfaktor (KF), der den Wert einer lieferbaren Anleihe pro DM Nennwert ausdrückt, ergibt sich dann als:

$$(A.4) \quad KF = \frac{B_b}{100} \ . $$

Setzt man Gleichung A.3 in A.4 ein, erhält man:

$$(A.5) \quad KF = \frac{1}{100(1,06)^f} \left[C + \frac{C}{0,06} \left(1 - \frac{1}{1,06^n} \right) \right. $$

$$\left. + \frac{100}{1,06^n} \right] - \frac{C(1-f)}{100} \ . $$

Gleichung A.5 umgeformt ergibt:

$$(A.6) \quad KF = \frac{1}{1,06^f} \left[\frac{C}{100} + \frac{C}{6} \left(1 - \frac{1}{1,06^n}\right) + \frac{1}{1,06^n} \right] - \frac{C(1-f)}{100} \; .$$

$$(A.7) \quad KF = \frac{1}{1,06^f} \left[\frac{C(0,06) + C\left(1 - \frac{1}{1,06^n}\right)}{6} + \frac{1}{1,06^n} \right] - \frac{C(1-f)}{100} \; .$$

Formt man Gleichung A.7 um, erhält man die offizielle Formel der LIFFE und der DTB für den Konversionsfaktor, die der Gleichung 2.2 entspricht:[1]

$$(A.8) \quad KF = \frac{1}{1,06^f} \left[\frac{C}{6} \left(1,06 - \frac{1}{1,06^n}\right) + \frac{1}{1,06^n} \right] - \frac{C(1-f)}{100} \; .$$

---

1) Vgl. LIFFE (1990), S. 35; DTB (1992b), S. 25.

Anhang B

Beispiel für die Berechnung des Konversionsfaktors
beim Bund-Future

Die Formel für den Konversionfaktor lautet:

$$(2.2) \quad KF = \frac{1}{(1,06)^f} \left[\frac{C}{6} \left(1,06 - \frac{1}{(1,06)^n} \right) \right.$$

$$\left. + \frac{1}{(1,06)^n} \right] - \frac{C(1-f)}{100}$$

Für den Liefermonat September 1991 des Bund-Future
der DTB war eine Bundesanleihe mit einem Kupon von
9 %, fällig am 20.1.2001, lieferbar. Liefertermin
für den September-1991-Kontrakt war der 10. September
1991. Am 10. September 1991 hatte die 9%-Bundesanlei-
he (C = 9) eine Restlaufzeit von 9 Jahren, 4 Monaten
und 10 Tagen. Diese Restlaufzeit wird abgerundet auf
9 Jahre (n = 9) und 4 Monate (f = 4/12 = 1/3). Setzt
man diese Werte in die Gleichung (2.2) ein, so erhält
man einen Konversionsfaktor von 1,209159.

Anhang C

Ausschnitt aus den Konversionsfaktor-Tabellen des CBOT[1]

CONVERSION FACTOR TO YIELD 8.000%

YRS-MOS	9%	9⅛%	9¼%	9⅜%	9½%	9⅝%	9¾%	9⅞%
15-0	1 0865	1.0973	1 1081	1 1189	1.1297	1 1405	1 1513	1 1621
15-3	1 0870	1 0979	1.1088	1.1197	1.1306	1 1415	1 1524	1 1633
15-6	1 0879	1.0989	1 1099	1 1209	1 1319	1 1429	1 1539	1 1649
15-9	1 0884	1 0995	1 1106	1 1217	1 1328	1 1438	1 1549	1 1660
16-0	1 0894	1 1005	1 1117	1 1229	1 1341	1 1452	1 1564	1 1676
16-3	1 0898	1 1011	1.1123	1 1236	1 1349	1 1461	1 1574	1 1686
16-6	1 0907	1 1021	1 1134	1 1248	1 1361	1 1474	1 1588	1 1701
16-9	1 0912	1 1026	1 1140	1 1255	1 1369	1 1483	1 1597	1 1711
17-0	1.0921	1 1036	1 1151	1 1266	1 1381	1 1496	1 1611	1 1726
17-3	1.0925	1.1041	1 1156	1.1272	1 1388	1 1504	1 1620	1 1736
17-6	1 0933	1.1050	1 1167	1 1283	1.1400	1 1516	1 1633	1 1750
17-9	1 0937	1 1055	1.1172	1 1289	1 1407	1 1524	1 1642	1 1759
18-0	1 0945	1.1064	1 1182	1 1300	1.1418	1.1536	1 1654	1 1773
18-3	1.0949	1.1068	1 1187	1 1306	1 1425	1 1544	1 1662	1 1781
18-6	1 0957	1 1077	1 1196	1 1316	1 1436	1 1555	1 1675	1 1795
18-9	1 0961	1 1081	1 1201	1 1322	1 1442	1 1562	1 1683	1 1803
19-0	1.0968	1 1089	1.1210	1 1332	1 1453	1 1574	1 1695	1 1816
19-3	1.0972	1 1093	1 1215	1 1337	1 1458	1 1580	1 1702	1 1824
19-6	1 0979	1 1102	1 1224	1 1346	1 1469	1 1591	1 1714	1 1836
19-9	1 0982	1 1105	1 1228	1 1351	1 1474	1 1597	1 1720	1 1843
20-0	1 0990	1 1113	1 1237	1 1361	1 1484	1 1608	1 1732	1 1856
20-3	1 0992	1 1117	1 1241	1 1365	1 1490	1 1614	1 1738	1 1863
20-6	1.1000	1 1125	1 1250	1 1375	1 1499	1 1624	1 1749	1 1874
20-9	1 1002	1 1128	1 1253	1 1379	1 1504	1 1630	1 1756	1 1881
21-0	1 1009	1.1135	1 1262	1.1388	1.1514	1 1640	1 1766	1 1892
21-3	1 1012	1.1138	1 1265	1.1392	1 1519	1.1645	1 1772	1.1899
21-6	1 1019	1 1146	1 1273	1.1400	1.1528	1 1655	1 1782	1.1910
21-9	1 1021	1 1149	1 1277	1 1404	1 1532	1 1660	1 1788	1 1916

Beispiel:

Für den Liefermonat September 1991 des T-Bond-Future sei ein T-Bond mit einem Kupon von 9,25 %, fällig am 10.02.2010, lieferbar. Zu Beginn des Liefermonats hat diese Anleihe eine Restlaufzeit von 18 Jahren, 5 Monaten und 10 Tagen. Um den Konversionsfaktor zu ermitteln, wird diese Restlaufzeit auf volle Viertel-jahre gerundet, also 18 Jahre und 3 Monate. Den Konversionsfaktor dieser lieferbaren Anleihe für den Liefermonat September 1991 kann man nun im Schnitt-punkt der Zeile 18-3 (18 Jahre, 3 Monate) und der mit 9 1/4 (Kupon) überschriebenen Spalte ablesen: Der Konversionsfaktor beträgt 1,1187.

---

1) Entnommen aus CBOT (1985), S. 21 [Copyright 1985 by Financial Publishing Company, Boston, MA].

Literaturverzeichnis

Anderson, Ronald W. (1981)
Comments on "Margins and Futures Contracts"
[L.G. Telser (1981a)]. In: Journal of Futures
Markets, Vol. 1 (1981), Nr. 2, S. 259-264.

Anderson, Ronald W. (1984a)
The Industrial Organization of Futures Markets:
A Survey. In: The Industrial Organization of
Futures Markets, Hrsg. R.W. Anderson, Lexington,
MA 1984, S. 1-33.

Anderson, Ronald W. (1984b)
The Regulation of Futures Contract Innovations
in the United States. In: Journal of Futures
Markets, Vol. 4 (1984), Nr. 3, S. 297-332.

Arak, Marcelle, und Laurie S. Goodmann (1987)
Treasury Bond Futures: Valuing the Delivery
Options. In: Journal of Futures Markets, Vol. 7
(1987), Nr. 3, S. 269-286.

Arak, Marcelle, Laurie S. Goodman und Susan
Ross (1986)
The Cheapest to Deliver Bond on the Treasury
Bond Futures Contract. In: Advances in Futures
and Options Research, Hrsg. Frank J. Fabozzi,
Vol. 1 (1986), Part B, S. 49-74.

Arak, Marcelle, und Christopher J. McCurdy (1979)
Interest Rate Futures. In: Quarterly Review,
Hrsg. Federal Reserve Bank of New York, Winter
1979-1980, S. 33-46.

Auspurg, Jan Hilger (1992)
Rahmenbedingungen und Erfolgsfaktoren der Börsen
im Financial Futures- und Traded Options-Ge-
schäft. Bern, Stuttgart und Wien 1992.

Ausschuß für Bilanzierung des Bundesverbandes
Deutscher Banken (1991)
Bilanzielle Behandlung von DTB-Futures. In: Die
Bank, o.Jg. (1991), Nr. 2, S. 105-108.

Bagehot, Walter [Jack L. Treynor] (1971)
The Only Game in Town. In: Financial Analysts
Journal, Vol. 27 (1971), Nr. 2, S. 12-14, 22.

Bank für Internationalen Zahlungsausgleich (1986)
Recent Innovations in International Banking.
Basel 1986.

Bank für Internationalen Zahlungsausgleich (1990)
60. Jahresbericht. 1. April 1989 bis 31. März
1990. Basel 1990.

Bank für Internationalen Zahlungsausgleich (1992)
62. Jahresbericht. 1. April 1991 bis 31. März
1992. Basel 1992.

Bank-Lexikon (1988)
Handwörterbuch für das Geld-, Bank- und Börsen-
wesen. Red. Karlheinz Müssig. 10., vollst.
überarb. und erw. Aufl., Wiesbaden 1988.

Bartsch, Michael (1987)
Der Rentenoptionshandel. In: Zeitschrift für das
gesamte Kreditwesen, 40. Jg. (1987), H. 2,
S. 59-62.

Beckmann, Thomas (1988)
Die Erfassung von Tendenzen des Aktienmarktes.
Eine methodisch-statistische Untersuchung. Mün-
ster 1988.

Benninga, Simon, und Michael Smirlock (1985)
An Empirical Analysis of the Delivery Option,
Marking to Market, and the Pricing of Treasury
Bond Futures. In: Journal of Futures Markets,
Vol. 5 (1985), Nr. 3, S. 361-374.

Bernanke, Ben S. (1990)
Clearing and Settlement during the Crash. In:
Review of Financial Studies, Vol. 3 (1990),
Nr. 1, S. 133-151.

Bessler, Wolfgang (1989)
Zinsrisikomanagement in Kreditinstituten. Wiesbaden 1989.

Black, Deborah G. (1986)
Success and Failure of Futures Contracts: Theory
and Empirical Evidence. Monograph Series in
Finance and Economics, Hrsg. New York University
Salomon Center for the Study of Financial Insti-
tutions, Monograph 1986-1, New York, NY 1986.

Black, Fischer (1986)
Noise. In: Journal of Finance, Vol. 41 (1986),
Nr. 3, S. 529-543.

Black, Fischer, und Myron Scholes (1973)
The Pricing of Options and Corporate Liabilites.
In: Journal of Political Economy, Vol. 81
(1973), Nr. 3, S. 637-654.

Bley, Siegfried (1977)
Börsen der Welt. Handbuch des internationalen
Wertpapierhandels, seine Bestimmungen und
Usancen. Frankfurt am Main 1977.

Bleymüller, Josef (1966)
Theorie und Technik der Aktienkursindizes.
Wiesbaden 1966.

Board of Governors of the Federal Reserve System,
Commodity Futures Trading Commission, Securities
and Exchange Commission (1984)
A Study of the Effects on the Economy of Trading
in Futures and Options. Washington, DC 1984.

Bohley, Peter (1989)
Statistik. Einführendes Lehrbuch für Wirt-
schafts- und Sozialwissenschaftler. 3. überarb.
u. erw. Aufl., München und Wien 1989.

Bookstaber, Richard M. (1981)
Option Pricing and Strategies in Investing.
Reading, MA 1981.

Boos, Karl-Heinz (1992)
Regierungsentwurf für eine vierte KWG-Novelle.
In: Die Bank, o.Jg. (1992), Nr. 8, S. 455-459.

Boos, Karl-Heinz, und Hermann Schulte-Mattler (1992)
Neuer Eigenkapitalgrundsatz I vorgelegt. In: Die
Bank, o.Jg. (1992), Nr. 11, S. 639-643.

Börsengesetz
(BörsG) vom 22.06.1896 (RGBl. S. 157), in der
Fassung der Bekanntmachung vom 27.05.1908 (RGBl.
S. 215), zuletzt geändert durch Art. 1 Ges. vom
11.07.1989 (BGBl. I S. 1412).

Börsentermingeschäfts-Zulassungsverordnung
Verordnung über die zu Börsentermingeschäften
zugelassenen Wertpapiere (BörsTermZulV) vom
10.03.1982 (BGBl. I S. 320), zuletzt geändert
durch Verordnung vom 10.03.1988 (BGBl. I S.
302).

Bradbery, Adam (1992)
Sterling Progress. Contract Profile. In: Futures
and Options World, Nr. 251, April 1992, S. 49 f.

Brady, Nicolas F., et al. (1988)
Report of the Presidential Task Force on Market
Mechanisms. Januar 1988.

Breeden, Douglas T. (1985)
Futures Margins as Predictors of Price Volati-
lity. Center for the Study of Futures Markets
Working Paper Nr. CSFM-115, September 1985.

Brennan, Michael J. (1986)
A Theory of Price Limits in Futures Markets. In:
Journal of Financial Economics, Vol. 16 (1986),
S. 213-233.

Brown, R.D. (1988)
Mechanics of Forward Rate Agreements. In:
Management of Interest Rate Risk, Hrsg. Boris
Antl, London 1988, S. 219-221.

Bublitz, Friedhelm (1989)
DTB-Geschäftsmöglichkeiten im Lichte der Grund-
satz-Novelle. In: Die Bank, o.Jg. (1989), Nr. 6,
S. 314-322.

Bublitz, Friedhelm (1990a)
Die Grundsatz-Novelle und das DTB-Geschäft. In:
Die Bank, o.Jg. (1990), Nr. 10, S. 570-576.

Bublitz, Friedhelm (1990b)
Neuer Kontrakt soll ein Instrument des interna-
tionalen Zinsmanagements sein. In: Handelsblatt,
Nr. 225 v. 22.11.1990.

Bublitz, Friedhelm, und Georg Schmetz (1991)
KAGG-Novelle läßt weitere Verbesserungen zu. In:
Börsen-Zeitung, Nr. 98 v. 25. Mai 1991.

Bühler, Wolfgang, Johannes Köndgen und Hartmut
Schmidt (1990)
Schutz und Diskriminierung durch § 609a BGB.
Ökonomische und rechtliche Analyse des gesetzli-
chen Schuldnerkündigungsrechts. In: Zeitschrift
für Bankrecht und Bankwirtschaft, 2. Jg. (1990),
H. 2, S. 49-75.

Bundesaufsichtsamt für das Kreditwesen (1990)
Erläuterungen zur Bekanntmachung über die Änderung und Ergänzung der Grundsätze I und Ia vom
15. Mai 1990. Abgedruckt als Teil II in: Die
neuen Grundsätze I und Ia über das Eigenkapital
der Kreditinstitute, Sonderdrucke der Deutschen
Bundesbank, Nr. 2a, 2. Aufl., Frankfurt am Main
1991.

Bundesaufsichtsamt für das Kreditwesen (1992)
Bekanntmachung über die Änderung und Ergänzung
der Grundsätze über das Eigenkapital und die
Liquidität der Kreditinstitute vom 29. Dezember
1992. Abgedruckt in: Monatsbericht März 1993,
Hrsg. Deutsche Bundesbank, 45. Jg. (1993),
Nr. 3, S. 58-63

Bundesbank (1990)
Die neuen Grundsätze I und Ia über das Eigenkapital der Kreditinstitute. In: Monatsberichte
der Deutschen Bundesbank, 42. Jg. (1990), Nr. 8,
S. 39-46.

Bundesbank (1992)
Die Märkte für private ECU. In: Monatsberichte
der Deutschen Bundesbank, 44. Jg. (1992), Nr. 5,
S. 26-38.

Bundesbank (1993a)
Die Vierte Novelle des Kreditwesengesetzes - ein
weiterer Schritt zum europäischen Bankenmarkt.
In: Monatsbericht Januar 1993, Hrsg. Deutsche
Bundesbank, 45. Jg. (1993), Nr. 1, S. 35-42.

Bundesbank (1993b)
Grundsätze über das Eigenkapital und die Liquidität der Kreditinstitute. In: Monatsbericht
März 1993, Hrsg. Deutsche Bundesbank, 45. Jg.
(1993), Nr. 3, S. 49-63.

Bundesminister der Finanzen (1992)
Konzept Finanzplatz Deutschland. 16. Januar
1992. Abgedruckt in: Wertpapier-Mitteilungen,
46. Jg. (1992), Nr. 10, S. 420-423.

Bundesregierung (1989)
Gesetzentwurf der Bundesregierung zur Änderung
des Börsengesetzes. Bundestags-Drucksache
Nr. 11/4177 v. 13.08.1989.

Bürgerliches Gesetzbuch
(BGB) vom 18.08.1896 (RGBl. S. 195), in der
Fassung vom 05.04.1991.

Burns, Joseph M. (1982)
Electronic Trading in Futures Markets. In:
Financial Analysts Journal, Vol. 38 (1982),
Nr. 1, S. 33-41.

BVI Bundesverband Deutscher Investment-Gesell-
schaften e.V. (1992)
    Investment '92. Daten, Fakten, Entwicklungen.
    Frankfurt am Main 1992.

Cagan, Phillip (1981)
    Financial Futures Markets: Is More Regulation
    Needed? In: Journal of Futures Markets, Vol. 1
    (1981), Nr. 2, S. 169-189.

Carlton, Dennis W. (1984)
    Futures Markets: Their Purpose, Their History,
    Their Growth, Their Successes and Failures. In:
    Journal of Futures Markets, Vol. 4 (1984),
    Nr. 3, S. 237-271.

Carpenter, Alex, und Claudio Capozzi (1991)
    The London International Financial Futures
    Exchange ("LIFFE"). In: The European Options and
    Futures Markets, Hrsg. Stuart K. McLean, Chica-
    go, IL 1991, S. 667-736.

Chambers, Scott, und Colin Carter (1990)
    U.S. Futures Exchanges as Nonprofit Entities.
    In: Journal of Futures Markets, Vol. 10 (1990),
    Nr. 1, S. 79-88.

Chance, Don M. (1990)
    The Effect of Margins on the Volatility of Stock
    and Derivative Markets: A Review of the Evi-
    dence. Monograph Series in Finance and Econo-
    mics, Hrsg. New York University Salomon Center,
    Monograph 1990-2, New York, NY 1990.

Chance, Don M. (1991)
    An Introduction to Options and Futures.
    2. Aufl., Fort Worth, TX 1991.

Chance, Don M., und Michael L. Hemler (1993)
    The Impact of Delivery Options on Futures Pri-
    ces: A Survey. In: Journal of Futures Markets,
    Vol. 13 (1993), Nr. 2, S. 127-155.

Chicago Board of Trade (1985)
    Conversion Factors. Publication No. 765, Boston,
    MA 1985.

Chicago Board of Trade (1989)
    The Delivery Process in Brief: Treasury Bond and
    Treasury Note Futures. Chicago, IL 1989.

Chicago Board of Trade (1990)
Rules & Regulations. Chicago, IL 1990 [Lose-
blattsammlung. Stand: Januar 1990].

Chicago Board of Trade (1991)
SPAN™ To Deput As Sole Margining System Septem-
ber 3. In: Financial Futures Professional, Hrsg.
CBOT, Vol. 15 (1991), Nr. 7, S. 1.

Cohen, Kalman J., und Robert A. Schwartz (1989)
An Electronic Call Market: Its Design and
Desirability. In: The Challenge of Information
Technology for the Securities Markets. Liqui-
dity, Volatility, and Global Trading. Hrsg.
Henry C. Lucas Jr., und Robert A. Schwartz.
Homewood, IL 1989, S. 15-58.

Commodity Futures Trading Commission (1988)
Final Report on Stock Index Futures and Cash
Market Activity During October 1987. Januar
1988. Zitiert nach: Black Monday and the Future
of Financial Markets, Hrsg. Robert W. Kampuis,
Roger C. Kormendi und J.W. Henry Watson, Homewood, IL 1989, S. 341-361.

Commodity Futures Trading Commission (1991)
Annual Report 1990. Washington, DC 1991.

Copeland, Thomas E., und D. Galai (1983)
Information Effects on the Bid-Ask Spread. In:
Journal of Finance, Vol. 38 (1983), Nr. 5, S.
1457-1469.

Copeland, Thomas E., und J. Fred Weston (1988)
Financial Theory an Corporate Policy. 3. Aufl.,
Reading, MA 1988.

Cornell, Bradford (1981)
The Relationship between Volume and Price Variability in Futures Markets. In: Journal of
Futures Markets, Vol. 1 (1981), Nr. 3, S. 303-
316.

Courtney, David (1992)
Derivatives Trading in Europe. London 1992.

Cox, John C., und Mark Rubinstein (1985)
Options Markets. Engelwood Cliffs, NJ 1985.

Curtis, Bronwyn (1991)
Will FFR 10-Year Bond Yields Go Through 10-Year
DM Bonds Yields Later This Year? In: Fixed
Income Research, Market Trends, Hrsg. Deutsche
Bank Group, Vol. 5, Nr. 18 v. 06.05.1991,
S. 3-5.

Daube, Carl Heinz (1993)
Marketmaker in Aktienoptionen an der Deutschen
Terminbörse. Wiesbaden 1993.

Demsetz, Harold (1968)
The Cost of Transacting. In: Quarterly Journal
of Economics, Vol. 82 (1968), Nr. 1, S. 33-53.

Dew, James Kurt (1981)
Comments on "Innovation, Competition, and New
Contract Design in Futures Markets" [W.L. Silber
(1981)]. In: Journal of Futures Markets, Vol. 1
(1981), Nr. 2, S. 161-167.

Dichtl, Erwin, und Otmar Issing [Hrsg.] (1987)
Vahlens Großes Wirtschaftslexikon [in 2 Bänden].
München 1987.

Dormanns, Albert (1990)
Grundsatz Ia gemäß KWG neu gefaßt. In: Die Bank,
o.Jg. (1990), Nr. 7, S. 372-375.

Dresdner Bank (1991)
Zinsmanagement. 5. Aufl., Frankfurt am Main
1991.

DTB Deutsche Terminbörse (1990a)
Teilnehmerhandbuch - Handel. Frankfurt am Main
1990 [Loseblattsammlung, Stand: 31. Mai 1990]

DTB Deutsche Terminbörse (1990b)
Monatlicher Statistik-Report, 1. Jg. (1990),
Dezember.

DTB Deutsche Terminbörse (1991a)
Monatlicher Statistik-Report, 2. Jg. (1991),
Januar bis Dezember.

DTB Deutsche Terminbörse (1991b)
DAX-Option. 1. Aufl., Frankfurt am Main 1991.

DTB Deutsche Terminbörse (1991c)
Option auf den DAX-Future. Überblick. Frankfurt
am Main 1991.

DTB Deutsche Terminbörse (1992a)
Monatlicher Statistik-Report, 3. Jg. (1992),
Januar bis Dezember.

DTB Deutsche Terminbörse (1992b)
Bund-Futures. 3., überarb. Aufl., Frankfurt am
Main 1992.

DTB Deutsche Terminbörse (1992c)
DAX-Future. 3., überarb. Aufl., Frankfurt am
Main 1992.

DTB Deutsche Terminbörse (1992d)
Monatlicher Statistik-Report, 3. Jg. (1992),
Januar.

DTB Deutsche Terminbörse (1992e)
Geschäftsbericht 1991. Frankfurt am Main 1992.

DTB Deutsche Terminbörse (1993a)
Regelwerk. 6., überarb. und erg. Version, Frank-
furt am Main 1993 [Loseblattsammlung, Stand: 1.
Januar 1993].

DTB Deutsche Terminbörse (1993b)
Preisverzeichnis. Stand: Januar 1993. Frankfurt
am Main 1993 [abgedruckt in: DTB (1993a), Sonstige Vorschriften, Vorschrift 2].

Duffie, Darrell (1989)
Futures Markets. Engelwood Cliffs, NJ 1989.

Easterbrook, Frank H. (1986)
Monopoly, Manipulation, and the Regulation of
Futures Markets. In: Journal of Business, Vol.
59 (1986), Nr. 2, Teil 2, S. S103-S127.

Ebel, Franz-Josef (1993)
Lieferbedingungen der DTB-Zinsfutures benachtei-
ligen Finanzplatz Deutschland. In: Handelsblatt,
Nr. 19 v. 28.01.1993.

Eberstadt, Gerhard (1991)
Plädoyer für ein duales System von Präsenz- und
Computerbörse. In: Handelsblatt, Nr. 93 v.
16.05.1991.

Eckes, Ernst-Hermann (1986)
Optionshandel in Renten. Grundlagen und erste
Erfahrungen. In: Sparkasse, 103. Jg. (1986),
H. 7, S. 297-299.

324

Eckhardt Jr., Walter L. (1984)
    Equivalent Delivery Procedures For GNMA Futures
    Contracts and Options. In: Journal of Futures
    Markets, 4. Jg. (1984), Nr. 1, S. 75-85.

Edwards, Franklin R. (1981)
    The Regulation of Futures Markets: A Conceptual
    Framework. In: Journal of Futures Markets, Vol.
    1 (1981), Suppl., S. 417-439.

Edwards, Franklin R. (1983a)
    Futures Markets in Transition: The Uneasy
    Balance Between Government and Self-Regulation.
    In: Journal of Futures Markets, Vol. 3 (1983),
    Nr. 2, S. 191-206.

Edwards, Franklin R. (1983b)
    The Clearing Association in Futures Markets:
    Guarantor and Regulator. In: Journal of Futures
    Markets, Vol. 3 (1983), Nr. 4, S. 369-392.

Edwards, Franklin R. (1988)
    Does Futures Trading Increase Stock Market
    Volatility. In: Financial Analysts Journal, Vol.
    44 (1988), Nr. 1, S. 63-69.

Edwards, Franklin R. (1989)
    The Crash: The Report on the Reports. In: The
    Challenge of Information Technology for the
    Securities Markets. Liquidity, Volatility, and
    Global Trading, Hrsg. Henry C. Lucas Jr. und
    Robert A. Schwartz, Homewood, IL 1989, S. 86-
    111.

Edwards, Franklin R., und C.W. Ma (1992)
    Futures and Options. New York, NY 1992.

Edwards, Linda N., und Franklin R. Edwards (1984)
    A Legal and Economic Analysis of Manipulation in
    Futures Markets. In: Journal of Futures Markets,
    Vol. 4 (1984), Nr. 3, S. 333-366.

Engel, Charles, und Charles S. Morris (1991)
    Challenges to Stock Market Efficiency: Evidence
    from Mean Reversion Studies. In: Economic Re-
    view, Hrsg. Federal Reserve Bank of Kansas City,
    September/Oktober 1991.

Fama, Eugene F. (1989)
Perspectives on October 1987 or What Did We
Learn From the Crash? In: Black Monday and the
Future of Financial Markets, Hrsg. Robert W.
Kampuis, Roger C. Kormendi und J.W. Henry
Watson, Homewood, IL 1989, S. 71-82.

Ferguson, Robert (1988)
What to do, or not to do, about the markets. In:
Journal of Portfolio Management, Vol. 14 (1988),
Nr. 4, S. 14-19.

FIA Futures Industry Association (1992)
Volume of Futures Trading. 1960 Through 1991.
Washington, DC 1992.

Figlewski, Stephen (1984)
Margins Setting for Stock Index Futures and
Options. In: Journal of Futures Markets, Vol. 4
(1984), Nr. 3, S. 385-416.

Figlewski, Stephen (1986)
Hedging with Financial Futures for Institutional
Investors. From Theory to Practice. Cambridge,
MA 1986.

Fink, Robert E., und Robert B. Feduniak (1988)
Futures Trading. Concepts and Strategies. New
York, NY 1988.

Fischel, Daniel R. (1986)
Regulatory Conflict and Entry Regulation of New
Futures Contracts. In: Journal of Business,
Vol. 59 (1986), Nr. 2, Teil 2, S. S85-S102.

Fischel, Daniel R., und Sanford J. Grossman (1984)
Customer Protection in Futures and Securities
Markets. In: Journal of Futures Markets, Vol. 4
(1984), Nr. 3, S. 273-295.

Fishe, Raymond P.H., und Lawrence G. Goldberg (1986)
The Effects of Margins on Trading in Futures
Markets. In: Journal of Futures Markets, Vol. 6
(1986), Nr. 2, S. 261-271.

Fitzgerald, M. Desmond (1982)
Using Financial Futures Markets. In: The Banker,
Vol. 132 (1982), April, S. 105-115, 129.

Fitzgerald, M. Desmond (1983)
Financial Futures. London 1983.

Fitzgerald, M. Desmond (1990)
Pricing and Hedging with Financial Futures. In:
Optionen und Futures, Hrsg. Hermann Göppl,
Wolfgang Bühler und Rüdiger von Rosen, Frankfurt
am Main 1990.

Forst, Henning von der (1990)
Bund-Futures im Einsatz! In: DTB-Dialog, 1. Jg.
(1990), Nr. 2, S. 2-4, 14 f.

FOW (1991a)
Top Contracts. In: Futures and Options World,
Nrn. 238-247, März bis Dezember 1991.

FOW (1991b)
Futures and Options World. Directory and Review
1991.

FOW (1992a)
Top Contracts. In: Futures and Options World,
Nr. 249, Februar 1992, S. 52-54.

FOW (1992b)
Off the Floor. In: Futures and Options World,
Nr. 250, März 1992, S. 17-21.

FOW (1992c)
Futures and Options World. Directory and Review
1992.

FOW (1992d)
Top Contracts. In: Futures and Options World,
Nrn. 248-259, Januar bis Dezember 1992.

FOW (1993)
Top Contracts. In: Futures and Options World,
Nr. 267, August 1993, S. 55.

Franke, Günter (1991)
Schlappen vermeiden. Kontrakte in Bundesanleihen
werden vorwiegend in London gehandelt. Frankfurt
hat das Nachsehen. In: Wirtschaftswoche,
45. Jg., Nr. 27, 28.6.1991, S. 84-86.

Franke, Jörg (1989)
Der neue deutsche Terminhandel - Rechtliches
Umfeld und Struktur der Börse. In: Per Termin in
die Kasse, Hrsg. Jörg Franke, Bruno Hidding und
Ernst Padberg, Frankfurt am Main 1989.

Franke, Jörg (1990a)
    Die Deutsche Terminbörse und ihre Bedeutung im
    europäischen Finanzmarkt. In: Europa 1992 und
    der Kapitalmarkt. Schriftenreihe des Instituts
    für Kapitalmarktforschung an der J.W. Goethe-
    Universität Frankfurt am Main, Hrsg. Georg Bruns
    und Karl Häuser, Kolloquien-Beiträge Nr. 32,
    Frankfurt am Main 1990, S. 61-73.

Franke, Jörg (1990b)
    Die Deutsche Terminbörse und ihr internationales
    Umfeld. In: Die Finanzmärkte der neunziger Jah-
    re, Schriften des "Bankwirtschaftlichen Kollo-
    quiums" an der Johann Wolfgang Goethe-Universi-
    tät, Hrsg. Rosemarie Kolbeck, Frankfurt am Main
    1990, S. 53-69.

Franke, Jörg (1992)
    Die Deutsche Terminbörse im internationalen
    Wettbewerb. In: Finanzmarkttheorie und Börsen-
    struktur, Hrsg. Arbeitsgemeinschaft der Deut-
    schen Wertpapierbörsen, Frankfurt 1992, S. 147-
    154.

Franke, Jörg, und Christian Imo (1990)
    Anlegerschutz an der Deutschen Terminbörse. In:
    Zeitschrift für Bankrecht und Bankwirtschaft,
    2. Jg. (1990), H. 3, S. 104-113.

French, Kenneth R., und Richard Roll (1986)
    Stock Return Variances. The Arrival of Informa-
    tion and the Reaction of Traders. In: Journal of
    Financial Economics, Vol. 17 (1986), S. 5-26.

Frenz, Rainer (1990)
    Normative Grundlagen der Kapitalanlagepolitik
    der Versicherungsunternehmen. In: Versicherungs-
    wirtschaft, 45. Jg. (1990), S. 100-105.

Garbade, Kenneth D. (1982)
    Security Markets. New York, NY 1982.

Garbade, Kenneth D., und William L. Silber (1983a)
    Cash Settlement of Futures Contracts: An Econo-
    mic Analysis. In: Journal of Futures Markets,
    Vol. 3 (1983), Nr. 4, S. 451-472.

Garbade, Kenneth D., und William L. Silber (1983b)
    Futures Contracts on Commodities with Multiple
    Varieties: An Analysis of Premiums and Dis-
    counts. In: Journal of Business, Vol. 56 (1983),
    Nr. 3, S. 249-272.

Gardiner, Ruth (1989)
Sweden: The Political Option. In: Futures and
Options World, Nr. 215, April 1989, S. 29-37.

Gay, Gerald D., William C. Hunter und Robert W. Kolb
(1986)
A Comparative Analysis of Futures Contract
Margins. In: Journal of Futures Markets, Vol. 6
(1986), Nr. 2, S. 307-324.

Gay, Gerald D., und Steven Manaster (1984)
The Quality Option Implicit in Futures Contracts. In: Journal of Financial Economics, Vol.
13 (1984), S. 353-370.

Gay, Gerald D., und Steven Manaster (1986)
Implicit Delivery Options and Optimal Delivery
Strategies for Financial Futures Contracts. In:
Journal of Financial Economics, Vol. 16 (1986),
S. 41-72.

Gerke, Wolfgang, und Christof Aignesberger (1987)
Computergestützte Handelsverfahren und deren
Anwendbarkeit an einer Innovationsbörse. In:
Österreichisches Bank-Archiv, 35. Jg. (1987),
H. 4, S. 209-220.

Gesamtverband der Deutschen Versicherungswirtschaft
e.V. (1992)
Grundsätze für den Einsatz derivativer Finanzinstrumente. Anwendungsbereich von § 7 Abs. 2
Satz 2 VAG unter Berücksichtigung der aufsichtsrechtlichen Kapitalanlagegrundsätze. Bonn 1992.

Giersch, Herbert, und Hartmut Schmidt (1986)
Offene Märkte für Beteiligungskapital: USA -
Großbritannien - Bundesrepublik Deutschland,
Hrsg. Baden-Württembergische Wertpapierbörse zu
Stuttgart, Stuttgart 1986.

Gießelbach, Axel (1989)
Strategien mit Aktienkursindex-Instrumenten.
Berlin 1989.

Ginter, Gary D. (1991)
Toward a Theory of Harmonized Margins. In:
Margins and Market Integrity, Hrsg. Mid America
Institute, Chicago, IL 1991, S. 49-54.

Glosten, Lawrence R., und Paul R. Milgrom (1985)
Bid, Ask and Transaction Prices in a Specialist
Market with Heterogeneously Informed Traders.
In: Journal of Financial Economics, Vol. 14
(1985), S. 71-100.

Goodman, Laurie S. (1983)
New Options Markets. In: Quarterly Review, Hrsg.
Federal Reserve Bank of New York, Autumn 1983,
S. 35-47. Zitiert nach: Selected Writings on
Futures Markets: Explorations in Financial
Futures Markets, Hrsg. Anne E. Peck, Buch V der
Reihe "Readings in Futures Markets" des Chicago
Board of Trade, Chicago, IL 1985, S. 23-42.

Goodmann, Laurie S. (1985)
Introduction to Debt Options. In: Winning the
Interest Rate Game. A Guide to Debt Options.
Hrsg. Frank J. Fabozzi, Chicago, IL 1985,
S. 3-24.

Grass, Rolf-Dieter, und Wofgang Stützel (1983)
Volkswirtschaftslehre. München 1983.

Gray, Roger W. (1959)
The Importance of Hedging in Futures Trading;
and the Effectiveness of Futures Trading for
Hedging. Manuskript eines Vortrages beim Futures
Trading Seminar des CBOT 1959. Zitiert nach:
Selected Writings on Futures Markets: Views from
the Trade, Hrsg. Anne E. Peck, Buch III der
Reihe "Readings in Futures Markets" des Chicago
Board of Trade, Chicago, IL 1978, S. 223-234.

Gray, Roger W. (1965)
Why Does Futures Trading Succeed or Fail: An
Analysis of Selected Commodities. Manuskript
eines Vortrages beim Futures Trading Seminar des
CBOT 1965. Zitiert nach: Selected Writings on
Futures Markets: Views from the Trade, Hrsg.
Anne E. Peck, Buch III der Reihe "Readings in
Futures Markets" des Chicago Board of Trade,
Chicago, IL 1978, S. 235-247.

Grossmann, Sanford J., und Merton H. Miller (1988)
Liquidity and Market Structure. In: Journal of
Finance, Vol. 43 (1988), Nr. 3, S. 617-633.

Grundsatz I, Ia
In: Grundsätze über das Eigenkapital und die
Liquidität der Kreditinstitute, Bekanntmachung
Nr. 1/69 des Bundesaufsichtsamtes für das
Kreditwesen (BAnz. Nr. 17), zuletzt geändert
durch Bekanntmachung vom 15.05.1990 (BAnz. Nr.
92).

Hamacher, Rolfjosef (1990)
Steuerrechtliche Fragen der Termingeschäfte an
der Deutschen Terminbörse. In: Wertpapier-Mitteilungen, 44. Jg. (1990), Nr. 35, S. 1441-1450.

Hamacher, Rolfjosef (1991)
Innovative Finanzinstrumente - Neue steuerrechtliche Entwicklungen. In: Wertpapier-Mitteilungen, 45. Jg. (1991), Nr. 39, S. 1661-1666.

Hardouvelis, Gikas A. (1988)
Margin Requirements and Stock Market Volatility.
In: Quarterly Review, Hrsg. Federal Reserve Bank
of New York, Summer 1988, S. 80-89.

Harris, Lawrence E. (1990)
Liquidity, Trading Rules, and Electronic Trading
Systems. Monograph Series in Finance and Econo-
mics, Hrsg. New York University Salomon Center,
Monograph 1990-4, New York, NY 1990.

Harris, Lawrence (1991)
Stock Price Clustering and Discreteness. In:
Review of Financial Studies, Vol. 4 (1991),
Nr. 3, S. 389-415.

Hartzmark, Michael L. (1986)
The Effects of Changing Margin Levels on Futures
Market Activity, the Composition of Traders in
the Market, and Price Performance. In: Journal
of Business, Vol. 59 (1986), Nr. 2, Teil 2,
S. S147-S180.

Häuselmann, Holger, und Thomas Wiesenbart (1990)
Fragen zur bilanzsteuerlichen Behandlung von
Geschäften an der Deutschen Terminbörse (DTB).
In: Der Betrieb, 43. Jg. (1990), H. 13, S. 641-
647.

Häuser, Franz (1981)
Der Börsenterminhandel in der neueren Rechtspre-
chung. In: Zeitschrift für Wirtschaftrecht und
Insolvenzpraxis, 2. Jg. (1981), Nr. 9, S. 933-
943.

Häußler, Walter, Wolfgang Kirschner und Martin Schalk
(1991)
Deutscher Rentenindex REX eingeführt. In: Die
Bank, o.Jg. (1991), Nr. 6, S. 327-330.

Hegde, Shantaram P. (1988)
An Empirical Analysis of Implicit Delivery
Options in the Treasury Bond Futures Contract.
In: Journal of Banking and Finance, Vol. 12
(1988), S. 469-492.

Hegde, Shantaram P. (1989)
On the Value of the Implicit Delivery Options.
In: Journal of Futures Markets, Vol. 9 (1989),
Nr. 5, S. 421-437.

Hegde, Shantaram P. (1990)
An Ex Post Valuation of the Quality Option
Implicit in the Treasury Bond Futures Contract.
In: Journal of Banking and Finance, Vol. 14
(1990), S. 741-760.

Hemler, Michael L. (1990)
The Quality Delivery Option in Treasury Bond
Futures Contracts. In: Journal of Finance, Vol.
45 (1990), Nr. 5, S. 1565-1586.

Henning, Friedrich-Wilhelm (1989)
Börsentermingeschäfte schon seit dem 16. Jahr-
hundert. In: Per Termin in die Kasse, Hrsg. Jörg
Franke, Bruno Hidding und Ernst Padberg, Frankfurt am Main 1989.

Herklotz, Ralf (1991)
LIFFE-ECU-Bond-Terminkontrakt. Informations-
schreiben zur Kontrakteinführung v. Februar
1991.

Hidding, Bruno (1992)
Bald Referentenentwurf zur Börsengesetznovelle.
In: Börsen-Zeitung, Nr. 121 v. 27.06.1992, S. 4.

Hielscher, Udo (1989)
Warenterminbörsen. In: Handwörterbuch Export und
Internationale Unternehmung (HWInt), Hrsg. Klaus
Macharzina und Martin K. Welge, Stuttgart 1989,
Sp. 2225-2232.

Houthakker, H[endrik] S. (1959)
The Scope and Limits of Futures Trading. In: The
Allocation of Economic Resources, Hrsg. Moses
Abramovitz et al., Stanford, CA 1959, S. 134-
159.

Houthakker, Hendrik S. (1982a)
The Extension of Futures Trading to the Finan-
cial Sector. In: Journal of Banking and Finance,
Vol. 6 (1982), S. 37-47.

Houthakker, Hendrik S. (1982b)
The Regulation of Financial and Other Futures
Markets. In: Journal of Finance, Vol. 37 (1982),
Nr. 2, S. 481-491.

Hsieh, David A., und Merton H. Miller (1990)
Margin Regulation and Stock Market Volatility.
In: Journal of Finance, Vol. 45 (1990), Nr. 1,
S. 3-29.

Huang, Roger D., und Hans R. Stoll (1992)
The Design of Trading Systems: Lessons from
Abroad. In: Financial Analysts Journal, Vol. 48
(1992), Nr. 5, S. 49-54.

Humphreys, Gary (1992)
Pfauwadel Grabs the Limelight. In: Euromoney,
o.Jg. (1992), April, S. 54.

Hunt Jr., Lawrence H., und William J. Nissen (1981)
Section 4a(1) Should Be Revised. In: Journal of
Futures Markets, Vol. 1 (1981), Suppl., S. 461-
464.

Hunter, William C. (1986)
Rational Margins on Futures Contracts: Initial
Margins. In: Review of Research in Futures
Markets, Hrsg. CBOT, Vol. 5 (1986), S. 160-173.

Hutchison, Richard A. (1988)
The Mechanics of Interest Rate Futures. In:
Management of Interest Rate Risk, Hrsg. Boris
Antl, London 1988, S. 89-95.

Imo, Christian (1988)
Börsentermin- und Börsenoptionsgeschäfte. Zugleich eine strafrechtliche Untersuchung bekannt
gewordener Manipulationen im Warentermin- und
Warenterminoptionshandel. Band I u. II. Wiesbaden 1988.

Informationsschrift (1989)
Information über Verlustrisiken bei Börsentermingeschäften. Abgedruckt in: Wertpapier-Mitteilungen, 43. Jg. (1989), Nr. 32, S. 1193-1195.

ISSA International Society of Securities Administra-
tors (1990)
ISSA Handbook. 3. Aufl., Zürich 1990.

Johnson, Leland L. (1957)
Price Instability, Hedging, and Trade Volume in
the Coffee Futures Market. In: Journal of Political Economy, Vol. 65 (1957), S. 306-321.

Johnston, Elizabeth Tashjian, und John J. McConnell
(1989)
Requiem for a Market: An Analysis of the Rise
and Fall of a Financial Futures Contract. In:
Review of Financial Studies, Vol. 2 (1989),
Nr. 1, S. 1-23.

Jones, Frank J. (1982)
The Economics of Futures and Options Contracts
Based on Cash Settlement. In: Journal of Futures
Markets, Vol. 2 (1982), Nr. 1, S. 63-82.

Jones, Robert A. (1985)
Conversion Factor Risk in Treasury Bond Futures:
A Comment. In: Journal of Futures Markets, Vol.
5 (1985), Nr. 1, S. 115-119.

Jordan, James V., und George Emir Morgan (1990)
Default Risk in Futures Markets: The Customer-
Broker Relationship. In: Journal of Finance,
Vol. 45 (1990), Nr. 3, S. 909-933.

Jung, Jürgen (1991)
Die Besteuerung von DTB-Financial-Futures im
Überblick. In: DTB-Dialog, 2. Jg. (1991), Nr. 1,
S. 12 f.

Jung, Jürgen (1992)
Chancen und Fallen im bestehenden Steuerrecht.
In: Börsen-Zeitung, Nr. 99 v. 23.05.1992.

Jung, Jürgen, und Ulf Redanz
Zur Besteuerung der DTB-Geschäfte von Privatan-
legern im Gewerbebetrieb und in der privaten
Vermögensverwaltung. In: Zeitschrift für Bank-
recht und Bankwirtschaft, 5. Jg. (1993), H. 2,
S. 68-89.

Jung, Jürgen, und Helmut Schmekel (1991)
Futures. Grundsätze der Rechnungslegung für
Kreditinstitute. Hrsg. Deutsche Terminbörse,
Frankfurt am Main 1991.

Jurgeit, Ludwig (1989)
    Bewertung von Optionen und bonitätsrisikobe-
    hafteten Finanztiteln. Anleihen, Kredite und
    Fremdfinanzierungsfazilitäten. Wiesbaden 1989.

Jutz, Manfred (1989)
    Swaps und Financial Futures und ihre Abbildung
    im Jahresabschluß. Schriften zur Bilanz- und
    Steuerlehre, Band 4, Hrsg. Karlheinz Küting und
    Günter Wöhe. Stuttgart 1989.

Jutz, Manfred (1990)
    Bilanzierung und Bewertung von Financial Fu-
    tures. In: Betriebs-Berater, 45. Jg. (1990),
    H. 22, S. 1515-1521.

Kahl, Kandice H., Roger D. Rutz und Jeanne C. Spring-
    field (1985)
    The Economics of Performance Margins in Futures
    Markets. In: Journal of Futures Markets, 5. Jg.
    (1985), Nr. 1, S. 103-112.

Kalavathi, L., und Latha Shanker (1991)
    Margin Requirements and the Demand for Futures
    Contracts. In: Journal of Futures Markets, Vol.
    11 (1991), Nr. 2, S. 213-237.

Kalbaum, Günter, und Jürgen Mees (1988)
    Kapitalanlagen. In: Handwörterbuch der Versiche-
    rung (HdV), Hrsg. Dieter Farny, Elmar Helten,
    Peter Koch und Reimer Schmidt, Karlsruhe 1988,
    S. 331-343

Kamara, Avraham (1982)
    Issues in Futures Markets: A Survey. In: Journal
    of Futures Markets, Vol. 2 (1982), Nr. 3, S.
    261-294.

Kamara, Avraham (1988)
    Market Trading Structures and Asset Pricing:
    Evidence from the Treasury-Bill Markets. In:
    Review of Financial Studies, Vol. 1 (1988), Nr.
    2, S. 357-375.

Kamara, Avraham (1990)
    Delivery Uncertainty and Efficiency of Futures
    Markets. In: Journal of Financial and Quantita-
    tive Analysis, Vol. 25 (1990), Nr. 1, S. 45-64.

Kamara, Avraham, und Andrew F. Siegel (1987)
    Optimal Hedging in Futures Markets with Multiple
    Delivery Specifications. In: Journal of Finance,
    Vol. 42 (1987), Nr. 4, S. 1007-1021.

Kane, Alex, und Alan J. Marcus (1984)
    Conversion Factor Risk and Hedging in the Trea-
    sury-Bond Futures Market. In: Journal of Futures
    Markets, Vol. 4 (1984), Nr. 1, S. 55-64.

Kane, Alex, und Alan J. Marcus (1986a)
    The Quality Option in the Treasury Bond Futures
    Market: An Empirical Assessment. In: Journal of
    Futures Markets, Vol. 6 (1986), Nr. 2, S. 231-
    248.

Kane, Alex, und Alan J. Marcus (1986b)
    Valuation and Optimal Exercise in the Treasury
    Bond Futures Market. In: Journal of Finance,
    Vol. 41 (1986), Nr. 1, S. 195-207.

Kane, Edward (1984)
    In: Discussion [zu S.J. Khoury und G.L. Jones
    (1984)]. In: Review of Research in Futures
    Markets, Hrsg. CBOT, Vol. 3 (1984), S. 44-47.

Katzenbach, Esq., Nicolas deB. (1987)
    An Overview of Program Trading and Its Impact on
    Current Market Practices. A Study Commissioned
    by The New York Stock Exchange. New York, NY,
    21. Dezember 1987.

Khoury, Sarkis J., und Gerald L. Jones (1984)
    Daily Price Limits on Futures Contracts: Nature,
    Impact, and Justification. In: Review of Re-
    search in Futures Markets, Hrsg. CBOT, Vol. 3
    (1984), S. 22-36.

Kilcollin, Thomas Eric (1982)
    Difference Systems in Financial Futures Markets.
    In: Journal of Finance, Vol. 37 (1982), Nr. 5,
    S. 1183-1197.

Kindermann, Elmar (1989)
    Rechtliche Strukturen der Deutschen Terminbörse.
    In: Wertpapier-Mitteilungen, 43. Jg. (1989),
    Sonderbeilage Nr. 2.

Kirschner, Wolfgang (1992)
    Alternatives Preisfaktorensystem erhöht Attrak-
    tivität der DTB-Zinsfutures. In: Die Bank, o.Jg.
    (1992), Nr. 7, S. 387-391.

Kmenta, Jan (1986)
    Elements of Econometrics. 2. Aufl., New York, NY
    1986.

Koch, Peter (1990)
Kapitalanlagen in Versicherungsunternehmen. In: Bank- und Versicherungslexikon, Hrsg. Henner Schierenbeck, München, Wien 1990, S. 353-357.

Köhler, Horst (1990)
IOSCO - Aus der Sicht des deutschen Finanzplatzes. In: Wertpapier-Mitteilungen, 44. Jg. (1990), Nr. 47, S. 1953.

Kolb, Robert W. (1991)
Understanding Futures Markets. 3. Aufl., Miami, FL 1991.

Koppenhaver, G.D. (1987)
Futures Markets Regulation. In: Economic Perspectives, Hrsg. Federal Reserve Bank of Chicago, Vol. 11 (1987), Nr. 1, S. 3-15.

Kormarnicki, Richard, Marie-Pierre Gontard und Philippe Willemetz (1991)
The Futures and Options Markets in France. In: The European Options and Futures Markets, Hrsg. Stuart K. McLean, Chicago, IL 1991, S. 131-238.

Kovner, Bruce (1990)
Commentary: International Competitiveness of U.S. Futures Exchanges [M.H. Miller (1990)]. In: Journal of Financial Services Research, Vol. 4 (1990), S. 415-418.

Krämer, Werner (1991)
Risk Based Margin. In: Futures and Options News, Hrsg. Deutsche Bank, April/Mai 1991, S. 3 f.

Kreditwesengesetz
Gesetz über das Kreditwesen (KWG) vom 10.07.1961 (BGBl. I S. 881), in der Fassung der Bekanntmachung vom 11.07.1985 (BGBl. I S. 1472), zuletzt geändert durch Art. 5 Bankbilanzrichtlinie-Gesetz vom 30.11.1990 (BGBl. I S. 2570).

Krümmel, Hans-Jacob (1984)
Börsen und Börsengeschäfte. In: Handwörterbuch der Betriebswirtschaft (HdB), Hrsg. Erwin Grochla und Waldemar Wittmann, 4., völlig neu gest. Aufl., Stuttgart 1984, Sp. 969-986.

Krumnow, Jürgen (1990)
Neufassung der Grundsätze I und Ia zu §§ 10, 10a KWG. In: Wertpapier-Mitteilungen, 44. Jg. (1990), Nr. 39, S. 1615.

Kümpel, Siegfried (1986)
Zur Termingeschäftsfähigkeit nach dem Börsengesetz. In: Zeitschrift für das gesamte Kreditwesen, 39. Jg. (1986), H. 12, S. 558-564.

Kümpel, Siegfried (1989a)
Börsengesetznovelle 1989. Teil I. In: Wertpa-
pier-Mitteilungen, 43. Jg. (1989), Nr. 36,
S. 1313-1321.

Kümpel, Siegfried (1989b)
Börsengesetznovelle 1989. Teil II. In: Wertpa-
pier-Mitteilungen, 43. Jg. (1989), Nr. 40,
S. 1485-1496.

Kümpel, Siegfried (1992)
Zur Neugestaltung der staatlichen Börsenaufsicht
- von der Rechtsaufsicht zur Marktaufsicht. In:
Wertpapier-Mitteilungen, 46. Jg. (1992), Nr. 10,
S. 381-391.

Kümpel, Siegfried, und Franz Häuser (1986)
Börsentermingeschäfte. Termin- und Differenzeinwand. Frankfurt am Main 1986.

Kuprianov, Anatoli (1986)
Short-Term Interest Rate Futures. In: Economic
Review, Hrsg. Federal Reserve Bank of Richmond,
Vol. 72 (1986), Nr. 5, S. 12-26.

Kyle, Albert S. (1988)
Trading Halts and Price Limits. In: Review of
Futures Markets, Hrsg. CBOT, Vol. 7 (1988),
S. 426-434.

Lang, Armin (1988)
Zur Entwicklung der Produkte an den internationalen Finanzterminbörsen. Manuskripte aus dem
Institut für Betriebswirtschaftslehre der Universität Kiel, Nr. 207. Kiel 1988.

Laux, Manfred (1988)
Investmentgeschäft. In: Bank-Lexikon. Handwörterbuch für das gesamte Geld-, Bank- und Börsen-
wesen. Red. Karlheinz Müssig. 10., vollst. überarb. und erw. Aufl., Wiesbaden 1988, Sp. 1173-
1186

Lemster, Ralf (1992)
DTB und LIFFE: Kampf der Systeme? In: DTB-
Dialog, 3. Jg. (1992), Nr. 2, S. 26-28.

Lien, Da-Hsiang Donald (1988)
Hedger Response to Multiple Grades of Delivery
on Futures Markets. In: Journal of Futures
Markets, Vol. 8 (1988), Nr. 6, S. 687-702.

Lien, Da-Hsiang Donald (1989)
Cash Settlement Provisions on Futures Contracts.
In: Journal of Futures Markets, Vol. 9 (1989),
Nr. 3, S. 263-270.

LIFFE (1990)
Bund. German Government Bond Futures and Options
Contracts. London 1990.

LIFFE (1991a)
APT. User Guide. Version 2.0. London, März 1991.

LIFFE (1991b)
Summary of Futures and Options Contracts.
London, Oktober 1991.

LIFFE (1992a)
Summary of Futures and Options Contracts.
London, Mai 1992.

LIFFE (1992b)
Historische Kurs- und Umsatzdaten der Kontrakte
der LIFFE seit der Handelseinführung der jeweiligen Kontrakte bis November 1992. PC-Disketten.
London 1992.

Livingston, Miles (1984)
The Cheapest Deliverable Bond for the CBT Treasury Bond Futures Contract. In: Journal of
Futures Markets, Vol. 4 (1984), Nr. 2, S. 161-
172.

Livingston, Miles (1987)
The Effect of Coupon Level on Treasury Bond
Futures Delivery. In: Journal of Futures Mar-
kets, Vol. 7 (1987), Nr. 3, S. 303-309.

Loistl, Otto (1990)
Computergestütztes Wertpapiermanagement. 3.,
völlig neu bearb. u. erw. Aufl., München, Wien
1990.

Ma, Christopher K., Ramesh P. Rao und R. Stephen
Sears (1989a)
Limit Moves and Price Resolution: The Case of
the Treasury Bond Futures Contract. In: Journal
of Futures Markets, Vol. 9 (1989), Nr. 4,
S. 321-355.

Ma, Christopher K., Ramesh P. Rao und R. Stephen
Sears (1989b)
Volatility, Price Resolution, and the Effective-
ness of Price Limits. In: Journal of Financial
Services Research, Vol. 3 (1989), S. 165-199.

Maberly, Edwin D. (1982)
The Delivery Period and Daily Price Limits: A
Comment. In: Journal of Futures Markets, Vol. 2
(1982), Nr. 1, S. 205.

Malkiel, Burton G. (1988)
The Brady Commission Report: A Critique. In:
Journal of Portfolio Management, Vol. 14 (1988),
Nr. 4, S. 9-13.

Margrabe, William (1978)
The Value of an Option to Exchange One Asset for
Another. In: Journal of Finance, Vol. 33 (1978),
Nr. 1, S. 177-186.

Martell, Terrence F., und Jerrold E. Salzmann (1981)
Cash Settlement for Futures Contracts Based on
Common Stock Indices: An Economic and Legal
Perspective. In: Journal of Futures Markets,
Vol. 1 (1981), Nr. 3, S. 291-301.

Martell, Terrence F., und Avner S. Wolf (1987)
Determinants of Trading Volume in Futures
Markets. In: Journal of Futures Markets, Vol. 7
(1987), Nr. 3, S. 233-244.

MATIF S.A. (1989)
MATIF S.A.'s Safeguard System. Paris 1989.

MATIF S.A. (1990a)
Futures Contract on the 7- to 10-Year Notional
Bond. Paris 1990.

MATIF S.A. (1990b)
ECU Bond Futures. The ECU Bond Futures Contract.
Paris 1990.

McCabe, George M., und Charles T. Franckle (1983)
The Effectiveness of Rolling the Hedge Forward
in the Treasury Bill Futures Market. In: Financial Management, Vol. 12 (1983), Nr. 2, S. 21-
29.

Meisner, James F., und John W. Labuszewski (1984)
Treasury Bond Futures Delivery Bias. In: Journal
of Futures Markets, Vol. 4 (1984), Nr. 4,
S. 569-577.

340

Melamed, Leo (1981)
The Futures Markets: Liquidity and the Technique
of Spreading. In: Journal of Futures Markets,
Vol. 1 (1981), Nr. 3, S. 405-411.

Mella, Frank (1991)
Deutscher Rentenindex. Hrsg. Frankfurter Wertpapierbörse AG. Frankfurt am Main 1991.

Miller, Merton H. (1986)
Financial Innovation: The Last Twenty Years and
the Next. In: Journal of Financial and Quantitative Analysis, Vol. 21 (1986), Nr. 4, S. 459-
471.

Miller, Merton H. (1989)
Commentary: Volatility, Price Resolution, and
the Effectiveness of Price Limits [C.K. Ma et
al. (1989b)]. In: Journal of Financial Services
Research, Vol. 3 (1989), S. 201-203.

Miller, Merton H. (1990)
International Competitiveness of U.S. Futures
Exchanges. In: Journal of Financial Services
Research, Vol. 4 (1990), S. 387-408.

Miller, Merton H., Myron Scholes, Burton G. Malkiel
und John Hawke Jr. (1988)
Final Report of the Committee of Inquiry Appoin-
ted by the Chicago Mercantile Exchange to Exa-
mine the Events Surrounding October 19, 1987.
März/April 1988. Zitiert nach: Black Monday and
the Future of Financial Markets, Hrsg. Robert W.
Kampuis, Roger C. Kormendi und J.W. Henry
Watson, Homewood, IL 1989, S. 205-244.

Miller, Merton H., und Charles W. Upton (1991)
Strategies for Capital Market Structure and
Regulation. In: Merton H. Miller. Financial
Innovations and Market Volatility. Cambridge,
MA u. Oxford, UK 1991, S. 127-167.

Morris, Charles S. (1990)
Coordinating Circuit Breakers in Stock and
Futures Markets. In: Economic Review, Hrsg.
Federal Reserve Bank of Kansas City, March/
April 1990, S. 35-48.

Moser, James T. (1990)
Circuit Breakers. In: Economic Perspectives,
Hrsg. Federal Reserve Bank of Chicago, Vol. 16
(1990), Nr. 5, S. 2-13.

Moser, James T. (1991)
Futures Margin and Excess Volatility. In:
Chicago Fed Letter, Hrsg. Federal Reserve Bank
of Chicago, Nr. 49, Juni 1991.

Müller, Klaus, und Stephan Steuer (1986)
Rentenoptionen und Neuerungen bei Aktienoptionen. In: Die Bank, o.Jg. (1986), Nr. 4, S. 182-
189.

Najand, Mohammad, und Kenneth Yung (1991)
A GARCH Examination of the Relationship between
Volume and Price Variability in Futures Markets.
In: Journal of Futures Markets, Vol. 11 (1991),
Nr. 5, S. 613-621.

Nell-Breuning S.J., Oswald von (1928)
Grundzüge der Börsenmoral. Freiburg im Breisgau
1928.

Niehoff, Heinrich (1987)
Der Termin- und Differenzeinwand beim deutschen
börsenmäßigen Optionsgeschäft. In: Sparkasse,
104. Jg. (1987), H. 1, S. 26-30

O'Connor, William F. (1992)
CBOT und DTB mit vielen Berührungspunkten. In:
Börsen-Zeitung, Nr. 99 v. 23.05.1992.

OM Options Market (1990)
An Introduction to Stockholm Options Market.
Stockholm 1990.

O.V. (1989a)
APT: The Next Generation of Automated Trading?
In: Futures and Options World, Nr. 215, April
1989, S. 16 f.

O.V. (1989b)
LIFFE-Elektronikhandel auch früh. In: Börsen-
Zeitung, Nr. 240 v. 13.12.1989.

O.V. (1989c)
Marktgerecht - umsatzträchtig: Financial Futures
an der DTB. In: DTB-Journal, o.Jg. (1989), Nr.
3, S. 4 f.

O.V. (1989d)
Liffe erweitert ihre Angebotspalette jetzt um
zwei neue D-Mark-Kontrakte. In: Handelsblatt,
Nr. 71 v. 12.04.1989.

O.V. (1990a)
Margin-System optimiert. In: DTB-Dialog, 1. Jg.
(1990), Nr. 2, S. 8-12.

O.V. (1990b)
Liffe stellt Währungs-Terminkontrakte ein. In:
Frankfurter Allgemeine Zeitung, Nr. 90 v.
18.04.1990.

O.V. (1990c)
Liffe covers its ECU curve. In: Futures and
Options World, Nr. 235, Dezember 1990, S. 13.

O.V. (1990d)
DTB: Gute Chancen gegenüber London. In: Frankfurter Allgemeine Zeitung, Nr. 271 v.
20.11.1990, S. 25.

O.V. (1990e)
Bund Contract Joins Euromark on APT. In: Futures
and Options World, Nr. 224, Januar 1990, S. 11.

O.V. (1990f)
LIFFE Launches Euromark Option. In: Futures and
Options World, Nr. 227, April 1990, S. 27.

O.V. (1990g)
Kreditwirtschaft leitet Aufträge an die Deutsche
Terminbörse. In: Frankfurter Allgemeine Zeitung,
Nr. 295 v. 19.12.1990.

O.V. (1991a)
Liffe steht nun in direkter Konkurrenz zu
Pariser Matif. In: Handelsblatt, Nr. 47 v.
07.03.1991.

O.V. (1991b)
Die Börse rechnet nicht mit einem Kurseinbruch.
In: Frankfurter Allgemeine Zeitung, Nr. 268 v.
18.11.1991.

O.V. (1991c)
Die Liffe reagiert auf Konkurrenz in Paris. In:
Frankfurter Allgemeine Zeitung, Nr. 289 v.
13.12.1991.

O.V. (1991d)
Handelszeiten verlängert. In: DTB-Dialog, 2. Jg.
(1991), Nr. 2, S. 28.

O.V. (1991e)
Kurz gefaßt. Bund-Futures an DTB und LIFFE. In:
DTB-Dialog, 2. Jg. (1991), Nr. 1, S. 22.

O.V. (1991f)
Deutsche Banken stärken Terminbörse. In: Frankfurter Allgemeine Zeitung, Nr. 80 v. 06.04.1991.

O.V. (1991g)
Bund-Future: Gentlemen's-Agreement erweitert, Transaktionsgebühren gestrichen. In: DTB-Dialog, 2. Jg. (1991), Nr. 2, S. 29.

O.V. (1991h)
DTB streicht Gebühr für Bund-Futures. In: Frankfurter Allgemeine Zeitung, Nr. 186 v. 13.08.1991.

O.V. (1991i)
DTB streicht Transaktionsgebühren. In: Börsen-Zeitung, Nr. 153 v. 13.08.1991.

O.V. (1991k)
Franke: Die Deutsche Terminbörse verfügt über genug Markttiefe. In: Frankfurter Allgemeine Zeitung, Nr. 270 v. 21.11.1991.

O.V. (1991m)
Bund Battles. In: Futures and Options World, Nr. 247, Dezember 1991, S. 14.

O.V. (1991n)
Bund-Futures: DTB holt LIFFE fast ein. In: Frankfurter Allgemeine Zeitung, Nr. 259 v. 07.11.1991.

O.V. (1991o)
Der Kampf um den Terminmarkt in Bundesanleihen hält an. In: Frankfurter Allgemeine Zeitung, Nr. 260 v. 08.11.1991.

O.V. (1991p)
Deutsche Terminbörse 1990: Verhalten positive Bilanz der Händler. In: Frankfurter Allgemeine Zeitung, Nr. 2 v. 03.01.1991.

O.V. (1991q)
Immer mehr Anleger nutzen die DTB. In: Frankfurter Allgemeine Zeitung, Nr. 51 v. 01.03.1991.

O.V. (1991r)
Handel mit Bundfutures wieder später. In: Handelsblatt, Nr. 47 v. 07.03.1991.

O.V. (1991s)
Technische Maßnahmen äußerst erfolgreich. In: DTB-Dialog, 2. Jg. (1991), Nr. 2, S. 15.

O.V. (1991t)
Neue Kontrakte sollen Wettbewerbsfähigkeit stärken. In: Handelsblatt, Nr. 156 v. 15.08.1991.

O.V. (1991u)
DTB: Mittelfristiger Bund-Terminkontrakt. In:
Frankfurter Allgemeine Zeitung, Nr. 229 v.
02.10.1991.

O.V. (1991v)
Liffe Ecu changes, BTP gains. In: Futures and
Options World, Nr. 247, Dezember 1991, S. 13.

O.V. (1992a)
Wieder Gebühren bei Bund- und Bobl-Futures. In:
DTB-Dialog, 3. Jg. (1992), Nr. 2, S. 29.

O.V. (1992b)
Treuhand für Bund-Future lieferbar. In: Börsen-
Zeitung, Nr. 125 v. 03.07.1992.

O.V. (1992c)
Treuhand ab Juni 1993 an der Liffe lieferbar.
In: Börsen-Zeitung, Nr. 223 v. 19.11.1992.

O.V. (1992d)
Liffe streicht Ecu-Bond-Kontrakt. In: Frankfurter Allgemeine Zeitung, Nr. 260 v. 07.11.1992.

O.V. (1992e)
LIFFE entscheidet sich gegen Treuhand-Anleihen.
In: Börsenzeitung, Nr. 152 v. 11.08.1992.

O.V. (1992f)
GLOBEX. Überblick über das GLOBEX-System. In:
Wertpapier-Mitteilungen Teil VI, 3. Jg. (1992),
Nr. 23, S. 354 f.

O.V. (1992g)
Eine Besonderheit im DTB-Margin-System: "Cross-
Margining". In: DTB-Dialog, 3. Jg. (1992),
Nr. 2, S. 6-10.

O.V. (1993)
Neue Optionen an der DTB. In: Frankfurter Allgemeine Zeitung, Nr. 12 v. 15.01.1993.

Paul, Allen B. (1985)
The Role of Cash Settlement in Futures Contract
Specification. In: Futures Markets: Regulatory
Issues, Hrsg. Anne E. Peck, Washingtion, DC
1985, S. 271-328.

Pitts, Mark (1987)
Listed Options and Futures Contracts on Fixed
Income Securities. In: The Handbook of Fixed
Income Securities, Hrsg. Frank J. Fabozzi und
Irving M. Pollack, 2. Aufl., Homewood, IL 1987,
S. 800-808.

Platzek, Heinz-Jörg (1992)
KAGG-Novelle: Neue Möglichkeiten für Investment-
Fonds. In: DTB-Dialog, 3. Jg. (1992), Nr. 1,
S. 2-4, 16.

Pliska, Stanley R., und Catherine T. Shalen (1991)
The Effects of Regulations on Trading Activity
and Return Volatility in Futures Markets. In:
Journal of Futures Marktes, Vol. 11 (1991),
Nr. 2, S. 135-151.

Powers, Mark J. (1967)
Effects of Contract Provisions on the Success of
a Futures Contract. In: Journal of Farm Economics, Vol. 49 (1967), Nr. 4, S. 833-843.

Powers, Mark J., und Mark G. Castelino (1991)
Inside the Financial Futures Markets. 3. Aufl.,
New York, NY 1991.

Radtke, Michael (1992)
Anlegerschutz genießt hohen Stellenwert. In:
Frankfurter Allgemeine Zeitung, Nr. 197 v.
25.08.1992, S. B14.

Rendleman Jr., Richard J. (1986)
Commentary on the Effects of Stock Index Futures
Trading on the Market for Underlying Stocks. In:
Review of Research in Futures Markets, Hrsg.
CBOT, Vol. 5 (1986), Nr. 3, S. 174-193.

Rettberg, Udo (1990)
LIFFE und MATIF stecken ihre Claims ab - Die DTB
wird erneut stark gefordert. In: Handelsblatt,
Nr. 42 v. 28.02.1990.

Ristau, Ralph (1991)
Ein Crash und elektronischer Handel - Bewäh-
rungsprobe für die Mitglieder. In: DTB-Dialog,
2. Jg. (1991), Nr. 2, S. 24-27.

Ritchken, Peter (1987)
Options. Theory, Strategy and Application.
Glenview, IL 1987.

Roll, Richard (1984)
    Orange Juice and Weather. In: American Economic
    Review, Vol. 74 (1984), Nr. 5, S. 861-880.

Roll, Richard W. (1989)
    The International Crash of October 1987. In:
    Black Monday and the Future of Financial Mar-
    kets, Hrsg. Robert W. Kampuis, Roger C. Kormendi
    und J.W. Henry Watson, Homewood, IL 1989,
    S. 35-70.

Rosen, Jeffrey S. (1983)
    The Impact of the Futures Trading Act of 1982
    Upon Commodity Regulation. In: Journal of
    Futures Markets, Vol. 3 (1983), Nr. 3, S. 235-
    258.

Rutledge, David J.S. (1983)
    The Establishment of an Interest Rate Futures
    Market: The Experience of the Sydney Futures
    Exchanges. In: Futures Markets. Modelling,
    Managing and Monitoring Futures Trading, Hrsg.
    Manfred E. Streit, Oxford 1983, S. 273-294.

Rutledge, David J.S. (1986)
    Trading Volume and Price Variability: New
    Evidence on the Price Effects of Speculation.
    In: Futures Markets: Their Establishment and
    Performance, Hrsg. Barry A. Goos, London und
    Sydney 1986, S. 137-156.

Rutz, Roger D. (1988)
    Clearance, Payment, and Settlement Systems in
    the Futures, Options, and Stock Markets. In:
    Review of Futures Markets, Hrsg. CBOT, Vol. 7
    (1988), Nr. 7, S. 347-370.

Sandor, Richard L. (1973)
    Innovation by an Exchange: A Case Study of the
    Development of the Plywood Futures Contract. In:
    Journal of Law and Economics, Vol. 16 (1973).
    Zitiert nach: Selected Writings on Futures
    Markets: Views from the Trade, Hrsg. Anne E.
    Peck, Buch III der Reihe "Readings in Futures
    Markets" des Chicago Board of Trade, Chicago,
    IL 1978, S. 207-221.

Sandor, Richard L., und Howard B. Sosin (1983)
Inventive Activity in Futures Markets: A Case
Study of the Development of the First Interest
Rate Futures Market. In: Futures Markets. Model-
ling, Managing and Monitoring Futures Trading,
Hrsg. Manfred E. Streit, Oxford 1983, S. 255-
272.

Schlesinger, Helmut (1991)
Die deutschen Finanzmärkte vor internationalen
Herausforderungen. Vortrag anläßlich einer
Veranstaltung des Centro A. Benduce am 6. Juli
1991 in Rom. Abgedruckt in: Deutsche Bundesbank.
Auszüge aus Presseartikeln, Nr. 51 vom
08.07.1991, S. 1-5.

Schlicht, Herbert (1972)
Börsenterminhandel in Wertpapieren. Frankfurt am
Main 1972.

Schmidt, Hartmut (1970)
Börsenorganisation zum Schutze der Anleger.
Tübingen 1970.

Schmidt, Hartmut (1977)
Vorteile und Nachteile eines integrierten Zirku-
lationsmarktes für Wertpapiere gegenüber einem
gespaltenen Effektenmarkt. Nr. 30 der Reihe
Wettbewerb - Rechtsangleichung, Hrsg. Kommission
der Europäischen Gemeinschaften. Brüssel und
Luxemburg 1977.

Schmidt, Hartmut (1978)
Termingeschäfte. In: Bank-Lexikon. Handwörterbuch für das Bank- und Sparkassenwesen, Schrift-
leitung Thomas Kalveram, 8., völlig neu bearb.
und erw. Aufl., Wiesbaden 1978, Sp. 1523-1536.
Erweitert und aktualisiert in: Bank-Lexikon.
Handwörterbuch für das Geld-, Bank- und Börsen-
wesen, Red. Karlheinz Müssig, 10., vollst.
überarb. und erw. Aufl., Wiesbaden 1988, Sp.
2015-2034.

Schmidt, Hartmut (1979)
Liquidität von Finanztiteln als integrierendes
Konzept der Bankbetriebslehre. In: Zeitschrift
für Betriebswirtschaft, 49. Jg. (1979), S. 710-
722.

Schmidt, Hartmut (1983)
Marktorganisationsbestimmte Kosten und Transaktionskosten als börsenpolitische Kategorien.
Grundsätzliche Überlegungen zur Weiterentwick-
lung des Anlegerschutzes aus ökonomischer Sicht.
In: Kredit und Kapital, 16. Jg. (1983), S. 184-
204.

Schmidt, Hartmut (1988)
Wertpapierbörsen. Strukturprinzip, Organisation,
Kassa- und Terminmärkte. München 1988.

Schmidt, Hartmut (1989a)
Der Nutzen derivativer Instrumente für den
professionellen Anleger. In: Auftrieb für den
Finanzplatz Deutschland durch die DTB?, Hrsg.
Frankfurter Allgemeine Zeitung GmbH und Dresdner
Bank AG, Frankfurt am Main 1989, S. 28-34.

Schmidt, Hartmut (1989b)
Wertpapierbörsen, ausländische. In: Handwörter-
buch Export und Internationale Unternehmung
(HWInt), Hrsg. Klaus Macharzina und Martin K.
Welge, Stuttgart 1989, Sp. 2250-2259.

Schmidt, Hartmut (1991a)
Die Terminbörse als Förderer des Finanzplatzes
Deutschland? Heft 12 der Hamburger Beiträge zum
Genossenschaftswesen. Hamburg 1991.

Schmidt, Hartmut (1991b)
Economic Analysis of the Allocation of Regula-
tory Competence in the European Communities. In:
European Business Law, Legal and Economic Analy-
sis on Integration and Harmonization, Hrsg. R.M.
Buxbaum, G. Hertig, A. Hirsch und K.J. Hopt,
Berlin 1991, S. 51-60.

Schmidt, Hartmut (1992)
Die Rolle der Regionalbörsen am deutschen Kapitalmarkt heute und morgen. In: Kredit und Kapital, 25. Jg. (1992), S. 110-134 (Teil I) und S.
233-258 (Teil II).

Schofield, Jennifer M.M. (1991)
The ECU Bond Futures Contracts. Deutsche Bank as
Market Maker. In: Fixed Income Research, Special
Report, Hrsg. Deutsche Bank Group, Dezember
1991.

Schuchard-Ficher, Christiane, Klaus Backhaus, Udo
    Humme, Werner Lohrberg, Wulff Plinke und Wolf-
    gang Schreiner (1982)
    Multivariate Analysemethoden. Eine anwendungs-
    orientierte Einführung. 2., verb. Aufl., Berlin,
    Heidelberg und New York 1982.

Schulte-Mattler, Hermann (1990)
    Neuregelung des Grundsatzes I gemäß §§ 10, 10a
    Kreditwesengesetz. In: Wertpapier-Mitteilungen,
    44. Jg. (1990), Nr. 50, S. 2061-2067.

Schulte-Mattler, Hermann (1991)
    Erfassung von Marktrisiken im novellierten KWG-
    Grundsatz Ia. In: Wertpapier-Mitteilungen, 45.
    Jg. (1991), Sonderbeilage Nr. 3.

Schwark, Eberhard (1976)
    Börsengesetz. Kommentar zum Börsengesetz, zu den
    börsenrechtlichen Nebenbestimmungen und den
    Insider-Richtlinien. München 1976.

Schwarz, Edward W., Joanne M. Hill und Thomas
    Schneeweis (1986)
    Financial Futures. Fundamentals, Strategies, and
    Applications. Homewood, IL 1986.

Securities and Exchange Commission (1988)
    The October 1987 Market Break. Washington, DC
    Februar 1988. Zitiert nach: Black Monday and the
    Future of Financial Markets, Hrsg. Robert W.
    Kampuis, Roger C. Kormendi und J.W. Henry
    Watson, Homewood, IL 1989, S. 363-382.

Seeger, Charles M. (1985)
    The Development of Congressional Concern about
    Financial Futures Markets. In: Futures Markets:
    Regulatory Issues, Hrsg. Anne E. Peck, Washing-
    ton, DC 1985, S. 1-47.

Seevers, Gary L. (1981)
    Comments on "Innovation, Competition, and New
    Contract Design in Futures Markets" [W.L. Silber
    (1981)]. In: Journal of Futures Markets, Vol. 1
    (1981), Nr. 2, S. 157-159.

Shalen, C.T. (1989)
    The Optimal Maturity of Hedges and Participation
    of Hedgers in Futures and Forward Markets. In:
    Journal of Futures Markets, Vol. 9 (1989),
    Nr. 3, S. 215-224.

Siegel, Daniel R., und Diane F. Siegel (1990)
The Futures Markets. Arbitrage, Risk Management
and Portfolio Strategies. Chicago, IL 1990.

Silber, William L. (1981)
Innovation, Competition, and New Contract Design
in Futures Markets. In: Journal of Futures
Markets, Vol. 1 (1981), Nr. 2, S. 123-155.

Silber, William L. (1984)
Marketmaker Behavior in an Auction Market: An
Analysis of Scalpers in Futures Markets. In:
Journal of Finance, Vol. 39 (1984), Nr. 4, S.
937-953.

Silber, William L. (1985)
The Economic Role of Financial Futures. In:
Futures Markets: Their Economic Role, Hrsg. Anne
E. Peck, Washington, DC 1985, S. 83-114.

Smidt, Seymour (1985)
Trading Floor Practices on Futures and Securi-
ties Exchanges: Economics, Regulation, and
Policy Issues. In: Futures Markets: Regulatory
Issues, Hrsg. Anne E. Peck, Washingtion, DC
1985, S. 49-142.

Smith Jr., Clifford W., Charles W. Smithson und D.
Sykes Wilford (1990)
Managing Financial Risk. O.O. 1990.

Sofianos, George (1988)
Margin Requirements on Equity Instruments. In:
Quarterly Review, Hrsg. Federal Reserve Bank of
New York, Vol. 13 (1988), Nr. 2, S. 47-60.

Sommerfeld, Heinrich (1929)
Die Technik des börsenmäßigen Termingeschäfts.
2. Aufl., Berlin und Wien 1929.

Stein, J.H. von, und H. Groß (1984)
Financial Futures: Ein neues Instrument für Unternehmen und Anleger. In: Beiträge zur Aktien-
analyse, Hrsg. Deutsche Vereinigung für Finanz-
analyse und Anlageberatung e.V. (DVFA), H. 22,
Darmstadt 1984.

Steuer, Stephan (1982)
Risiken bei Termingeschäften mit Auslandsberüh-
rung. In: Die Bank, o.Jg. (1982), Nr. 1, S. 37-
42.

Steuer, Stephan (1989)
Börsenreform - Startschuß für den Terminhandel.
In: Die Bank, o.Jg. (1989), Nr. 7, 364-374.

Stoll, Hans R. (1984)
Comment [zu: F.R. Edwards (1983b)]. In: The Industrial Organization of Futures Markets, Hrsg.
Ronald W. Anderson, Lexington, MA 1984, S. 257-
259.

Stoll, Hans R. (1985)
Alternative Views of Market Making. In: Market
Making and the Changing Structure of the Securi-
ties Industry, Hrsg. Yakov Amihud, Thomas S.Y.
Ho und Robert A. Schwartz, Lexington, MA 1985.

Stoll, Hans R. (1989)
Inferring the Components of the Bid-Ask Spread:
Theory and Empirical Tests. In: Journal of
Finance, Vol. 44 (1989), Nr. 1, S. 115-134.

Stoll, Hans R. (1990a)
Principles of Trading Market Structure. Vander-
bilt University Working Paper, Juni 1990.

Stoll, Hans R. (1990b)
Commentary: International Competitiveness of
U.S. Futures Exchanges [M.H. Miller (1990)]. In:
Journal of Financial Services Research, Vol. 4
(1990), S. 409-413.

Stoll, Hans R., und Robert E. Whaley (1985)
The New Options Markets. In: Futures Markets:
Their Economic Role, Hrsg. Anne E. Peck,
Washington, DC 1985. S. 205-289.

Stoll, Hans R., and Robert E. Whaley (1993)
Futures and Options. Theory and Applications.
Cincinnati, OH 1993.

Stone, James M. (1981)
Principles of the Regulation of Futures Markets.
In: Journal of Futures Markets, Vol. 1 (1981),
Nr. 2, S. 117-121.

Streit, M[anfred] E. (1980)
Zur Funktionsweise von Terminkontraktmärkten.
In: Jahrbücher für Nationalökonomie und Stati-
stik, Bd. 195 (1980), S. 533-549.

Telser, Lester G. (1981a)
    Margins and Futures Contracts. In: Journal of
    Futures Markets, Vol. 1 (1981), Nr. 2, S. 225-
    253.

Telser, Lester G. (1981b)
    Why There Are Organized Futures Markets? In:
    Journal of Law and Economics, Vol. 24 (1981),
    Nr. 1, S. 1-22.

Telser, Lester G. (1989)
    October 1987 and the Structure of Financial
    Markets: An Exorcism of Demons. In: Black Monday
    and the Future of Financial Markets, Hrsg.
    Robert W. Kampuis, Roger C. Kormendi und J.W.
    Henry Watson, Homewood, IL 1989, S. 101-111.

Telser, Lester G., und Harlow N. Higinbotham (1977)
    Organized Futures Markets Costs and Benefits.
    In: Journal of Political Economy, Vol. 85
    (1977), Nr. 5, S. 969-1000.

The London Clearing House (o.J.a)
    Understanding London SPAN. London, o.J.

The London Clearing House (o.J.b)
    TIMS/SPAN Comparison. London, o.J.

The Options Clearing Corporation (1991)
    1990 Annual Report. Anticipating the Unexpected.
    Chicago, IL 1991.

Thorpe, Phillip A. (1992)
    Regulation of Futures Markets in the United
    Kingdom. In: Regulating International Financial
    Markets: Issues and Policies, Hrsg. Franklin R.
    Edwards und Hugh T. Patrick, Boston, Dordrecht
    und London 1992, S. 151-178.

Tiede, Manfred (1987)
    Statistik. Regressions- und Korrelationsanalyse.
    München 1987.

Tomek, William G. (1985)
    Margins on Futures Contracts: Their Economic
    Roles and Regulation. In: Futures Markets:
    Regulatory Issues, Hrsg. Anne E. Peck, Washing-
    ton, DC 1985, S. 143-209.

Tompkins, Robert G., und Steven A. Youngren (1983)
    A Comparison of IMM and LIFFE Eurodollar Fu-
    tures. In: Market Perspectives, Hrsg. CME,
    Vol. 1 (1983), Nr. 3, S. 1, 4-6.

Tosini, Paula A. (1988)
In: Discussion [zu A.S. Kyle (1988)]. In: Review
of Futures Markets, Vol. 7 (1988), Nr. 3,
S. 446-450.

Treanor, Jill (1991a)
Futures Thrive on US Debt. Contract Profile. In:
Futures and Options World, Nr. 236, Januar 1991,
S. 61-63.

Treanor, Jill (1991b)
Bright Prospects for the Bund. Contract Profile.
In: Futures and Options World, Nr. 239, April
1991, S. 62 f.

Treanor, Jill (1991c)
Into the Record Books. Contract Profile. In: Fu-
tures and Options World, Nr. 247, Dezember 1991,
S. 53 f.

Treanor, Jill (1992)
All eyes on Ecu. In: Futures and Options World,
Nr. 248, Januar 1992, S. 43-45.

Tyley, Bob (1991)
Der ECU auf dem Weg zur Spitzenposition. In:
[Österreichisches] Bank-Archiv, 39. Jg. (1991),
H. 8, S. 554-558.

Uhlir, Helmut (1992)
Financial Futures im Crennpunkt. Teil IV: Zins-
terminkontrakte auf Anleihen (BUND-Future). In:
[Österreichisches] Bank-Archiv, 40. Jg. (1992),
H. 10, S. 912-918.

Van Horne, James C. (1984)
Financial Market Rates and Flows. 2. Aufl.,
Englewood Cliffs, NJ 1984.

Veljanovski, Cento G. (1986)
An Institutional Analysis of Futures Contrac-
ting. In: Futures Markets: Their Establishment
and Performance, Hrsg. Barry A. Goos, London und
Sydney 1986, S. 13-41.

Versicherungsaufsichtsgesetz
Gesetz über die Beaufsichtigung der Versicherungsunternehmen (VAG), in der Fassung der Bekanntmachung vom 13.10.1983 (BGBl. I S. 1261),
zuletzt geändert durch Art. 1 Ges. vom
17.12.1990 (BGBl. I S. 2864).

Welcker, Johannes (1989)
Werden den Investmentfonds die Chancen der
Deutschen Terminbörse vorenthalten? In: Handels-
blatt, Nr. 198 v. 12.10.1989.

Wertschulte, Josef F., und Martin Schalk (1992)
Meßlatte für deutsche Rentenportfolios. In: Die
Bank, o.Jg. (1992), Nr. 6, S. 323-326.

Westdeutsche Landesbank (1988)
Finanzmanagement. Neue Finanzinstrumente für das
Zins- und Währungsmanagement. Düsseldorf 1988.

Working, Holbrook (1953)
Futures Trading and Hedging. In: American Economic Review, 43. Jg. (1953), Nr. 3, S. 314-343.

Working, Holbrook (1954)
Whose Markets? Evidence on Some Aspects of
Futures Trading. In: Journal of Marketing, Vol.
19 (1954), Nr. 1, S. 1-11.

Working, Holbrook (1960)
Speculation on Hedging Markets. In: Food Re-
search Institute Studies, Stanford University,
Vol. 1 (1960), Nr. 2, S. 185-220.

Working, Holbrook (1970)
Economic Functions of Futures Markets. In:
Futures Trading in Livestock, Hrsg. H[enry H.]
Bakken. Chicago, IL 1970. Zitiert nach: Selected
Writings of Holbrook Working, Hrsg. Anne E.
Peck, Chicago, IL 1977, S. 267-297.